Lith. Anst. v. M. Seeger, Stuttgart.

In der Hammerschmiede.

Das

Neue Universum

Die interessantesten

Erfindungen und Entdeckungen

auf allen Gebieten

Ein Jahrbuch für Haus und Familie

besonders für die reifere Jugend

**

Mit 240 Abbildungen

Stuttgart

Verlag von W. Spemann

Bei dem vorliegenden Werk
handelt es sich um den unveränderten Nachdruck
des 1881 erschienenen zweiten Bandes
des Jahrbuchs
DAS NEUE UNIVERSUM

1984 · 2. Auflage

ISBN 3-517-00841-9

Anwendung des Extincteurs bei Kohlenbränden.

In den Kohlengruben.

„In das ewige Dunkel nieder
Steigt der Knappe, der Gebieter
Einer unterird'schen Welt.
Er, der stillen Nacht Gefährte,
Atmet tief im Schoß der Erde,
Den kein Lebenslicht erhellt!"

Kohle und Eisen sind die wichtigsten Vorbedingungen der Kulturentwicklung der Menschheit; würde das eine oder andre davon fehlen oder eingehen, so müßte ein Stillstand im Fortschritte der civilisirten Menschheit notwendig folgen. Wir wollen einen raschen Blick auf die Kohlengruben werfen und auf kurze Zeit in das Düster der unterirdischen Stollen hinabsteigen, aus denen das schwarze Mineral heraufbefördert wird, das wertvoller ist für die Gesammtheit als Diamant, Gold oder Silber.

Die Steinkohle ist bekanntlich pflanzlichen Ursprungs. Vor ungezählten Jahrtausenden, in einer Zeit, die der geschichtlichen Periode weit voraufging, bedeckten unermeßliche, düstere Wälder diejenigen

Gegenden, unter deren Boden man heute die Kohlen findet. Durch Katastrophen der verschiedensten Art wurden diese Pflanzen begraben und verwandelten sich im Laufe der sehr langen Zeit nach und nach in Kohle. Das Menschengeschlecht hatte schon eine hohe Kulturstufe erklommen, als es von der Benutzung der Steinkohlen noch durchaus keine Ahnung hatte. Noch um die Mitte des 15. Jahrhunderts hatte man in Italien und Deutschland so wenig allgemeine Kenntniß von unserer heutigen Steinkohle, daß der berühmte Aeneas Sylvius, der spätere Papst Pius II., bei einem Besuche Schottlands höchst erstaunt war, zu sehen, daß man dort den Dürftigen als Almosen schwarze Steine verabreichte, die mit großem Vergnügen angenommen wurden. Auf seine Nachfrage sagte man ihm, daß diese Steine die Eigenschaft hätten, wie Holz zu brennen. In England reicht der Bau auf Steinkohlen bis in uralte Zeiten zurück, in Belgien kam er vereinzelt gegen Ende des 12. Jahrhunderts auf, noch später in Sachsen. Als im Jahre 1762 in Paris das Holz sehr teuer war, gerieten einige dortige Kaufleute auf die Idee, aus England Steinkohlen kommen zu lassen. Dieselben wurden meist von der ärmern Klasse, stellenweise aber auch in einigen bessern Häusern benutzt. Bald aber erhob sich ein allgemeines Geschrei dagegen; es hieß, der Steinkohlendampf verunreinige die Luft und verursache Brustkrankheiten. Die Akademie sprach sich zwar zu Gunsten des schwarzen Minerals aus, allein die Stimme der überwiegenden Mehrheit der Nation entschied in entgegengesetztem Sinne. Fünfzig Jahre früher, unter Heinrich II., war die Steinkohle, welche bereits hier und da eingeführt worden, sogar gesetzlich aus Frankreich verwiesen und Jedermann bei Gefängniß- und Geldstrafe verboten worden, mit Steinkohlen zu heizen. Wie haben sich die Zeiten seitdem geändert! Ihre Hauptbedeutung erlangte die Steinkohle natürlich erst mit Entwicklung der Eisentechnik. Gegenwärtig mögen auf der ganzen Erde jährlich etwa 6000 Millionen Centner Steinkohlen gefördert werden, wovon 3/4 auf Europa kommen. Hier findet die weitaus größte Produktion in England statt, nämlich fast 3000 Mill. Centner jährlich, dann kommt Deutschland mit vielleicht 1000 Mill. Centner, hierauf Frankreich und Belgien.

Die erste Arbeit, um ein Kohlenfeld auszubeuten, besteht natürlich in der Anlage von Schachten, deren Ausführung je nach der Bodenbeschaffenheit sehr verschieden ist. Man gibt denselben gegenwärtig Durchmesser bis zu 5 Meter und theilt sie in verschiedene Abtheilungen, von denen die eine für die Fördertonnen, eine andere für die Pumpe zum Herausheben des Wassers, eine dritte zur Anbringung der Fahrten, d. h. der Leitern dient, auf denen sich die Grubenarbeiter bewegen. Stets aber dienen die Schachte der Luftcirculation, sie sind die natürlichen Wege für die Ventilation der Gruben, möge diese Ventilation nun eine freie oder eine künstliche sein.

Mit der Ausdehnung der Förderung wächst die Anzahl der Schachte und der einzelne erhält dann eine Hauptbestimmung und darnach seine Benennung als Förderschacht, Fahrschacht, Luftschacht 2c. Daneben haben die Schachte einen besondern Taufnamen, der häufig von dem Kalenderheiligen, an dessen Tag der Schacht begonnen wurde, oder von dem Namen irgend eines Verwaltungsrats oder von den Hoffnungen abgeleitet wird die man hegt, z. B. „guter Hoffnungsschacht“ u. drgl.

Die Förderung der Steinkohle zu Tage geschieht fast überall mit Dampfmaschinen, und ebenso dienen wieder andere Dampfmaschinen dazu, das Wasser zu heben. Diese Pumpen sind wahrhafte Ungeheuer und wer sie nicht selbst gesehen, kann sich nur schwer einen Begriff davon machen. Solche Dampfgrubenpumpen wurden zuerst von Watt konstruiert und sie sind noch heute in der Hauptsache so, wie sie dieser eminente Geist erdacht hat.

Die Stollen, in welche weder Sonne noch Mond scheint, sind entweder mit Mauerwerk oder Holz ausgefüttert, ersteres geschieht stets, wenn sie eine einigermaßen lange Dauer haben sollen oder der Boden keine genügende Festigkeit hat. Die Dimensionen der Stollen in Höhe und Breite übertreffen nicht 2—2½ Meter. In der feuchten und warmen Luft, welche in den meisten Steinkohlengruben anzutreffen ist, bedeckt sich die Bekleidung der Stollen rasch mit niederer Vegetation und die Fermentation des Holzes erzeugt einen eigentümlichen, nicht unangenehmen Geruch. Die parasitische Vegetation bedingt ihrerseits wieder bestimmte Insekten, Schmetterlinge, Fliegen, Spinnen finden sich und neben der Fledermaus tritt die Ratte bisweilen in großer Menge auf, ihren Heißhunger mit den Brotkrümchen stillend, welche dem Grubenarbeiter entfielen, oder mit den Resten von Kerzen, welche hier und da übrig blieben. Der Abbau und die Förderung der Kohlen bedingen ein elendes Loos des Grubenarbeiters. Am Boden liegend unterhöhlt er die Kohlenwand oder bringt sie durch Sprengung mittels Dynamit zu Fall. Die gewonnene Masse wird durch die Schlepper entweder in Säcken auf dem Rücken oder mittels eines kleinen Wagens fortgebracht. Halb nackt, gebückt, auf einen Stock gestützt, schwitzend und keuchend müssen diese armen Menschen von Morgens bis Abends ihre harte Sklavenarbeit verrichten, um nur des Lebens äußerste Notdurft zu erringen. In gewissen englischen Gruben, wo die Kohlenschichten nur eine geringe Dicke oder Mächtigkeit haben, besitzen die Stollen nur einen Meter Höhe. Hier geschieht die Förderung durch vierrädrige Wagen, die von kleinen Knaben, putters genannt, gezogen werden. Wie die Zugtiere sind diese armen Wesen vor die Wagen geschirrt. Einen Ledergürtel um den Leib, von dem eine eiserne Kette zu dem mit Kohlen beladenen Wagen hingeht, so ziehen, auf Hand und Fuß, die Knaben das Gefährt über den

Kohlenschleppende Knaben in einem englischen Bergwerke.

unebenen, mit Steinen, Schlamm und Wasser bedeckten Boden. Wahrlich ein elendes, nicht menschenwürdiges Dasein! Dennoch muß die Arbeit geschehen, denn die Welt bedarf der Steinkohle.

In gewissen schottischen Gruben vollführten arme Mädchen dieselbe Arbeit der Kohlenförderung auf Leitern. Sie trugen auf dem Rücken einen Korb, welcher mittels eines über die Stirne gehenden Riemens befestigt ist. An demselben Riemen hängt auch das Grubenlicht. So steigen die Unglücklichen, gebückt unter der Last, in langen Reihen die Leitern empor, welche oft 100 Meter hoch durch die Schachte zu Tage führen. Riß ein Riemen oder fielen große Kohlenstücke aus einem Korbe herab, so wurden die unten stehenden Trägerinnen natürlich mehr oder weniger schwer verletzt, bisweilen sofort getötet. Diese unmenschliche Förderungsweise ist, zur Ehre der Menschheit sei es gesagt, neuerdings streng verboten.

Neben seiner schweren Arbeit hat aber der Mensch, der in der Kohlengrube beschäftigt ist, noch fortwährend mit den größten Gefahren zu kämpfen. Vor den Verletzungen durch die eigenen Sprengarbeiten kann er sich in gewissem Sinne ziemlich schützen, aber was vermag er gegen schlagende Wetter, gegen die Selbstentzündung der Steinkohle? Brände in Steinkohlengruben sind die gefährlichsten und langwierigsten, die man sich denken kann. In einzelnen Fällen bleibt nichts übrig, als die ganze Grube zu ersäufen, wie dies 1851 bei einer Mine nahe bei Charleroi geschah, in welche man die Wasser der Sambre leitete. In England pflegt man im Falle eines unterirdischen Brandes die Gruben hermetisch abzuschließen und wartet, bis das Feuer erstickt, was oft sehr lange dauern kann.

Kohlenförderinnen in einem schottischen Bergwerke.

Schlagende Wetter.

Am furchtbarsten sind die sogenannten schlagenden Wetter, jene Explosionen brennbarer Gase, die sich grade in den Kohlengruben so gern entwickeln. Wenn man sich eine der Geißeln des Himmels vorstellt, welche von der Natur bestimmt zu sein scheinen, um die Menschheit zu züchtigen: Blitze, Wirbelstürme, Tromben die alles auf ihrem Wege zerstören, so bleibt man noch immer weit hinter der schrecklichen Wirkung zurück, die durch schlagende Wetter in den Gruben erzeugt werden kann und leider oft genug erzeugt wird. Im selbigen Augenblicke, wie diese Gase mit einer Flamme in Berührung kommen, ist das Furchtbare geschehen! Donner und Knall, als ob die Erde bersten wolle; durch alle Stollen, in alle Galerien dringt im gleichen Momente die Explosion, zerschmettert, zerstört, vernichtet alles, was Menschenhand dort gemacht hat, ja dringt durch die Schachte empor und fegt die Bauten fort, die über deren Ausgängen errichtet wurden. Was von lebendigen Wesen innerhalb des Bereichs der schlagenden Wetter sich befindet, ist verloren, und häufig genug ersticken auch Diejenigen, die direkt nicht von dem Feuer erreicht werden.

In früherer Zeit gab es absolut keinen Schutz gegen die Entstehung schlagender Wetter. Zu welchen verzweifelten Mitteln man greifen mußte, um die Gefahr für die Arbeiter einigermaßen zu verringern, beweist die Thatsache, daß man in vielen Steinkohlengruben die brennbaren Gase, welche sich tags über angesammelt hatten, nachts entzündete. Dabei ging man natürlich von der Ansicht aus, daß nur sehr geringe Mengen dieser Gase vorhanden seien und die künstlich erzeugte Explosion wenig bedeutend werde. Immerhin gehörte große Verwegenheit dazu, die Entzündung zu bewerkstelligen. Versehen mit einem langen Stocke, an dessen Spitze ein brennendes Licht befestigt war, kroch der Verwegene, welcher die That ausführte, und den die Engländer den „Feuermann“ zu nennen pflegten, ganz in Leder gehüllt, das Gesicht durch eine Maske geschützt, und möglichst Nase und Mund in der Nähe des Bodens haltend (weil die brennbaren Gase leichter als die Luft sind und emporsteigen) in die gefährdeten Stollen. Häufig genug kam er nicht zurück! Davy's Erfindung der Sicherheitslampe hat dieses verzweifelte Mittel überflüssig gemacht und gleichzeitig Tausenden von Grubenarbeitern das Leben erhalten. Leider stumpft der Umgang mit der Gefahr gegen diese ab und so finden wir, daß trotz der Sicherheitslampe Explosionen eintreten, einfach deshalb, weil die Arbeiter ihre Lampen öffnen und dadurch das brennbare Gas unmittelbar Zutritt zur Flamme erhält. In andern Fällen bedroht die Ansammlung von Kohlenoxyd und verwandten Gasen den Arbeiter in der Tiefe mit dem Tode der Erstickung. In solchen Fällen war bis zur Neuzeit gar keine Hülfe möglich, denn das mutigste Eindringen vermehrte nur die Zahl der Opfer. Aber die Wissenschaft bringt auch hier Hülfe. Bereits hat man Apparate konstruiert, welche es ermöglichen, eine gewisse Zeit hindurch, selbst in irrespirabler Atmosphäre zu verweilen. Ein solcher Apparat ist der von Gallibert erfundene, den unsere schöne Abbildung in Thätigkeit vorführt. Man sieht, wie der Retter der Unglücklichen auf seinem Rücken einen Kasten trägt, aus dem zwei Röhren von Kautschuk zum Munde führen. In dem Kasten befindet sich atmosphärische Luft, stark zusammengepreßt, die jedoch durch eine sinnreiche Vorrichtung in der angemessenen Dichte den Lungen zugeführt wird, während die ausgeatmete Luft wieder in den Kasten gelangt und nochmals zur Respiration tauglich wird.

Aber nicht nur die eben geschilderten Gefahren bedrohen den armen Gruben-

Rettung mit dem Gallibert'schen Apparate.

arbeiter, er muß sich auch noch gegen andere feindliche Gewalten zu schützen suchen, vornehmlich gegen den Zusammenbruch der Stollen und gegen die eindringenden Wasser. Zusammenbruch, Verschüttung bei lebendigem Leibe, das sind die nächsten Gedanken, die sich unwillkürlich Jedem aufdrängen, der zum ersten Male ein Bergwerk befährt. Und wahrlich, mehr als eine furchtbare Geschichte berichtet von den Schrecknissen der Verschüttung. Einer der merkwürdigsten Fälle ist derjenige, welcher sich 1854 beim Niedertreiben eines Schachtes in der Nähe von Lyon ereignete. Zwei Arbeiter wurden durch einen Erdfall verschüttet. Sie sahen, wie sich plötzlich ein Gewölbe über ihnen bildete und sie in ein enges Gefängniß einschloß. Man mußte, um zu den Verschütteten zu gelangen, einen neuen Schacht in der Nähe anlegen und von hier einen Stollen treiben. Die beiden Gefangenen hörten den Fortschritt der Rettungsarbeiten und antworteten so gut sie konnten. Jeden Augenblick glaubten sie den Moment ihrer Befreiung gekommen und immer wieder schob sich derselbe hinaus, weil neue Erdstürze die Rettungsarbeiten vereitelten. Einer der Beiden erlag, der andre aber widerstand den Schrecknissen des Hungers und seiner Umgebung, unermüdlich gab er Zeichen seiner Anwesenheit von sich, um die Rettungsarbeiten in der richtigen Direktion zu erhalten. Ganz Frankreich, ja ganz Europa war auf den Ausgang dieser Arbeit gespannt; jeden Tag wurden Bulletins ausgegeben. Endlich, am dreißigsten Tage, gelang es, den Unglücklichen zu erreichen und zu befreien. Er war zum Skelett abgemagert und mit Wunden bedeckt; in's Hospital gebracht, lebte er noch einige Zeit.

Nicht minder entsetzlich sind die Gefahren der eindringenden Wasser.

Eine der furchtbarsten Ueberschwemmungen, die in der Erinnerung der Grubenarbeiter fortleben, ist diejenige, welche im Jahre 1862 die Minen von Lalle in der Nähe von Bességes im Departement Gard verheerte. Es war am 11. Oktober jenes Jahres zwischen 3 und 4 Uhr Nachmittags, während eines heftigen Sturmes und bei sehr hohem Wasserstande des Flüßchens Cèze. Die Wasser zeigten sich in der Grube plötzlich, folgten der Neigung der Schichten und stürzten mit Ungestüm in die Tiefe. Die Mine beschäftigte in diesem Augenblicke ihre sämmtlichen Arbeiter. Eine furchtbare Katastrophe folgte! Einige Grubenarbeiter hatten Glück und Geistesgegenwart, durch eine der Spalten zu fliehen; andre stiegen eilig höher durch einen Schacht, während ihnen das Wasser auf dem Fuße folgte. Ein Arbeiter Namens Aubert, ein Italiener, rettete sich durch einen Schacht, nachdem er zuvor einen Kameraden, der in einem tiefern Niveau arbeitete, rasch von der Gefahr benachrichtigt hatte. Kaum an's Tageslicht gelangt, läuft Aubert einem Ausgange zu, befestigt den Förderkorb an der Kette und steigt wiederum in die Tiefe, um den dort befindlichen Arbeitern zuzurufen, während das Wasser in Strömen herabstürzte. Er traf auf vier Genossen, sie steigen rasch in den rettenden Korb, ein fünfter entfernt sich einen Augenblick und ist verloren! Rasch geht's aufwärts, aber ebenso rasch will Aubert in dem leeren Korbe wieder zur Tiefe hinab. Er bemerkt einen jungen Handlanger, der sich verzweifelt an das Holzwerk der Gallerie anklammert. Er nimmt ihn auf und befördert ihn nach oben. Und wahrlich, es war hohe Zeit, denn einen Augenblick später erfüllten die stromweise einstürzenden Wasser diesen ganzen Theil der Grube. Sechs Menschenleben hat Aubert gerettet, noch mehrere würde er retten, aber kein Punkt ist mehr zugänglich, über allen stehen die düsteren Wassermassen. Doch halt! Ein Ausgang blieb noch, er liegt in der unmittelbaren Nähe der Einbruchstelle der Wasser und hat sich durch eine Bodenspalte gebildet. In der That erblickt man hier in der Tiefe Lichter. Sofort werden Stricke, die man an den benachbarten Bäumen befestigt, hinabgelassen. Vergebens! Die Wut des Wassers verdoppelt sich, der Boden weicht und die Spalte ist geschlossen, die darunter eingeschlossenen Unglücklichen sind rettungslos dem Tode verfallen. Eine halbe Stunde hatte genügt, um die ganze Grube in einen See zu verwandeln. Die Luft und die Gase, welche im Innern der Grube durch das Wasser beträchtlich zusammengedrückt wurden, entwichen zischend durch die Spalten des Terrains, ja sie verursachten eine explosionsartige Erschütterung, durch welche selbst in einiger Entfernung die Häuser zitterten.

Sofort nach dem Bekanntwerden des Unglücksfalles waren der Ingenieur Hr. Courraux und der Grubenmeister Martin Dagasso zur Stelle und kurz darauf waren auch die Ingenieure der benachbarten Gruben und Hammerwerke herbeigerufen. Indessen erkennt man, daß eine unmittelbare Hülfe nicht möglich erscheint, die ganze Grube ist vielleicht nur ein einziges Grab. Hundert neun und dreißig Lampen waren am Morgen ausgeteilt worden, neun und zwanzig sind nur zurück. Sonach sind also noch 110 Arbeiter in der Grube außer vier Aufsehern, und alle diese Menschen sind in verschiedenen Tiefen verteilt, je nach der ihnen zugewiesenen Arbeit.

Das Nächste, was man thun konnte, war an der Oberfläche einen Damm gegen das fernere Zuströmen von Wasser zu errichten und nach dem Studium der Pläne weitere Mittel zu berathen. Während dessen begibt sich ein junger Arbeiter in eine Galerie — es war Samstag den 12. Oktober, 24 Stunden nach dem Eintritte der Katastrophe — und klopft dort gegen die Wände. Er horcht lange und

Der „Feuermann", die Gase entzündend.

aufmerksam und glaubt endlich Töne zu vernehmen, die den seinigen antworten. Auf der Stelle ruft er seine Kameraden; man wiederholt den Versuch und mit dem gleichen Erfolge. Jetzt werden die Ingenieure benachrichtigt. Herr Parran schickt, der größern Stille halber, einige Personen fort und klopft in bestimmten Zwischenzeiten gegen die Wand. „Das Ohr gegen die Kohlenschichten gedrückt," erzählt er, „mit zurückgehaltenem Atem, vernahmen wir mit tiefster Bewegung schwache, antwortende Laute. In der That, es waren lebende Wesen hinter dem Gestein, die sich bemerkbar machten!" Aber Mauern von 20 Meter Dicke trennten die Gefangenen von ihren Befreiern. Wer soll diese Felsen durchbrechen, da die meisten Arbeiter in der Mine begraben sind? Sofort bieten die benachbarten Gruben ihre Leute an und die ersten Schläge, welche widerhallen, verkünden den Gefangenen, daß ihre Retter nahen. Um 6 Uhr Abends begann die Arbeit und sie wurde an fünf verschiedenen Punkten gleichzeitig begonnen. Jeder Hauer arbeitet mit Aufbietung aller Kräfte und wird auf der Stelle abgelöst, sobald er ermattet. Die ausgebrochenen Kohlen werden sofort in Körbe zusammengetragen, und diese von Hand zu Hand, einer lebenden Kette entlang in's Freie befördert. Aber in dem Maße, als man tiefer kommt, wird die Arbeit schwieriger wegen Luftmangels. Man muß Ventilatoren einrichten und bisweilen können die Lampen sogar nur unmittelbar vor der Luftzuführungsröhre brennen. Montag den 14. Oktober, Morgens 2 Uhr, ist man endlich so weit, daß man durch das Gestein mit den Eingeschlossenen reden kann. Sie teilen mit, daß sie drei an der Zahl sind und nennen ihre Namen. Die Anstrengungen der Retter werden verdoppelt, aber das zu durchbrechende Kohlengestein zeigt sich nun ungewöhnlich hart. Mit verzweifelter Anstrengung wird Dienstags gearbeitet, obgleich der Luftmangel äußerst fühlbar und die Hitze unerträglich ist. Ein Elitekorps von Hauern steht an der Spitze und dringt mit einer Art Wut immer wieder gegen das feste Gestein vor, während die Eingeschlossenen drinnen nicht aufhören, sich vernehmbar zu machen. Endlich um Mitternacht ist man an einem Punkte so weit, daß eine Oeffnung zu der Höhlung führt, in der die Gefangenen schmachten. Man findet nur noch zwei davon am Leben, den jungen vor Bewegung laut schluchzend, den andern, eine Beute des Fiebers. Der dritte und ältere Mann war den Schrecknissen erlegen, man fand seine Leiche in der Tiefe einer kleinen Höhle, welche den Unglücklichen Schutz gewährt hatte. Die beiden Geretteten wurden dem Hospitale übergeben und ihr Zustand hatte sich schon andern Tages wesentlich gebessert. Die Rettungsarbeiten hatten ohne jede Unterbrechung 78 Stunden gedauert, aber die Wegräumung des Steinkohlengebirgs würde unter gewöhnlichen Verhältnissen einen Monat in Anspruch genommen haben. Aus dem Munde der Geretteten erfuhr man nachträglich Näheres über die Verhältnisse, unter denen sie eingeschlossen worden waren. Als sie den Einbruch der Wasser vernommen hatten, flüchteten sie nach dem höchsten Punkte der Galerie, wo man sie später fand. Der Zufluchtsort war eng, abschüssig und schlüpfrig. Mit den Händen und den Haken ihrer Grubenlampen höhlten sie einen kleinen Platz aus, auf den sie sich setzen konnten. Das Wasser umspülte dabei fortwährend ihre Füße. Sie waren überhaupt wie in einer Taucherglocke und atmeten in einer ungemein verdichteten Luft. Die Lampen erloschen rasch in Folge des Mangels an Oel. Den in der Finsterniß Begrabenen blieb kein anderes Mittel, als mit den Füßen gegen das Gestein zu klopfen und dadurch Hülfe herbeizurufen. Dieses Klopfen war es, welches zufällig gehört wurde, aber freilich erst nachdem die Unglücklichen vierundzwanzig qualvolle Stunden lang geklopft hatten! Als sie endlich wahrnahmen, daß man ihre Zeichen gehört, vergoß der Aeltere von ihnen, derjenige, welcher das Licht nicht wiedersehen sollte, Thränen der Freude. Der Jüngere fiel häufig in Schlaf, stürzte in's Wasser und würde ohne die Hülfe seiner Gefährten ertrunken sein. Als beim Fortschritt der Rettungsarbeiten einmal das Geräusch des Ventilators an das Ohr der Eingeschlossenen drang, vermuteten diese einen neuen Wassereinbruch und gerieten in Verzweiflung. Besonders der Aeltere wußte sich nicht mehr zu fassen, erschöpft von seiner unaufhörlichen Aufregung verlor er seinen Stützpunkt, glitt die schräge Fläche hinab und stürzte in's Wasser um zu ertrinken, ohne Schrei, ohne weitere Bewegung. Starr vor Schreck blieben die beiden andern zusammengekauert auf ihren Sitzen und antworteten sogar auf die Frage draußen, es seien drei Lebendige zu retten! Der Jüngere, vom Durste gepeinigt, entschloß sich zu einer Bewegung. Während er trinkt, berührt er die Leiche im Wasser; Grauen erfaßte ihn und im Delirium kehrt er zurück. „Lass' uns fortgehen von hier," sagt er zu seinem Kameraden, der selbst vor Furcht nichts zu sagen weiß, als ihn nochmals zum Trinken aufzufordern. Als die Beiden gerettet waren, zeigte sich, daß sie vollkommen irre in der Zeit waren, denn sie meinten nur 24 Stunden eingeschlossen gewesen zu sein, auch hatten sie keinen Hunger verspürt. — An andern Punkten wurden die Rettungsarbeiten ebenfalls mit aller Anstrengung fortgesetzt, ohne daß man eigentlich noch hoffen durfte, ein Menschenleben zu erhalten. Wie groß war daher das Erstaunen, als man 13 Tage nach dem Unglücksfalle bei der Ausräumung in der Tiefe Stimmen vernahm; es waren zwei ältere Arbeiter und ein Knabe. Nur dem Umstande, daß sie genügend Wasser zu trinken hatten, verdankten sie ihre Erhaltung so lange Zeit hindurch. Dennoch hatten sie ihre Ledergürtel und faules Holz verzehrt. Alle übrigen Grubenarbeiter, 105 an der Zahl, waren ein Opfer der Katastrophe geworden.

Aber nicht nur in der Grube, bei der Arbeit, drohen dem Bergmanne schreckliche Gefahren, sondern auch in den Schachten lauert häufig genug das Verderben. Ja, die Gefahren beim Ein- und Ausfahren werden von den Grubenarbeitern weit mehr gefürchtet, als die Zufälle in den Arbeitsräumen der Bergwerke.

Es kann jedoch für jetzt auf die sogenannte Fahrung in den Bergwerken nicht näher eingegangen werden und sollen diese Einrichtungen einer spätern Besprechung aufbehalten bleiben. Dagegen wird es angemessen sein, einige statistische Mittheilungen über die Anzahl der Unglücksfälle zu machen, welche in den Steinkohlengruben der verschiedenen Länder vorkommen. Hiernach werden durchschnittlich alljährlich von 100 Arbeitern in Kohlenbergwerken 2 von einem Unfalle betroffen und von 1000 Arbeitern verlieren 4 das Leben. Für England hat man berechnet, daß die Produktion von je 100,000 Tonnen Kohlen den Tod eines Arbeiters mit sich bringt. So wahr ist es also, daß ein Stück Kohle oft weit teurer ist als man denkt und daß die Steinkohlengruben für den Arbeiter ein wahres Schlachtfeld darstellen! Dieser tägliche Kampf gegen das, was man den Unstern der Elemente nennen könnte, hat den Bergmann zu einer Art Soldat gemacht, der wohl disciplinirt und voller Energie ist. In dieser Armee der schweren, unterirdischen Arbeit unterrichten die Alten die Jugend und diese erlangt bald in Folge dessen und der Praxis eine Menge ausgezeichneter Eigenschaften in Geduld, Nachdenken, Kaltblütigkeit, dabei einen starken, gegen Unbilden völlig abgehärteten Körper. Seht diese Männer an, wie sie aus den dunklen Schachten emporsteigen, die Lampe in der Hand, resignierten Schrittes, das Gesicht geschwärzt, Kleider und Kopfbedeckung naß, beschmutzt. Wohin gehen sie? Sie kehren heim zu ihren Familien, ruhig, schweigsam; nach wenigen Stunden eilen sie wieder zurück in die Tiefen der Erde. Grüßt sie als die zwar unberühmten aber kraftvollen Soldaten der Tiefe, als die Pioniere der unterirdischen Welt!

Die Cedronbohne.

Ueber die Frucht von Simarula ferruginea oder Simala cedron, die neuerdings auch als Substitut von Chinin empfohlen wurde, macht (der Ztschrft. d. Dtsch. Ap.-Vereins zufolge) John Penn Curvy folgende merkwürdige Mitteilungen:

Während meiner Reise in Panama beobachtete ich, vor meinem Zelte sitzend, eines Morgens eine etwa 15 Schritt vor mir sich bewegende Klapperschlange. Sie biß einen ungefähr drei Fuß über dem Boden auf einem Zweige sitzenden Vogel, so daß dieser zur Erde fiel; bevor ich die Schlange töten konnte, biß sie noch einmal. Sie hatte 14 Klapperringe. Der Vogel, eine Art Bussard, erholte sich soweit wieder, daß er etwa 25 Schritt weiter fortflog, einige Secunden an einem Busche pickte, der der amerikanischen Quitte ähnelte, und so munter in die Lüfte segelte, als sei ihm gar nichts geschehen.

Ich machte einen meiner Diener, einen Eingeborenen von Panama, auf diese Sache aufmerksam, er sah mich verwundert an und lachte über meine unschuldsvolle Unwissenheit, daß ich dieses Mittel gegen Bisse giftiger Reptilien und Insecten nicht kenne.

„Wir machen uns aus den Bissen von Klapperschlangen, Moccasinschlangen, Kupferschlangen, Eidechsen und Taranteln so wenig, wie aus einem Mückenstiche. Die Cedronbohne tödtet das Gift in 5 Minuten," sagte er.

Wir bezweifelten Alle seine Angabe, aber in der nächsten Nacht fing er eine große Klapperschlange, ließ sich am nächsten Morgen vor allen Insassen des Lagers mehrmals von ihr in die linke Hand beißen und tötete sie dann.

Die Bißstellen hatten etwa die Größe eines Stecknadelkopfes, bald trat eine tief purpurne Entzündung ein, die sich wie eine Rose über die ganze Hand auszubreiten begann. Wir wollten dem Verwundeten mit Branntwein beispringen, aber „Tony" zog eine Cedronbohne von Größe und Aussehen einer Kastanie aus der Tasche, nagte daran und breitete dann den Speichel über die Wunden aus. Dann bereitete er aus Abschabsel der Bohne und heißem Wasser einen Thee und trank diesen. Nach einer halben Stunde waren alle äußeren Anzeichen der Entzündung verschwunden; Tony empfand nur etwas Uebelkeit und war nach zwei Stunden wieder ganz munter. Andere Experimente bestätigten diese Erfahrung. Ich nahm eine Partie Bohnen nach San Francisco mit, wo Prof. Langwert auf meine Veranlassung Versuche anstellte, die alle vom besten Erfolge begleitet waren. In der „Alta California" und in „London Lancet" erschienen Berichte über die medicinischen Eigenschaften der Cedronbohne.

Eine Cedrontinctur aus 1/4 Bohne und 2 Unzen Alkohol, in Dosen von 15—20 Tropfen zweimal täglich genommen, ist sehr wirksam gegen hartnäckige Gicht. In leichteren Fällen genügen 10 Tropfen zweimal täglich.

Ferner versichern die Eingeborenen von Centralamerika, daß unter ihnen kein einziger schlimmer Ausgang von Hydrophobie (Wasserscheu) jemals vorgekommen sei, obgleich die ganze Tropengegend jenes Landes von Hunden wimmelt. Gegen Hundebisse wird nichts weiter als ein Thee von Cedron angewandt. Man hat beobachtet, daß Hunde von Zeit zu Zeit von den Bohnen genießen, ebenso wie Katzen von dem wilden Katzenkraut. Auf das bestimmteste behaupten die dortigen Eingeborenen, daß Cedron das Schutzmittel gegen diese gewöhnlich tötlich endende Krankheit sei. — Die Sache verdient jedenfalls eine ernstliche Untersuchung.

Die optische Telegraphie und der Sonnen-Telegraph.

Die optische Telegraphie bildet überall da, wo man Verbindungen mittelst des elektrischen Telegraphen entbehren muß, ein sehr wertvolles, unter Umständen das einzige Kommunikationsmittel zur schnellen und sicheren Ueberbringung von Nachrichten.

Bei der Schifffahrt und im Seedienste werden vorzüglich sichtbare Signale zur Verständigung und Befehligung angewendet. Große Dienste leistet die optische Telegraphie auch im Seewesen. Für, in wilden, öden Gegenden einzeln marschierende, durch weite Entfernungen getrennte Truppenkörper, für cernirte Festungen und Plätze, die von aller sonstigen Kommunikation abgeschnitten sind, kann die Verbindung mittelst optischer Telegraphen häufig von allergrößtem Nutzen sein. In neuester Zeit hat sich dies beispielsweise in den Kriegen der Engländer mit den Zulu wieder gezeigt. Erstere haben von der optischen Telegraphie, beziehungsweise von dem Sonnentelegraph wiederholt mit Vorteil Gebrauch gemacht. Unter Anderem um das Fort Ekowe, während seiner Einschließung mit dem in seinen rückwärtigen Verbindungen nicht gestörten Fort Tenedos in telegraphische Verbindung zu setzen. Die Kolonialregierung von Indien hat ferner auch die Sonnentelegraphie im Winter 1877—78 im Afridi-Kriege und neuerdings in den Feldzügen gegen Afghanistan mehrfach erprobt.

Den Apparat, dessen man sich zu dieser Art der Telegraphie bedient, nennt man Sonnentelegraph oder Heliograph, und werden mit demselben durch Reflexion der Sonnenstrahlen mittelst eines gewöhnlichen Spiegels, Planspiegels, auf sehr weite Entfernungen sogenannte Blitzsignale gegeben.

Es sollen mit Hilfe des Heliographen auf Entfernungen von über 100 Kilometer telegraphische Mitteilungen gemacht worden sein.

Auch in New-Süd-Wales wurden mit diesem Instrumente Versuche angestellt. Ebenso ist dasselbe seit Kurzem in Spanien zwischen Madrid und Algeciras beziehungsweise Ceuta in Gebrauch, und hofft man durch Errichtung ständiger heliographischer Stationen an den spanischen und afrikanischen Küsten die Legung von Telegraphenkabeln durch die Meerenge von Gibraltar, deren Unterhaltung erfahrungsmäßig mit vielen Schwierigkeiten verbunden ist, ersparen zu können. Auch die Verbindung einiger westindischer Inseln mittelst des Heliographen ist in Aussicht genommen. Derselbe ist außerdem in dem Seewesen von Nordamerika, Frankreich und Belgien eingeführt. In der deutschen Armee haben vor längerer Zeit mit diesem Apparate angestellte Versuche gleichfalls höchst befriedigende Resultate ergeben.

Die Principien, auf denen die Wirkungsweise solcher Instrumente beruhen, sind längst bekannt, beispielsweise haben Gauß und Bessel bei den von ihnen ausgeführten Triangulationsarbeiten Heliographen eigener Construktion erfolgreich benutzt.

Ein solcher Apparat, der jetzt noch vorwiegend, hauptsächlich für Feldzugszwecke zur Anwendung gelangt, ist von einem in der persischen Telegraphenverwaltung beschäftigten Engländer, Namens

Henry Mance construiert worden. Außerdem sind noch die Instrumente von dem englischen Captain Begbie und dem Franzosen Leseurre besonders bekannt.

Durch die Anwendung der Heliographen, welche weiter unten näher beschrieben werden sollen, ist in letzterer Zeit der optischen Telegraphie wieder besondere Aufmerksamkeit geschenkt, und wenn gleich auch in den Principien, auf denen diese Mitteilungsweise beruht, keine besonderen Veränderungen eingetreten sind, so dürfte eine kurze Beschreibung einzelner Verfahren, wie Nachrichten auf optischem Wege gegeben werden, für manche Leser von Interesse sein.

Zunächst hat man für die Buchstaben des Alphabetes, sowie für die Zahlen bestimmte Zeichen eingeführt und zwar sind diese meistens denen ganz ähnlich, welche bei den gewöhnlichen elektrischen Telegraphen in Gebrauch sind. Sie bestehen aus einer Zusammenstellung von Punkten und Strichen, welche in der optischen Telegraphie vermittelst geeigneter Apparate durch rasche und langsame Bewegungen, bei Anwendung von reflectierten Lichtstrahlen durch rasches oder langsames Verschwindenlassen derselben nachgeahmt werden, und zwar sind auch hier die in der electrischen Telegraphie eingeführten hier folgenden Zeichen von Morse üblich.

Buchstaben:

a	. —	h	. . . .	q	— — . —
ä	. — . —	i	. .	r	. — .
à oder å	. — — . —	j	. — — —	s	. . .
b	— . . .	k	— . —	t	—
c	— . — .	l	. — . .	u	. . —
ch	— — — —	m	— —	ü	. . — —
d	— . .	n	— .	v	. . . —
e	.	ñ	— — . — —	ẃ	. — —
é	. . — . .	o	— — —	x	— . . —
f	. . — .	ö	— — — .	y	— . — —
g	— — .	p	. — — .	z	— — . .

Ziffern:

1	. — — — —	6	— . . . .
2	. . — — —	7	— — . . .
3	. . . — —	8	— — — . .
4	. . . . —	9	— — — — .
5	. . . . .	0	— — — — —

Bruchstrich / — — — — — —

Interpunktions- und andere Zeichen:

Punkt (.)	. . . . . .
Strichpunkt (;)	— . — . — .
Komma (,)	. — . — . —
Doppelpunkt (:)	— — — . . .
Fragezeichen (?)	. . — — . .
Ausrufungszeichen (!)	— — . . — —
Apostroph (')	. — — — .
Bindestrich (-)	— . . . . —
Klammer ( )	— . — — . —
Anführungszeichen („ “)	. — . . — .
Staats-Telegramm	. . .
Privat-Telegramm	. — — .
See-Telegramm	— — —

u. s. w.

Erwähnt sei hier auch noch eine einfache von Sir Garnet Wolseley vorgeschlagene Methode, mit welcher es möglich ist, sogenannte chiffrierte oder Nachrichten in Geheimschrift zu geben. Dieselbe besteht in Folgendem: Ein großes Quadrat wird in 25 kleine eingeteilt und in der Weise nummerirt, wie es nachfolgende Figur zeigt:

1.	2.	3.	4.	5.
8.	9.	10.	11.	6.
7.	12.		12.	7.
6.	11.	10.	9.	8.
5.	4.	3.	2.	1.

Sodann wählt man irgend ein Wort, in dem jedoch jeder Buchstabe nur einmal vorkommen darf, welches als Schlüssel der Geheimschrift dient z. B. Kaiser und setzt die einzelnen Buchstaben der Reihe nach von links nach rechts in die kleinen Quadrate ein, completiert danach das ganze Alphabet in gewöhnlicher Ordnung unter Weglassung der im Schlüsselworte vorkommenden Buchstaben; danach wird sich dann also ein Tableau wie folgt ergeben:

1. K	2. A	3. I	4. S	5. E
8. R	9. B	10. C	11. D	6. F
7. G	12. H	L.	12. M	7. N
6. O	11. P	10. Q	9. T	8. U
5. V	4. W	3. X	2. Y	1. Z

Hieraus ist ersichtlich, daß jede Nummer zwei Buchstaben repräsentiert. Um nun also eine Nachricht chiffriert, oder für Jeden der das Schlüsselwort nicht kennt unverständlich zu geben, hat man nur nötig an Stelle der Originalbuchstaben diejenigen zu setzen, welche nach dieser Aufstellung gleichlautende Nummern haben. Universum würde hiernach transponiert also RGXEVUWRH heißen.

Die einfachste Manier um auf optischem Wege Nachrichten zu geben sind die Flaggensignale. Das Zeichen geben

Fig. 1. Flaggensignale.
AB, BA bezeichnet einen Punkt; AC, CA bezeichnet einen Strich.

geschieht durch kürzere oder längere Bewegungen der Flagge. Bedeutet in Fig. 1 das Halten derselben in die Position A die Anfangsstelle, so kann man durch eine rasche Bewegung von A nach B und zurück einen Punkt darstellen, während eine Bewegung von A nach C und zurück einen Strich bezeichnen würde.

Auf Schiffen werden Signale vermittelst Flaggen durch Heben und Senken derselben am Mast gegeben.

Bei dieser wie bei allen ähnlichen Methoden ist wesentlich auf die Beschaffenheit der Umgebung, ob diese besonders im Hintergrunde dunkel oder hell ist, Rücksicht zu nehmen. Ist der Hintergrund dunkel so wählt man natürlich eine weiße Signalflagge, umgekehrt eignet sich die blaue Farbe am besten.

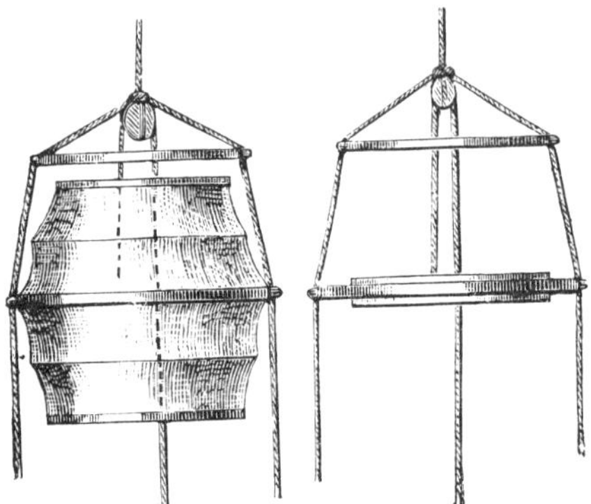

Fig. 2. Zusammenfallende Trommel.

Zwei sehr einfache Apparate, welche meistens zum Signalisieren an den Küsten Verwendung finden, sind in Fig. 2 und 3 abgebildet. Hier werden die Striche und

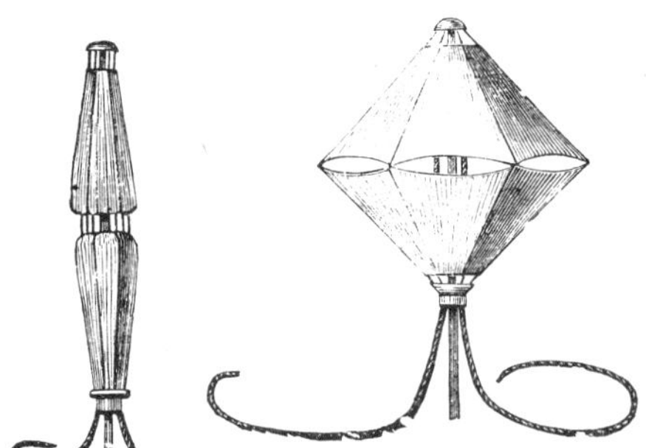

Fig. 3. Zusammenfallender Conus.

Punkte durch die Zeitdauer des Oeffnens und Schließens derselben markiert.

Von ähnlicher Wirkungsweise ist der in Fig. 4 geschlossen und in Fig. 5 geöffnet dargestellte Jalousienapparat. Derselbe besteht aus einem Rahmen und einer Anzahl in Zapfen beweglicher dünner Bretter, welche alle vermittelst einer mit denselben verbundenen Gelenkstange von einem Handgriffe aus auf einmal bewegt werden können.

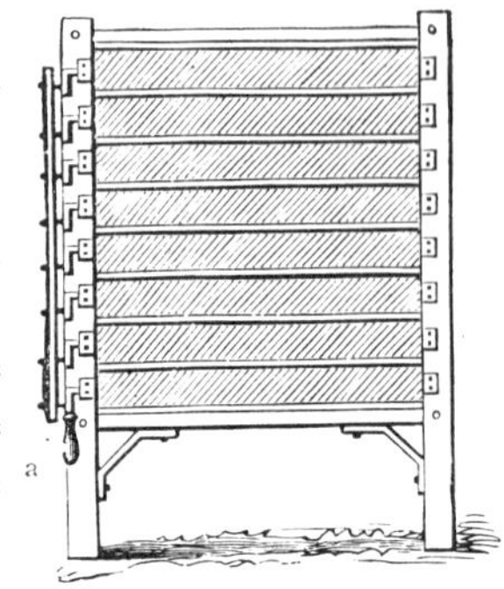

Fig. 4. Jalousienapparat, geschlossen.
a. Handhabe.

Bei einigermaßen klarem Wetter kann man mit diesem Apparate, wenn derselbe etwa 6 1/2 bis 7 Quadratmeter Oberfläche hat, Signale auf ungefähr 16 bis 24 Kilometer deutlich vermitteln.

Der Apparat ist auf der einen Seite mit weißer auf der andern mit blauer Farbe angestrichen, welche je nach der Beschaffenheit der Umgebung der entfernten Station zugekehrt werden.

Bei Nacht geben gewöhnliche Laternen, deren Licht man durch undurchsichtige Scheiben längere oder kürzere Zeit verdunkelt, weit sichtbare Zeichen. Eine gute Petroleumlampe ist z. B. auf 16 Kilometer Entfernung noch deutlich wahrzunehmen.

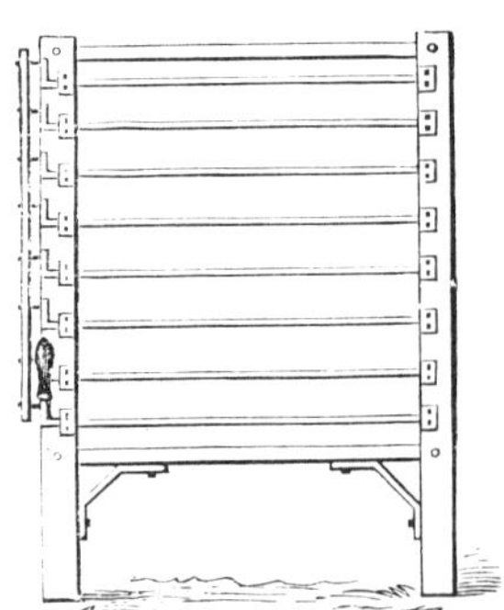

Fig. 5. Jalousienapparat, geöffnet.

In manchen Gegenden, besonders den tropischen, sind die klaren Nächte zum Telegraphieren viel geeigneter als das häufig nebelige und durch dunstige Atmosphäre getrübte Tageslicht. Für sehr große Entfernungen wendet man zur

Nachttelegraphie elektrisches Licht an. Alle diese und ähnliche Methoden der optischen Telegraphie haben jedoch große Nachteile. Sie sind meistens langsam und bei anhaltendem Gebrauch beschwerlich in der Handhabung. Ihr Verwendungsbereich ist doch verhältnismäßig beschränkt, so daß auf lange Entfernungen zu zuverlässigen Uebermittelungen von Nachrichten sehr viele Apparate zur Verwendung kommen müssen, durch welche, abgesehen von der hierdurch schon bedingten Verlangsamung in der Kommunikation, auch leicht Irrtümer durch Verwechselung der verschiedenen Stationen vorkommen können. In Kriegszeiten kann es sich ereignen, daß die Apparate einfach zerstört und so die Verbindungen unterbrochen werden, oder gar, daß die Depeschen, wenngleich sie chiffriert gegeben werden können, von dem Feinde doch verstanden werden.

Alle diese Art Uebelstände und Schwierigkeiten fallen jedoch bei der Sonnentelegraphie vermittelst des Heliographen weg. Diese Apparate sind bei Tag und Nacht brauchbar. Sie sind bequem, leicht und sicher zu bedienen und können wie oben schon bemerkt, auf sehr große Entfernungen Signale mit denselben gegeben werden, daher kann auch die Zahl der für eine bestimmte Strecke nötigen Apparate eine viel beschränktere sein. Unter Anwendung eines Teleskopes auf der Beobachtungsstation soll es sogar möglich sein, die Blitzsignale der Heliographen auf eine Entfernung von 150 bis 160 Kilometer noch wahrnehmen zu können. Ein großer Vorteil ist außerdem noch, daß diese Reflektionssignale sich nur auf einen einzigen Punkt richten und sonst nirgend sichtbar sind.

Das Signalgeben mittelst durch Glas aufgefangener und reflektierter Sonnenstrahlen ist schon sehr alt und allgemein verbreitet.

Galton erzählt in seinen „Reisebeschreibungen über den Westen," daß die nordamerikanischen Indianer sich untereinander Mitteilungen vermittelst Spie-

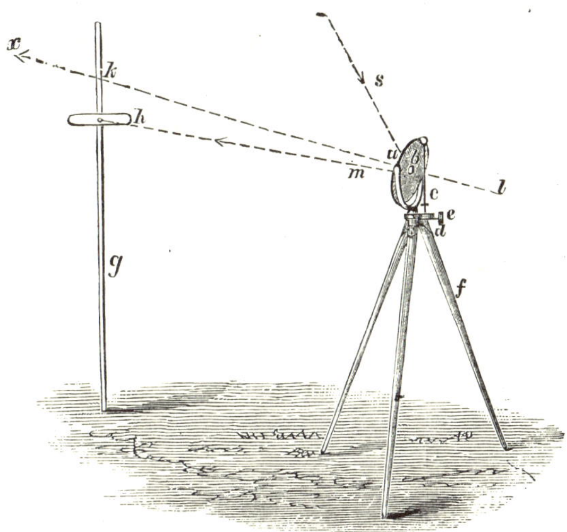

Fig. 6. Mance's Feld-Heliograph.

a Spiegel; b Visierloch; c Tangentschraube für vertikale Richtung; d Schlüssel für die Abweichung des Spiegels; e Tangentschraube für horizontale Richtung; f Dreifuß; g Visierstab; h Querstange; k Schieber oder Visier; s Sonnenstrahl; m h Reflektierter Strahl; l k x Richtung des Objekts.

gelung der Sonnenstrahlen machten. Alexander der Große ließ seinen Schiffen auf der Fahrt nach Indien von der Küste aus den Cours durch Spiegelsignale angeben. Die Times berichten vom 11 Juli 1853, daß im Krimkriege an diesem Tage ein großer Zug Proviant in Sebastopol anlangte und den ganzen Tag der Spiegeltelegraph in Thätigkeit gewesen sei.

Zur näheren Beschreibung der oben genannten Heliographen übergehend, sei zunächst bemerkt, daß diese Instrumente mit einem anderen ganz ähnlichen Apparate, dem Heliostat leicht verwechselt werden.

Letzterer wird nämlich nur bei Länderausmessungen, wobei es sich um längere Fixierung eines Punktes handelt, verwendet, zu welchem Zwecke derselbe mit Einrichtungen, Uhrwerken und dergl. versehen ist, welche es ermöglichen, daß sich dieser Apparat selbstthätig nach der Bewegung der Sonne richten kann, wodurch es eben erreicht wird, daß die auf einen bestimmten Punkt reflektierten Strahlen unverändert auf denselben erhalten werden können.

Die vorstehende Fig. 6 zeigt nun einen sogenannten Feld-Heliographen von Mance. Er ist der Hauptsache nach ein auf einem leichten Stativ durch zwei Schrauben e und c horizontal und vertikal verstellbarer Spiegel a.

Die Schraube c verlängert sich in eine kleine Stahlstange, welche in geeigneter Weise mit dem Spiegel derartig verbunden ist, daß durch ein Auf- und Niederbewegen derselben eine geringe vertikale Bewegung des Spiegels sich bewerkstelligen läßt, und dies wird durch eine mit Schraube und Stahlstange verbundene Druckfeder ermöglicht.

Im Mittelpunkte b ist der Spiegel durchsichtig gelassen, um dessen Axe genau in die Richtung des Ortes einstellen zu können, nach welchem die Signale gegeben werden sollen, und zwar geschieht dies mit Hülfe einer etwa 9 bis 10 Meter vor dem Spiegel aufgestellten Nivellierlatte g, welche mit einem beweglichen Schieber k und einem rechtwinklig angebrachten festen Querstück h versehen ist.

Zunächst wird nun der Spiegel so reguliert, daß die einfallenden Sonnenstrahlen s genau auf die Mitte des genannten Querstücks h reflektiert werden. Sodann wird die Spiegelaxe durch Drehung der Schraube c allmählich verändert, bis die reflektierten Sonnenstrahlen auf der entfernten Station wahrgenommen werden können, was diese durch einen Retourstrahl des dort aufgestellten Heliographen signalisiert. In der Figur stellt b k x diese Richtung vor.

Die Schraube c wird dann gestellt und das Telegraphieren kann beginnen. Dies geschieht durch Niederdrücken und Loslassen der erwähnten Stahlstange, wodurch der Spiegel sich um den Winkel k b h dreht. Die Spiralfeder ist nämlich derartig angeordnet, daß sie beim Loslassen die Spiegelaxe immer selbstthätig wieder in die Richtung b k einstellt. Sehr wichtig ist es nun, wegen des veränderlichen Standes der Sonne stets darauf zu achten, daß beim Niederdrücken die reflektierten Strahlen immer genau in die Richtung m h fallen, beziehungsweise der Bewegungswinkel h b k des Spiegels stets derselbe bleibt, was durch ein der Bewegung der Sonne entsprechendes Regulieren an der Schraube e leicht zu erreichen ist. Nebenbei sei bemerkt, daß es praktisch ist, diesen Bewegungswinkel möglichst klein zu nehmen. Je nachdem man nun das Niederdrücken der Stahlstange rasch oder langsam ausführt, werden die reflektierten Sonnenstrahlen von der Beobachtungsstation in kürzeren oder längeren Intervallen gesehen werden können. Es ist also auf diese Weise leicht nach dem oben angegebenen Morse-Alphabet zu telegraphieren.

Der von Kapitän Begbie konstruierte in Fig. 7 dargestellte Feld-Heliograph unterscheidet sich von dem eben beschriebenen dadurch, daß außer dem Signalspiegel a noch ein anderer r zur Anwendung kommt, welcher den Zweck hat, die Sonnenstrahlen aufzufangen und dem Signalspiegel mitzuteilen. Der letztere braucht also nach dem veränderlichen

Stande der Sonne nicht reguliert zu werden, und da das Signalgeben selbst hier durch eine in die Visierlinie lk eingeschaltete drehbare undurchsichtige Scheibe p geschieht, so bietet sich bei diesem Apparate der Vorteil, daß der Signalspiegel, wenn einmal richtig eingestellt, nicht wieder bewegt zu werden braucht, wo-

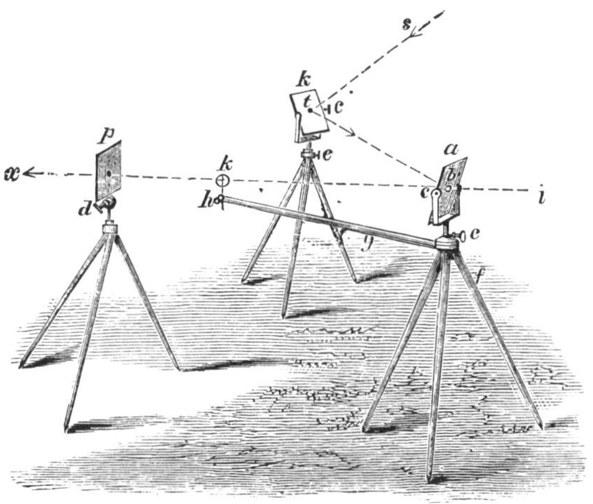

Fig. 7. Begbie's Feld=Heliograph.

a Signal=Spiegel; b Visierloch mit weißer Scheibe; c Schraube für Vertikal=Richtung; d Schlüssel für Signalisieren, am Schirm (p); e Schraube am Dreifuß für Horizontal=Richtung; f Dreifuß; g Visierstange am Dreifuß befestigt; h Schraube für Befestigung des Fadenkreuzes; k Fadenkreuz; r Sonnen=Spiegel; t Visierloch mit schwarzer Scheibe; p Schirm; s Sonnenstrahl; 1kx Visierlinie und Richtung des reflektierten Strahls.

durch es vermieden wird, daß sich während der Apparat in Thätigkeit ist, die Richtung lk nach der entfernten Station verändern kann. Die Einstellung des Spiegels geschieht hier auf ganz ähnliche Weise wie bei Mances Heliograph, jedoch kommt die Nivellierlatte in Wegfall, und wird die Visierlinie durch ein, mittelst drehbaren Armes g vor den Spiegel gehaltenes Fadenkreuz k, welches durch eine Schraube h vertikal verstellbar ist, festgelegt.

Zur Bedienung dieses Apparats sind jedoch zwei Personen erforderlich, eine welche durch Drehung der Scheibe p das Telegraphieren besorgt, und eine andere, welche den Sonnenspiegel nach der Bewegung der Sonne reguliert.

Der Heliograph des Franzosen Lesseurre unterscheidet sich von diesem wesentlich nur dadurch, daß an Stelle der Signalscheibe ein aus dünnen Metallblechen leicht konstruierter Jalousienapparat, wie eingangs schon beschrieben wurde, zur Anwendung kommt. Auch hier sind zwei Personen zur Bedienung erforderlich. Es dürfte daher, zumal diese Instrumente an und für sich schon kompliciert sind, der Mance'sche Apparat durch seine Einfachheit und bei einiger Uebung leichten Bedienungsweise und Zuverlässigkeit die Vorteile derselben wohl ausgleichen.

Bemerkt sei nur noch, daß selbstverständlich größere Spiegel eine stärkere Reflektionsfähigkeit besitzen als kleinere, und kann ein Spiegel von etwa 20 Quadratcentimeter Fläche Signale auf 16 bis 20 Kilometer Entfernung geben, während man mit Spiegeln von etwa 25 Quadratcentimeter Oberfläche schon auf 24 bis 30 Kilometer, bei klarem Wetter sogar auf 60 bis 70 Kilometer signalisieren kann.

Unzweifelhaft sind die Heliographen, obgleich deren Anwendung wesentlich von der Wetterbeschaffenheit abhängig ist, ein sehr schätzbares Kommunikationsmittel, wenn auch hauptsächlich nur für solche Gegenden, in denen auf dauernden Sonnenschein gerechnet werden kann. Wo dies nicht der Fall ist, erübrigt nur die Verwendung von Lampenlicht oder elektrischem Licht, und die Benutzung der Nacht zum Signalgeben. Auch dies ist früher, sowie wieder in neuester Zeit vielfach versucht worden, obschon nicht immer mit gleichmäßig gutem Erfolge. Doch werden die Schwierigkeiten in dieser Beziehung durch die immer fortschreitende Vervollkommnung der elektrischen Leuchtapparate, sowie der Spiegelinstrumente mit der Zeit überwunden werden und dadurch die optische Telegraphie weitere Fortschritte in ihrer allgemeinen Verwendbarkeit machen.

Der Nachen im Reisesack.

Jeder, der schon Reisebeschreibungen gelesen hat, weiß wie groß die Schwierigkeiten sein können, welche Stromschnellen, Wasserfälle oder zu seichtes Wasser den Forschungsreisenden in

Der offene biegsame Nachen im Augenblick des Flottmachens.

fremden Gebieten bereiten, auch wenn sie mit einem sonst brauchbaren Kahne versehen sind. Es müssen mühsam die Hindernisse um-

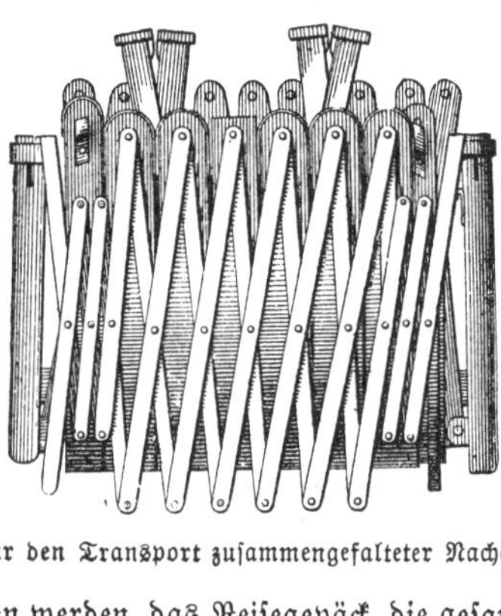

Für den Transport zusammengefalteter Nachen.

gangen werden, das Reisegepäck, die gesammelten Naturalien, die Tauschobjekte, kurz alles Transportable, auch der Nachen muß auf den Schultern des Menschen durch das Dickicht geschleppt werden bis zu einer Stelle, wo das Boot wieder flott gemacht, die Reise zu Wasser fortgesetzt werden kann. Gerade der schwere Kahn veranlaßt dabei besondere Schwierigkeiten, die nur mit Aufwendung von bedeutender Menschenkraft zu überwinden sind.

Die Herren Murray und Baker in Chicago haben in letzter Zeit ein Boot konstruiert, das auf einen kleinsten Raum zusammengeschoben werden kann und dadurch außerordentlich leicht zu transportieren ist. Ist es aufgespannt und überzogen, so sieht es aus, wie Fig. 1 darstellt und fehlen dabei selbst zwei Bänke für die Ruderer nicht. Das Gerippe des Nachens besteht aus ganz dünnen und sehr elastischen Blechstreifen aus Stahl, die untereinander scheerenartig vernietet sind, so daß, wenn der Ueberzug abgeknüpft ist, das Gestell vollkommen zusammengeschoben werden kann, wie Fig. 2 zeigt; auch die zwei Bänke falten sich dabei mit ein und nun ist das Gerippe sehr leicht fortzuschaffen. Ebenso aber auch der Ueberzug, der aus wasserdicht gemachter, sehr starker Leinwand besteht. Ist das Gestell aufgespannt, so läßt sich sehr leicht der Ueberzug darum legen und am Rand des Bootes aufziehen und festknöpfen.

Es ist klar, daß ein solches Boot nicht allein in den unwirtlichen Gegenden ferner Wildnisse von Nutzen sein kann. Auch bei uns würde mancher Tourist gerne davon Gebrauch machen, mehr noch ein Fischer oder auch ein Jäger, namentlich wenn er an Flüssen oder Teichen dem Wassergeflügel nachstellt.

Die Beruhigung der Wellen durch Oel

ist eine alte Behauptung, die schon Franklin praktisch erprobte. Unlängst hat man nun zu Peterhead in Schottland neue Versuche angestellt, die sich so erfolgreich bewiesen, daß man das Projekt, in den Häfen Oelröhren auf den Grund des Wassers zu legen, ernstlich besprach. Diese Versuche bestanden darin, daß Flaschen Oel gerade an der Stelle jenes Hafens versenkt wurden, wo die Brandung eine besonders starke ist. Die Flaschen waren so eingerichtet, daß das Oel auf dem Meeresgrunde aus ihnen ausfloß, zur Oberfläche stieg und unverzüglich eine besänftigende Wirkung auf das Wasser ausübte. Die Wellen wurden glatt und fast so ruhig wie ein Spiegel.

Ein sehr einfacher Feuermelder.

Es giebt eine nicht kleine Anzahl von Apparaten, welche die Aufgabe haben, einen ausgebrochenen Brand, auf beliebige Entfernung hin, durch eine elektrische Schelle mitzuteilen. Der Grundgedanke bei den meisten derselben ist einfach folgender: Bricht in irgend einem geschlossenen Raume Feuer aus, so wird sofort die Temperatur steigen. Dann läßt sich aber auch diese erhöhte Wärme in irgend einer Weise anwenden, um eine vorher unterbrochene elektrische Leitung, die mit einem Schellenwerk in Verbindung steht, zu schließen und dadurch die Glocke ertönen zu lassen. Nehmen wir ein gewöhnliches Thermometer, das in einem selten besuchten oder besonders feuergefährlichen Zimmer aufgehängt ist. Unter gewöhnlichen Umständen wird es nur in seltenen Fällen im höchsten heißesten Sommer bis auf 24° steigen; bricht aber ein Brand aus, so steigt es in kurzer Zeit bis zu 30° und darüber. Wird nun etwa bei 28° von links und rechts je ein feiner Platindraht in das Thermometerrohr eingeschmolzen, so daß beide sich nicht berühren, aber doch frei in die Röhre hineinragen, und setzt man die beiden Drähte mit der Leitung einer elektrischen Schelle in Verbindung, so wird, wenn das Quecksilber bis zu den Drahtenden steigt, der Strom geschlossen werden und die Schelle ertönen. Unter gewöhnlichen Umständen kann aber das Quecksilber des Thermometers nicht so hoch steigen, es wird nur im Fall eines ausgebrochenen Brandes bis zu dieser Höhe gelangen und dann wird dieser sofort durch das Erklingen der Schelle angezeigt.

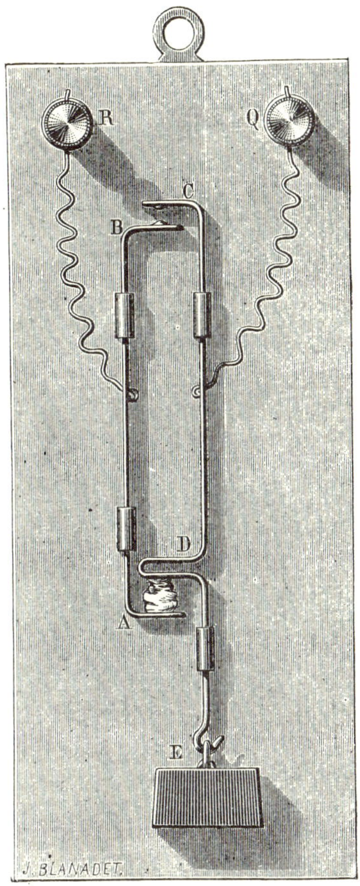

Entschieden einfacher und billiger läßt sich dasselbe aber auch in folgender Weise erreichen.

Mit den Klemmschrauben Q und R wird in die elektrische Leitung eines Läutewerks ein kleiner auf einem Brettchen befestigter Apparat eingeschaltet, der aus zwei Drahtarmen besteht, einem feststehenden **A B** und einem davon getrennten beweglichen, C D, an welchem bei E ein Gewicht hängt. Beide sind zwischen A und D durch ein Stückchen Talglicht von einander getrennt. Bricht in dem Raume Feuer aus, so wird sehr rasch durch die erhöhte Temperatur der Talg schmelzen; das Gewicht E zieht den Arm C D nach unten, es kommt B mit C durch kleine vorspringende Metallknöpfe in leitende Berührung, sofort ist der Strom geschlossen und die elektrische Schelle ertönt. In einem großen Etablissement, einer Fabrik, Theater ꝛc., wird der Wächter davon benachrichtigt, daß ein Brand irgendwo ausgebrochen ist, und ist, wie bei den Haustelegraphen, die entsprechende Einrichtung getroffen, so kann er auch sofort die Feuerstätte selbst erkennen und Löschvorkehrungen treffen.

Gesichtstäuschungen.

Der Aufsatz über eine neue optische Täuschung, welcher im ersten Bande des „Universum" erschien, hat so allgemeine Aufmerksamkeit erregt, daß es angezeigt erschien, das Kapitel von den Gesichtstäuschungen etwas näher zu erörtern und so jedem Leser Gelegenheit zu bieten, einschlagende Erfahrungen zu sammeln. Wir beginnen damit, den Akt des Sehens selbst und die Mitwirkung des Auges dabei klar zu legen.

Im Hintergrunde des Augapfels — nicht genau in der Mitte, sondern etwas nach der Nase zu — tritt der Sehnerv in Form eines cylindrischen Stranges ein, um sich dann als eine dünne Haut über die ganze Innenseite des Auges bis vorne zur Iris hin — zu verbreiten. Diese flächenhafte Ausbreitung heißt Retina oder Netzhaut und enthält die lichtempfindenden Elemente des Sehnerven (des Optikus). Es befindet sich darauf — etwa in der Mitte des Augenhintergrundes — eine gelb gefärbte Stelle, der gelbe Fleck genannt, der in seiner Mitte eine Vertiefung — die Centralgrube oder Netzhautgrube — zeigt. Diese Centralgrube ist die Stelle des deutlichsten Sehens.

Wer je Gelegenheit hatte, in die Camera obscura eines Photographen hinein zu sehen, bemerkte auf der matten Glastafel im Hintergrunde des Kastens ein scharfes verkleinertes, aber verkehrtes Bild der aufzunehmenden Objekte, vollständig mit den natürlichen Farben ausgestattet. Genau so befindet sich ein verkehrtes, verkleinertes und farbenreiches Bild der Außenwelt auf der Retina, und und zwar liegt das Bild des Gegenstandes, den wir am deutlichsten sehen, auf dem gelben Fleck, und wiederum zeichnet sich innerhalb des gelben Fleckes die Centralgrube durch einen besonders hellen Reflex aus; dort nämlich ist das Bild desjenigen Punktes, den wir am schärfsten fixieren. Um das hellste und schärfste Bild auf dem gelben Fleck herum liegen die Bilder der übrigen Objekte, welche das fixierte Objekt umgeben. Sie sind weniger scharf und weniger hell, gewissermaßen leichter skizziert, und zwar um so verschwommener, je weiter sie von dem gelben Fleck abliegen. Die Gesamtheit der auf der Netzhaut abgebildeten Dinge bildet das Gesichtsfeld — es umfaßt nahezu einen Halbkreis oder einen Winkel von 180°.

Merkwürdiger Weise ist die Eintrittsstelle des Sehnerven selbst, die auf der Retina als eine weiße kreisförmige Scheibe erscheint, für Licht unempfindlich; man nennt sie daher den blinden Fleck. Von ihrer Unempfindlichkeit kann man sich leicht durch folgendes Experiment überzeugen.

Fig. 1 zeigt links ein Kreuz und rechts einen schwarzen Kreis. Wenn man nun das linke Auge zuhält und mit dem rechten Auge das Kreuz fixiert, so

Fig. 1.

sieht man im allgemeinen den schwarzen Kreis verschwommen nebenher. In einer bestimmten Entfernnng aber, die für die einzelnen Individuen verschieden sein kann, im Durchschnitt aber etwa 20 cm. beträgt, verschwindet der schwarze Fleck vollständig. Diesseits oder jenseits dieser Entfernung wird er wieder sichtbar.

Die Erklärung liegt nahe. Es wurde bemerkt, daß die Eintrittsstelle des Sehnerven oder der blinde Fleck nicht ganz in der Mitte des Augenhintergrundes liegt, sondern etwas nach der Nase zu. Indem nun das rechte Auge nach dem links liegenden Kreuze hinsieht, nimmt es eine schiefe Stellung an, so daß das Bild des schwarzen Kreises zwischen die Augenmitte und die Nase treffen muß. In dem Momente, wo in der bestimmten Entfernung das Bild gerade auf den blinden Fleck fällt, verschwindet der schwarze Kreis.

Offenbar liegt immer irgend eine Partie des oben geschilderten Netzhautbildes auf dem blinden Fleck, und doch nehmen wir keine Lücke in der Empfindung wahr. Beim Sehen mit zwei Augen macht der blinde Fleck keine Schwierigkeit, denn die Lücke, welche das eine Auge läßt, wird durch das andere Auge ersetzt. Aber selbst mit einem Auge gesehen ist nirgend eine Lücke im Gesichtsfelde bemerklich, und damit haben wir bereits die erste optische Täuschung, resp. Täuschung unseres Urteils. Die Vorstellung, die wir z. B. von einer Linie gewonnen haben, macht, daß wir dieselbe unwillkürlich über die Lücke hinausziehen. In ähnlicher Weise tritt überall die Erfahrung und Gewohnheit helfend ein.

Hierbei kommen mehrere Dinge in Betracht. Entwirft man durch die brechende Kraft einer Glaslinse das Bild eines Gegenstandes, so ändert sich erfahrungsgemäß der Abstand des Bildes hinter der Linse mit der Entfernung des Objektes vor der Linse. Ohne auf das Genauere eingehen zu wollen, bemerken wir nur, daß unter den gewöhnlichen Verhältnissen das Bild nur eine sehr kurze Strecke wandert, während das Objekt aus unendlicher Ferne bis ziemlich nahe an die Linse herankommen darf. Aber für die Deutlichkeit ist schon die geringste Verschiebung des Bildes von wesentlichem Einfluß. Der Photograph kann uns hierüber belehren. Will er Gruppenbilder aufnehmen, so müssen die Köpfe möglichst in einer Ebene liegen; eine Gruppe von einiger Tiefe d. h. mit mehreren hintereinander stehenden Reihen von Personen liefert nur für eine einzelne bestimmte Reihe ein deutliches Bild; die vorderen und hinteren Reihen erscheinen undeutlich. Man kann das auch übrigens schon an den Photographien einzelner Personen beobachten. Nehmen wir an, eine Person läßt sich in sitzender Stellung, die Hand vor sich auf dem Tische oder auf den Knieen liegend, photographieren, so bildet sich die Hand immer vergrößert und verwaschen ab. Es kommt das daher, daß die Hand der Linse näher liegt, als das Gesicht. Für das Auge gilt dasselbe. Hält man zwei Finger hintereinander vor das Auge — und zwar so, daß zwischen den beiden Fingern einiger Abstand bleibt — so erscheint der hintere Finger doppelt und undeutlich, wenn man den vorderen Finger fixiert, d. h. das Auge auf denselben einstellt, und umgekehrt erscheint der vordere Finger undeutlich, wenn man den hinteren fixiert.

Wäre unser Auge eine starre Linse, so wären wir mit dem Sehen übel daran, denn wir würden nur auf bestimmte Entfernung hin deutlich sehen können. Für jede andere Entfernung müßten wir eine besondere Brille gebrauchen und soviele Brillen mit uns herumtragen, als wir in verschiedenartige Entfernungen zu sehen wünschen. Dieser traurige Fall kann ja für alte Personen thatsächlich eintreten, indem mit zunehmendem Alter die Krystallinse ihre Elasticität verliert und sich mehr und mehr in eine starre Linse verwandelt. Solchen Personen hilft eine einzige Brille nichts, oder vielmehr, sie hilft nur bei einer bestimmten Entfernung.

Glücklicher Weise besitzen wir bei normalem Zustande des Auges eine elastische Krystallinse. Sie kann sich verdicken, wobei sich die Vorderfläche stärker wölbt als die Rückseite — und sie kann sich verflachen. Die Verdickung verleiht der Linse eine stärker brechende Kraft, die Verflachung hingegen schwächt die brechende Kraft. Der erste Fall tritt ein, wenn wir in kurze Entfernung deutlich sehen wollen — gleichzeitig verengert sich dabei die Pupille; für größere Entfernungen hingegen verflacht sich die Linse und erweitert sich die Pupille. Nur durch diese Fähigkeit der Linse, ihre Form zu ändern, ist es möglich, daß ein und dasselbe Auge gleich gut in die Nähe wie in die Ferne sieht. Man nennt diese Fähigkeit des Auges, sich den verschiedenen Entfernungen anzupassen, Akkommodationsvermögen (Anpassungsvermögen).

Nun sind wir aber trotzdem weit davon entfernt, in dem Auge einen vollkommenen optischen Apparat zu besitzen. Die Sinnesorgane des Menschen sind überhaupt einzeln für sich betrachtet nicht die vollkommensten Organe, im Gegenteil besitzen die Tiere viel schärfere Organe; aber was den Menschen wiederum höher stellt, ist die vollkommenere Harmonie zwischen den Sinnesorganen. Dafür, daß bei den Tieren ein bestimmtes Organ höher ausgebildet ist, ist ein anderes auch um so unvollkommener.

So hat auch unser Auge seine natürlichen Mängel von Geburt an, abgesehen von den Fehlern, die sich im Laufe der Zeit einstellen.

Das natürliche Auge besitzt nicht wie die gut geschliffene Glaslinse einen einzigen Brennpunkt. Man nennt diese Abweichung Astigmatismus (Astigmatismus — aus dem Griechischen — heißt das Gegenteil von Stigmatismus, und Stigma bedeutet einen Punkt).

Durch die Unregelmäßigkeiten der Brechung erklären sich folgende Erscheinungen. Einen leuchtenden Punkt in der Ferne, z. B. das Licht der Gaslaterne auf der Straße sehen wir nicht als eine helle kreisförmige Fläche, sondern strahlig in die Länge gezogen. Hierbei zeigen sich individuelle Verschiedenheiten; der Eine sieht die Strahlen horizontal, der Andere vertikal. Hat der ferne Punkt sehr intensives Licht, so erscheint er von unzähligen feinen farbigen Strahlen umgeben, es bildet sich der sogenannte Haarstrahlenkranz.

Vertikale und horizontale Striche sehen in derselben Entfernung nicht gleich dick aus. Man halte Fig. 2 und 3 in verschiedene Entfernungen vom Auge. Die meisten Personen werden dann die

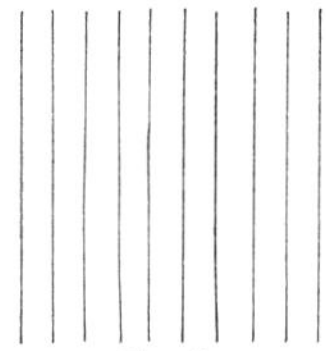
Fig. 2.

Fig. 3.

vertikalen Striche erst in größerer Entfernung deutlich sehen, die horizontalen Striche dagegen in größerer Nähe; ja für manche Augen wird die eine Liniengruppe gänzlich verschwinden, während die andere sichtbar bleibt. Bei einem Kreuzgitter von gleichdicken vertikalen und horizontalen Linien, wie Fig. 4, sieht man die vertikalen Linien dicker. Dreht man die Figur um einen Winkel von 90°, so daß die früher horizontalen Linien zu vertikalen werden, so erscheinen wiederum die vertikalen Linien dicker.

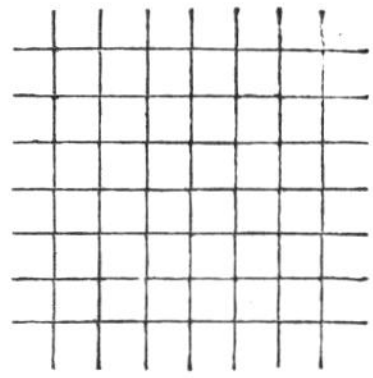
Fig. 4.

Ein richtiges Quadrat Fig. 5 erscheint den meisten Augen als ein Rechteck, nämlich höher als breit. Aehnliches beobachtet man auch an den Fig. 2 und 3. Obgleich beide ein genaues Quadrat darstellen, so sieht doch Fig. 2 breiter, Fig. 3

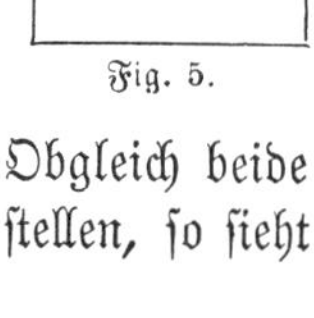
Fig. 5.

hingegen höher aus, was offenbar von der Streifung herrührt. Sollen daher kleine untersetzte Damen größer und schlanker erscheinen, so giebt ihnen eine quer gestreifte Toilette dazu das Mittel an die Hand.

Der vergrößernde Einfluß der Streifung ist auch an Fig. 6 bemerkbar, indem die rechte mit Teilstrichen versehene

Fig. 6.

Hälfte der Linie länger als die linke aussieht. Uebrigens gelten die bezeichneten Erscheinungen nicht ohne Ausnahme. Bei manchem Leser werden die Verhältnisse gerade umgekehrt liegen, d. h. er sieht beispielsweise in dem Kreuzgitter Fig. 4 die horizontalen Linien dicker als die vertikalen.

Mit dem mangelhaften Bau des Auges hängt noch eine andere Reihe von Erscheinungen zusammen, die man mit dem Namen *Irradiation* bezeichnet. Man versteht darunter das Uebergreifen heller Flächen über die dunkle Umgebung — mit andern Worten die Erscheinung, daß helle Flächen auf dunkelm Grunde größer erscheinen, als sie in Wirklichkeit sind. Als Ursache der Irradiation giebt man an, daß helle Punkte sich auf der Netzhaut nicht als einfachen Punkt abbilden, sondern immer noch einen kleinen Zerstreuungskreis liefern.

Fig. 7 und 8 zeigen das Grundphänomen. Das weiße wie das schwarze

Fig. 7.

Fig. 8.

Quadrat sind gleichgroß, aber wir sehen das schwarze Quadrat auf weißem Grunde für kleiner an, weil die weiße Fläche übergreift. Besonders deutlich wird die Erscheinung bei mangelhafter Akkomodation, d. h. wenn man die Quadrate nicht scharf fixiert.

Auf Irradiation beruht es, daß die weißen Quadrate eines Schachbrettes an den Ecken, wo sie zusammenstoßen, ineinander fließen — daß enge Spalten, Risse und Löcher, durch welche Licht dringt, vergrößert — daß ein feiner Draht oder ein Haar zwischen Auge und einer hellen Flamme verschwindet und dergleichen mehr. Bekanntlich sehen die Hände in hellen Handschuhen größer aus, als in schwarzen. Von einer schwarzen Kleidung sagt man, sie mache die Gestalt schlanker. Ein schwarzes Spitzengewebe nimmt sich auf weißem Grunde feiner aus, als ein weißes auf schwarzem Grunde.

Jeder Reiz auf unsere Sinnesorgane hinterläßt eine Nachwirkung, die noch fortdauert, auch wenn die erregende Ursache bereits verschwunden ist. So nur ist es möglich, daß rasch einander folgende Schalle, die durch je einen Luftstoß auf das Ohr hervorgerufen werden, in unserer Empfindung zu einem anhaltenden Tone verschmelzen. Eine Lokomotive würde mit gewaltigem Orgeltone dahin brausen, wenn die schnaufenden Stöße im Rauchfang sich rasch genug folgten.

Aehnlich steht es mit dem Auge. Jeder Lichtreiz hinterläßt ein sogenanntes *Nachbild*. Bewegt man eine feurige Kohle langsam, so kann man jede einzelne Stellung genau unterscheiden. Geschieht die Bewegung aber rasch, so verschmelzen die Nachbilder, und man sieht eine *Lichtlinie*. Bei rascher Kreisbewegung glaubt man einen feurigen Kreis zu sehen. Der Blitz erscheint uns in Linienform. Versetzt man einen Messingring in rasche

Rotation, so meinen wir eine Messingkugel zu sehen. Bei rasch laufenden Rädern kann man die Speichen nicht mehr unterscheiden, das ganze Rad erscheint als eine undurchsichtige Masse. Jeder Leser wird aus seiner Erfahrung die Zahl der Beispiele vermehren können.

Auf eine sehr leichte und einfache Weise kann man Nachbilder dadurch wahrnehmen, daß man einen hell erleuchteten Gegenstand, etwa ein Fensterkreuz, eine Lichtflamme kurze Zeit scharf fixiert und dann die Augen schließt oder auf einen dunklen Hintergrund richtet; man sieht dann den fixierten Gegenstand noch immer deutlich vor Augen. Das Nachbild dauert um so länger, je stärker die Lichtreizung war, also je intensiver die Beleuchtung. Doch darf das Fixieren eine bestimmte Zeit nicht überdauern. Das Nachbild wird am hellsten, wenn die Besichtigung des Gegenstandes nur 1/3 Sekunde währte.

Man nennt diese Nachbilder p o s i t i v, weil sie den Gegenstand so zeigen, wie er in Wirklichkeit ist — mit seinen natürlichen Farben und mit der richtigen Verteilung von Helligkeit und Dunkelheit.

Aber der Lichtreiz hinterläßt nicht nur ein Nachbild, er e r m ü d e t auch die Netzhaut d. h. er vermindert die Empfänglichkeit der getroffenen Netzhautstelle für den fortdauernden Reiz. Die Ermüdung ist offenbar um so stärker, je stärker der Lichtreiz war und je länger er angedauert hat. Auf dieser Ermüdung beruhen die sogenannten n e g a t i v e n Nachbilder, d. h. Nachbilder, welche die hellen Partien des Objektes dunkel wiedergeben und umgekehrt hell erscheinen lassen, was am Gegenstand dunkel ist.

Man erzeugt die negativen Nachbilder auf die Weise, daß man einen hellen Gegenstand anhaltend fixiert und dann nicht etwa das Auge schließt, sondern im Gegenteil auf eine weiße oder überhaupt nur helle Fläche richtet. Diejenigen Stellen der Netzhaut, die vorher helleres Licht empfingen, sind gegen die neue Helle abgestumpft; hingegen haben diejenigen Partien der Netzhaut, die vorher von den dunkeln Stellen des Objektes affiziert wurden, ihre volle Empfindlichkeit behalten. Folglich kehren sich die Gegensätze von Hell und Dunkel vollständig um. Ein amüsantes Beispiel von negativem Nachbild liefert vorstehende Figur 9. Man betrachte einige Zeit recht genau das weiße Teufelchen auf schwarzem Grunde — etwa so, daß man den schwarzen Mittelpunkt am schärfsten fixiert — bis das Auge etwas ermüdet ist, und richte dann den Blick auf eine helle Fläche, auf die weiße Zimmerdecke oder dergl. Sehr bald erscheint dann dem Auge eine weiße rechteckige Fläche, innerhalb welcher allmählig ein schwarzer Teufel auftaucht. Je weiter die helle Fläche vom Auge entfernt liegt, desto mehr ist das Bild vergrößert. Wer den Versuch macht, lasse sich nicht abschrecken, daß das Teufelchen nicht gleich erscheint. Bei manchen

Fig. 9.

Personen mag es auch umgekehrt zugehen; sie sehen vielleicht den Teufel eher als die Fläche.

War der fixierte Gegenstand farbig, so tritt im negativen Nachbild noch eine neue Erscheinung hinzu: das Bild erscheint nämlich in den Komplementärfarben.

Bekanntlich nennt man Komplementärfarben solche Farben, welche sich gegenseitig zu weiß ergänzen. Komplementär sind erstlich die roten und die grünen Farbentöne, zweitens die gelben und die blauen. In neuerer Zeit hat man dafür die Bezeichnung antagonische (widerstreitende) Farben aufgebracht, weil die Empfindung der einen Farbe die der andern vollständig ausschließt.

Es giebt nämlich für unsere Empfindung nur vier deutlich von einander geschiedene Grundfarben: rot, gelb, grün, blau. Alle übrigen Farbenempfindungen sind Mischfarben — z. B. orange ist rotgelb, violett ist rotblau u. s. w. Nun kann man wohl ein rotgelb, ein blaugrün, ein grüngelb u. s. w. wahrnehmen, allein Niemand wird jemals ein rotgrün oder ein blaugelb gesehen haben. Sobald man die antagonischen Farben mischt, verliert sich sozusagen ihre Existenz, denn unser Auge nimmt die Mischung als eine ganz neue Farbe wahr. So erscheint eine Mischung von rotem und grünem Pigment dem Auge gelb; eine Mischung von blau und gelb bringt grün hervor.

Um nun die Frage der komplementären Nachbilder zu verstehen, müssen wir auf das Grundexperiment zurückgreifen, welches zum Begriff der Komplementärfarben geführt hat. Jedermann kennt das Sonnenspektrum mit den sogenannten sieben Regenbogenfarben. Entwirft man vermittelst eines Glasprismas ein solches farbiges Sonnenspektrum und blendet dann durch irgend eine Vorrichtung die Strahlen ab, welche rotes Licht geben, so daß das Rot im Spektrum fehlt, so erscheint der Rest nicht mehr in seinen verschiedenen Farbentönen orange, gelb, grün u. s. w., sondern er zeigt eine einzige Gesamtfarbe, nämlich grün. Wird grün ausgelöscht, so erscheint der Rest rot u. s. w.

Also das Fehlen des Rot im weißen Licht erzeugt die Empfindung des Grün — das Fehlen des Blau die Empfindung des Gelb — und umgekehrt. Hieraus folgt: ist der Sehnerv für rot ermüdet und abgestumpft, so macht das gewöhnliche weiße Licht, was von der hellen Fläche auf ihn strahlt, den Eindruck des Grün; die Ermüdung für Grün läßt das weiße Licht rot erscheinen u. s. w.

Wer zufällig erlebt hat, daß sein Auge durch rotes bengalisches Licht geblendet wurde, konnte auch die Erfahrung machen, daß ihm sofort alle Gasflammen grünes Licht zeigten. — Es muß natürlich ein Licht nachträglich auf das Auge fallen, das sämtliche Farben enthält, wie gewöhnliches Tageslicht oder Gaslicht; fällt anderes einfarbiges Licht z. B. blau aufs Auge, so kann dieses nicht die Empfindung der Komplementärfarbe hervorrufen, da alle übrigen Farben fehlen, die mit dem rot zusammen weiß geben. Hätte demnach das Teufelchen in Fig. 9 eine rote Farbe, so würde es im Nachbild grün erscheinen. Noch drastischer wird die Umkehrung, wenn der rote Teufel in grünem Felde steht, denn dann zeigt sich ein grüner Teufel in rotem Felde. Aehnlich wird die Täuschung, wenn man die Blüte einer Rose grün, Blätter und Stengel dagegen rot malt. Das negative Nachbild, welches dem Auge auf einer hellen Fläche er-

Fig. 10.
Wenn man etwa 20 Sekunden lang unverwandt das vorstehende Wort betrachtet und dann das Auge auf den weißen Raum wendet, so sieht man diesen bläulichgrün mit roten Buchstaben.

scheint, zeigt dann die natürlichen Verhältnisse. Uebrigens ist das fortgesetzte Experimentieren mit Nachbildern nicht

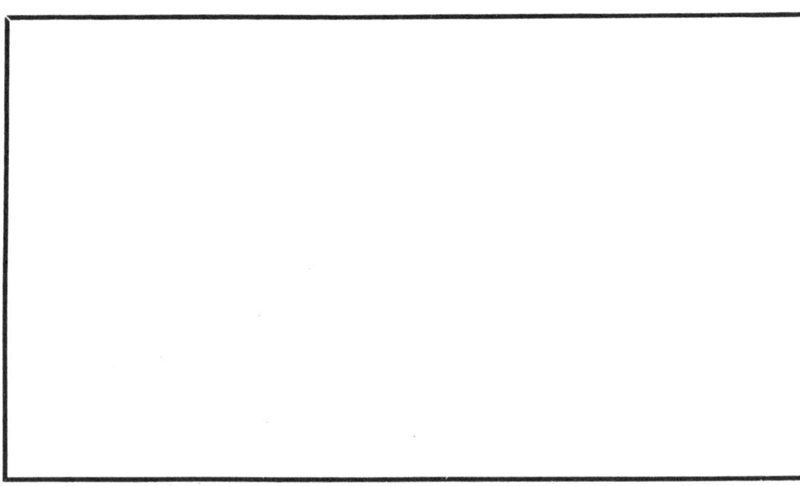

ohne Gefahr fürs Auge; vor dem Uebermaß muß daher gewarnt werden.

Daß ein Auge auch ohne besondere Zufälligkeit für Farben ermüden kann, weiß die ganze Welt. Es ist ja ein allbekannter Ausdruck: Von Farbe müde werden. Die Damen wechseln daher mit den neuen Kleidern auch die Farben, und eine geschickte Verkäuferin wird nie Stoffe mit gleichartigen Farbentönen zur Auswahl nebeneinander legen; durch das längere Besehen würden sie allesamt nur verlieren. Es gibt ein einfaches Mittel, den Eindruck der Farben auf unser Auge bedeutend zu heben — das ist der Kontrast.

Ein grauer Fleck erscheint heller auf dunklem Grunde, und dunkler auf hellem Grunde. Und auch sind es gerade die antagonistischen Farben, welche durch den Kontrast gewinnen. Wenn bei heiterem Himmel die Dämmerung einbricht und die Gasflammen angezündet werden, so hebt sich das Himmelsblau ungemein für das Auge, welches an einer Gasflamme vorbei nach dem Himmel sieht. Man achte darauf, wenn Abends die Petroleumlampe angezündet wird. Steht man so hinter der Lampe, daß der Reflex des blauen Dämmerlichtes im Lampencylinder erscheint, so bemerkt man als Kontrast zu der gelben Flamme ein ganz herrliches gesättigtes Blau am oberen Rande des Cylinders.

Fig. 11.
Wenn man etwa 20 Sekunden lang unverwandt das vorstehende Wort betrachtet und dann das Auge auf den weißen Raum wendet, so sieht man diesen blaßgelb mit blauen Buchstaben.

Oft tritt in Folge der Kontrastwirkung die antagonistische (Komplementär-) Farbe auf. So nimmt ein schmaler grauer Papierstreifen auf rotem Grunde eine grünliche Farbe an. Auf gelber Unterlage erscheint ein schmaler Streifen indigoblau. Zu den bekanntesten Kontrasterscheinungen gehören die farbigen Schatten. Man lasse beispielsweise mittelst eines rot gefärbten Glases rotes Licht auf weißes Papier fallen. Stellt man dann einen schmalen Stift so auf, daß er im Tageslicht auf die rote Fläche einen Schatten wirft, so ist der Schatten grün. Ein ähnliches Experiment läßt sich mit gewöhnlichem Kerzenlicht jederzeit bei beginnender Dämmerung machen. Man stelle die Kerze in die Nähe des Fensters, halte dann zwischen die Kerze und ein Blatt weißes Papier einen Bleistift. Bei gut gewählter Stellung werden auf dem Blatte Papier zwei Schatten bemerklich sein — einer, der von dem Kerzenlicht erzeugt wird und ein zweiter in Folge des Dämmerungslichtes. Der Dämmerungsschatten erhält Licht von der Kerze und trägt deshalb auch die Farbe des Kerzenlichtes. Hingegen der Schatten des Kerzenlichtes, der nur Dämmerungslicht erhält, erscheint im Kontrast der gelb beleuchteten Umgebung blau.

Nachstehender Versuch ist auch sehr hübsch. Man betrachtet eines der beiden Worte „Collection Spemann", beispielsweise das erste Wort, auf dem roten Grunde. Wenn man etwa 20 Sekunden lang unverwandt darauf blickt und dann das Auge auf den darunter befindlichen weißen Raum wendet, so wird man diesen bläulichgrün gefärbt sehen und das Wort „Collection" erscheint darin mit roter Farbe. Macht man den Versuch mit dem Worte im blauen Felde, so erscheint der Grund blaßgelb und die Buchstaben blau. Damit das Experiment gut gelingt, müssen die Farben recht hell beleuchtet sein.

Noch einige Gesichtstäuschungen mögen angeführt werden. Bei längerem Fixieren oder starrem Sehen wird der Blick allmählig unsicher, und in Folge dessen nimmt der fixierte Punkt eine scheinbare Bewegung an. Da nun unwissende Personen das Scheinbare leicht für Wirklichkeit annehmen, so kann man sich manches angebliche Wunder erklären. Vor allem das bekannte Wunder, daß eine gemalte Madonna die Augen bewegt. Diese Täuschung beruht vorzugsweise auf einer Verschiebung des schwarzen Punktes, der die Pupille darstellt. Es stimmt ganz damit, daß alle Personen, die eine solche wunderbare Augenverdrehung sehen wollen, erst einige Zeit nach dem Bilde hinstarren müssen. Im ersten Momente sieht natürlich Niemand irgend welche Bewegung.

Das Angeführte genügt, um zu beweisen, daß wir durch die Organisation unseres Auges von Natur aus vielerlei Sinnestäuschungen preisgegeben sind, die sich erst durch sorgfältige Prüfung aller vorhandenen Umstände richtig stellen lassen. Mit andern Worten, die bloße Gesichtswahrnehmung ist in vielen Fällen durchaus nicht entscheidend, es bedarf noch der Verstandesthätigkeit, es bedarf des Urteils, ehe wir eine unumstößliche Gewißheit erlangen.

Meist thun wir Unrecht, von einer Täuschung des Gesichtes zu sprechen; im Grunde liegt eine Täuschung unseres Urteils vor. Das Auge sieht, was da ist, aber die Schlüsse, welche wir daraus ziehen, sind falsch. Man schneide sich aus Papier zwei genau gleiche Kreisbogenstücke und lege dieselben, wie Fig. 12

zeigt, nebeneinander, dann erscheint immer das unterste dem Auge zunächst liegende

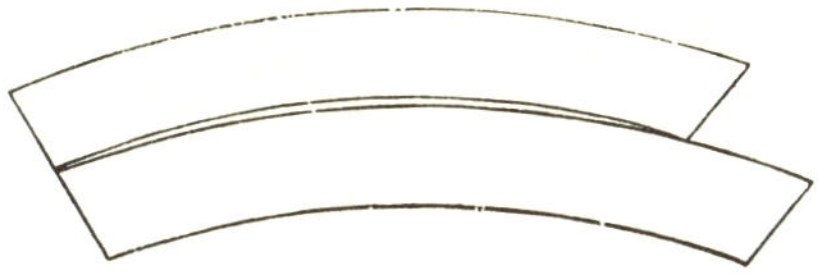

Fig. 12.

Segment als das größere. Man überzeugt sich von der Täuschung durch Verwechslung der beiden Segmente mit einander.

Das Urteil über die Richtung von Linien hängt vielfach von begleitenden Umständen ab. Professor Zöllner beobachtete 1860 zufällig an einem Tapetenmuster, daß parallele Linien konvergierend oder divergierend erscheinen können, je nachdem sie von schrägen Linien gekreuzt werden. Fig. 13 und 14 zeigen die Erscheinung. Man sieht die schwarzen Parallelen nach derjenigen Seite auseinander gehen, nach welcher die kreuzenden schrägen Linien zusammenlaufen.

Fig. 13.

Die Täuschung schwindet und der Parallelismus wird richtig erkannt, sobald man sich hinreichend weit vom Buche entfernt oder auch nahezu parallel zur Ebene des Blattes über die Figuren hinsieht. In beiden Fällen nämlich sind die schrägen Linien weniger deutlich und ihr

Fig. 14.

störender Einfluß tritt also zurück. Man hat manche Erklärung dieser Erscheinung versucht, ohne eine vollkommen überzeugende geben zu können.

Bei Fig. 15 lege sich der Leser die Frage vor, welche der beiden parallelen Linien die Fortsetzung der unteren einzelnen Linie sei. Das Urteil wird ohne Zweifel zu Gunsten der unteren Parallelen ausfallen und doch ist die obere Parallele die Fortsetzung, wie man sich leicht durch Anlegung eines Lineals überzeugt. Die Unterbrechung der Linie durch einen zwischengeschobenen Körper hat also unser Urteil getrübt.

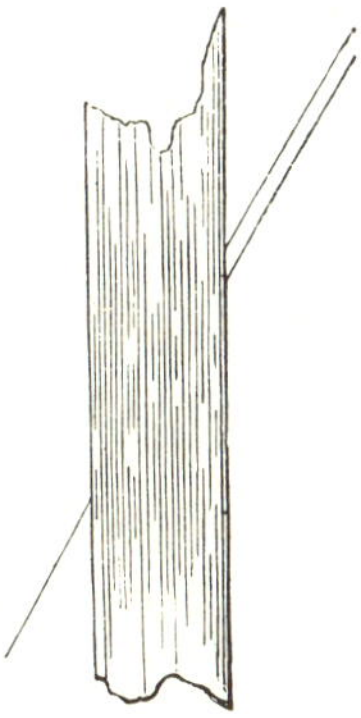

Fig. 15.

Wenn in geselligem Kreise die Rede auf Gesichtstäuschungen kommt, so spielen die nachstehenden zwei Aufgaben eine Hauptrolle. Erstlich, man soll an der

Zimmerwand abschätzen, wie hoch wohl ein Cylinderhut, der dicht an der Wand auf den Fußboden gestellt wird, hinaufreiche. Zweitens soll man auf ein Stück Papier mit Bleistift einen Kreis zeichnen, genau so groß wie ein Zwanzigpfennigstück. Im ersten Falle schätzt man stets den Cylinder zu hoch, im zweiten Falle das Zwanzigpfennigstück zu klein.

Die Erklärung der ersten Thatsache ist leicht. Bekanntlich hängt die Größe eines Gegenstandes von der Größe des Gesichtswinkels ab, unter dem er uns erscheint. Den Gesichtswinkel erhält man auf die Weise, daß man sich von den beiden äußersten entgegengesetzten Punkten eines Gegenstandes gerade Linien nach der Augenmitte gezogen denkt. Der Gesichtswinkel ist natürlich um so größer, je näher der Gegenstand dem Auge sich befindet.

In Fig. 16 bilden die Linien, die von dem Stabe A kommen, einen größeren

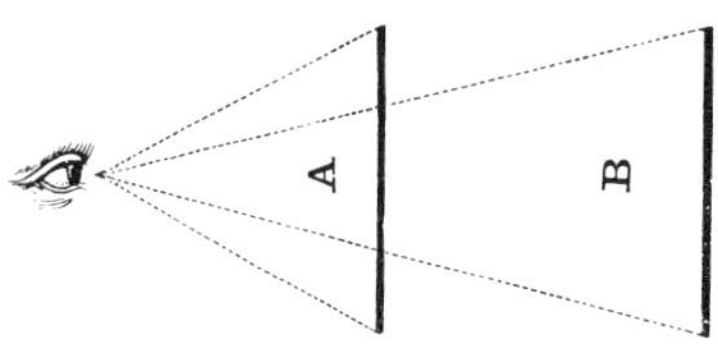

Fig. 16.

Winkel miteinander als die Linien vom gleichgroßen Stabe B. Entfernt sich somit ein Gegenstand vom Auge, so wird er immer kleiner und kleiner.

Eine ähnliche Veränderung geht mit dem Gesichtswinkel vor, wenn ich den Stab tief unter das Auge oder hoch über dasselbe halte, wie aus Fig. 17 zu erkennen ist. Sehe ich aus einer Höhe von 20 m auf einen Menschen unter mir herab, so kommt er mir viel kleiner vor, als wenn er sich 20 m vor mir auf derselben Ebene befände. Ebenso erscheinen Personen auf einem Turme von unten gesehen viel kleiner, als Personen in gleichem Abstande auf der Straße.

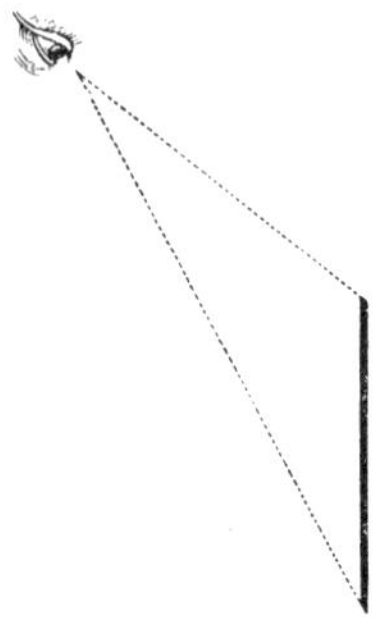

Fig. 17.

Ein interessantes Beispiel von dieser Gesichtstäuschung habe ich einst erlebt, als ich zufällig beobachtete, wie ein Luftschiffer hoch über mir Sand auswarf. Der Sand schien gar nicht den gewöhnlichen Fallgesetzen zu gehorchen, sondern senkte sich so langsam herunter, als ob eine Flaumfeder in der Luft falle. Das war natürlich nur der Fall, so lange sich der Sand hoch oben in der Luft befand, so daß eine sehr lange Wegestrecke dennoch unter sehr kleinem Gesichtswinkel erscheinen mußte.

Ziehen wir aus dem Gesagten die Nutzanwendung. Den Cylinderhut haben wir oft genug dicht vor dem Auge und haben danach seine Dimensionen abzuschätzen uns gewöhnt. Ebenso gewöhnt sind wir aber auch, die Dimensionen des Fußsockels an der Wand zu unterschätzen, weil wir ihn stets nur von oben sehen. Wir geben folglich die Höhe des Hutes an der Wand viel zu groß an.

Was den Fall mit dem Zwanzigpfennigstück betrifft, so kennen wir dieses Geldstück aus der täglichen Erfahrung als das kleinste von allen Geldstücken. Dieses durch die Vergleichung gewonnene Urteil führt uns irre, sobald wir das Stück an und für sich abschätzen sollen — wir glauben den Kreis möglichst klein machen zu müssen.

Ein anderes vielleicht weniger bekanntes Beispiel von optischer Täuschung: Bei einem Gang durch die Straßen der Stadt zog ein Haus meine besondere Aufmerksamkeit auf sich, weil es im Innern schiefe Wände zu haben schien. Es war nämlich die Vorderwand des Hauses behufs Erneuerung der Façade vollständig abgebrochen, so daß die inneren Fachwände für das Auge bloß lagen. Die Fachwände waren auch nicht mehr unversehrt, sondern am Vorderrande derart abgebrochen, daß sie unten breiter waren als oben, also Trapezform besaßen. Aus einiger Entfernung gesehen, standen nun diese Fachwände in sämtlichen Etagen nicht senkrecht, sondern schief und zwar mit dem oberen schmäleren Ende vom Beschauer abgeneigt. Die Erscheinung war von beiden Seiten des Hauses betrachtet genau dieselbe, nur unmittelbar vor dem Hause wurde ich der Täuschung inne — denn da standen die Fachwände hübsch senkrecht.

Die Abschätzung der Größe eines Gegenstandes geht übrigens Hand in Hand mit der Abschätzung der Entfernung; von der einen schließt man auf die andere, und die Erfahrung muß das entscheidende Wort mitsprechen. Wo deshalb die Erfahrung fehlt, geht die Schlußfolgerung leicht irre. Wenn der Bewohner der Ebenen oder des bloß welligen, hügeligen Landes zum ersten Male im Hochgebirge die Riesengipfel vor sich sieht, so ist er absolut unfähig, die Entfernungen und Dimensionen richtig abzuschätzen. Weil ihm alles von ungewohnter Größe vorkommt, so hält er auch alles für näher, als es wirklich liegt. Maßgebend für die Distanzschätzung sind besonders zwei Dinge: erstlich die Menge der Objekte, die sich zwischen dem Auge und dem fixierten Punkte befinden, zweitens die Stärke der Beleuchtung und die Reinheit der Luft wegen der damit verbundenen Schärfe der Umrisse. Wie eine leere Strecke viel kleiner erscheint, als wenn dieselbe Strecke mit Gegenständen besetzt ist, wurde schon aus Fig. 6 klar. Demnach wird die Breite eines Flusses von uns immer unterschätzt; eine Häuserreihe von gleicher Länge erscheint uns stets viel länger. Ueberhaupt erfordert die Distanzabschätzung auf dem Wasser eine ganz andere Uebung, als die auf dem Lande. Wenn zwei Schiffe noch in einem Abstand von 10 m aneinander vorbeigehen, so sieht der Ungeübte schon einem Zusammenstoß mit Sicherheit entgegen.

Ein fernes Licht oder Feuer scheint bei Nacht ganz nahe, denn es fehlt jegliche Umgebung, nach der wir den Abstand bemessen könnten; unsere Empfindung richtet sich lediglich nach dem Eindrucke des Lichtes auf die Netzhaut — eine Wirkung, die im Kontrast zu der Dunkelheit nur noch um so intensiver ist — und kein sonstiger Erfahrungsschluß kann dieser Intensität etwas benehmen. Jeder Gegenstand erscheint uns überhaupt um so näher, je heller er ist und je größere Durchsichtigkeit die Luft besitzt. Bei klarer Luft täuscht man sich in den Entfernungen in den Gebirgen außerordentlich. Andererseits bewirkt dunstige Luft eine Vergrößerung. Darin liegt wohl ein Hauptgrund, weshalb die untergehende Sonne am Horizonte oft so gewaltig groß erscheint.

Berühmt sind einige Täuschungen, welche durch die Malerei hervorgebracht werden. In der Vorhalle des japanischen Gartenhauses zu Sanssouci ist ein Affe gemalt, der durch einen Ring springt und auf jede Person zuzuspringen scheint, wo sie auch immer stehen mag. Ein Bild im städtischen Museum in Köln stellt einen Schützen dar, der auf jede Person zielt, wie sie sich auch stellen möge. Doch wir brauchen weder nach Sanssouci noch nach Köln zu reisen, sondern finden am Ende überall irgend ein Portrait-Oelgemälde, das uns nach allen Richtungen hin mit den Augen verfolgt.

Wie ist das nur möglich? Bedarf der Maler dazu eines besonderen Kunstgriffes? Durchaus nicht. Er braucht den Affen nur in der Stellung zu malen, als ob derselbe senkrecht aus der Wandfläche herausspringen wollte — der Schütze braucht nur senkrecht aus der Wand herauszuzielen, und das gemalte Auge nur direkt den unmittelbar vor ihm Stehenden zu beschauen. Denn der Maler malt nur in der Ebene und folglich jeden Gegenstand auch nur in einer einzigen bestimmten Lage. Denke ich eine Person vor mir, so zeigt mir deren Nase verschiedene Ansichten, je nachdem ich sie en face oder von rechts oder von links sehe. Der Maler aber kann mir nicht diese drei Ansichten zu gleicher Zeit vermitteln, sondern er kann sich nur eine derselben auswählen, und die gewählte Ansicht bleibt dieselbe für alle möglichen Richtungen. Entweder also zielt der Schütze auf sämtliche Personen vor dem Bilde oder auf keine, denn offenbar ist ein Lauf, der nach der Seite sich richtet, ganz anders gemalt als ein Lauf, der geradeaus senkrecht aus der Bildfläche zielt. Wo der Zuschauer auch steht, er sieht immer den dunkeln Kreis der Mündung vor sich.

Eben wurden die Bedingungen des Körperlich-Sehens berührt. Es gehören dazu zwei Bilder, von verschiedenem Augenpunkt aufgenommen, welche sich in der Vorstellung übereinander lagern. Je näher der Gegenstand sich vor den Augen befindet, desto mehr sind die Ansichten, welche das linke und das rechte Auge gewinnt, gegeneinander verschoben. Die Verschiebung ist leicht zu bemerken, wenn man nacheinander mit den einzelnen Augen einen Gegenstand fixiert. Je weiter andrerseits das Objekt fortrückt, desto weniger unterscheiden sich die beiden Ansichten. Daher sehen wir in der Ferne alles flächenhaft. Berggipfel in der Ferne scheinen in einer Ebene zu liegen, und von Wahrnehmung der Tiefen und Dimensionen kann keine Rede sein. Das Himmelsgewölbe erscheint uns als eine Fläche, als ein Gewölbe, an dem die Sterne nebeneinander festgenagelt sind, trotz der sehr ungleichen Entfernungen, welche die Gestirne von der Erde haben.

Um künstlich den Eindruck des Körperlichen hervorzubringen, bedient man sich der Stereoskope. Bei aufmerksamer Betrachtung wird man leicht bemerken, daß die beiden zusammengehörigen Stereoskopenbilder unter sich etwas verschoben aufgenommen sind; das eine Bild stellt die Ansicht des linken Auges, das andere die des rechten Auges dar. Mit Hülfe zweier Linsen werden beide Bilder rückwärts und gleichzeitig übereinander gelegt. Es gehört einige Uebung dazu, mit dem Stereoskop zu sehen. Manchmal gelingt es erst nach einiger Zeit, die Bilder zur Uebereinanderlagerung zu bringen und somit den Eindruck des Körperlichen hervorzurufen. In diesem Momente bemerkt man aber immer, wie die Bilder zurückweichen.

Auch ohne künstliche Hülfsmittel kann man durch ein träumerisches, verschwommenes Hinsehen Bilder übereinander lagern. Wer zum Beispiel nachstehende Zeichnung Fig. 18 längere Zeit verschwommen betrachtet, gelangt zu der Täuschung, als ob die beiden offenen Bogen sich zu einer geschlossenen Ellipse vereinigten. Wenn die beiden Bogen einander nicht zu nahe liegen, so verschwindet der eine vollständig in dem Momente, wo sie sich

Fig. 18.

übereinander lagern. Noch besser gelingt der Versuch, wenn man ein Kartenblatt so zwischen die beiden Bogen hält, daß jedes Auge nur für sich sehen kann.

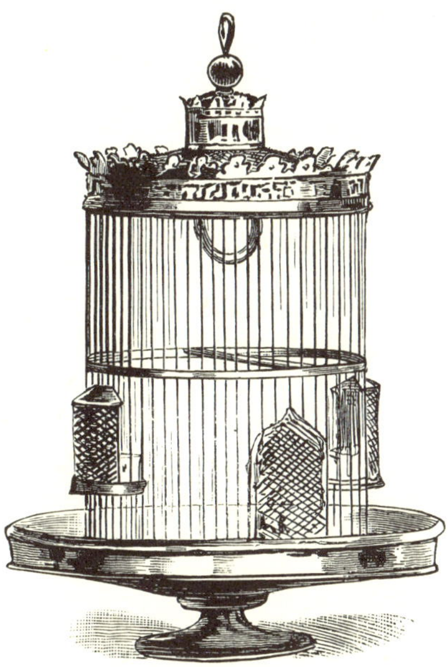

Fig. 19.

Zeichnet man nebeneinander einen Vogelkorb und einen Kanarienvogel, so wird man auf die bezeichnete Weise den Vogel im Korbe sehen. Hält man das Blatt zwischen die Zeichnung eines Schachspielers und des Schachbretts, so dreht der Spieler nachher dem Brett den Rücken.

Diese Deckung von zwei nebeneinander liegenden Bildern ist bei Zeichnungen jeglicher Art möglich. Nur wird die Erscheinung vielleicht nicht bei allen Personen in gleicher Weise auftreten. Für mich lagert sich immer das rechte Bild über das linke, und es gehört ein gewisser Abstand der Bilder unter sich dazu, um die Täuschung frappant zu machen. Bei andern Personen lagert sich das linke Bild über das rechte. Es scheint als ob die Verschiebung nach der Seite des besser und schärfer sehenden Auges hin vor sich gehe. Darüber müssen aber die Versuche der Leser entscheiden. Außerdem muß ich das Kartenblatt ziemlich nahe an die linke Figur halten. Man braucht übrigens das Gesicht nicht dicht auf das Kartenblatt zu legen, ja sogar durch Zurückziehen des Kopfes kann die Erscheinung vollständiger werden. Ueberhaupt muß sich Jeder durch Probieren die richtige Stellung ermitteln.

Wie gesagt, man kann das Experiment mit beliebigen, nebeneinander befindlichen Figuren machen und dabei eine Menge scherzhafter Zusammenstellungen bewirken. Zwei Personen z. B., die sich in Wirklichkeit den Rücken wenden, sieht man in Folge der Täuschung in einem freundlichen tête à tête begriffen oder umgekehrt wie die Konevka'schen Schattenbilder zeigen. (Fig. 20.)

Auf der Nachwirkung des Lichtreizes beruht die Konstruktion verschiedener mit seltsamen Namen belegter Apparate, die mancherlei unterhaltende Spielereien liefern. Der erste und zugleich der primitivste ist das in Paris 1827 erfundene Thaumatrop oder die Wunderscheibe, ein rechteckiges, um eine Axe drehbares Täfelchen oder eine weiße Karte, welche auf der einen Seite z. B. einen Vogelkorb, auf der andern Seite einen Kanarienvogel zeigt. Dreht man rasch um, so erblickt man den Vogel im Korbe.

Oder auf der einen Seite ist eine Rose gemalt, auf der andern — etwas höher —

Fig. 20.

ein Schmetterling, bei der Umdrehung sitzt dann der Schmetterling auf der Rose.

Etwas weiter gehen die 1832 von Stampfer in Wien erfundenen stroboskopischen Scheiben: sie stellen nämlich in Bewegung befindliche Figuren dar und erwecken so die Täuschung einer lebendigen Figur. Solche Scheiben werden auf sehr einfache Weise hergestellt. Man malt z. B. am Rande einer kreisförmigen Kartonscheibe die verschiedenen aufeinanderfolgenden Stellungen, welche ein Mensch beim Tanzen durchmacht. Ueber oder zwischen den Figuren befinden sich hinreichend große Löcher, um dem Auge Durchsicht zu gewähren. Die Scheibe steht vertikal und läßt sich um eine horizontale Axe in Rotation versetzen; der Scheibe gegenüber steht ein Planspiegel, so daß die Figuren sich darin abspiegeln können. Stellt man sich nun vor die Kartonscheibe, versetzt sie in Rotation und blickt durch die Löcher hindurch in den Spiegel, so sieht man bei hinreichend rascher Rotation einen wirklichen Tanz ausführen. — Ganz gleicher Art ist das Phenakistoskop, welches Plateau im selben Jahre in Brüssel konstruiert hat.

Die heute gebräuchlichste Form ist der Wundercylinder oder die Wundertrommel amerikanischer Konstruktion. Ein hohler, um eine vertikale Axe leicht drehbarer Cylinder besitzt am Umfange in gleichen Abständen lange schmale Spalten, durch welche hindurch man die an der Innenseite der Trommel anliegenden Figuren sieht.

Alle diese bisher üblichen Apparate haben aber einen bedeutenden Mangel, der in den Löchern und Spalten beruht. Abgesehen davon, daß diese Spalten die einfallende Lichtmenge beschränken und dadurch auch die Klarheit und Deutlichkeit der Zeichnung beeinträchtigen, so zwingen sie auch zu einer ganz übertriebenen Rotationsgeschwindigkeit, weil sonst die Eindrücke nicht miteinander verschmelzen könnten.

Ein neuer Apparat, den ein Franzose Reynaud erfunden und das Praxinoskop benannt hat, leidet an dem besagten Uebelstande nicht, vielmehr sieht das Auge fortwährend ohne jegliche Unterbrechung ein Bild vor sich, das Bild selbst aber wechselt beständig.

Das geht auf folgende Weise zu. Wie aus der Fig. 21 ersichtlich, ist die Innenseite eines kreisförmigen (oder auch vieleckigen) Gehäuses mit Zeichnungen bedeckt. Diese Zeichnungen befinden sich nebeneinander auf einem Karton und stellen die verschiedenen aufeinanderfolgenden Positionen einer Handlung vor. Im Centrum des Gehäuses steht ein vieleckiges Prisma von Holz oder dickem Karton, dessen Durchmesser genau die Hälfte des Gehäuses ist. Die Seitenwände des prismatischen Körpers sind

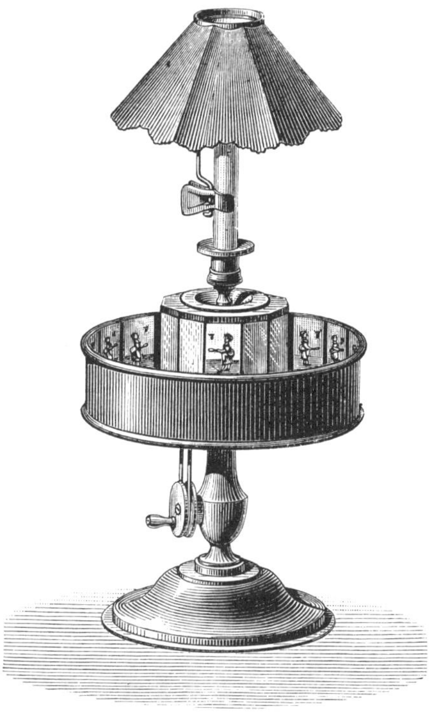

Fig. 21.

mit gewöhnlichem Spiegelglase bedeckt, so daß jeder der Zeichnungen ein Spiegel gegenüber steht. Der ganze Apparat läßt sich um die Axe eines Stativs in Rotation versetzen.

Offenbar sieht jetzt der Zuschauer vor dem rotierenden Apparat nicht die Zeichnungen selbst, sondern nur deren Bilder in den centralen Spiegeln, und jeder neue Spiegel, der in die Gesichtslinien tritt, bringt das Bild einer neuen Stellung mit sich. Da es nur einer mäßigen Rotation bedarf, um die Bilder verschmelzen zu lassen, so sieht man die Täuschung einer bewegten Figur mit einer Helligkeit und Klarheit, die nichts zu wünschen übrig läßt, und vor Allem ist der für das Auge so empfindliche Wechsel des Lichtreizes glücklich vermieden.

Wie man sieht, können mehrere Personen gleichzeitig um den Apparat herum die wechselnden Bilder beobachten. Abends genügt eine Lampe oder eine Kerze, die sich im Mittelpunkte des Apparates angebracht findet, um hinreichendes Licht zu gewähren. Reynaud hat auch schon einen Apparat konstruiert, welcher die Bilder in großem Maßstabe auf einen weißen Schirm projiciert, so daß man einem größeren Auditorium die Täuschung sichtbar machen kann.

In neuester Zeit ist der Apparat von seinem Erfinder zu einem förmlichen kleinen Theater erweitert worden, wo sich die Bewegungen der Figur plastisch von einem Dekorationshintergrunde abheben, so daß man die Täuschung erlebt, als gehe Jemand durch ein Zimmer oder durch die Straßen einer Stadt oder durch eine Feldflur u. s. w. Zu dem Ende entwirft Reynaud die verschiedenen Stellungen der Figur in ganz schwarzen Silhouetten, wodurch natürlich in den Spiegeln auch schwarze Bilder entstehen. Um diese schwarzen Figuren mit der gewünschten Dekoration zu umgeben, dient eine schief gegen den Apparat gestellte Tafel. Auf deren oberer Hälfte sieht man (Fig. 22) die Vorderansicht einer Theaterbühne mit einer rechteckigen schwarzen Lücke, als ob der Vorhang aufgezogen wäre. Die Lücke ist natürlich nur in der Zeichnung schwarz, thatsächlich ist sie durch ein Stück unbelegtes also durchsichtiges Spiegelglas ausgefüllt. Solche schief geneigte Glasspiegel, wie man sie auf den Theatern häufig zu Gespenstererscheinungen verwendet, haben eine doppelte Wirkung für den Zuschauer. Erstlich reflektieren sie ein Bild der vor ihnen befindlichen Gegenstände und lassen doch zweitens gleichzeitig auch die dahinter gelegenen Dinge erkennen. Der Leser kann sich leicht davon überzeugen, wenn er ein Fenster öffnet und gegen einen schief gestellten Fensterflügel sieht. Er wird dann auf der Innenseite ein Bild von im Zimmer befindlichen Gegenständen, z. B. von den Fenstergardinen sehen und durch dieses Bild hindurch auch die Straße erblicken. Auf der Außenseite spiegelt sich die Straße, ohne die Gegenstände im Zimmer deshalb zu verdecken. Ja man braucht nicht einmal das Fenster zu öffnen, es genügt, die Gardine soweit aufzuheben, daß sie in eine schiefe Lage zum Fenster gerät, um das Phänomen zu beobachten.

Notwendig ist also eine **schiefe** Stellung der Glastafel zum Apparate. Die farbigen Dekorationen nun, welche die Glastafel widerspiegeln soll, befinden sich im Innern des vertikal stehenden Deckels, durch dessen viereckige Oeffnung der rechts sitzende Zuschauer hindurchsieht. Bei dieser Anordnung erblickt der Beobachter in der Vorhanglücke erstlich die farbige Bühnendekoration, z. B. eine Landschaft oder das Innere eines Cirkus — und durch dieselbe hindurch die schwarzen sich scheinbar bewegenden Figuren.

Fig. 22.

Die neueste Verbesserung hat den Vorzug, daß der Zuschauer von dem Mechanismus des Apparates gar nichts bemerkt, sondern nur den hervorgebrachten Effekt wahrnimmt. Natürlich kann man die

Dekorationen im Deckel beliebig wechseln und so eine Reihe der unterhaltendsten Täuschungen hervorbringen. Bei Tage braucht man das Theater nur an ein helles Fenster zu stellen; bei Nacht, wo der Effekt noch schöner ist, genügt eine Lampe mit Schirm und vielleicht noch einem kleinen versilberten Reflektor.

Uebrigens scheint das Prinzip dieser Apparate schon im grauen Altertum bekannt gewesen zu sein. Wenigstens läßt sich eine Stelle im 4. Buch des Lucretius, wo von einer Erfindung des Dädalus die Rede ist, nicht anders deuten. Die Stelle lautet (Vers 772 ff):

Wundre dich übrigens nicht, daß Bilder sich scheinen zu regen,
Scheinen nach Ordnung und Maß Glieder und Arme zu werfen.

— — — — — — — — — — — — — —

Nämlich: das eine verschwindet, dann kommt statt dessen ein andres,
Anders gestellt, und nun scheint jenes Gebärde zu ändern,
Denn es versteht sich, daß dies im schnellsten Momente geschehe.

Der Verbrauch der geistigen Getränke in Europa.

Wenn man den jährlichen Verbrauch an geistigen Getränken in Europa nach Maßgabe des englischen berechnen wollte, der im Minimum auf 80 Mark pro Kopf anzunehmen ist, so würde sich bei einer Bevölkerung von 320 Millionen Seelen die ungeheure Summe von 25,600,000,000 Mark ergeben. Mit dieser Summe könnte man die gesammten europäischen Staatsausgaben reichlich bestreiten und behielte dabei noch verschiedene Milliarden zur Schuldentilgung übrig. Offenbar aber ist diese Summe zu hoch. Denn nehmen wir den Verbrauch an Bier und Wein nach der ungefähren jährlichen Produktion, wie folgt, an:

Bier	120 Mill. hl	à 25 *M.*	=	3000 Mill. *M.*
Wein	100 „ „	à 100 „	=	10000 „ „

so würde für Branntwein und Liqueure die horrende Summe von 12600 Mill. *M.*, also fast soviel verbleiben, wie für Bier und Wein zusammengenommen. Denn man wird im Hinblick darauf, daß die Weinkreszenz zum überwiegenden Teil an Ort und Stelle zum Selbstkostenpreis konsumiert wird, den Durchschnittswert eines Liter Wein nicht über 1 Mark annehmen dürfen. Um nun die richtige Konsumtionssumme zu finden, wollen wir folgenden Weg einschlagen. Wir ermitteln zunächst das Verhältniß von Getränkesteuer und Konsumtionsziffer in Großbritannien. Dasselbe ist ungefähr wie 1 zu $4^1/_2$. In Frankreich betrug die Getränkesteuer pro 1879 310,2 Millionen *M.* Diese Summe mit $4^1/_2$ multipliciert ergiebt $1435^1/_2$ Millionen *M.* als Konsumtionssumme der geistigen Getränke, pro Kopf der Bevölkerung (37 Millionen) also 38,8 *M.* Letzteres mit der Bevölkerung des europäischen Kontinents multipliciert, ergiebt die Summe von 11058 Mill. *M.*

dazu der effektive Konsum von Großbritannien à 80 *M.* pro Kopf der Bevölkerung von 35 Mill. . . . . . . 2800 „ „

ergiebt für ganz Europa . . 13858 Mill. *M.*

Diese Summe ist aber offenbar zu niedrig, da der Wein- und Bierkonsum, wie oben dargelegt, allein 13000 Mill. *M.* ausmacht. Man wird für den Gesamtverbrauch der geistigen Getränke in Europa jedenfalls 16000 Mill. annehmen müssen, so daß sich also für den Branntweinverbrauch 3000 Mill. *M.* ergeben. Dies ist eher zu niedrig als zu hoch, wenn man bedenkt, daß in Großbritannien allein jährlich für mehr denn 800 Mill. *M.* Branntwein und Liqueure konsumiert werden.

Auf den Kopf der Bevölkerung betrüge also der jährliche Konsum an geistigen Getränken in Europa 50 *M.*, was der Wahrheit ziemlich nahe kommen dürfte.

Prüfung von Schriftstücken.

W. Thomson empfiehlt, um die eventuelle Fälschung einer Unterschrift, einer Zahl oder eines Namens unter einem Schriftstücke zu prüfen, die Untersuchung der Gleichartigkeit der Tinten. Ein fremder Zusatz zu einer Urkunde wird nämlich in fast allen Fällen auch mit einer fremden Tinte geschrieben sein, die, wenn auch ihre Farbe auf dem Papier nicht unmittelbar verschieden in die Augen fällt, doch ihrer Zusammensetzung nach, von der ursprünglich verwendeten abweicht. Um nun diese Ungleichartigkeit zu entdecken, schlägt Thomson vor, die Schriftstücke nacheinander mit verdünnter Schwefelsäure, mit starker Salzsäure, mit verdünnter Salpetersäure, mit einer wässerigen Lösung von schwefeliger Säure mit Natronlauge, mit einer kalkgesättigten Opalsäurelösung, mit einer Lösung von Chlorkalk, von Zinnchlorür und Zinnchlorid zu behandeln. Verhalten sich die Schriftzüge bei dieser Behandlung sämtlich gleichartig, so sind sie mit derselben Tinte geschrieben.

Der Melograph,

ein automatischer Notenschreiber.

Es ist schon viel darüber gestritten worden, ob es wünschenswert sei, einen Apparat zu besitzen, der die improvisierten Tonreihen eines klavierspielenden Künstlers so aufzuschreiben vermöge, daß ein Sachverständiger das Niedergeschriebene in ähnlicher Weise in Notenschrift umsetzen kann, wie der Telegraphist die Striche und Punkte auf dem Papierstreifen seines Apparates in die gewöhnliche Schrift. Um die Frage der Zweckmäßigkeit oder Nützlichkeit eines solchen Apparates handelt es sich zunächst für uns aber nicht, sondern darum, auf welche Weise dieses Ziel erreicht werden kann, ja beinahe erreicht ist.

Fig. 1. Roncallis Melodienschreiber.

Schon i. J. 1856 machte Du Moncel darauf hinzielende Versuche, ohne aber zu einem befriedigenden Resultat zu gelangen. In einer Zeit, wo die elektrischen Batterien noch sehr unvollkommen waren, ließ sich das erwarten. Dann aber war auf der Wiener Weltausstellung 1873 von dem Ingenieur Roncalli ein hierfür bestimmter Apparat ausgestellt, und wenn er auch noch nicht allen Anforderungen entspricht, so ist doch durch ihn der erste Schritt zur Lösung der Aufgabe gethan und es ist interessant zu verfolgen, welche Mittel dafür angewendet werden.

Vorausgeschickt muß werden, daß dabei ein Papier nötig ist, welches mit dem Gemisch von etwa gleichen Teilen einer Lösung von gelbem Blutlaugensalz

(Kaliumeisencyanür) und salpetersaurem Ammoniak (Ammoniumnitrat) getränkt ist. Läßt man über ein so präpariertes, geglättetes und schwach angefeuchtetes Schreibpapier einen Stahlstift gleiten, so bringt derselbe keinerlei Veränderung hervor. Geht aber dabei ein elektrischer Strom vom Stift durch das Papier zur Unterlage desselben, so entsteht ein Eisenoxydsalz, welches in Gegenwart des Kaliumeisencyanürs einen blauen Niederschlag giebt, der auf der ganzen Strecke erscheint, welche der Stift auf dem Papier zurücklegt und sofort aufhört, wenn der Strom unterbrochen wird. Wird statt des Stahlstifts ein solcher von Kupfer von einer Kupferlegierung genommen, so wird der Strich rot sein, Kobalt bringt einen braunen Strich hervor, der eines Wismutstifts wird erst dann mit hellgelber Farbe sichtbar, wenn der Papierstreifen in reines Wasser gelegt wird, Nickel und Chrom bringen grüne Striche hervor, Silber einen unsichtbaren, der sich aber durch die Einwirkung des Lichtes bräunt.

Es ist klar, daß auf diese Weise eine bestimmte Zeichenschrift erhalten werden kann. **Roncallis Melograph** (Melodienschreiber) benutzt diese chemische Erscheinung. Auf dem musikalischen Instrument (Fig. 1) steht rechts der Schreibapparat, der durch Kupferdrähte mit den einzelnen Tasten verbunden ist, links ein Uhrwerk, durch welches der Papierstreif abgerollt wird, welcher die Schrift empfangen soll, und zwischen beiden ein gewöhnliches Metronom oder ein Taktzähler.

Fig. 2. Der Schreibeapparat.

Doch betrachten wir uns den sinnreich gebauten Notenschreiber etwas genauer; er ist in Fig. 2 größer abgebildet. Die metallene Walze A steht mit dem Zinkpol einer konstanten Batterie von wenigen Elementen in Verbindung. B ist ein kammartiges Metallstück mit soviel ganz dichtstehenden Zähnen, als das Klavier 2c. Tasten hat. Die den halben Tönen entsprechenden Zähne sind von anderem Metall als die, welche mit den Tasten für die ganzen Töne verbunden sind. Die isolierten Drähte E führen nach Klammern D, welche ihrerseits wieder durch Drähte G mit den einzelnen Tasten in Verbindung stehen. Durch den Hebel N kann der Kamm auf den Cylinder A aufgelegt oder von demselben entfernt werden. Zwischen Kamm und Cylinder A ist das präparierte Papier, welches in größerem Vorrat auf der Walze M aufgewickelt ist und zuletzt zwischen den beiden Walzen F und C durchpassiert; erstere wird durch das Uhrwerk (Fig. 1) vermittels einer kleinen Treibschnur in Bewegung gesetzt. Den neun Furchen auf der Walze L entsprechen neun gezahnte Kreise, die durch eine Feder gegen F angedrückt werden.

Unter den Tasten des Klaviers, Harmoniums 2c. liegt ein Messingstreif, welcher mit dem positiven Pol der Batterie in Verbindung steht. Wird eine Taste angeschlagen, so bringt eine Feder die leitende Verbindung mit dem der Taste entsprechenden Draht G hervor, nun ist der Strom geschlossen und geht da durch das Papier hindurch, wo der entsprechende Zahn des Kammes aufliegt; hier wird aber auch sofort die chemische Reaktion eintreten und durch einen Farbenstrich sichtbar werden, der so lange sich bildet, als die Taste niedergedrückt wird.

Da sich aber das Papier fortwährend abrollt, so muß auch an einer andern Stelle desselben wieder ein Strich gebildet werden, wenn dieselbe oder eine andere Taste angeschlagen wird. Wie es aber mit einer sich verhält, so ist es mit allen Tasten; sobald sie angeschlagen werden, müssen sie auch auf das Papier reagieren und daselbst ein Zeichen hervorbringen. Doch ist begreiflich, daß der Schreibapparat keinen Unterschied etwa zwischen cis und des macht und daß es nachher Sache des Uebersetzers ist, die richtige Note zu schreiben.

Bei vollkommneren Instrumenten mit fünf und mehr Oktaven würde der Schreibapparat mit seinen vielen Zähnen etwas sehr breit ausfallen und auch der Papierstreif müßte eine beträchtliche Breite haben. Es hat Roncalli daher bei seinem Melographen die Einrichtung getroffen, daß die äußersten Oktaven mit den vorhergehenden entsprechend verbunden werden, also die erste schreibt auf die Stelle der zweiten, die fünfte auf die Stelle der vierten, um sie aber von einander unterscheiden zu können, bestehen die schreibenden Zähne aus verschiedenem Metall und sind folgeweise auch die Striche verschieden gefärbt.

Ein sehr wunder Fleck bei der ganzen sonst so einfachen und sinnreichen Einrichtung bleibt der Takt; das Metronom zählt in einer bestimmten Stellung diesen Takt und der Spielende wird sich demselben fügen; wenn er aber in einen anderen übergeht, so wird dies auf dem mit längeren und kürzeren Strichen beschriebenen Papier nicht erkennbar sein. Es ließe sich mit Hülfe des Pedals, das auch elektrisch mit einem besonderen Zahn des Kammes verbunden werden kann, ein bestimmtes Zeichen auf dem Papier an=

bringen, das besagt, daß von hier an der Takt ein anderer sei, aber welcher improvisierende und phantasierende Klavierspieler wird auf einen solchen Gebrauch des Pedals achten?

Die chemische Telegraphie mit schreibenden Stiften auf ein präpariertes Papier hat trotz ihres langen Bekanntseins keine ausgedehntere Anwendung gefunden. Die Hauptursache mag wohl sein, daß sowohl die unterliegende Metallplatte wie die Stifte dabei angegriffen werden und deshalb eine peinlich genaue Reinigung nötig machen. Dies wird auch der weiteren Ausbildung des Roncallischen Melographen im Wege stehen; aber die Entwicklung des Princips ist schon deßwegen von besonderem Interesse, weil man selbst in Lehrbüchern, welche speciell der Telegraphie gewidmet sind, nur so kurze Andeutunge darüber findet, daß diese zu einem genauen Verständnis durchaus nicht genügen.

Wassergas als Brennstoff der Zukunft.

Schon seit den zwanziger Jahren, schreibt Julius Quaglio, haben zahlreiche Versuche stattgefunden, um Wasserdampf mittelst Kohle zu zersetzen und hierdurch ein Gasgemisch von Wasserstoff, Kohlenoxyd und Kohlensäure zu erhalten, keines dieser Verfahren hat aber in der Praxis ein größeres Feld erobern können, indem die Kosten der Herstellung des Wassergases sich relativ höher als jene des Steinkohlengases kalkulierten. Die meisten dieser älteren Versuche beruhen auf dem Princip der Zersetzung des Wassers oder Dampfes in mit Kohlen gefüllten Retorten, die durch äußere Heizung glühend gehalten wurden. Abweichend hiervon sind die Erfindungen von Lowe und Strong, die den Proceß der Wasserzersetzung statt in Retorten, in vertikalen Schachtöfen vornehmen und die Erhitzung der Kohle, des Dampfes und des Gases nicht durch äußere Heizung, sondern durch Verbrennung der Kohle selbst, abwechselnd in einer Luft- und in einer Dampfatmosphäre, hervorbringen. Lowe bezweckte hauptsächlich die Herstellung von Leuchtgas mittelst Anthracit oder anderer fester, stückförmiger Kohle und flüssigen Kohlenwasserstoffen. Strong erzeugt in erster Linie nichtleuchtendes Wassergas, das durch seine billigen Herstellungskosten für alle Erwärmungszwecke von noch kaum geahnter Wichtigkeit zu werden verspricht; durch einen sekundären Prozeß kann dieses Gas mittelst flüssiger oder fester Kohlenwasserstoffe carburiert, d. h. leuchtend gemacht werden. Das erste Werk nach diesem System wurde 1879 in Yonkers von der „Yonkers Fuel Gas-Company" errichtet und Anfang dieses Jahres haben sich zwei Gesellschaften gebildet, wovon die eine „Metropolitan Fuel Gas-Company" die Stadt New-York mit Heizgas zu versehen bestimmt ist, die andere „Strong-Gas Fuel and Light Company" das übrige Territorium von New-York als Operationsplatz zur Einführung des Strongsystems sich erkoren hat. Wir stehen somit nun am Beginn einer neuen Periode der Verwendung der uns von der Natur gelieferten Rohmaterialien für Beleuchtungs- und Heizungszwecke, wobei noch besonders hervorzuheben ist, daß das neue System die verschiedensten Arten von Rohstoff, die gegenwärtig als untergeordnet betrachtet werden und sehr billig zu haben sind, wie z. B. die Staubkohle, nutzbar zu machen gestattet. Ausgedehnte Versuche in Amerika und Europa (Schweden) erwiesen, daß nicht nur alle Gattungen von kohlehaltigen Rohstoffen, von reinem Anthracit bis zum ordinären Stichtorfe anwendbar sind, sondern auch, daß in allen Fällen nahezu die gleiche Qualität Heizgas gewonnen wird. Es wird daher proponiert, daß das Brennmaterial in geeigneten Centralwerken in Gas verwandelt und den Konsumenten mittelst Röhren, gleichwie das Leuchtgas, geliefert werden soll. Die Verbrennung des Wassergasses ist so vollkommen, daß seine Flamme, jener des Alkohol in Reinheit gleichend, doch dreimal soviel Intensität besitzend, keinerlei Rauch entwickelt und keinen wärmeverzehrenden Ruß auf dem Topfe oder Heizapparat hinterläßt. Das Wassergas ist außerdem besonders geeignet zu Beleuchtungszwecken durch Vermischung mit lichtgebenden Kohlenwasserstoffen, die auf verschiedenen Wegen und durch Anwendung der verschiedenartigsten Materialien bewerkstelligt werden kann. In Amerika beabsichtigt man außer den Rohrleitungen, die gegenwärtig in Form von Leuchtgas den Einwohnern der Städte Licht liefern, mittelst eines zweiten Rohrnetzes jedem Wärme und Kraft in Form von Wassergas auf die bequemste und billigste Weise zugänglich zu machen, und es ist allerdings eine wichtige Aufgabe der Gegenwart, auch in diesem Zweige der Wissenschaft die Theorie mit der Praxis mehr in Einklang zu bringen und dem gigantischen Verluste an Arbeit und Kapital, den die gegenwärtige Verwendung der Brennmaterialien mit sich führt, ein Ende zu machen.

Noch ein ägyptischer Obelisk auf der Wanderschaft.

Im vorigen Jahrgange des „neuen Universum“ führten wir unsern Lesern die eine der „Nadeln der Kleopatra“ in Bild und Wort auf ihrer Reise nach England vor. Wir teilten damals mit, daß der zurückgelassene Genosse bestimmt sei, die Reise nach Amerika anzutreten. Dies ist nun wirklich geschehen und zwar in der erfolgreichsten Weise.

Der New-Yorker Obelisk — denn so muß er von jetzt an heißen — stand einst wie sein Genosse und mit ihnen noch zahlreiche andere in der Stadt des Sonnengottes*), in Heliopolis vor dem Eingange des großen Tempels, welcher unter Thothmes III., dem bedeutendsten Fürsten der achtzehnten Dynastie, vollendet wurde. Zu jener Zeit — man glaubt das Jahr 1866 v. Chr. als dasjenige der Errichtung der Obelisken, Sphinxe und Königsstatuen am Tempelthore annehmen zu müssen — stand die Macht Aegyptens in höchster Blüte; Thothmes war der Herrscher über die Inseln des Mittelmeeres bis nach Indiens fernen Grenzen und bis ins äquatoriale Gebiet Afrika's hinein. Kleopatra ließ den Obelisken von der Stelle, wo er die ersten achtzehn Jahrhunderte gestanden, nebst seinen Genossen nach Alexandrien transportieren, um ihn vor dem Tempel des Cäsar, welchen sie zu Ehren ihres und seines Sohnes Cäsarion gründete, aufzustellen. Doch wurde durch ihren tragischen Fall der Tempel von ihr nicht vollendet. Oktavian aber setzte den Bau fort und unter ihm wurde durch den Präfekten Barbarus die Aufstellung dieser „Nadel der Kleopatra“ vorgenommen, während die andere, jetzt in England befindliche, selbst unter Tiberius, der den Tempel vollendete, liegen blieb. Unsere Illustration zeigt den Obelisken, wie er bis voriges

Fig. 1. Der Obelisk in Alexandrien als Nadel der Kleopatra (22 v. Chr. — 1880 n. Chr.)

Jahr in Alexandrien zu sehen war. Zugleich zeigt diese Ansicht auch den Umstand, daß das Piedestal und ein Teil des Obelisken selbst im Schutte begraben war.

Beim Wegräumen des Schuttes nun ergab sich, daß die Basis rundlich ist und daß der Baumeister Pontius, der im

*) Die Obelisken waren Symbole der aufgehenden Sonne, Ra, da sie nach dem Zenith zeigten; sie wurden nur auf dem östlichen Ufer errichtet; die Pyramiden dagegen waren Symbole der sinkenden Sonne, in sich zusammensinkende und sich verbreiternde Obelisken und daher dem Gotte der Nacht und des Todes, Tune, geweiht; sie wurden auf dem westlichen Ufer des Nils aufgeführt.

Jahre 22 v. Chr. die Aufstellung besorgte, um den Obelisken durch Abebnen der Grundfläche nicht zu verkürzen, krebsartig geformte Klammern an den Ecken angebracht hatte, daran zwei jedoch fehlten und durch untergeschobene Steine ersetzt worden waren. Die beistehende Abbildung zeigt die Verbindung zwischen Obelisk und Piedestal und giebt durch Vergleich mit dem an letzterem lehnenden Manne einen Begriff von den wahren Größenverhältnissen.

Die sonderbaren, zum Zwecke der Befestigung aber höchst ingeniös erdachten, Klammern sind in Abbildung 3 genau wiedergegeben. Sie sind von Kupfer und zeigen unverkennbar deutlich die Krebsform mit ihren gekrümmten, aber leider meist verstümmelten Haken und Scheeren. Die am besten erhaltene trägt Inschriften, welche die oben erzählten Thatsachen über die Aufstellung berichten. —

Fig. 3. Die krebsartig geformten Verankerungen.

Fig. 2. Piedestal und Verankerung.

Ursprünglich war John Dixon, der englische Marineingenieur, der den Londoner Obelisken geleitet, zur Uebernahme des Transportes nach New-York engagiert worden. Die New-Yorker Zeitung „The World" hatte nämlich durch jenen Herrn in Erfahrung gebracht, daß die große transatlantische Republik, resp. ihre Metropole den andern Obelisken zum Geschenk erhalten würde, wenn nur eine desfallsige Anfrage an den Khediven gerichtet werde. Diese Thatsache veröffentlichte jenes Blatt und forderte zur Beschaffung von Mitteln auf, um den Transport zu bewerkstelligen. Unterdessen wurde die von Ismael ausgesprochene Schenkung durch den ans Ruder gekommenen Mohammed Tewfick bestätigt und dem amerikanischen Generalkonsul Farman die betreffende

Urkunde zugestellt. — Mr. Dixon jedoch, durch seine trübe Erfahrung mit dem ersten Obelisken mißmutig geworden, zog sein Anerbieten, den Transport nach Amerika für $ 75,000 zu übernehmen, zurück. Da trat der Premierlieutenant zur See und Kommandeur des Ver.-Staaten-Kriegs-Dampfers Gettysburg mit seinem durch Studium an Ort und Stelle entstandenen Plane auf, und der Redakteur der „World", welcher von einem reichen Bürger New-York's die nötige Summe zugesagt erhalten, gab das schwierige Werk in seine Hände. Die Forderung von $ 100,000 wurde ebenfalls bewilligt und von jenem Bürger — es soll der Eisenbahn-Präsident William N. Vanderbill sein — durch eine Anweisung honoriert.

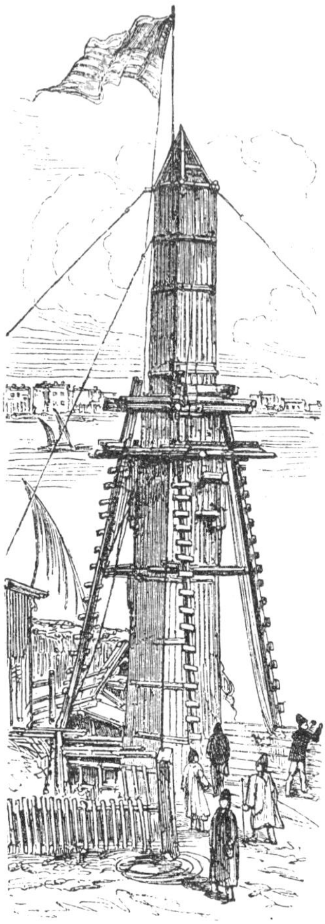

Fig. 4. Obelisk mit Holzbekleidung.

Am 24. August 1879 begab sich Kommandeur Gorringe von New-York nach Alexandrien, nachdem er alle notwendigen Maschinen, Gestelle und Apparate unter seiner eigenen Aufsicht in den den Söhnen Roeblings gehörigen Eisenwerken hatte herstellen lassen. Er begann sofort mit der Einhüllung des Obelisken in ein starkes Holzgehäuse, wie es unsere Illustration (4) komplet zeigt. An demselben waren zwei große Zapfen angebracht, die in auf großen Gerüsten befindliche Lager paßten, während andrerseits der Obelisk durch ein Hängewerk von Zugstangen vor dem Zerbrechen beim Umkippen geschützt war. Indem

Fig. 5. Obelisk nach vollzogener Drehung.

nun durch Krahne der Obelisk mitsamt dem, einem Geschützgestell in großem Maßstabe gleichenden, Gerüste ein wenig gehoben wurde, wurde er durch einen leichten Zug zum Umkippen gebracht; der obere Teil war nämlich absichtlich um etwa 4 Tonnen (4000 Kilo) schwerer, als der untere. Wie unsere Abbildung (5) dies darstellt, war ein genügend hoher Bretterhaufen aufgeschichtet worden, der den Anprall des Stoßes, der heftig genug war, bedeutend milderte. Es wurde nun der Obelisk durch hydraulische Pressen herabgelassen und in horizontaler Lage in ein großes Flachboot verladen, welches auf einem unter seiner ganzen Länge ausgegrabenen Kanale schwamm. Derselbe stand mit dem Meere in Verbindung und das Fahrzeug, eine Art großer Kiste, wurde nun in die See befördert. Auf dieser ersten Reise nach so langer Ruhe, erging es dem alten Bildwerke schlecht. Es war sehr stürmisch und die „Kiste“ füllte sich mit Wasser; der Obelisk sank und ruhte nun auf kühlem Meeresgrunde. Doch bald war das nach Art eines Trockendocks eingerichtete Fahrzeug wieder flott gemacht und nach den Regierungswerften — eine Fahrt von 7 Meilen — gebracht.

Hier wurde der Dampfer „Dessoug“, den Kommandeur Gorringe der ägyptischen Regierung abgekauft, in seinem vorderen Teile auf das den Obelisken tragende Trockendock gebracht und eine Oeffnung an der Portseite, dicht hinter dem Bug beginnend, angebracht, wie dies auf Abbildung (6) zu sehen ist.

Zur Fortbewegung des Obelisken behufs Einladens wurde das zuerst in Rußland angewandte Rollen auf Kanonenkugeln zwischen Eisenröhren angewendet. Der riesige finnische Steinblock, der das Piedestal zum Standbilde des Czaren Peter I. bildet, wurde in dieser Weise vorwärts gebracht.

Zu unterst lag eine Anzahl Eisenröhren von 6 Zoll Durchmesser; auf und zwischen denselben waren 5 1/4 Zoll Durchmesser habende Kanonenkugeln in kurzen

Fig. 6. Methode des Ein- und Ausladens.

Abständen placiert. Auf diesen lag eine zweite Schicht 6zölliger eiserner Röhren, welche den Obelisken trugen. Dieser Plan erwies sich als höchst praktisch, da die Oeffnung im Schiffe möglichst geringen Umfanges sein mußte.

Endlich war der Obelisk auf dem Kiel des „Dessoug" placiert (s. Abbildg. 7) und am 12. Juni 1880 fuhr der Dampfer von Alexandrien ab, passierte Gibraltar am 22. Juni und kam am 20. Juli zu New-York an. Auf hoher See brach eine Welle, deren Reparatur sechs Tage Zeit in Anspruch nahm.

Fig. 7. Während der Ueberfahrt. Auf dem Kiele des „Dessoug".

Die Ausladung fand auf Staten-Island unter Benützung der dortigen Marine-Eisenbahn statt. Das große Flachboot, auf dessen Deck er verladen wurde, legte nach einer Fahrt quer über die Bai und den Hudson hinauf am Fuße der 96. Straße an.

Der Obelisk selbst rückte jetzt ziemlich schnell vor, von einer stationären Dampfmaschine, die mit ihm fest verbunden, sich zugleich mit ihm

Fig. 8. Transport über die Hudson-River-Bahn.

Fig. 9. Auffahrt nach dem Centralpark.

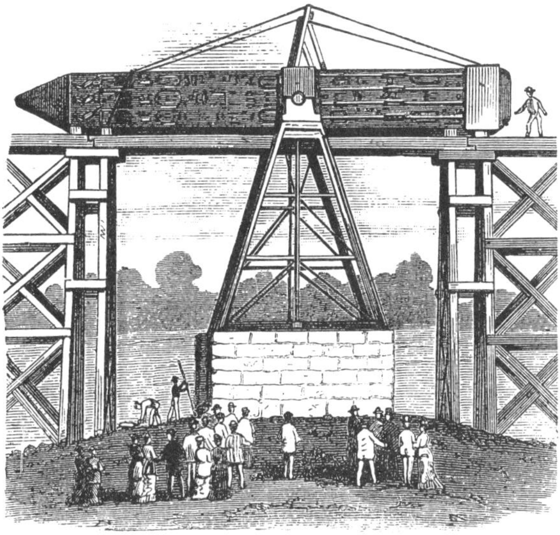

Fig. 10. Fertig zum Aufrichten.

der Pontius'schen Krebse hat gießen lassen. Endlich ruhte der Obelisk auf dem Piedestale, zu welchem drei breite Marmorstufen emporführen (s. Abbldg. 11).

Am 22. Januar dieses Jahres fand die feierliche Uebergabe durch Kommandeur Gorringe an den Minister des Aeußern, Evarts, und durch diesen an den Bürgermeister Grace statt.

auf einem Knüppelwege bewegte, wie dies unsere Illustrationen (9 und 10) zeigen. Ein Drahtseil wurde mehrere hundert Fuß vor dem Obelisken gut verankert und festgemacht; die Dampfmaschine wand dasselbe auf eine Trommel und vermittelte so die Vorwärtsbewegung. Die Hudson-River-Bahn wurde überschritten (8) und die Steigung, welche die 96ste Straße vom Flußufer nach dem Parke macht, ebenfalls erklommen (9).

Die Aufstellung im Parke geschah in umgekehrter Reihenfolge, genau wie die Umlegung. Der Obelisk wurde mittelst hydraulischer Pressen auf ein Gerüst erhoben, die Gestelle, welche die Zapfenlager trugen, wurden auf zwei Steinfundamente placiert, wie dies die Abbildung (10) zeigt. Nachdem die Gerüste entfernt waren, wurde der Obelisk um 90° gedreht und kam aufrecht zu stehen. Doch schwebte er noch einige Zoll über dem Piedestal, um die Einfügung der vier Klammern zu gestatten, welche Kommandeur Gorringe nach dem Vorbilde

Fig. 11.
Gegenwärtiger Stand der „Nadel der Kleopatra“.

Die Schwierigkeit der Aufgabe und die tüchtige Umsicht und wissenschaftliche Präzision, mit welcher sie vollführt wurde, wird am besten verständlich, wenn man die Größe und das Gewicht des Obelisken in Anschlag bringt. Die Maße und Gewichte sind folgende:

A. Maße.

1. Obelisk:

Höhe:	69′ 2″
Querschnitt	
a. d. Basis:	7′ 8¾″
der kl. Pyramide:	5′ 3″

2. Piedestal:

Höhe:	6′ 11″
Querschnitt	
a. d. Basis:	8′ 3″
oben:	9′ 1″

B. Gewichte:

1. Obelisk:	219¼ Tons
2. Piedestal:	49 Tons

Es waren also im Ganzen 268¼ Tons oder 268,250 Kilogramm zu bewältigen und noch dazu in der unbequemen Form eines 21 Meter langen Steinkolosses.

Da die das Fundament bildenden Stufen 5′ 2″ hoch sind, so hat das ganze Standbild 80′ 11″ Höhe; da der Aufstellungsort 101½ Fuß über dem Meeresspiegel liegt, so ist die „Nadel der Kleopatra", die in Alexandrien nur wenige Fuß über dem Wasserspiegel aufgestellt war, durch ihre Uebersiedelung nach der neuen Welt unzweifelhaft „erhöht" worden.

Riesenfässer.

Bis vor nicht langer Zeit war das berühmte Heidelberger Faß das größte der Welt. Es enthält 287,000 Flaschen oder etwa 2500 Hektoliter, ist aber nur ein- oder zweimal der Kuriosität halber mit sogenanntem Zehentwein gefüllt worden. Zur Aufnahme von Flüssigkeiten dürfte es heute nicht mehr geeignet sein. Die moderne Böttcherei hat aber weit größere Monstra zu Wege gebracht. So baute eine Straßburger Faßfabrik im Jahre 1878 für eine Weinhandlung in Epernay ein Faß von 6000 Hektoliter Inhalt. Eine Londoner Bierbrauerei soll ein Faß besitzen, das 30,000 Hektoliter aufnehmen kann. Seine Eisenreife haben ein Gewicht von 1600 Centnern und der Herstellungspreis desselben betrug 200,000 Mark.

Die Gewinnung von Zucker aus Zuckerahorn in den Vereinigten Staaten.

Die Produktion von Zucker aus dem Safte des Zuckerahornbaumes (rock oder sugar maple) wird in manchen der nördlich des 40. Breitegrades gelegenen Staaten, namentlich den Neuenglandstaaten, New-York und einigen Staaten des Westens in bedeutenderem Maße betrieben, als man anzunehmen gewöhnt ist.

Das Gesammtprodukt beläuft sich auf über dreißig Millionen Pfund jährlich, wovon der Staat Vermont etwa den dritten Theil (zehn Millionen), New-York über ein Viertel (acht Millionen) liefert.

Der Baum selbst ist ein prachtvoller Waldgeselle, der oft über achtzig Fuß in die Höhe schießt und seine mächtigen Zweige mit dem dichten großblättrigen Laube nach allen Seiten hin aussendet. Zu dem herrlichen Farbenspiele der herbstlichen Landschaften in jenen Staaten, während des sogenannten ‚Indian Summer', der herrlichsten Jahreszeit unter jenen Breiten, liefert der Zuckerahorn mit die herrlichsten Tinten in diesem reizvollen Gemälde. Das Ahornwäldchen, ‚Sugar Maple Bush' oder kurz ‚Sugar-bush' genannt, bildet einen integrierenden Bestandtheil so mancher Farm und auf den meisten derselben wird die Zuckergewinnung noch in derselben primitiven Weise betrieben, wie es schon die Indianer gethan.

Das Sammeln des Saftes geschieht im Februar und März, sobald die Saftcirkulation durch das Eintreten warmen Wetters wieder lebhaft wird; „der Saft steigt", ist die bekannte Ausdrucksweise im Volksmunde für diese Erscheinung. Es geschieht dies in der auf unserer Abbildung angedeuteten Weise durch Anbohren des Stammes etwa zwei Fuß über dem Boden. Dann wird eine hölzerne Röhre in das Loch eingeführt und eine Bütte untergesetzt, in welcher der abfließende Saft gesammelt wird. Derselbe wird dann in größeren Bütten, welche durch den ‚Sugar-bush' auf Schlitten die Runde machen, gesammelt und in einem großen Kessel unter einem Schuppen, wie ihn unsere Abbildung zeigt, eingedampft. Die großen Holzscheite, die unter demselben prasseln, die Dampfwolken, sowie die dem primitiven Schornsteine entqualmenden Rauchwolken von unten her erleuchten, geben dem ‚Sugar-Camp' einen äußerst

Eindampfen des aus dem Zuckerahornbaum gewonnenen Saftes.

pittoresken Anblick, so daß der Platz für Mai-Picknicks ein beliebter und gesuchter Aufenthalt ist. Wenn der Saft bis zur Syrupsdicke eingedampft ist, wird er in große Formen gegossen und entweder verschlossen und als solcher versandt oder der Zucker in der gewöhnlichen Weise zum Auskrystallisieren gebracht.

Der Syrup selbst ist seines ausgezeichneten Aromas halber sehr beliebt und kommen davon beinahe anderthalb Millionen Gallonen jährlich in den Handel.

Die Ahornzuckerindustrie hat in den letzten Jahren einen so bedeutenden Aufschwung genommen, daß viele Farmer diesen Zweig fast ausschließlich kultivieren. Dieselben haben natürlicherweise auch angefangen, sich mit den neueren Vorrichtungen zu versehen und dadurch ein schöneres und reineres Produkt zu liefern.

Der Fortschritt im Holzschnittdruck.

I.

Druckverfahren mittelst der Handpresse in früherer Zeit. 1450—1850.

Gravierter Initialbuchstabe und bewegliche Lettern eines Schoeffer'schen Psalter.

Es erscheint als eine der einfachsten mechanischen Verrichtungen, Papier auf geschwärzte Typen zu pressen. Fast ein Jeder, der sich einmal aus Liebhaberei an der Druckerpresse versucht hat, glaubt, daß er die Theorie des Holzschnittdruckes verstehe. Denn diese ist ja so einfach: man hat nur mehr Druckerschwärze auf die dunklen Partien des Stiches und weniger auf die helleren Partien aufzutragen; mehr Druck auf diesen dunklen Schatten und weniger auf jenen lichten Himmel anzuwenden, und die Sache ist fertig. Der Versuch wird lehren, daß dies in Wirklichkeit jedoch nicht so leicht ist. Zu wissen, wo die Druckerschwärze aufgetragen werden muß, befähigt noch nicht dazu, dieselbe aufzutragen — weder auf das Papier, noch auf das Holz.

Daß es schwierig ist, Holzschnitte zu drucken, erhellt zur Genüge aus der steten Unzufriedenheit der Holzschneider über die Behandlung ihrer Stöcke durch die Drucker. Und gleich unzufrieden sind die Drucker. In der Regel geben sie nicht viel um diese Arbeit und klagen, dieselbe sei verdrießlich und uneinträglich; am liebsten sähen sie gar keine Holzschnitte in der Druckerei.

Diese Abneigung ist alt hergebracht. Gutenberg, der Erfinder der Buchdruckerkunst, hat, so viel man weiß, niemals Gebrauch von Holzschnitten gemacht, obgleich zu jener Zeit, in der er wirkte, die handschriftlichen Bücher der Vornehmen reich mit Illustrationen geschmückt waren und die Holztafelbücher der ärmeren Klassen zahlreiche gedruckte und bemalte Bilder enthielten. Sein Gehülfe, Peter Schoeffer, gab nach einem Versuch, die gravierten Initialen der Psalter, die anscheinend aus Metall hergestellt waren, teils zu drucken, teils zu malen, dieses Verfahren auf und stellte den Rest seiner Arbeit mit Buchstaben her. Nicht ein einziger der vielen großen Meisterdrucker des 16. Jahrhunderts zeigte Vorliebe für Holzschnitte. Der Ruf oder der Gewinn, den sich Verleger bedeutender Stiche wie Burgmair's „Triumph Maximilians" oder Dürers „Apokalypse" errungen haben mögen, verlockte niemals berühmte Drucker zur Konkurrenz. Sie alle, von Aldus Manutius bis auf Daniel Elzevir, schätzten Schnitte auf Holz gering. Die wenigen Buchdrucker, welche den Versuch unternahmen, hielten sich an Stiche von geringer Größe. Zu Beginn des 17. Jahrhunderts waren die Verleger wie das lesende Publikum thatsächlich zu dem Schlusse gelangt, daß Holzschnitte auf einer sehr niedrigen Kunststufe stünden und sich Illustrationen von Wert nur durch Kupferdruck erzielen ließen.

Die Holzschnitte der Holztafelbücher, welche der Buchdruckerkunst vorhergingen und diese einleiteten, bestanden nur in kühnen Umrissen — es waren keine Bilder, sondern nur die Skelette zu solchen, bloße Anleitungen, hergestellt vermittelst Handzeichnung oder Schablone für den Koloristen, der sie dann mit leichten Farben bemalte. Für derartige Bilder waren Abstufungen von Grau überflüssig. Licht und Schatten, Nähe und Ferne wurden genügend durch den Farbenkontrast angedeutet. Solche Holzschnitte waren leicht angefertigt, denn der Künstler führte alle Linien scharf auf dem Stocke aus und sie ließen sich auch leicht drucken, weil die kühnen Umrisse nur geringe Sorgfalt im Schwärzen und keine Genauigkeit im Druck erforderten. Doch nur gezwungen verharrte man bei dieser rohen einfachen Art; jener skizzenhafte Stil war der einzige, der sich für das damals verwandte Holz und für die damalige Presse eignete.

Ein Stück des Burgmair'schen Schnittes „Triumph Maximilians".
Verkleinertes Facsimile.

zarte Wolken-Abtönungen und dichte Schattenstriche ließen sich nicht auf der fasrigen Fiber der dünnen Stöcke von Apfel- oder Birnbaumholz ausführen, die damals von den Holzschneidern verwandt wurden. Auch würden sich jene Abstufungen und Schattenstriche nicht haben

Alter Holzschnitt aus dem 15. Jahrhundert.
Verkleinertes Facsimile.

drucken lassen, falls man sie wirklich hätte schneiden können. Feine Linien, parallel mit der Faser des Holzes laufend, würden plattgedruckt worden sein und nur wenige Abzüge gestattet haben.

Doch selbst bei der sorgfältigsten Ausführung genügten diese Holzschnitte zu Beginn des 16. Jahrhunderts den Lesern nicht mehr, sie verlangten etwas Besseres als nur skizzierte Illustrationen.

Hierauf scheint man ernstlich bestrebt gewesen zu sein, die Holzschnitte zu verbessern. Holbein und Dürer lieferten Zeichnungen, die von Holzschneidern ausgeführt wurden, welche sich mit gleicher Hingabe der Arbeit widmeten, wie die Künstler selbst. Ein neuer Stil wurde eingeführt; die Kreuzschraffierungen der Kupferstiche und die Feder- und Stiftschattierungen wurden nachgeahmt. Man machte Versuche, Illustrationen in vielen Abtönungen derselben Farbe mit verschiedenen Stöcken zu drucken. Da jene Versuche scheiterten, probierten die Holzschneider, ihren Stöcken durch feinere Gravierung und eine üppigere Verwendung von tiefem Schwarz Farbe zu geben. Die Ausgaben der religiösen Bücher, die in Paris durch Verard, Vostre, Kerver und Andere gedruckt wurden, mit Zeichnungen in Weiß auf getupftem oder ganz schwarzem Hintergrunde, zeigen eine würdige Annäherung, die Schönheiten der illustrierten Missale nachzuahmen, sowie ein künstlerisches Verständnis des eigentlichen Feldes der Gravierung en relief, in ihrer Befähigung, starke Kontraste in Schwarz und Weiß gegeneinander zu stellen. Es steht keineswegs fest, daß alle diese Illustrationen nach Holzschnitten angefertigt wurden. Sie zeigen eine Klarheit der Linien, einen Mangel an Rissen oder schadhaften Stellen, die so leicht bei der Anwendung sich krümmender Holzstöcke entstehen können, daß man auf die Anwendung von Messing-, Kupfer- oder Buchstabenmetall schließen muß. Diese Annahme wird noch verstärkt durch den scharfkantigen Bruch, das genaue Ineinanderpassen schadhafter Stellen und das gelegentliche Vorkommen von Zähnen oder Brüchen, die einen ganz anderen Charakter zeigen, als dies bei einem Abdruck von schadhaften Holzstöcken der Fall sein würde.

Diese Fortschritte in der Holzschneidekunst erforderten eine vermehrte Gewandtheit im Druck, welcher der Drucker nicht zu entsprechen vermochte. Der scharfe Schnitt der Außenlinien und die dünnen silbergrauen Linien waren zu fein, um neben Buchstaben gedruckt zu werden. Die hellen Linien verwischten häufig durch Anwendung von zuviel Druckerschwärze oder durch zu starken Druck; der siebartige schwarze Hintergrund ließ sich selten gut schwärzen, ohne eine zu starke Schwärzung der Buchstaben, und er erforderte stärkeren Druck als dem Drucker zu Gebote stand. Die Presse des 16. Jahrhunderts erwies sich zu schwach für die an sie gestellte Aufgabe. Jodocus Bodius, ein hervorragender Drucker in Paris, giebt auf dem Titelblatt eines seiner Bücher einen Holzschnitt, der die Konstruktion einer Druckerpresse vom Jahre 1520 zeigt. Aus dieser und anderen Quellen ersehen wir, daß das Gerüst dieser Presse aus schweren Holzbalken gefertigt war; die Schraube war aus Holz; die Drucktafel oder Druckfläche war aus Holz; das Bett oder die Fläche, der die Buchstaben oder Holzschnitte zum Druck auflagen, war zuweilen aus Stein, doch häufiger ebenfalls aus Holz. Man wählte unzweifelhaft wohl hartes Holz, das gut ausgewachsen und genau zusammengefügt war, doch mußte die Gewalt des fortgesetzten Druckes, der von Innen herauswirkte, sowie die Neigung des Holzes sich zu krümmen und zu reißen, bald die best-konstruierte Presse untauglich machen.

Die Presse war groß und stark gebaut, aber ihre Handhabung erforderte den ganzen Kraftaufwand eines robusten Mannes. Auf dem uns vorliegenden Holzschnitte arbeitet der Drucker mit aufgestemmten Füßen und mit beiden Armen an dem Preßbengel. Die Schraube ist mit einem großen Gewinde versehen, welches direkt auf die Druckplatte drückt und durch kein Gegengewicht oder keine Feder im Niedergehen gehemmt wird. Auch ist keine Hebelvorrichtung da, um das Ziehen an dem Preßbengel zu erleichtern; es war dies eine äußerst mühevolle Arbeit, die zu Ende weit schwerer war als zu Anfang. Von der aufgewandten Kraft ging viel verloren. Die starken Klammern über den Querbalken oben an der Presse lassen gewahren, daß dieser Balken springen und die Widerstandskraft verlieren mußte, falls er nicht kräftig verkeilt war. Die Fläche, welche dem Druck von oben durch die Druckplatte ausgesetzt war, war sehr klein — wenig größer als zwei Seiten dieses Buches. Man fertigte die Pressen der damaligen Größe des Papiers entsprechend; diese schwankte zwischen 14 zu 20 und 16 zu 21 Zoll. Nach der alten Methode der Papierfabrikation war es gewerblich unthunlich, Papier von größeren Dimensionen herzustellen. Obgleich das Papier in früherer Zeit nur ein Viertel so groß war als das, welches heute zum Buchdruck verwandt wird, war es dennoch zu groß, um in einem Male die ganze Seite zu bedrucken. Um einen Bogen von 16 zu 21 Zoll auf beiden Seiten zu bedrucken, war ein viermaliger Druck erforderlich. Die Methode war wie folgt. Der Drucker zog den Preßbengel nieder, wenn sich ein halber weißer Bogen unter der Drucktafel befand; dann, im Drucke nachlassend, schob er die andere Hälfte des Bogens unter die Drucktafel und zog von neuem. Um die zweite Seite zu bedrucken, mußte der oben beschriebene Vorgang wiederholt werden. Es war eine äußerst beschwerliche Arbeit, aber die einzige den Buchdruckern bekannte Methode.

Die Schwierigkeit der damals üblichen

Methode, die Schwärze auf die Form aufzutragen, muß auch berücksichtigt werden. Die untenstehende Illustration zeigt, daß zwei Männer zur Bedienung der Presse erforderlich waren, — der eine zum Ziehen oder Drucken, der andere

Handpresse des 16. Jahrhunderts. (Alter Holzschnitt.)

zum Schwärzen. Der Drucker, welcher das Auftragen der Schwärze besorgt, hält in jeder Hand einen Druckerballen — ein lederüberzogenes Kissen, das mit leimhaltiger Druckerschwärze getränkt ist, die man gleichmäßig zu verteilen sucht, indem man die gewölbten Seiten der Ballen nach jeder Richtung gegeneinander preßt. Nach dem dieses geschehen, klopfte der Schwärzer mit den Ballen auf die Oberfläche der Buchstaben oder der Schnitte in der Form, bis dieselben gehörig mit einem dünnen Häutchen von Druckerschwärze bedeckt waren. Bestanden die Schnitte nur in rohen Umrissen und die umgebenden Buchstaben aus fetter gotischer Schrift, so war die Aufgabe leicht, denn Typen und Schnitte erforderten ungefähr eine gleiche Menge Schwärze. War die Schrift hingegen in leichten romanischen oder italienischen Buchstaben und waren die Schnitte in schwarzem oder schwärzlich grauem Ton gehalten, so war es nötig, mehr Schwärze auf die Stiche und weniger auf die Buchstaben aufzutragen. Dieses war nicht eben leicht. Es erforderte ein verständnißvolles Auge; hier nur eine leichte Berührung mit dem Druckerballen, dort anhaltendes, kräftiges Klopfen. Für jeden feinen Strich nahm die Schwärzung der Form fast ebensoviel Zeit in Anspruch, als das Schwärzen und Reinigen einer Kupferplatte.

Auch noch eine andere Schwierigkeit lag vor. Der größte Theil des Papiers, das im sechzehnten Jahrhundert angefertigt wurde, war für Holzschnitte ungeeignet. Bei weitem das meiste Papier wurde aus Leinenlumpen gefertigt; die Oberfläche war hart und rauh, und in dem Papier waren die Spuren des Drahtgeflechtes abgedrückt, auf dem der Brei auseinandergepreßt wurde; das Papier war sehr empfänglich für Feuchtigkeit, ungeleimt und an den Kanten und in der Stärke ungleichmäßig, gewöhnlich dünn in der Mitte und dick an den Rändern. Die Methode, Velinpapier herzustellen, das ganz frei von Furchen war, hatte man damals noch nicht erfunden. Diese Furchen erweisen sich für die Erzielung eines guten Buchstabendruckes nicht hinderlich, doch sie müssen sehr störend für den Drucker gewesen sein, der bestrebt war, einen scharfen Abdruck der schwächeren, zarteren Linien eines schönen Holzschnittes zu liefern.

Man pflegte allgemein das Papier durch sorgfältige Anfeuchtung zu erweichen. War das Papier geleimt, so wurde es durch die Anfeuchtung nicht geschwächt und dem Drucker die Arbeit bedeutend erleichtert. Doch ungeleimtes Papier war nur halb so teuer als das geleimte, und die Versuchung jenes zu gebrauchen war groß. Das ungeleimte Papier ließ sich sehr schwer anfeuchten; es sog gierig Wasser ein und sobald es vollständig durchtränkt war, wurde es schlotterig und nicht zu handhaben. Unter dem schneidenden Druck der wollenen Decke, die man stets zwischen das zu druckende Papier und die Druckfläche legte, preßte sich das schlottrige Papier in die feineren Linien des Schnittes ein und ließ diese viel dicker erscheinen, als beabsichtigt war.

Trotz dieser Unvollkommenheiten wurden dennoch gute Abzüge zu Wege gebracht. In Paris, Lyon und Venedig wurden Bücher mit Holzschnitten gedruckt, welche erkennen lassen, daß sie von Druckern angefertigt worden, die wohl erfahren in der Kunst der Belegung (ein Verfahren, durch Auflegung von Papierstückchen den Druck auf den lichteren und dunkleren Partien der Schnitte zu variieren, so daß jeder Theil den erforderlichen Druck erhält und nicht mehr), sowie gleichfalls bewandert in anderen Kunstgriffen des Druckwesens, die man fälschlich als Erfindungen neuerer Zeit hinstellt. Doch solche wohl gelungenen Abzüge von Holzschnitten waren eben eine Ausnahme. Es war ein Kampf gegen Zufälligkeiten, der sich nicht lange durchführen ließ. Die Presse war zu schwach für kräftiges Schwarz und das Papier zu rauh für feine Linien.

Die Schwierigkeiten, die der Drucker zu bestehen hatte, müssen bei den Holzschneidern Verständniß gefunden haben, denn wir sehen — wenigstens bei den Pariser Graveuren — daß sie ihren Stil änderten und ihn der Schwäche der Presse anpaßten. Starke Contraste wurden nach dem Jahre 1550 selten mehr gewagt.

Dies machte dem Drucker das Abziehen der Schnitte leicht. Ein Schnitt mit wenig exponierten hellen Linien, ohne tiefes Schwarz und mit nur wenig schwärzlich grauen Farbentönen ließ sich ebenso leicht schwärzen und drucken als Buchstaben. Doch dieses volle Eingehen auf die Schwächen der damaligen Pressen in der Herstellung von starken Kontrasten in Licht und Schatten, den größten Vorzügen der Holzschnitte, richtete fast die Kunst zu Grunde. Die Holzschnitte in flachem monotonem Grau lieferten so wenig wirkungsvolle Bilder, daß sich Zeichner von Ruf weigerten, Zeichnungen für Holzschnitte zu entwerfen. Verglichen mit einem Abdruck von einer Kupferplatte, erschien der Abdruck von Holz wie eine Travestie auf die Zeichnung des Künstlers. Es lassen sich nicht leicht

Die Devise Christoph Plantius' „Königs der Buchdrucker“ aus einem Buche vom Jahre 1588.

kläglichere Illustrationen denken als die geistlosen, schmutzig-grauen Holzschnitte der Bücher aus dem 17. und 18. Jahrhundert. Die Devise Plantius' ist eine treffliche Illustration dieses entarteten Stiles. Dieser schlecht ausgeführte Schnitt bildete die Devise des „ersten Druckers des Königs und des Königs der Drucker“, wie zierlich auf seiner Grabschrift zu lesen steht. Wahrlich, eine traurige Leistung für eine Druckerei, die Buchstaben in silbernen Matrizen herstellte — für eine Anstalt, die den großen „Polyglott d'Anvers“ druckte und später die Dienste der großen Zeichner Rubens und Teniers, Van Dyck und Jordaens und der berühmtesten flämischen Kupferstecher in Anspruch nahm. Die Kunst war so tief gesunken, daß die Buchdrucker es verschmähten, sie in ihren eigenen

Gießen der Schrift. Schwärzen der Druckerballen. Arbeit an der Presse. Korrigieren der Fehler. Lesen der Korrektur. Setzen der Schrift.

Alte französische Buchdruckerei.

Facsimile eines Kupferstichs aus la Caille's „histoire de l'imprimerie“, Paris 1689. (Ein Stich zu fein, um gegen Ende des 17. Jahrhunderts in Holz geschnitten werden zu können.)

Büchern zu verwenden, selbst in Fällen, wo die Anwendung von Holzschnitten unbedingt geboten schien. Kupferdruck-Facsimile alter Buchstaben, sowie Kupferdruck-Vignetten, Kapitälchen und Schluß-Vignetten sind allgemein in Büchern über die Buchdruckerkunst, die während des 17. und 18. Jahrhunderts veröffentlicht wurden.

Das Verdienst, die vernachläßigte Kunst wieder zu ihrer rechtmäßigen Stellung emporgehoben zu haben, gebührt unstreitig Thomas Bewick aus Newcastle in England. Seinen Erfolg hatte er im großen Maße seiner strammen, beschränkten Erziehung zu danken. Zu einem „allgemeinen Graveur" einer kleinen Stadt in die Lehre gegeben, lernte er mehr vom Handwerk als von der Kunst — er lernte auf Kupfer gravieren, Thürschilder und Siegel polieren und stechen, Flintenschlösser mit Messing und Silber zu verzieren. Der junge Bewick erhielt von keinem berufsmäßigen Graveur Unterricht im Holzschneiden en relief und ihm blieb folglich auch der Verdruß erspart, in späteren Jahren sich jenen falschen Stil in der Holzschneidekunst, der damals Mode war, wieder abgewöhnen zu müssen.

Als Knabe wandte er sich aus freier Neigung der Holzschneidekunst zu, er fertigte sich selbst seine Werkzeuge und lernte aus seinen eigenen Fehlern. Als Mann arbeitete er weit mehr für sich als für Andere. Er entwarf die Bücher, die ihn berühmt gemacht, wählte selbst die Themate, fertigte die meisten Zeichnungen eigenhändig an und führte sie nach seiner Weise aus. In jeder wichtigen Sache ging er seinen eigenen Weg und kümmerte sich nicht viel um die üblichen Bräuche. Er machte Linien, Schattierungen und Farbenabtönungen, die seinen eigenen Ideen über Kunst und Schicklichkeit entsprachen.

Alle jene Ideen wurden von den Erfahrungen beeinflußt, die er durch die handwerksmäßigen Plackereien seiner Lehrzeit gewonnen — daß nämlich eine gute Kunst auf einem guten Handwerk basiert; daß ein guter Holzschnittdruck nicht allein von einem guten Schnitte abhängt, sondern sorgfältiges Achtgeben auf jeden Nebenumstand, von der Wahl des Holzes bis auf den Abdruck vom Stocke von Wichtigkeit ist. Dieses Achtgeben auf die kleinsten Einzelheiten geschah teils aus freiem Willen, teils gezwungen. Da er in einer kleinen Stadt, fern von den Ateliers der Künstler und fern von geschickten Gehilfen lebte, so mußte er mit eigener Hand verrichten, was er in einer großen Stadt hätte thun lassen können. Da er alles selbst that, wurde alles gut gethan. Wieviel er während seines kurzen Aufenthaltes in London, im Jahre 1776, von anderen Graveuren lernte, läßt sich nicht sagen. Einige behaupten, daß Bewick der erste Holzschneider gewesen sei, der zu seinen Stöcken das Holz im Querschnitt anstatt im Längsschnitt verwandte, wie letzteres seit drei Jahrhunderten Brauch gewesen war. Dies ist nicht glaubhaft, denn die Vorteile, auf aufrechtstehender Holzfaser zu schneiden, waren schon im Jahre 1766 von Papillon, einem hervorragenden französischen Graveur hervorgehoben worden. Andere sagen, Bewick sei der erste gewesen, der die Oberfläche seiner Stöcke an jenen Stellen erniedrigte, an denen eine besonders graue Färbung oder eine besondere Zartheit gewünscht wurde. Dieser Anspruch wird jedoch mit Unrecht erhoben, denn Spuren einer stellenweisen Vertiefung der Oberfläche sind schon erkennbar auf den Holzschnitten der ersten Lyoner Ausgabe von Holbeins „Totentanz“. Diese wertvolle Verbesserung rührte thatsächlich nicht von Bewick her, sondern von seinem Mitlehrling Bulmer, dem Drucker, der später ebenso berühmt wurde wie der Begründer der Shakspere Presse. Gleich unhaltbar ist die Behauptung, daß Bewick der erste war, der Belegungen beim Druck anwandte, denn die Merkmale ungleichen Druckes, durch Belegungen erzeugt, finden sich schon auf manchen Holzschnitten des 16. Jahrhunderts. Es ist möglich, daß Bewick dieses wie das vorhergehende Verfahren von neuem erfand, denn sie sind beide einfach, und ein Holzschneider, der seine Kunst theoretisch studierte und die Arbeit um der Arbeit willen liebte, konnte leicht darauf verfallen. Zugegeben muß jedoch werden, daß Bewick der erste Holzschneider von Bedeutung war, der diese Verfahren gründlich und beharrlich verwandte und einen Erfolg errang, der die Einführung derselben auch bei anderen sicherte.

Bewicks gesunder Sinn zeigt sich in der Einfachheit seines Stiles. Als er zu schneiden begann, versuchten die Holzschneider so gut es ging, die Manier der Kupferstecher nachzuahmen. Sie hielten den Holzschnitt für den besten, der den feinsten Schnitt, die feinste Kreuzschraffierung und am meisten glattes Schwarz und Weiß aufwieß. Bewick besaß Verständniß genug, um einzusehen, daß das wahre Feld der Holzschneiderei nicht eintönige Tinten, sondern Klarheit der Form und bestimmt hervortretende Kontraste von Licht und Schatten sei. Er bediente sich stets der einfachsten Methode, setzte nie zwei Striche, wo einer genügte, er versuchte sich nie in Neuerungen der Linien und Textur, um seine Geschicklichkeit zu zeigen. Er läßt seinen Gegenstand klar zu Tage treten, aber niemals giebt er in abstoßender Weise sich und seine Methode zu erkennen.

Bewicks Schnitte wurden sämmtlich auf der alten zweiarmigen hölzernen Handpresse und unter Anwendung lederner Druckerballen gedruckt. Welche Schwierigkeit er hatte, dieselben in seinem Wohnorte ordentlich gedruckt zu bekommen, ergiebt sich daraus, daß er dem Drucker seiner Werke, Hodgson, aus London einen erfahrenen Gehilfen kommen lassen mußte. Er kannte die Schwäche der Presse und fertigte nur Schnitte von geringer Größe. Auch wußte er, daß sie die Neigung hatte, die gewünschten Kontraste zu verflachen oder abzustumpfen, und er mühte sich, diesem Uebelstande abzuhelfen. Die Sorgfalt, die er aufwand, um dort, wo Zartheit erforderlich war, die Oberfläche

Die Waldlerche.
Facsimile aus Bewicks „British Birds“.

des Stockes zu erniedrigen, scheint fast unglaublich. Der vortreffliche Druck seiner Schnitte ist mehr seiner peinlichen Vorsorge, als der Gewandtheit des Druckers zuzuschreiben. Er lud nie dem Drucker eine Arbeit auf, die er selbst verrichten konnte; in diesem Punkt wich er weit ab, von dem altherkömmlichen Brauch. Papillon berichtet, daß die Holzschneider zu seiner Zeit die Mängel ihrer Schnitte verbargen, indem sie eine listige Methode bei den Probeabzügen in Anwendung brachten — eine Methode, die leider noch nicht abgeschafft ist, wodurch der unerfahrene Käufer des Schnittes zu dem Glauben veranlaßt wird, daß eine Linie, die zart und grau auf dem Probeabzug erscheint, die jedoch auf dem Holz in Wirklichkeit hart und schwarz ist, auf dem Holzschnittdruck in zartem Grau hervorgebracht werden könnte. Von einer solchen Täuschung hielt sich Bewick vollkommen frei. Er stellte nie an den Drucker das Ansinnen, eine Arbeit zu verbessern, die er selbst vernachlässigt hatte. Männlich und entschlossen, ohne Rücksicht auf Zeit und Mühe, verrichtete er jede Arbeit, die sein Gegenstand erheischte.

Die Stanhope-Presse.

Bewicks Erfolg errang den Holzschnitten ein Ansehen, wie es ihnen nie zuvor in England zu teil geworden war. Die Holzschnitte wurden Mode. Bewicks Schüler und Nachahmer fanden reichliche Beschäftigung. Einige derselben standen ihm gleich an mechanischer Gewandtheit, doch keiner scheint wie er die Grenzen sowohl wie die Fähigkeiten der neuerwachten Kunst erfaßt zu haben. Die meisten von ihnen wurden dem einfachen Stile untreu und versuchten den Kupferstich zu imitieren. Viele versuchten, in der Größe sowohl wie im Stil, mit dicklinigen Stichen zu wetteifern. Viele der großen Holzschnitte, die in England während des ersten Viertels dieses Jahrhunderts unternommen wurden, gewähren einen peinlichen Anblick — denn wenn auch die Geschicklichkeit, die sich in diesen Schnitten offenbart, häufig von der größten Gewandtheit zeugt, so ist doch die darauf verwandte Mühe thatsächlich eine verlorene. Nicht ein Holzschnitt unter einem Dutzend war ordentlich gedruckt;

da die, zu anfang dieses Jahrhunderts allgemein gebräuchliche Presse, in all ihren wichtigen Zügen dieselbe Presse war, die von Badius im Jahre 1520 gebraucht wurde.

Die erste wirkliche Verbesserung in der Konstruktion der Presse ging von Frankreich aus. Ambroise Firmin Didot, ein pariser Verleger, konstruierte zu Ende des verflossenen Jahrhunderts für sich eine Presse mit einer eisernen Drucktafel, die groß genug war, um die ganze Seite eines Bogens in einem Male zu bedrucken. Wahrscheinlich spornte der Ruf dieser eisernen Drucktafel den Earl Stanhope, einen überspannten, erfinderischen Engländer an, eine Presse ganz aus Eisen herzustellen. Im Jahre 1798 wurde die eiserne Stanhope-Presse den Druckern geschenkt — geschenkt im vollsten Sinne, denn der Erfinder patentierte auch nicht eine einzige der vielen wertvollen Neuerungen, die er ersonnen. Wäre dieser Presse nicht so bald die Dampfpresse gefolgt, so würde der Wert dieser Gabe in dankbarer Erinnerung geblieben sein. Es war die erste, ganz aus Eisen konstruierte Presse und die einzige, die zu Anfang dieses Jahrhunderts vermöge ihrer größeren Kraft, Garantie für den guten Druck großer schwarzer Holzschnitte bot. Sie ermutigte auch die Holzschneider, die bestrebt waren, es den Kupferstechern an Zartheit der Linien, an Größe und Schwärze im Druck gleich zu thun.

Die Stanhope-Presse war zwar stark, vermochte aber doch nicht den an sie gestellten Anforderungen zu genügen. Kaum nachdem sie eingeführt worden, sandte William Harvey, ein bedeutender Graveur in London, an diese Presse einen Stock in der Größe von 11½ zu 15 Zoll, auf dem in genauer Nachahmung des damals beliebten Kupferstich-Stiles die „Ermordung Dentatus" geschnitten war — wahrscheinlich der größte und jedenfalls der mühevollste Stock, der bis dahin in England geschnitten wurde. Harveys Enttäuschung war groß, als er erfuhr, daß dieser Stock, an dem er drei Jahre lang gearbeitet hatte, zu groß und zu schwarz gehalten war, um vermittelst dieser starken Eisenpresse gut gedruckt zu werden. Zum Glück für den Holzschneider, ließ sich der Drucker überreden, es mit der

Die Columbian-Presse.

Columbian-Presse zu versuchen, die kurz zuvor von Clymer in Philadelphia erfunden war. Diese riesige Presse war ganz aus Eisen, mit starker Hebelarmlänge und bot dazu den Vorzug eines starken Gegengewichtes; dennoch zeigte sich dieselbe zu Anfang ebenso erfolglos als die Stanhope-Presse. Indem man den Hebebaum an der neuen Presse verlängerte und zwei Mann an der Stange ziehen ließ, erzielte man einige gute Abdrücke. Der Erfolg war jedoch nur ein kurzer. Die Presse erwies sich als zu kräftig für den Stock, der unter dem starken Druck zerbrach, bevor die beabsichtigte Auflage vollständig war und somit — wenigstens für eine Zeit lang — dieser Invasion auf dem Felde der Linien-Gravierung ein Ende machte.

Dieser Unfall sowie die gemachten Erfahrungen, daß Holzschnitte, von geringerer Größe häufig arg durch Verschleiß unter der Presse litten, bewogen viele Drucker sich der neuerfundenen Kunst der Stereotypie zu bedienen, die große Vorteile versprach und nach vielen Versuchen von Earl Stanhope, praktisch nutzbar gemacht worden war. Es stellte sich jedoch bald heraus, daß die Stereotypie, so zweckmäßig dieselbe für den Buchdruck sein mochte, für den Druck von Holzschnitten nicht geeignet war. Die Holzschneider zeigten sich unzufrieden mit dem Mangel an Treue in den Abgüssen, die von Gyps genommen wurden. Die Drucker klagten über die unvermeidliche Weichheit des Stereotypmetalls — über das rasche Verschleißen eines stereotipierten Schnittes, über die Verdickung der Linien und die Verwirrung der Tinten, selbst bei der sorgfältigsten Behandlung. Man kam schließlich von seiten aller Beteiligten überein, daß die Stereotypie eigentlich eher ein Hinderniß als eine Hülfe im Holzschnittdruck sei. Die Drucker kehrten wieder zu der alten Methode zurück und druckten die Holzschnitte direkt vom Stock.

Freilich geschah dies nur sehr ungern, da auch die neu erfundene Kunst der Lithographie Uebergriffe in ihr Gebiet machte. Anstatt erfolgreich mit den Kupferstechern in der Hervorbringung großer Stiche zu wetteifern, mußten die Buchdrucker den Lithographen die ganzseitigen Illustrationen vieler Bücher überlassen.

Obwohl es den Holzschnittdruckern aus Mangel an einer stärkeren Presse an Erfolg fehlte, so waren doch die Pressen ihrer Rivalen nicht stärker gebaut als die Stanhope- oder Columbian-Presse. Aber die Lithographen und Kupferdrucker hatten eine bessere Methode beim Drucken. Indem sie den Druck vermittelst einer Walze hervorbrachten, die allmählich über die Stein- oder Kupferfläche glitt, konnten sie starken Druck mit verhältnißmäßig geringer Anstrengung und geringem Risiko einer Beschädigung hervorbringen. Sie hatten einen entschiedenen Vorteil vor dem Holzschnittdrucker, der mit einem einzigen plötzlichen Ruck, durch einen raschen Zug an dem Preßbengel, eine größere Kraft auf eine hundertfache, ja oft tausendfach größere Fläche wirken ließ, als die war, welche zu einer Zeit von Stein oder Kupfer abgedruckt wurde.

Die starke Presse, nach welcher die Holzschnittdrucker verlangten, kam in unerwarteter Gestalt. Am 28. November 1814 wurde die „Times" in London zum ersten Male auf einer Maschine gedruckt — eine rotierende Walze, welche allmählich aber schnell die Typen druckte, die einer wechselsweise wirkenden Platte auflagen. Diese neue Maschine verrichtete die Druckarbeit auf originelle Art, in derselben Weise jedoch, wie der Stein- oder Kupferdruck hergestellt wurde —

indem sie nach und nach die Fläche druckte. Sie war allerdings noch unvollkommen, gewährte aber schon vom ersten Augenblick an die Sicherheit der Kraft und Schnelligkeit, und ließ eine vollständige Umwälzung im Buchdruck gewärtigen. Die neue Maschine war von den Buchdruckern nicht gern gesehen und wurde einstimmig von ihnen verworfen. Sie sei plump, kompliciert, kostspielig, ruiniere die Buchstaben und sei äußerst mangelhaft in der Vorrichtung für die Schwärzung. Dieser letzte Vorwurf war nur zu begründet, da die lederne Auftragewalze, die an Stelle der ledernen Druckerballen in Anwendung kam, die Buchstaben nicht gehörig schwärzte. Von diesem anscheinend untergeordneten Zuge hing das Schicksal der Erfindung ab. Tuch-, Seide- und Filzwalzen wurden versucht und verworfen und aus dem Mißlingen all dieser Versuche wollte man die Unbrauchbarkeit der Maschine herleiten. Viele Drucker hielten standhaft an der Anschauung fest, daß sich Holzschnitte nur mittelst Druckerballen, von der Hand eines erfahrenen Druckers, ordentlich schwärzen ließen und Schwärzung auf mechanischem oder automatischem Wege stets mißlingen müßte.

Zu dieser kritischen Zeit, so ungefähr um das Jahr 1815, wurde die Aufmerksamkeit eines Buchdruckers zufällig auf die Vorzüge der Kompositionsmasse der Staffordshire-Töpfereien gelenkt. Diese Komposition, eine Mischung von Leim und Syrup, war weich, fest und elastisch und nahm fettige Schwärze leichter an und gab sie leichter ab als der lederne Druckerballen. Bald zeigte es sich, daß dies das richtige Material für die Auftragewalze sei. Mehr noch — ohne Sophisterei war es klar erwiesen, daß eine gut gehandhabte Kompositionswalze in einer Maschine, die gewöhnlichen Buchdruck lieferte, die Buchstaben gleichmäßiger und besser schwärzte, als sich dies mit Druckballen auf der Handpresse thun ließ.

Dies war ein großer Gewinn, doch viel blieb noch zu thun übrig. Um schöne, oder auch nur gute Holzschnitte herzustellen, war Papier von gleichmäßiger Stärke und leichter Glätte von größter Wichtigkeit. Diese Eigenschaften ließen sich bei Handpapier nicht zu einem mäßigen Preise erzielen. Um der Nachfrage nach schönerem und billigerem Papier in größeren Bogen zu genügen, nahmen Louis Robert und Didot in Frankreich zusammen mit den Gebrüdern Fourdrinier und Bryan Donkin in England, zwischen den Jahren 1801 und 1810, ein Patent auf eine Maschine, um Papier in fortlaufender Länge herzustellen. Obgleich diese Maschine ursprünglich von Robert erdacht wurde, benannte man dieselbe doch nach den Gebrüdern Fourdrinier, die ein Kapital von sechzig tausend Pfund auf die Herstellung und Verbesserung der Maschine verwandten und schließlich fallierten, ehe dieselbe ganz vollkommen war. Bei den Buchdruckern stand sie nicht sehr in Gunst. Sie verurteilten, und dies nicht ohne Grund, das zuerst von der Maschine gefertigte Papier als schwach, schwammig, schlecht geleimt und in jeder Hinsicht ungeeignet zu guten Büchern. Trotz dieser ernsten Mängel, ermutigten einzelne Verleger die Erfinder zu erneuten Anstrengungen, denn sie sahen sehr wohl ein, daß sich die Herstellung der täglichen Zeitungen und der Monatsschriften, der Bibeln, die sich voraussichtlich nach Millionen verkaufen würden und die zum Preise von sechs Pence geliefert werden mußten, nicht ohne das Maschinenpapier bewerkstelligen ließe.

Viele Jahre hindurch widersetzten sich die Buchdrucker Englands und Amerikas standhaft allen Maschinen und allem Maschinenwesen. Man huldigte selbst noch im Jahre 1840 im Buchhandel fast allgemein der Ansicht, daß wirklich schöner Holzschnittdruck nur auf Handpapier mittelst der Handpresse geliefert werden könne. Dies war ein unglücklicher Schluß, denn er bestärkte die Holzschneider in der Anfertigung von Schnitten, die sich nur mittelst der Handpresse drucken ließen. Hin und wieder brachte ein befähigter Drucker recht tüchtige Holzschnitte zu Stande, welche die Bewunderung der Liebhaber für Holzschnitte steigerte, doch der größte Teil der auf der Handpresse angefertigten Holzschnitte stand unter der Mittelmäßigkeit. Auch selbst die mit Erfolg auf der Handpresse hergestellten Illustrationen dienten nicht dazu, Holzschnitte populär zu machen; im Gegenteil, denn sie trugen nur dazu bei, die illustrierten Bücher zu verteuern. Viele Verleger kamen zu der Einsicht, daß es billiger sei, Illustrationen auf Stein zeichnen oder auf Kupfer ätzen zu lassen und dieselben in gesonderten Blättern dem Buche einzufügen, da bei kleinen Ausgaben von Holzschnitt-Illustrationen die Leistungen der Handpresse nur um ein Geringes die der lithographischen oder Kupferdruckpresse übertrafen und die Qualität der Holzschnitte jenen untergeordnet war. Im Jahre 1835 nahm die Bewunderung für Holzschnitte, die durch Bewick hervorgerufen worden, thatsächlich ab, und wahrscheinlich würden sie ganz erloschen sein, wäre nicht ein ernstlicher Versuch gemacht worden, Holzschnitte auf der Maschine zu drucken.

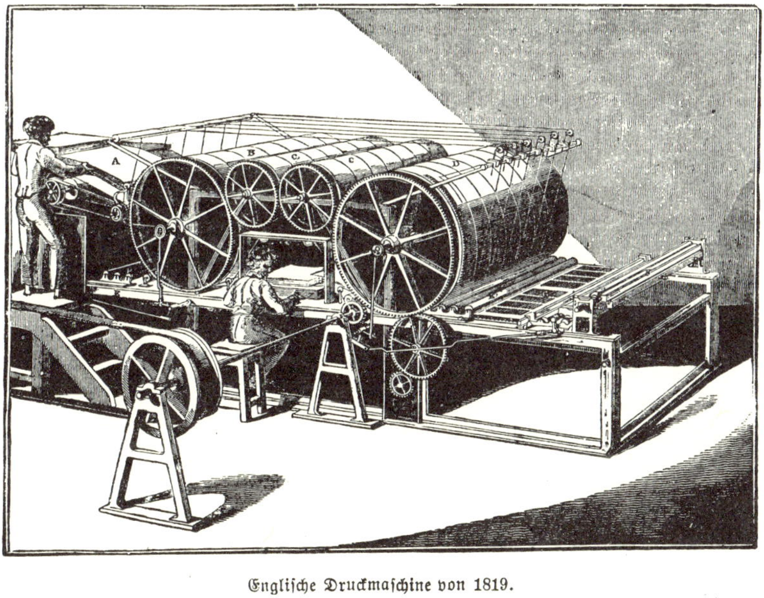

Englische Druckmaschine von 1819.

A weißes Papier auf seinem Wege nach dem ersten Druck-Cylinder; B erster Druck-Cylinder; C C Zwischen-Cylinder für Umdrehung des Papiers; D zweiter Druck-Cylinder; EE Farbwalzen; F Farbkasten; H Auffangen der gedruckten Bogen.

II.

Die neue Druckmethode vermittelst der Druckmaschinen.

Der Verfall der Holzschneidekunst in früherer Zeit muß der unvollkommenen Methode beim Handpressendruck und dem höchst unvollkommenen Materiale zugeschrieben werden. Vier Jahrhunderte lang warteten die Schnitte, die deutlich die Schönheit und Nützlichkeit dieser Kunst erkennen lassen, auf eiserne Schnellpressen und auf Maschinenpapier. Freilich hätte sich die eiserne Schnellpresse nicht viel früher herstellen lassen, ihr mußte die Erfindung der Dampfmaschine vorhergehen, sowie auch die rasch aufeinanderfolgenden Erfindungen aller jener Vorrichtungen, welche das Metall formten und planierten, aus dem sie hergestellt war, da dieses niemals vermittelst Handarbeit möglich gewesen wäre. Und die Schnellpresse selbst konnte nicht mit Vorteil ohne Dampfkraft angewandt werden.

Es existiert, so weit uns bekannt, keine Abbildung der ersten Schnellpresse, die für die Londoner „Times" angefertigt wurde, doch muß dieselbe ein Wunder an Verworrenheit gewesen sein, denn, wenn sie auch nur zur Zeit den Bogen auf einer Seite bedruckte, so besaß dieselbe doch mehr als ein hundert Flügelräder. Umstehender Holzschnitt ist die Abbildung einer Konkurrenzpresse aus dem Jahre 1819, die beide Seiten zugleich bedruckte. Der Erfinder that sich ungeheuer viel auf die einfache Konstruktion derselben zu gute und meinte, dieselbe „könne wenige Verbesserungen mehr erfahren" — eine Aeußerung, die den Druckern von heute ein Lächeln entlocken dürfte, wenn sie das schwache Gestell, die schwachen Walzenschafte und die unbequeme Förderungsmethode betrachten. Diese Presse hatte jedoch Vorzüge genug, um Charles Knight zu überzeugen, daß es möglich sei, Holzschnitte auf derselben herzustellen, und ermutigt durch die Unterstützung des Vereins zur Verbreitung nützlicher Kenntnisse, gründete er im Jahre 1832 das „Penny Magazine", den Pionier des modernen illustrierten Journalismus. Es war ein kühnes Unternehmen. Verleger und Drucker waren überzeugt, daß sich Holzschnitte nimmer mittelst der Maschine drucken ließen. Entrüstet verurteilten die Künstler ein illustriertes „Penny-Blatt" als eine Erniedrigung der Kunst und der Literatur, und die meisten von ihnen versagten ihre Mitwirkung. Die Kritiken in den Zeitungen lauteten ungefähr so: „Einen Penny-Weg zu den schönen Künsten giebt es nicht; die Kultur derselben muß von einer begabten kleinen Zahl von Künstlern, unter dem Protektorat reicher und hochstehender Männer ausgeübt werden." Nur schwer verstanden sich Graveure dazu, Stöcke für Schnellpressendruck zu schneiden. Um Verzögerungen im Druck zu vermeiden, mußte ungewöhnliche Vorsicht bei der Präparation des Holzes beobachtet werden. Oft zerbrachen die Stöcke unter der Presse und man war dann gezwungen, zu der untergeordneteren Vervielfältigung durch Stereotypie zu greifen. Die Schnellpresse und die Schwärzevorrichtungen gerieten häufig in Unordnung und veranlaßten große Störungen. Trotz aller dieser Verdrießlichkeiten harrte Knight aus und brachte die Auflage seines „Penny Magazine" zu einer Zeit bis auf 200,000 Exemplare. Mit Recht legte er sich das Verdienst bei, durch sein Journal einen vollständigen Umschwung in der volkstümlichen Kunst herbeigeführt und dem gewöhnlichen Leser das Verständniß für die Kunstschätze der Malerei und der Bildhauerei eröffnet zu haben, welches ihnen auf keine andere Weise übermittelt worden wäre.

Die Beschaffenheit des Holzschnittdrucks in dem „Penny Magazine“ war zu Anfang nicht eben besonders, sie stand jedoch jener gewöhnlicher Bücher gleich. Nachdem die Drucker etwas mehr Erfahrung gewonnen, wurden die Schnitte besser. Als Frucht dieser Erfahrungen gelangte man zu der Einsicht, daß reich ausgearbeitete Schnitte — Schnitte, die im Kupferstichstil gehalten waren, von dem die Holzschneider sich so ungern lossagten — die unzulänglichsten seien. So schön sich diese Schnitte auf dem Probeabzug ausnahmen, erschienen sie doch entweder grau oder verschwommen im Druck, denn die drei Auftragewalzen der besten Schnellpresse reichten nicht hin, gleichmäßig eine genügende Quantität Schwärze über dieselben zu verteilen. Einige Pressen hatten gar nur eine Auftragewalze. Kein Schnellpressenfabrikant scheint sich der ganzen Tragweite dieses Mangels voll bewußt gewesen zu sein — wenigstens nicht in dem Maße, um neue Pressen mit mehreren Auftragewalzen zu konstruieren. Leichter bequemten sich Drucker und Verleger dazu, den Stil der Schnitte zu ändern. Die gelungensten Holzschnitte waren jene, welche getreu die leichte Freihandzeichnung des Künstlers nachahmten; Holzschnitte, die nicht soviel Schwärze und nicht soviel Druck erforderten als jene, im Stil der Kupferstiche gehaltenen. Da dieser skizzenhafte Stil den Künstlern am besten zusagte und derselbe auch für den Drucker der bequemste war, so kam er bald in Gunst und gehörte zu den fesselndsten Illustrationen des Witzblattes „Punch“, als dieses im Jahre 1841 zum ersten Mal erschien.

Der leichte, skizzenhafte Stil der Holzschnitte hatte jedoch auch seine Nachteile. Stereotype von Holzschnitten in diesem Stile nutzten zu bald ab unter den raschen Schlägen der Walze. Von einer starken Auflage waren die ersten Abzüge scharf, rein und klar, während die letzten nur zu häufig plump, schmutzig und kläglich ausfielen. Dieses Hemmniß in der Entwickelung des Holzschnittdruckes wurde beseitigt durch die Erfindung der Elektrotypie, welche an Stelle des Stereotyps von weichem Metall, ein dünnes Kupferblatt auf einer Unterlage von Buchstabenmetall setzte. Auf diese Erfindung erheben vier Männer Anspruch — Jacobi in St. Petersburg, Jordan und Spencer in England und Joseph A. Adams in New-York — sie alle stellten im Jahre 1839 Versuche an. Adams scheint der erste gewesen zu sein, der diese Erfindung praktisch nutzbar machte.

Die Elektrotypie wurde bald bis zu der äußersten Grenze ihrer Leistungsfähigkeit erprobt. Sobald es erwiesen war, daß die Elektrotypie unbeschadet eine große Anzahl Abdrücke gestattete, erwachte aufs neue die Vorliebe für dichte, feine Ausarbeitung, für mittlere Schattierungen und dunkle Farben. Die Holzschneider glaubten sich vollberechtigt, dichter, feiner flacher zu schneiden, als sie es auf einem für Stereotypie bestimmten Stock gewagt haben würden. Diese Rückkehr zu dem älteren Stil der Holzschneidekunst, rief wieder das alte Hemmniß im erfolgreichen Schnellpressendruck hervor, denn die Schnitte in diesem neu erwachten Stile waren zu fein und zu flach, um genügend mittelst der damals üblichen Vorrichtung geschwärzt werden zu können.

Um den helleren wie den dunkleren Partien das ihnen gebührende Maß zufließen zu lassen, war es geboten, die Zahl der Auftragewalzen zu vermehren, doch die meisten der amerikanischen Schnellpressenfabrikanten waren selbst im Jahre 1856 noch nicht vollkommen von dem Werte der Schnellpressen mit 4 oder 6 Auftragewalzen überzeugt.

Dieses Zaudern muß überraschen, da viele der wichtigsten Verbesserungen auf dem Felde der Druckerei amerikanischen Ursprungs sind. Die Columbian-Handpresse aus dem Jahre 1817, die der Stanhope-Presse vorgezogen wurde, war die Vorläuferin vieler anderen verbesserten Druckerpressen. Von höchster Bedeutung war die „Adams Power-Preß“, eine riesige Presse, die mit Dampf getrieben wurde und Bogen von doppelter Größe mit der vierfachen Geschwindigkeit der Handpresse, mittelst des alten Drucktafelsystems druckte. Sie verdrängte fast ohne Widerstand alle Rivalen. Beinahe dreißig Jahre hindurch wurde sie als die einzige zum Buchdruck geeignete Presse betrachtet. Diese Bevorzugung verdankte sie ihrem Erfolg im Typendruck und in der Herstellung jener kleinen Holzschnitte, welche vereinzelt vor fünfunddreißig Jahren die Seiten amerikanischer Verlagswerke schmückten. Im Druck großer schwarzer Holzschnitte war sie nicht so glücklich. Die Holzschneider klagten, daß sie große Holzschnitte nicht in ihrer vollen Schärfe zum Ausdruck brächte, und man schob die Schuld hiervon auf eine mangelhafte Schwärzung.

An dieser Presse wurden zuerst Versuche mit 4 und 6 Auftragewalzen gemacht, doch man erzielte dadurch nur einen verbesserten Druck kleiner Holzschnitte von heller Farbe; in der Herstellung ganz- oder doppelseitiger Illustrationen erwies sie sich gleich unzureichend wie zuvor. Erst sehr langsam kam man zu dem unvermeidlichen Schluß, daß selbst diese Presse zu schwach für große, reich ausgearbeitete Schnitte sei. Drucker, denen keine andere Presse zu Gebote stand, und Verleger, die gerne die Extraherstellungskosten der Illustrationen auf halben Bogen durch die Handpresse ersparen wollten, stimmten nicht willig dieser Ansicht bei. Das häufige Mißlingen beim Druck wurde auf Rechnung des Papiers, der Druckerschwärze oder des Druckers — kurz auf Alles, nur nicht auf Rechnung der schwachen Presse geschoben.

Die beharrliche Weigerung amerikanischer Buchdrucker, für schöne Buchausgaben irgend eine andere Druckmethode als die Adamsche anwenden zu wollen, war ein großes Hinderniß für die Entwickelung der Holzschneidekunst. Die großen Holzschnitte, welche in den Jahren von 1850 bis zu 1865 herausgegeben wurden, waren durchschnittlich nicht so gut gedruckt, als man sie 1840 auf der Handpresse hergestellt haben würde. Dieser Verfall war das Ergebniß der unbegründeten Annahme, daß sich Holzschnitte nur gut mittelst der Drucktafel herstellen ließen.

Ein amerikanischer Verleger, welcher der alten Welt einen Besuch abstattete, berichtet über die typographischen Nachforschungen, die er dort angestellt, daß er mit eigenen Augen zu Tours in einer Druckerei eine W a l z e n - Druckpresse in Thätigkeit gesehen habe, die Holzschnitte der Doré'schen Bibel tadellos drucke. Er würde es nicht geglaubt haben, hätte er es nicht selbst gesehen. Und dies noch im Jahre 1866!

Nach wiederholt mißlungenen Versuchen begannen endlich die Verleger die

Sache genauer zu untersuchen. Sie fanden, daß die großen Holzschnitte, welche von Accidenzdruckern auf der Walzendruckpresse angefertigt worden waren, eine Schärfe der Linien, eine Farbenfülle und eine Klarheit der Schattierung zeigten, welche bis dahin nur selten erreicht worden war. Selbst den vorurteilsvollsten unter ihnen wurde es nunmehr klar, daß die verachtete Walze Abzüge lieferte, wie es die Drucktafel nicht vermochte.

Dieser leichte Sieg der Walzendruckpresse ist im großen Maße den Verbesserungen in der Konstruktion derselben zuzuschreiben, die nach dem Jahre 1860 statthatten. Bei einigen Fabrikanten waren diese Verbesserungen so zahlreich und so radikal, daß sie ein völliges Lossagen von den alten Modellen und eine gründliche Neukonstruierung erheischten. Man fertigte Pressen mit 4 oder 6 unaufhörlich rotierenden Auftragewalzen an, die mehrmals nach Art der Handschwärzung, über die Schnitte oder Typen hin- und zurückfuhren; mit Platten und Walzen von hinreichender Stärke, um Holzschnitte in der Größe von 30 zu 50 Zoll zu drucken und doch dabei so vortrefflich angeordnet, daß diese Pressen den feinsten Linien eine dem Kupferstich fast ähnliche Klarheit verliehen.

Die Buchdrucker der alten Schule sahen sich nun doch gezwungen, nicht allein die hohen Vorzüge des Walzendrucks anzuerkennen, sondern auch die Vorteile der ihnen neuen Methode auf trockenem Papier zu drucken. Es war bis dahin in allen Druckereien Gebrauch gewesen, das Papier vor dem Druck anzufeuchten, es darauf zu trocknen und dann in einer hydraulischen Presse zu glätten — ein äußerst mühevoller, kostspieliger und schwieriger Vorgang. War das Papier zu feucht oder nicht feucht genug, so mißlang der Druck. Beim Drucken vermittelst der Walze hatte es sich bald herausgestellt, daß das Anfeuchten des Papiers entschieden nachteilig sei und scharfe Linien und gleichmäßige Färbung mit größter Sicherheit auf trockenem Papier erzielt würden; dies jedoch nur, wenn das trockene Papier tadellos glatt war.

Nur widerstrebend ließen die Buchdrucker von dem feuchten Papier ab. Denn die neue Druckmethode zwang sie, die wollene Decke aufzugeben, die seit der Erfindung der Buchdruckerkunst stets zwischen Papier und Druckfläche zur Erzielung eines gleichmäßigen Druckes angewandt worden war. Daß ein solches elastisches Medium bei alten Buchstaben von ungleichmäßiger Höhe erforderlich war, oder in dem Falle, wo die pressende und die gepreßte Fläche nicht in richtiger Parallele gehalten werden konnten, bedarf keiner Erwähnung; doch noch lange nachdem diese Fehler beseitigt waren, hielt man an der elastischen Druckfläche fest. Die weiche wollene Decke oder das Gummituch, welches oft an Stelle derselben gebraucht wurde, veranlaßte einen unsicheren Druck, der entweder die feinen Linien eines Schnittes verdickte, oder sie fleckig und rauh erscheinen ließ. Es wäre nutzlos gewesen, glattes Papier zu beschaffen, so lange dasselbe nicht einen festen Rückhalt fand. Um einen reinen Abdruck zu erzielen, war es nicht allein erforderlich, die Methode des Holzschneiders nachzuahmen, der seine Probeabzüge auf trockenem Papier herstellte, sondern man mußte auch wie dieser eine harte, unnachgiebige Druckfläche wählen. Man bedurfte einer Substanz, die unter Anwendung großer Kraft auf die Oberfläche der Schnitte gepreßt werden durfte, ohne Eindrücke auf dieselben hervorzubringen. Diese Masse fand sich in gewalktem, glasiertem Preßspan, einer dünnen, zähen Pappe, die härter als Holz und so eben wie Glas ist und welche die Drucker in den Stand setzt, Holzschnitte in den klaren, reinen Linien zu liefern, wie die Probeabzüge des Holzschneiders sie aufweisen.

Vor noch nicht zehn Jahren erschien Scribners Monatsheft in New-York zum ersten Male mit Illustrationen, die vermittelst der Walze auf trockenem Papier und harter Druckfläche gedruckt waren — vor noch nicht zehn Jahren wurde den Verlegern desselben von erfahrenen Druckern gesagt, daß es lächerlich sei, unter diesen Bedingungen einen schönen Druck erzielen zu wollen; doch der Erfolg und die allgemeine Anerkennung der besten amerikanischen Drucker haben die Richtigkeit dieser Methode gezeigt. Die Drucker in Scribner's Officin haben angestellte Versuche zur Erreichung einer noch größeren Vervollkommnung in dieser Methode, zu den höchsten Leistungen geführt. Bei zwei Pressen verwarfen sie den gewalkten Preßspan als nicht hart genug und verwandten an dessen Stelle mit vorzüglichem Erfolg Platten von Messing und Eisenblech. Die feinsten Holzschnitte sind auf's vortrefflichste gedruckt worden, indem man sie in unmittelbarer Berührung mit unnachgiebigen, widerstandbietenden Metallplatten gebracht, die eine Klarheit und Schärfe der Linien hervorbringen, welche sich auf keine andere Weise erzielen ließen. Der Verschleiß war dabei so geringfügig, daß man kaum einen Unterschied zwischen dem ersten und letzten Tausend bei einer Auflage von 100,000 Exemplaren zu entdecken vermochte.

Doch sind die vortrefflichen Abzüge, die erzielt worden, nicht ausschließlich dem Druck mit Metallplatten zu danken. Die Platten und Schnitte würden sehr bald abnützen, würde nicht zuvor das „Ueberlegen" bei den Schnitten und das „Zurichten" bei den Platten besorgt. Bevor wir die Frage: Was ist Ueberlegen und was ist Zurichten, beantworten, müssen wir eine kurze Erläuterung der Verhältnisse geben, welche dieses Verfahren bedingen.

Alle Druckerpressen sind eingerichtet, um auf jeden Punkt der Druckfläche einen gleichstarken Druck auszuüben, doch diese gewünschte Gleichmäßigkeit kann nur dann erreicht werden, wenn ein gleichmäßiger Widerstand stattfindet. Verschiedenartig beschaffene Druckflächen bieten verschiedene Grade von Widerstand: bei einer Zeitungsform ist der Widerstand gleichmäßig; bei einer Buchform, die schwarze Holzschnitte, freie Stellen und leere Seiten enthält, ist der Widerstand ungleich. Die dunklen Holzschnitte leisten stärkeren und die skizzirten Schnitte geringeren Widerstand als die Buchstaben; die leeren Stellen leisten überhaupt keinen Widerstand. Holzschnitte mit starken Gegensätzen von Licht und Schatten, bedürfen starken Druck an einigen und geringen Druck an anderen Stellen. Daraus folgt, daß flacher oder gleichmäßiger Druck allein, auch durch die besten Pressen, keinen guten Abzug liefern kann. Wird nun ein so schwacher Druck angewandt, der den lichten Stellen entspricht, dann übermittelt derselbe dem Papiere nicht die dunkelgrauen Schattierungen oder das tiefe Schwarz des Schnittes; läßt man einen so starken Druck wirken, der das tiefe Schwarz wiedergiebt, dann vernichtet und verdickt derselbe die feinen Linien. Um umstehende

Illustration gut zu drucken, muß der Druck auf jeden Teil derselben im Ver-

Ein flacher Druck ohne Ueberlagen.

hältniß zu dem Widerstand stehen. Er muß ungleichmäßig sein — sehr stark auf dem tiefen Schwarz, fest auf den mittleren Tönen und schwach auf allen exponierten hellen Linien. Diese Ungleichmäßigkeit im Druck, die auf jedem Holzschnitt, jedes Mal wenn derselbe der Presse übergeben wird, hervorgebracht werden muß, erzielt man durch kleine, sorgfältig ausgeschnittene Papierstücke von verschiedener Stärke, die der Abdruckfläche an allen den Stellen aufgeklebt werden, wo verstärkter Druck erforderlich ist. Jede Papierschicht, die der Abdruckfläche zugefügt wird, erhöht die aufgewandte Kraft. Diese geschnittenen Papierstückchen nennt man „Ueberlagen". Wie dieselben geschnitten und befestigt werden, erfahren wir am besten aus der Beschreibung der Anfertigung des nachfolgenden Holzschnittes.

Der Drucker beginnt damit, ein Dutzend flacher Abzüge des Schnittes auf Papier von verschiedener Stärke herzustellen. Diese Abzüge nennt man flach, weil die Druckkraft, welche dieselben liefert, vollständig flach, also ebenmäßig ist, — ebenso stark auf den zartesten Farbentönen wie auf dem tiefsten Schatten. Der Zweck ist, die Arbeit des Holzschneiders auf dem Stocke deutlicher hervortreten zu lassen, als sie auf dem Probeabzug des Künstlers erscheint — sie mithin wiederzugeben ohne die Bestrebungen, die der Holzschneider aufgewandt, um gewisse Teile des Schnittes

Erste Ueberlage.

dunkler und grauer zu geben. Der Anfertiger der Ueberlage vergleicht diese flachen

Abzüge mit dem Probeabzug des Künstlers. Er gewahrt das tiefere Schwarz und die größere Zartheit auf letzterem, und überlegt, wie er am besten eine gleiche Wirkung erzielen kann und wie viele Papierschichten für die Ueberlage erforderlich sein dürften. Er gelangt zu dem Schluß, daß der Schnitt fünf Ueberlagen erfordern wird, um die fünf deutlich hervortretenden Farbentöne von hellem Grau, dunklem Grau, mittelschwarz, stumpfem und tiefem Schwarz hervorzubringen, die auf dem Probeabzug klar ersichtlich sind.

Er wählt einen der Abzüge und schneidet sorgfältig alle die mattesten grauen Farbentöne und alle feinen exponierten Linien, alles Bleistiftgekritzel und die Ausläufer der feinen Linien nahe an den lichtesten Partien heraus. Der in dieser Weise behandelte Abzug wird als die erste Ueberlage zurückgelegt.

Zweite Ueberlage.

Für die zweite Ueberlage schneidet er aus einem anderen Abzug alles, bis auf das tiefe Schwarz heraus. Dieses Schwarz schneidet er nun teils ein, teils lockert er es auf, um dadurch ein noch tieferes Schwarz zu erzielen; auf unserer Illustration läßt sich dies jedoch nicht wiedergeben. Diese zweite Ueberlage wird nun mit größter Genauigkeit auf die erstere befestigt.

Die dritte Ueberlage wird aus einem

Dritte Ueberlage.

anderen Abzug zu dem Zweck herausgeschnitten, das stumpfe Schwarz des Schnittes intensiver zum Ausdruck zu bringen. Es ist das Gerippe aller schwarzen Abstufungen und einiger der mittleren Tinten. Diese dritte Ueberlage wird in gleicher Weise auf der zweiten befestigt.

Die vierte Ueberlage besteht aus dem dunklen Grau im Verein mit den schwarzen und mittleren Farbentönen. Bei dieser Ueberlage sowohl wie bei allen vorhergehenden, die erste ausgenommen, ist das matte Grau sorgfältig herausgeschnitten.

Die fünfte und letzte Ueberlage zeigt das dunkle Grau in Verbindung mit den mittleren Farbentönen und dem Schwarz.

Nachdem die vierte und fünfte Ueberlage den anderen aufgelegt sind, ergiebt diese Verbindung fünf Schichten auf dem tiefen Schwarz, vier auf dem stumpfen Schwarz, drei auf den mittleren Farbentönen, zwei auf dem dunklen Grau und eine Schicht auf dem matten Grau. Richtig zusammengestellt, bilden diese Ueberlagen in einem Stück ein tiefes Papier-Relief des Holzschnittes. Jede Papierschicht in der vereinigten Ueberlage bringt oder soll vielmehr einen Unterschied im Druck hervorbringen. Unter dem Druck der fünf vereinigten Schichten wird das tiefe Schwarz des Schnittes nicht nur

Vierte Ueberlage.

dem Papier auf, sondern förmlich in dasselbe hineingezwängt, während die einfache Schichte über den Linien, welche das matte Grau vorstellen, nur leicht die Oberfläche des Bogens berührt.

Der vorliegende Schnitt ist einfach und die Farbentöne treten deutlich hervor; doch innere Ansichten, die in genauer Nachbildung der Malerei geschnitten sind, sowie ähnliche Arbeiten, in denen helle Lichtpartien, mattes Grau und tiefes Schwarz vermieden werden und der Gegenstand durch feine Abstufungen in mittleren Farbentönen sich entwickelt, solche Illustrationen sind schwierig zu überlegen. Einige Schnitte bedürfen nur drei, an-

Fünfte Ueberlage.

dere wieder erfordern sechs Ueberlagen; diese verlangen wenig Schwärze und viel Druck, jene hingegen viel Schwärze und wenig Druck. Bei jeder Form, die verschiedenartige Schnitte enthält, muß das Ausschneiden und die Zusammenstellung der Ueberlagen den Eigentümlichkeiten der Schnitte entsprechend behandelt werden. Jeder Verfertiger der Ueberlagen, jeder Drucker hat seine eigene Manier zum Ziele zu kommen. Einige würden vielleicht nur drei Ueberlagen für diesen Schnitt, andere sechs derselben verwenden; einer würde sie in der hier angegebenen Reihenfolge ordnen, ein anderer dieselbe umkehren. Der Zweck, den man bei der Ueberlage verfolgt, ist der, das auf mechanischem Wege zu erreichen, was der Holzschneider bei seinen Probeabzügen mit Verständniß und Einsicht erzielt, und zwar nach der gleichen Methode — durch ungleichmäßigen Druck auf die verschiedenen Teile des Schnittes. Die geschicktesten Drucker versuchen mit möglichst wenig Ueberlagen auszukommen. Zu viele derselben beeinträchtigen das Gelingen. Falls mehr als sechs Papierschichten verwandt werden, würde die so gefertigte Ueberlage den Umfang der Walze derart vergrößern, daß sie im Moment des Abdrucks nicht mehr genau an der rechten Stelle auf den Schnitt trifft. Auch ist die Ueberlage von keinem Wert, wenn die Presse schwankend oder ungenau in der Bewegung ist. Platte und Walze müssen bei jeder Geschwindigkeit und unter anderen schwierigen Umständen so genau korrespondieren, daß jede Linie in der Ueberlage mit der entsprechenden Linie auf der Elektrotyp-Platte genau zusammentrifft.

Das Ausschneiden der Ueberlagen ist eine mühevolle Arbeit. Viele der Stücke sind sehr klein; ein jedes muß genau sein und alle müssen genau zusammengepaßt werden. Wenn eines zu groß oder zu klein geschnitten ist, oder wenn es irgendwo beutelt oder eine Falte wirft, so ist die ganze Arbeit verloren und muß von neuem begonnen werden.

Wenn sämmtliche Ueberlagen für die Holzschnitte in einer Form von sechszehn Seiten hergerichtet und die elektro-

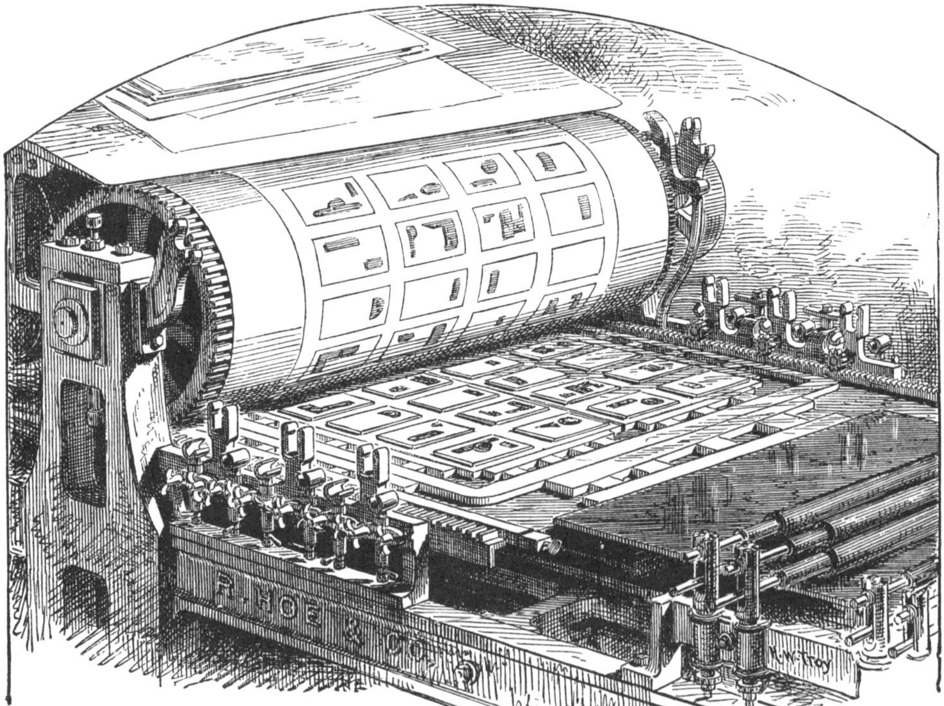

Befestigung der Ueberlagen auf dem Cylinder.

typierten Platten für diese Seiten bereit sind, wird die Form zum Druck gegeben und die Arbeit des Zurichtens beginnt. Die elektrotypierten Platten werden fest auf Holzstöcke befestigt, und diese auf das Bett der Druckerpresse. Ein dünner Papierbogen wird dann über die Druckwalze gelegt, um den ersten Abdruck von den Platten zu empfangen. Die Platten sind leicht geschwärzt und die Walze ist so gestellt, daß sie nur schwach auf dieselben drückt. Dieser leichte Druck bringt einen blassen Abzug auf dem Papierbogen über der Walze hervor. Der erste Abdruck von Elektrotyp-Platten ist niemals gleichmäßig, da die Platten selten von gleicher Stärke und auf der Oberfläche immer uneben sind. An einer Stelle ist der Druck stark, an einer anderen so schwach, daß er unleserlich ist. Um den letztgenannten Uebelstand zu beseitigen, unterlegt der Drucker die Platte, indem er Papierstückchen von passender Größe eine oder mehrere Schichten je nach Erforderniß — unter dieselben klebt, so daß die Oberfläche jetzt genau mit den Auftragewalzen und der Druckwalze zusammentrifft. Zu demselben Zweck versieht er jeden Holzschnitt oder jeden Teil eines Schnittes, der viele schwarze Flächen enthält, mit einer angemessenen Unterlage, die er gut befestigt, um dem starken Druck widerstehen zu können. Wenn der Abzug leidlich gleichmäßig ist, klebt der Drucker die Ueberlagen fest auf den Walzenbogen — jede Ueberlage ist so angebracht, daß die Linien derselben im Augenblick des Abdrucks genau auf die entsprechenden Linien im Elektrotyp treffen. Wenn die aufgeklebten Ueberlagen trocken und fest sind, stellt der Drucker auf einem frischen Bogen einen neuen Abzug her, der den Wert oder Unwert der Arbeit zeigt.

Doch den großen Fortschritt im Aussehen der Holzschnitte hat man erzielt, indem man das Aussehen der Buchstaben preisgab. Die dicken Ueberlagen nehmen

Ein Druck mit Ueberlagen.

von den sie umgebenden Buchstaben den Druck fort, so daß diese mehr oder weniger unleserlich sind. Um diesen Druck wieder herzustellen, müssen die unleserlichen Teile Ueberlagen erhalten — Papierstückchen in der Gestalt jener unleserlichen Teile, die der Druckwalze aufgeklebt werden. Ist eine Papierlage aufgeklebt, so nimmt der Drucker einen neuen Abzug, den er sorgfältig prüft, ob vielleicht nicht noch Mängel bei der ersten Ueberlage unberücksichtigt geblieben sind. Aus diesem Probeabzug schneidet er eine neue Ueberlage, die er in gleicher Weise der Walze aufklebt. So fährt er fort Probeabzüge zu nehmen und Ueberlagen aufzukleben, bis er einen Abzug zu Stande gebracht hat, der auf allen Teilen des Bogens gleichmäßig ist — so gleichmäßig, daß der Bogen auf der Rückseite nur schwache Merkmale von Eindrücken zeigt.

Dies ist zwar eine mühevolle Methode, Schnitte und Buchstaben für den Druck vorzubereiten, doch kein kürzeres Verfahren führt zu einem befriedigenden Resultat. Für Uneingeweihte mag es überraschend sein zu erfahren, daß beispielsweise das Zurichten einer Holzschnittform von sechzehn Seiten in der Größe dieses Buches, nachdem auch die Ueberlagen ausgeschnitten sind, zwei Leute mindestens dreißig, ja bisweilen fünfzig Stunden lang beschäftigt.

Mancher Holzschnittdruck, der als schlecht verurteilt wird, ist eine Folge flacher Gravierung. Doch ist nicht immer der Holzschneider für dieses grobe Versehen zu tadeln. Diese Seichtheit rührt meistens von dem Bestreben des Holzschneiders her, ein Bild, das kaum deutlich genug auf dem Zeichenpapier hervortritt, vermittelst der Photographie im vierten Teil der Größe des Originals zu reproducieren. Um Pinsel oder Bleifederstriche wiederzugeben und die Farbe der Zeichnung in dieser verkleinerten Kopie beizubehalten, muß der Holzschneider fein und flach schneiden. Durch Methoden, deren er sich bedient, die aber von dem Maschinendrucker nicht angewandt werden können, kann der Holzschneider einen vortrefflichen Abzug von einem flachen Stock erhalten, doch dieser Probeabzug ist ein echter non sequitur. Er beweist keineswegs, daß der Stock sich drucken läßt. Die Bedingungen sind andere. Wenn es, wie dies gewöhnlich der Fall ist, eine Stunde Zeit erfordert, mittelst der Handpresse einen sehr guten Abzug zu erzielen, so liegt es auf der Hand, daß die feineren Wirkungen dieses Abzugs sich nicht auf einer Maschine wiedergeben lassen, die siebenhundert große Bogen in einer Stunde drucken muß. Dies sollte bedacht werden, doch die Künstler setzen ein Vertrauen in die Fähigkeit des Druckers, von einem flachen Stock zu drucken, das nicht durch die Erfahrung gerechtfertigt ist. Ist der Stock flach, so wird der Abdruck düster; sind die Linien auf dem Holz breit, obgleich sie vielleicht auf dem Abzug des Holzschneiders gesänftigt erscheinen, so werden sie im Druck schwarz und schroff. Ein geschickter Drucker kann nichts weiter thun, als diese Schroffheit mildern. Er kann eine dicke Linie nicht feiner machen und nur auf dem Papier das wiedergeben, was er auf dem Stocke vorfindet.

Will man einen guten Holzschnitt erzielen, so muß die Arbeit von Anfang an mechanisch korrekt sein. Bei dem Entwurf der Zeichnung sollte man stets den Zweck derselben im Auge halten und die Schwierigkeiten beim Gravieren und beim Druck berücksichtigen. Viele Künstler vergessen dies anscheinend und trachten nur danach, ein wohlgefälliges Bild zu liefern. Sie zeichnen graue Bleistiftlinien und wundern sich nachher, wenn feine Linien im schwarzen Druck schroff und grob erscheinen. Indem sie ihre Vorlage für den Holzschneider mit warmen Tinten in hellgelb und braun ausstatten und sie hier und da mit kleinen weißen Flächen beleben, wundern sie sich, warum der danach gefertigte Abdruck in einförmigem nackten Schwarz flach und schwer erscheint. War das einzige Ziel des Künstlers eine artistische Skizze und das des Holzschneiders ein schöner Probeabzug, ohne Rücksicht auf die Schwierigkeiten des Druckers, so hat dieser wenig Aussicht auf Erfolg mit seinem Holzschnitt.

Ohne die Hülfe der Maschinen, des Dampfes und der Elektrotypie wäre es unmöglich, Bücher und Zeitschriften in der Vollkommenheit zu drucken, wie sie uns jetzt vorliegen.

Daß durch den Maschinendruck die Holzschnitte nichts im Wert verloren haben, steht fest; weit entfernt davon haben sie im Gegenteil dieser fast erstorbenen Kunst neues Leben gegeben. Sie haben die Geschicklichkeit des Zeichners und des Holzschneiders zu Leistungen angespornt, wie sie nie zuvor erreicht worden sind. Das alte Vorurteil gegen Holzschnitte als eine niedrige Kunstleistung, ist gänzlich besiegt.

Vieles ist geschehen, doch auch vieles bleibt noch zu thun übrig. Jeder Holzschneider beklagt die prächtigen Wirkungen seines Probeabzugs nicht auf dem Holzschnitt wiedergegeben zu sehen. Jeder Drucker bedauert, daß die feinen Abstufungen der Farbentöne, die er auf einem Schnitte erzielt, ihm nicht auf allen Schnitten gelingen. Man ist allgemein der Ansicht, die Holzschneidekunst besitze Fähigkeiten, die noch nicht zur Genüge entwickelt sind. Es ist nicht wahrscheinlich, daß diese höhere Vervollkommnung durch feineren Schnitt wird erzielt werden, da man ja durchschnittlich schon zu fein für den Druck graviert. Die Maschinen sind ungemein stark und genau. Die Drucker waren zu keiner Zeit geschickter als jetzt, obschon sie den an sie gestellten wachsenden Anforderungen nicht voraus sind. Die weitere Entwickelung der Holzschneidekunst wartet auf Verbesserungen im Papier, in der Schwärze, in den Auftrage-Apparaten, in der Elektrotypie und anderen untergeordneten mechanischen Dingen. Vor allem bedarf es zu der höheren Vervollkommnung in der Holzschneidekunst des Zusammengehens der Künstler und der Graveure, um vereinigt die dem Druck entgegenstehenden Schwierigkeiten zu studieren und sie zu bekämpfen — Künstler und Graveure, die nicht eine anziehende Skizze, einen gelungenen Probeabzug im Auge haben, sondern einen fehlerlosen Holzschnittdruck, und die nichts versäumen, was zur Erreichung dieses Zieles beitragen kann. Wir werden nicht lange zu warten haben. Die Männer, welche mit den Entwürfen und der Ausführung der Holzschnitte beschäftigt sind, beseelt ein so tiefer Ernst, daß wir in den nächsten zehn Jahren große Fortschritte im Holzschnittdruck gewärtigen dürfen.

Merkwürdige Uhren.

Nachdem den Händen der Schmiede das Uhrmacherhandwerk entwunden worden, regte sich gar bald in der neuen Schule der Uhrmacherei das Verlangen, tragbare Uhren herzustellen, und diese Idee wurde praktisch zu Ende des fünfzehnten Jahrhunderts verwirklicht. In einem Schriftchen, das im Jahre 1530 in Antwerpen gedruckt wurde, erwähnt Gemma Frisius kleiner Uhren als einer neuen Erfindung. Der erste Verfertiger von Taschenuhren, dessen Name uns bekannt ist, war Peter Hele in Nürnberg, der um das Jahr 1490 Uhren anfertigte, die man ihrer ovalen Form wegen und zu Ehren ihres Erfinders „Nürnberger Eier“ nannte. Diese Uhren waren größtenteils aus Stahl gefertigt; sie gingen ohne Gewichte, zeigten und schlugen die Stunden und konnten in der Tasche mitgeführt werden. In den frühesten Uhren verwandte man Darmsaiten anstatt der Ketten; letztere scheinen zuerst in den eichel- oder eiförmigen Uhren von Hans Johns in Königsberg angewandt worden zu sein. Einige Zeitmesser dieses Künstlers hatten kleine Radschloßpistolen, die als Wecker dienten; eine Zugabe, die sehr den gleichmäßigen Gang und die zarte Empfindlichkeit unserer modernen Chronometer beeinträchtigen dürfte.

Gaspar Visconti, ein mailändischer Dichter, deutet in einem im Jahre 1494 geschriebenen Sonett auf Taschenuhren hin; diese Zeitmesser scheinen also damals plötzlich in Aufnahme gekommen zu sein. Die Uhren in früherer Zeit waren meistens groß und sehr emailliert. Eine solche große Uhr mit der Jahreszahl 1541 befand sich in der Sammlung Sir Ashton Levers; und eine aus dem darauf folgenden Jahre war von so geringer Größe, daß sie in einem Ring am Finger getragen wurde; die Uhrmacher müssen folglich sehr unmittelbar zu einer Verkleinerung der Werke übergegangen sein. Uhren wurden zu jener Zeit sehr hoch geschätzt und befanden sich fast ausschließlich in dem Besitz fürstlicher oder adeliger Personen. Die Uhrmacher ließen es sich sehr angelegen sein, wenn auch nicht viele Uhren herzustellen, so doch die fertigen möglichst zu vervollkommnen. Dr. Derham erzählt von einer Uhr, die Eigentum Heinrich VIII. gewesen, welche nur alle sieben Tage des Aufziehens bedurfte; eine gleiche Uhr befand sich im Besitz Anna Boleyns. Kaiser Karl V. zeigte eine große Vorliebe für mechanische Kunstgegenstände, und seine Leidenschaft für die Uhrmacherei wurde von Voltaire als ein Beweis für seine Geistesgestörtheit angeführt.

Eine Uhr aus jener Zeit sah man in der Sammlung des South-Kensington-Museums; wie man meint, soll diese Uhr Eigentum Lord Hussey's gewesen sein, der im Jahre 1536 enthauptet wurde. Dieselbe ist von sehr geringer Größe und von einem silbernen Gehäuse umgeben, in dem der Name des Verfertigers, R. Crayce, eingraviert ist. Diese Uhr gehört jetzt Lord Audley. Eine andere Uhr aus frühester Zeit in silbervergoldeter Kapsel mit der Jahreszahl 1539 wurde dem Museum von Graf Edward Stuart d'Albaine dargeliehen.

Zur Zeit Elisabeths kamen Uhren mehr allgemein in Gebrauch, obgleich es auch damals nicht gar ungewöhnlich war, sich eine Uhr zu leihen. Graf Leicester, Elisabeths Stallmeister, beschenkte die Königin mit einer „runden Uhr, reich mit Diamanten besetzt und einem Armbande eingefügt“. Die jungfräuliche Königin scheint Glück gehabt zu haben, denn im Jahre 1574 empfing sie von Margaret, Gräfin von Derby, ebenfalls eine Uhr zum Geschenk; das Gehäuse derselben bestand in einer goldenen Tonne, auf der zwei Bären, einer aus Gold, der andere aus Perlen, einen Knüttel hielten; die Uhr sammt Gehäuse und allem wog 3 Unzen.

Maria Stuart besaß verschiedene Uhren düstern, schaurigen Charakters. Die eine war in einem sargförmigen Krystallgehäuse eingeschlossen; eine andere, aus Silber mit reicher Vergoldung, die sie ihrer Ehrendame, Mary Setoun, vermachte, hatte die Gestalt eines menschlichen Schädels. Auf der Stirne waren, um die Unparteilichkeit des Todes zu versinnbildlichen, zwischen einem Palast und einer Hütte, eine Sense und ein Stundenglas eingraviert, auf der Rückseite des Schädels war die alles zerstörende Zeit dargestellt und oben darauf Scenen aus dem Garten Eden und die Kreuzigung Christi. Um die Uhr zu öffnen, drehte man den Schädel um, legte den oberen Theil in die hohle Hand und hob die mit Gehängen versehenen Kinnladen empor. Diese „memento mori"-Uhren schienen für den Betschemel oder für einen kleinen Hausaltar bestimmt. Im South-Kensington-Museum befand sich auch eine kleine silberne Uhr englischer Arbeit in Gestalt eines Totenkopfes; auf der Innenseite derselben ist der Name des Verfertigers, „Isaac Lenard" eingraviert. Das britische Museum bewahrt eine gleiche Uhr (schweizer Fabrikat) von J. C. Voulf mit der Jahreszahl 1600. Es sind noch andere Uhren eigentümlicher Form aus derselben Periode bekannt. Das Kensington-Museum besitzt eine silberne Uhr in Gestalt einer Ente, die am Halse aufgehangen ist. Ihre Länge beträgt 2⅞ Zoll; angefertigt ist sie von einem Deutschen, namens Heinrich Ester. Eine Uhr desselben Verfertigers, in Gestalt einer Tulpe und mit der Jahreszahl 1600, wird im britischen Museum aufbewahrt.

Eine ähnliche kleine tulpenförmige Uhr mit dem Namen „Henry Grerdon" befindet sich im Kensington-Museum. Die nämliche Sammlung enthält eine Uhr in Gestalt eines Kreuzes mit vergoldeter Metallfassung und Verzierungen von Krystall; eine andere mit einer anderen Gruppe — Venus und Cupido mit einem Hunde — die Uhr trägt die Initialen des Verfertigers „N. K." Im brittischen Museum befindet sich eine deutsche Sonnenuhr in Kreuzform, verfertigt von Melchior Reichal im Jahre 1569, die dem Institut von A. W. Franks, zum Geschenk gemacht wurde; ferner eine englische Uhr in Gestalt einer Kaiserkrone von Edward Brysse, mit der Jahreszahl 1580 (Zeit Edwards VI). Der schottische Altertumsverein besitzt eine Uhr Sir Walter Raleighs, die einer folgenden Periode angehört. Uhren standen damals sehr hoch im Werte; ein polnischer Edelmann machte Erasmus eine solche zum Geschenk; und in dem Testament des Erzbischofs Parker, aus dem Jahre 1575, vermacht dieser seinen „Stab aus indischem Rohr mit einer Uhr im Knauf" dem Bischofe von Ely.

König James trug einen Ring am Finger mit einer Uhr an Stelle des Schmucksteines. Einer seiner Zeitmesser (ein berühmtes Werk) ist oval und fast durchgängig aus Messing hergestellt. Das Zifferblatt ist ein silberner Ring von einem Achtelzoll Breite. Die Stunden sind in römischen Ziffern graviert und am Fuße einer jeden befindet sich ein kleiner Knopf, um die Stunde durch die Berührung auch im Dunklen bestimmen zu können. Oberhalb des Zifferblattes ist die Gestalt Ledas mit dem Schwane und unterhalb desselben der Kopf eines Cherubims zwischen zwei Füchsen angebracht. In dieser Uhr sind Darmsaiten anstatt der Ketten verwandt. Der König, der von Windsor aus am 18. April 1623 an „seine lieben Söhne" schreibt, die sich in Spanien befanden, sandte dem Gesellschafter der jungen Prinzen, dem Herzog von Bukingham, Kleinodien, die zu Geschenken bestimmt waren; das eine derselben ist „eine Uhr aus Gold, auf der einen Seite mit der Inschrift

‚Dieu et mon droyte‘ in Diamanten und auf der anderen Seite mit einem reichen Kreuz aus denselben Steinen verziert.“

im Durchmesser und ist ein Viertelzoll dick.

In der Sammlung des brittischen Museums befindet sich eine Uhr, die früher Milton getragen. Sie ist silber-vergoldet;

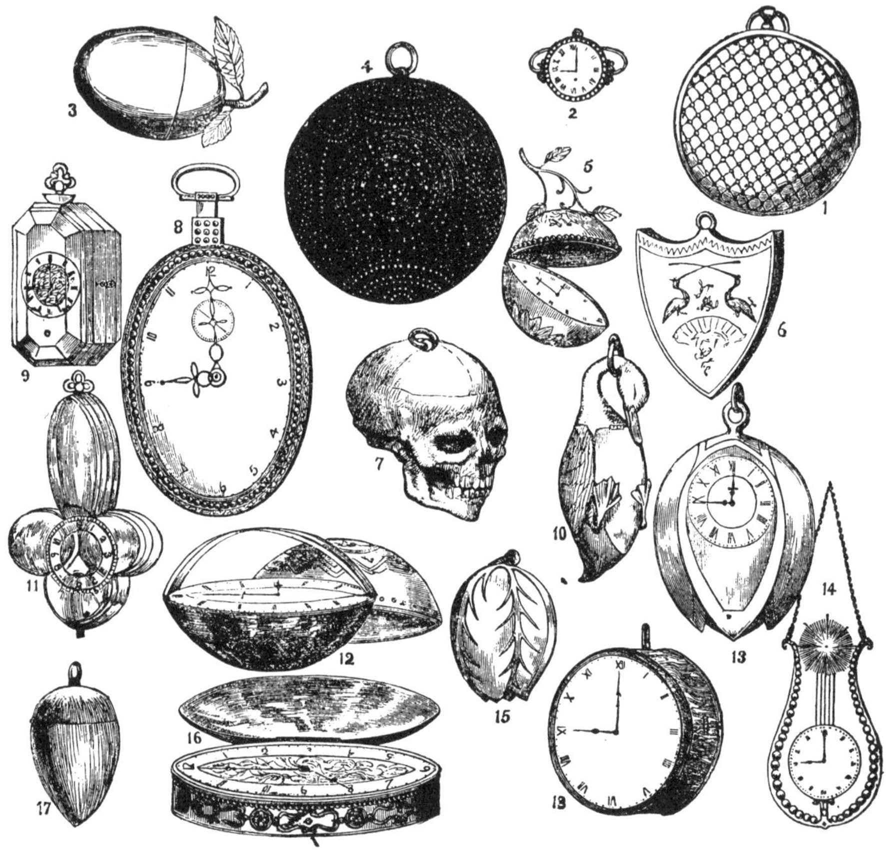

Merkwürdige Uhren.

1 Rückseite einer Uhr mit emailliertem Gehäuse. — 2 Uhr in einem Ringe. — 3 Eichelförmige Uhr. — 4 Chagringehäuse mit punktierter Verzierung; englisch, 18tes Jahrhundert. — 5 Goldene, apfelförmige Uhr; Gehäuse mit Perlen besetzt; Jahreszahl 1760. — 6 Goldene, schildförmige Uhr; Arabesken in durchsichtiger Email; Schweiz, 18tes Jahrhundert. — 7 Totenkopfuhr, von Isaac Penard. — 8 Ovale Uhr, von Anthony; die Zeiger ziehen sich zusammen und verlängern sich. — 9 Uhr mit Krystallgehäuse, von Henry Grerdon. — 10 Henry Ester's entenförmige Uhr. — 11 Uhr mit Krystallgehäuse in Gestalt einer Lilie. — 12 Uhr in kugelförmigem, vergoldetem, reich emailliertem Gehäuse; das Werk ist so eingerichtet, daß es in jeder Lage balanciert. — 13 Krystallgehäuse in vergoldeter Bronzefassung, tulpenförmig; französisch, 1700. — 14 Französische Uhr in Gestalt einer Lyra. — 15 Kleine tulpenförmige Uhr von Henry Grerdon. — 16 Uhr mit einem Metallgehäuse. — 17 Eichelförmige Uhr. — 18 Uhr in Gestalt einer Trommel.

Karl I. besaß zwei Uhren, eine goldene und eine silberne, die auf einem Tischchen vor seinem Bette lagen. Am Morgen seiner Hinrichtung überreichte der unglückliche König auf dem Wege nach Whitehall die silberne Uhr Sir Thomas Herbert zum Andenken. Dieselbe existiert noch. Sie ist reich emailliert, mißt 3 Zoll

hat ein Zifferblatt von Stahl auf dem „Joanni Miltoni, 1631“ eingraviert steht und ist mit einem Glas versehen. Angefertigt wurde dieselbe von William Bunting in London.

In derselben reichhaltigen Sammlung finden sich zwei ovale silberne Uhren aus dem Jahre 1650, die Eigentum Oliver

Cromwells gewesen sein sollen. Die eine ist mit dem Familienwappen der Cromwells geschmückt und trägt im Deckel die Adresse des Verfertigers „John Midnall, Zifferblatt ist ciseliert und trägt den Namen des Verfertigers „Pierre Combrel à Lyon". Ihre Größe ist 2 ½ zu 1 ¾ Zoll. Eine andere Uhr, in Gestalt einer Lilie,

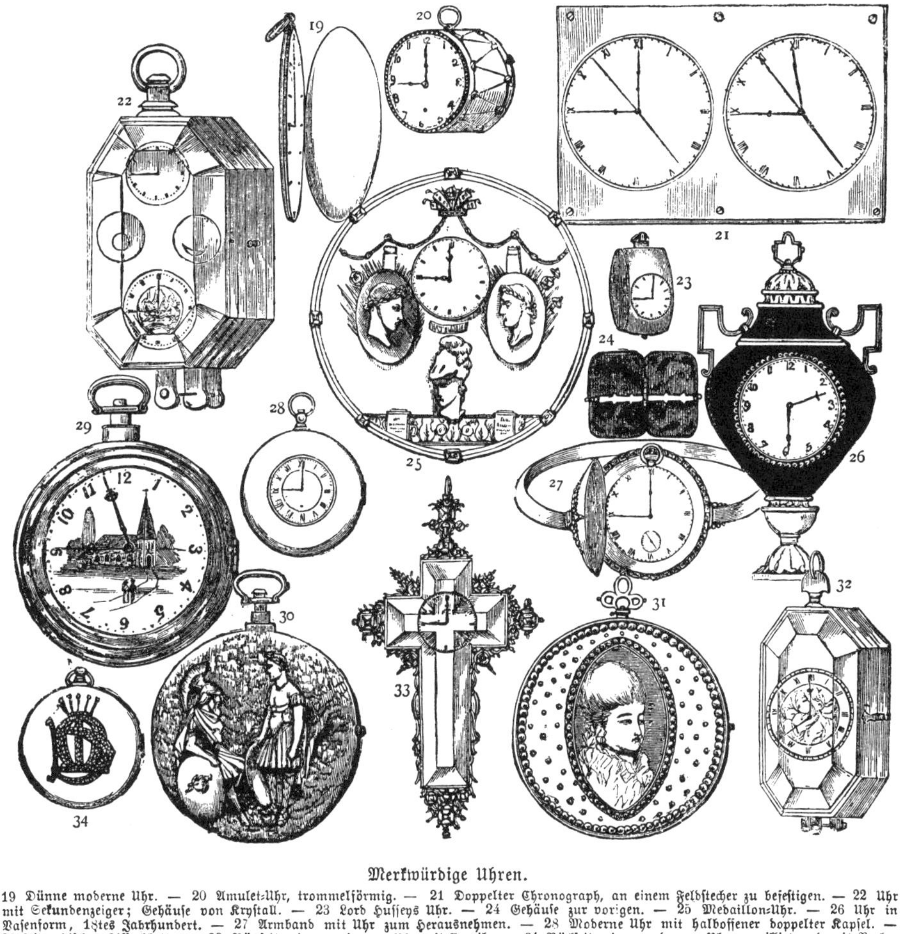

Merkwürdige Uhren.

19 Dünne moderne Uhr. — 20 Amulet-Uhr, trommelförmig. — 21 Doppelter Chronograph, an einem Feldstecher zu befestigen. — 22 Uhr mit Sekundenzeiger; Gehäuse von Krystall. — 23 Lord Husseys Uhr. — 24 Gehäuse zur vorigen. — 25 Medaillon-Uhr. — 26 Uhr in Vasenform, 18tes Jahrhundert. — 27 Armband mit Uhr zum Herausnehmen. — 28 Moderne Uhr mit halboffener doppelter Kapsel. — 29 Altmodisches Zifferblatt. — 30 Rückseite einer modernen Uhr mit Email. — 31 Rückseite einer modernen Uhr, emaillirt und mit Perlen besetzt. — 32 Uhr in Krystallgehäuse. — 33 Silbervergoldete Uhr in Gestalt eines Kreuzes mit Granaten und Krystallen verziert; deutsch; 17tes Jahrhundert. — 34 Damenuhr in natürlicher Größe mit Initialen und Krone von Diamanten.

Fleet Street." Das Ashmolean-Museum bewahrt gleichfalls eine Uhr, die unstreitig Eigentum des großen Protektors gewesen.

Das Kensington-Museum besitzt mehrere Uhren aus dem siebenzehnten Jahrhundert. Die eine ist von Silber, kanneliert und wie eine Muschel geformt. Das hat ein vergoldetes Zifferblatt und ein äußeres Gehäuse aus glattem Silber. Sie ist verfertigt um das Jahr 1650 und der Namé des Uhrmachers ist „G. Senez, Orlogier du Roy à Rouen."

Die bedeutendsten Fortschritte in der Uhrmacherkunst verdanken wir dem 17. Jahrhundert, als der erfinderische Geist eines Huygens und eines Dr. Hooke sich diesem Kunstzweige zuwandte. Huygens, einem Holländer, wird die Erfindung der Unruhe in den Taschenuhren zugeschrieben; Dr. Hooke ersann die Anwendung des Pendels, um den Gang der Uhren gleichmäßiger zu machen; seine Erfindung wurde von Thomas Tompion verbessert, der ursprünglich ein einfacher Hufschmied gewesen und sich bei der Regulierung von Bratspießuhrwerken in dem Kunstgewerbe versuchte. Tompion wurde der berühmteste Uhrmacher seiner Zeit, und Dr. Hooke veranlaßte ihn eine Uhr nach den neuen Principien für König Karl II. anzufertigen. Von diesem Zeitpunkte an wurden die Uhren zu wirklichen, genauen Zeitmessern und die seitdem noch eingeführten Verbesserungen zielten hauptsächlich darauf hin, den Einflüssen der Kälte und Wärme auf das Metall, aus dem das Werk hergestellt ist, entgegen zu wirken, sowie die Reibung der arbeitenden Teile möglichst zu beschränken, bis schließlich die Präcision und mathematische Genauigkeit der Uhrwerke ihnen mit Recht den Lobspruch Halleys eintrug, daß sie als höchstes Beispiel menschlichen Erfindungsgeistes gelten könnten.

Zu einer Zeit war es Mode, zwei Uhren gleichzeitig zu tragen, um die eine mit der anderen vergleichen zu können. Das „Universal Magazine“ von 1777 enthält ein Recept zu einem modernen Stutzer; unter anderen Zuthaten zählt dasselbe auf:

„Ein Stock, ein Schwert mit Silbergriff, im Knopfloch eine Rose,
Ein Siegelring, zwei Uhren und von Gold die Tabaksdose.

Diejenigen, welche nicht bemittelt genug oder zu knauserig waren, sich das übliche Paar Uhren zuzulegen, trugen eine fausse montre in der einen und die echte Uhr in der anderen Tasche. Dieses gleichzeitige Tragen zweier Uhren war jedoch nichts im Vergleich zu der Sonderbarkeit des sächsischen Ministers Grafen Brühl, in dessen Garderobe man bei der Einnahme Dresdens durch die Preußen im Jahre 1757 einen Anzug für jeden Tag des Jahres, beziehentlich 365 Uhren, Stöcke und Schnupftabaksdosen vorfand.

Wir haben gesehen, daß Schlaguhren schon in frühester Zeit angefertigt wurden und man erzählt Beispiele, daß Taschendiebe, die im Gedränge Uhren entwendeten, dadurch entdeckt wurden, daß jene Werke sehr zur unrechten Zeit die Stunde verkündeten. Karl XI. von Frankreich ertappte auf diese Weise einen Industrieritter, der ihn seiner Uhr entledigt hatte. Wann die Repetieruhren — die durch den Druck auf einen Theil der Uhr die Stunde angeben — zuerst auftauchten, läßt sich nicht mit Bestimmtheit feststellen; man schreibt diese Erfindung vielfach dem berühmten englischen Uhrmacher Graham zu, der eine solche Uhr im Jahre 1676 — in dem nämlichen Jahre, in dem zuerst das Pendel in Anwendung kam — für Karl II. anfertigte. Graham war es, der durch seine bedeutenden Verbesserungen in den Zeitmessern die exakte Astronomie möglich gemacht hat, und ihm ist von seinem Lande die höchste Anerkennung zu Teil geworden, die man einem großen Manne nach seinem Tode zollt; seine sterblichen Ueberreste wurden in der Westminster-Abtei beigesetzt und alle Mitglieder der königlichen Gesellschaft wohnten seiner Bestattung an. Trotzdem England gerade seinen bedeutenden Mechanikern so unendlich viel verdankt, ist Graham bis jetzt der einzige derselben geblieben, dessen Gebeine eine Ruhestätte unter Englands großen Toten gefunden.

Es müssen übrigens Repetieruhren, wenn auch nicht in solcher Vollkommenheit, schon in weit früherer Zeit bekannt gewesen sein. Bolingbroke erwähnt in seinen „Geschichtlichen Briefen", die um das Jahr 1711 veröffentlicht wurden, gewisser Uhren, „die bei dem Druck auf einen Knopf oder auf das Ziehen an einem Faden genau Antwort auf die Frage nach der Zeit geben."

Im Kensington-Museum befinden sich einige prachtvolle Exemplare von Repetieruhren aus dem 17. und 18. Jahrhundert. Eine derselben ist aus vergoldetem Metall in einer Größe von 5 1/8 zu 4 1/8 Zoll; auf dem Zifferblatt ist die Grablegung nach Lucas Van Leyden eingraviert. Diese Uhr trägt die Jahreszahl 1630 und der Name des Verfertigers „Nicholas Lemandre à Blois", ist hinzugefügt. In derselben Sammlung befindet sich eine goldene Repetieruhr, die, wie man glaubt, von König Georg I. getragen wurde. Sie hat ein doppeltes Gehäuse; das Innere ist reich ciseliert und zeigt das königliche Wappen mit einer Krone darüber; auf dem äußeren Gehäuse ist ein Jägersmann dargestellt, der einen Eber verfolgt. Die Uhr ist 2 3/4 zu 1 1/8 Zoll groß, sie ist deutsches Fabrikat und der Name des Verfertigers „George Albrecht". Später wurde den Repetieruhren noch eine weitere Vorrichtung beigefügt, sourdine genannt. Am Rande dieser Uhren, dem Ringe gegenüber, befand sich ein vorspringender Knopf, drückte man auf denselben, so repetierte die Uhr lautlos, indem man, mit dem Finger auf dem Knopfe, deutlich die Schläge fühlte. Die sogenannte montre de touche war eine spätere Erfindung des berühmten französischen Uhrmachers Breguet. Hier waren die Stunden durch elf am Rande des Gehäuses vorspringende Knöpfe bezeichnet; der Ring deutete die zwölfte Stunde an. Auf der Rückseite der Uhr befand sich ein Merkzeiger, der weiterrückte und innehielt wie der Stundenzeiger auf dem Zifferblatt; dieser Merkzeiger in Verbindung mit den vorspringenden Knöpfen, ermöglichte es, die Zeit zu fühlen.

Die Mehrzahl der Uhren aus dem vorigen Jahrhundert zeigt eine reiche Ornamentik; andere sind von äußerst sinnreicher Konstruktion. Im Kensington-Museum befindet sich eine französische Uhr in Lyraform, die reich emailliert, mit Perlen besetzt und von einer strahlenden Sonne gekrönt ist. Eine andere, in der Gestalt eines winzigen Apfels, hat ein Gehäuse in Goldemail mit einem Gürtel von Perlen. Sie wurde im Jahre 1760 in Genf verfertigt. Ferner enthält jene Sammlung eine Uhr in einem ovalen goldenen Gehäuse, die reich mit in Email eingelassenen Perlen und Diamanten verziert ist, und deren Zeiger sich nach der Form des Zifferblattes verlängern und zusammenziehen. Diese Uhr ist von W. Anthony in London angefertigt. Die Turmuhr der Kathedrale von Lyon, die Lippius de Basle anfertigte, hat ein gleiches Zifferblatt mit Zeigern, die sich der Form desselben entsprechend verlängern und zusammenschieben. Nochmals auf die Sammlung im Kensington-Museum zurückkommend, will ich noch einer Uhr erwähnen, die urspünglich dem Herzog von Marlborough gehörte, der sie im Jahre 1714 Newton zum Geschenk machte. Die Uhr ist deutsches Fabrikat; das Gehäuse in durchbrochener Arbeit von Silber. Eine andere Uhr, die dem großen Astronomen zum Geschenke gemacht wurde, befindet sich im Besitz der Königlichen Gesellschaft.

Auf Miniaturuhren wird in der Jetztzeit wenig Wert gelegt; Genauigkeit ist Hauptbedingung, und diese gipfelt in dem Chronographen, einer großartigen Erfindung unserer Zeit. Nach einem solchen Chronographen werden in der Regel die großen Rennen abgemessen; den genauen Moment, in dem sich die Fahne des Starters senkt, markiert auf dem Zifferblatt ein Tintenpünktchen, ein anderes Pünktchen markiert mit gleicher Genauigkeit die Zeit, zu der das erste Pferd den Sitz des Preisrichters passiert.

Wettsegeln auf dem Eise.

Das Fahren auf dem Segelwagen, welches bekanntlich den Chinesen abgeguckt ist, bei denen es schon seit Jahrtausenden im Gebrauche gewesen und von denen es diejenigen europäischen Völker lernten, die mit ihnen zuerst Handel trieben — die Spanier und Holländer — gab uns Gelegenheit im vorigen Bande auch der Benutzung des Windes zur Fortbewegung auf dem Eise Erwähnung zu thun. Wir wiesen schon damals darauf hin, daß dieselbe niemals in ernsthaft praktischer Weise Verwertung finden kann und begründeten diese Ansicht*).

Trotzdem aber haben die Amerikaner diese Kombination — des Segels und des Schlittens — in der originellsten Weise ausgeführt und damit seit etwa zehn, zwölf Jahren einen Sport in's Leben gerufen, der mit zu den interessantesten und amüsantesten dieser Kategorie gehört. Das Fahrzeug, von dessen Konstruktion unsere Illustration eine verständliche Vorstellung giebt, wird die „Eisjacht" genannt und der Sport selbst: ‚Ice-Yachting'**) wird auf allen amerikanischen Flüssen und Seen, deren Eis stark genug ist, um die flüchtige Last zu tragen, mit dem größten Eifer betrieben. Er hat schon seinen Weg über den Ozean gemacht und in unsern nordischen Seestädten, wo die schönsten Gelegenheiten dafür sich bieten, wird die „Eis-Jacht" bald genug „eine berechtigte Eigentümlichkeit" sein.

Unser Bild zeigt uns eine Wettfahrt zwischen einer Anzahl dieser Fahrzeuge auf dem herrlichen Monona-See bei Madison, dem Regierungssitze des im fernen Westen gelegenen Staates Wisconsin. Es ist das bekanntlich derselbe Staat, in welchem die gegenwärtig in Deutschland wohlbekannte Stadt Milwaukee gelegen ist, von deren Musterriege auf dem Frankfurter Turnfeste die Turnwelt Deutschlands, und auch so Mancher, der nicht dazu gehört, noch heute spricht.

Milwaukee, wohl die „deutscheste" Stadt in den Vereinigten Staaten, ist zwar die größte Stadt im Staate, doch residiert der Gouverneur und die ganzen Verwaltungsbehörden in Madison, wo auch die Legislatur des Staates im Staatskapitole tagt. Madison liegt etwa 80 engl. Meilen westlich von Milwaukee an der nach Prairie du Chien am Mississippi führenden Eisenbahn. Es hat eine sehr anmutige Lage, zwischen den zwei größten und schönsten einer Kette von vier Seen, welche durch den Catfish- und den Rock-River mit dem Mississippi in Verbindung stehen, zugleich aber mit ihrem Wasserreichtum trefflich zum Speisen des großen Wisconsin-Kanales verwendet werden können, der den Lake Michigan bei Milwaukee mit dem Mississippi bei Dickeyville verbindet.

Auf einem erhöhten Landrücken also, zwischen dem Mendota- und dem Monona-See, erhebt sich Madison und es läßt sich leicht denken, daß die sportlustige Jugend beiderlei Geschlechtes diesen beiden Wasserbecken viele vergnügte Stunden, Tage und Wochen verdankt. Im Sommer außer Schwimmen, Rudern und Segeln, auch die abendlichen Sängerfahrten, welche deutsche Gemütlichkeit und deutsche Singelust schon an manch' anderm Gestade der Union heimisch gemacht. Und im Winter das Schlittschuhlaufen, Fackeltänze und Kostümquadrillen auf dem Eise und endlich das ‚Ice-Yachting'!

Und wo gäbe es in Amerika einen Sport, in dem nicht um die Wette gegangen, gelaufen, gesprungen, geritten, gefahren, geschwommen, gerudert, gesegelt würde — kurz, in dem nicht eine Wettjagd stattfände, wer etwas am schnellsten thun kann? Ein solches Wettsegeln — Race — von Eisjachten ist ein herrlicher Anblick, und wenn der Zuschauer die leichten Gefährte schneller wie die Windsbraut an sich vorüberschießen sieht, die eleganten Schwenkungen und Zick-Zack-Bewegungen verfolgt, in denen die fast geräuschlos dahingleitenden Jachten ihre Bahn beschreiben, da sieht alles so leicht und graziös aus, daß er nicht ahnt, welch' kundige, feste und sichere Hand, welch' ruhiger, erfahrener Blick dazu gehört, diese Evolutionen auszuführen.

Denn da — wie wir im eingangs erwähnten Artikel dargethan — der Gebrauch des Steuerruders in Wegfall kommt und nur durch die Stellung der Segel die Richtung des Fahrzeugs bestimmt wird, so bedarf es der vorerwähnten Eigenschaften in hohem Maße, um

*) S. Neues Universum I. Bd. S. 94 und folgende.

**) Spr. „Eisjarckting".

Wettfahrt des Ice-Yacht-Clubs von Madison auf dem Monona-See.

das Gelingen der einzelnen Manöver, die man beabsichtigt, wirklich zu erzielen. Die Stelle des Steuerruders vertritt an der Eisjacht das dreieckige Segel am Bugspriet und das große Besahnsegel des Mastes dient hauptsächlich der Fortbewegung; doch ist natürlich die Stellung beider von einander abhängig.

Dadurch, daß beide Segel von derselben Kraft in derselben Richtung erfaßt werden, ist jedoch das Verhältniß ein total anderes, als wie bei Steuerruder und Segel einer Jacht, indem man dem Widerstande des Wassers gegen das Steuerruder eine — in gewissen Grenzen beliebige — andere Richtung geben kann, als die des Windes ist. Unfälle sind daher, wenn auch nicht häufig, so doch leicht herbeigeführt, obgleich der Natur der Sache nach, die damit verbundene Gefahr nicht bedeutend ist.

Natürlich werden die Ausflüge und Wettrennen von den jedesmaligen ‚Ice-Yacht-Clubs' arrangiert und Preise für die ersten Ankömmlinge ausgesetzt, Wetten von den betreffenden Beamten oder auch privatim angenommen, angeboten und so weiter. Bald genug weiß man dann ungefähr, welche „Eisjacht" ein guter Segler ist und welches Klubmitglied das Steuern am perfektesten los hat, so daß die ‚Arctic' oder der ‚Ice King' heute bei solchem Winde und solcher Bahn einen Vorteil haben vor der ‚Dauntleß', ‚Glide', ‚Lake Monona' und anderen Jachten, welche dafür zu anderer Zeit bei anderem Winde und auf anderer Bahn zuerst ans Ziel schießen werden.

Was endlich die eigentümliche Form dieser „Segelschlitten", denn etwas anderes sind sie ja nicht, anlangt, so erklärt sich dieselbe aus ihren Erfordernissen; dieselben sind

1. Eine breite Stützfläche,
2. Möglichst wenig Berührungspunkte,
3. Größte Schwere unten, leichtes Gewicht oben.
4. Ladung möglichst vom Drehpunkt (Maste) entfernt zur Verlängerung des Hebelarmes, welcher den einzelnen Manövern Sicherheit und Eleganz verleiht.

Daher das eiserne Gestell auf drei kurzen Schlittenkufen, der dünne Mast und die Anbringung der Sitze möglichst am Ende des Gefährtes.

Reinigen der Dochte von Petroleumöfen

ist eine notwendige, aber keineswegs angenehme Arbeit. Gewöhnlich geschieht sie mit der Scheere, wodurch aber die obere Fläche des Dochtes ungleich und faserig wird und später die Flamme ungleichmäßig erscheint. Die Herren Walker, Williams u. Cp. in New-York haben sich den nachstehend abgebildeten einfachen Dochtreiniger patentieren lassen, der aus einem

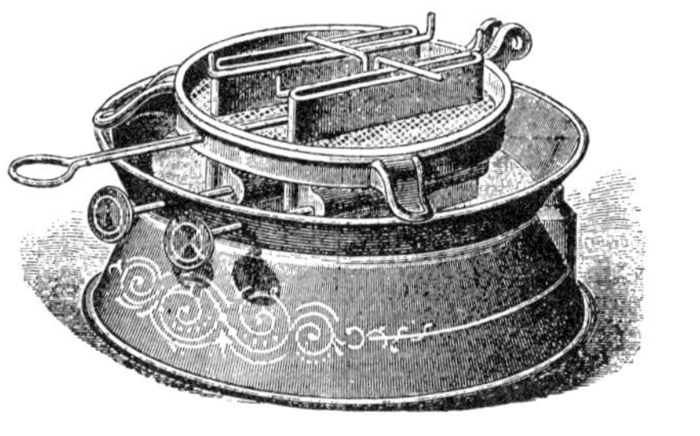

Petroleumkochofen mit Dochtreiniger.

Drahtstück besteht, das über die Brenner hin- und hergezogen werden kann und dabei die verkohlten Theile einfach abstößt. Beim Brennen ist das Drahtstück zurückgeschoben. Man sieht die Vorrichtung ist sehr einfach, bewährt sich aber, wie wir hören, in der Praxis sehr gut.

Ein Stündchen beim Phonographen.

Thomas A. Edison sagte eines Tages zu seinem Assistenten, Herrn Edward H. Johnson:

„Ich werde morgen an einer Maschine zu arbeiten anfangen, die gerade so spricht wie ein Mensch oder ein Telephon."

„Unmöglich!" gab sein Freund zur Antwort.

»I bet you a hundred dollars!« war die prompte Bekräftigung seitens des Erfinders.

Johnson, der seinen Mann kannte, acceptierte die Wette nicht, und nachdem ihm Edison seine Idee mitgeteilt hatte, war er von der Möglichkeit, ein solches Instrument zu konstruieren, ebenfalls überzeugt. Er hatte in den nächsten Tagen

Gelegenheit während eines Aufenthaltes in Washington in Edison's Patentangelegenheiten*), dem jüngstverstorbenen Physiker Joseph Henry, Direktor des Smithsonian Instituts, von Edison's Erfindung Mitteilung zu machen. Professor Henry

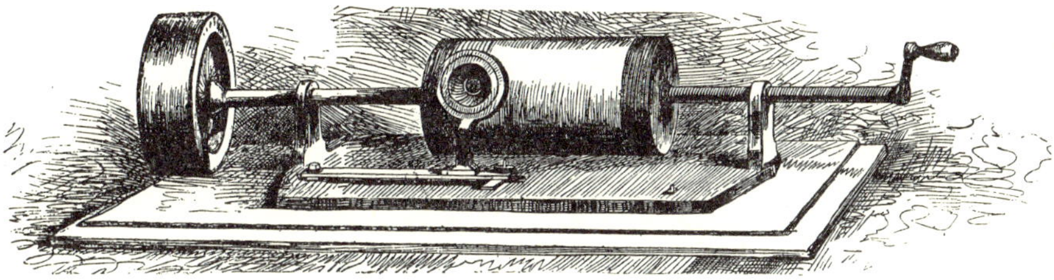

Fig. 1. Thomas A. Edison's Phonograph.

schüttelte nicht den Kopf, wie unsere Leser vielleicht erwarten, sondern erklärte das Princip sofort für richtig und seine Anwendung für ausführbar.

Einige Wochen später „sprach" der Phonograph!

Wie unsere Figur (1) zeigt, besteht das Instrument aus einem Messingcylinder (8″ × 3″), dessen stählerne Axe auf einer Seite mit einer Kurbel und auf der anderen mit einem Schwungrade versehen ist. Ferner ist der Cylinder sowohl, wie auch das rechtsseitige Stück der Achse (an der auch die Kurbel angebracht ist) mit einem Schraubengewinde versehen. Das rechtsseitige Achsenlager hat ebenfalls ein Gewinde eingeschnitten, so daß während der Drehung mit der Kurbel Achse und Cylinder langsam von rechts nach links vorrücken.

Vor diesem Cylinder ist nun auf einem beweglichen Gestelle ein Mundstück angebracht, welches dem eines Telephones gleicht; nur daß das in demselben schwingende Scheibchen oder Plättchen statt der elektromagnetischen Vorrichtungen nichts an sich trägt; dagegen drückt ein kleiner Stahlstift mit scharfer Spitze, die in das auf dem Cylinder eingeschnittene Schraubengewinde genau hineinpaßt. Dieser Stift ist also nicht an dem Metallplättchen befestigt, sondern wird, wie die zweite Abbildung (2) zeigt, von einer am Gestell des Mundstückes befestigten Feder gegen dasselbe gedrückt. Zwischen Plättchen und

Fig. 2. Das Trommelfell des Phonographen von unten gesehen.

Stift befindet sich ferner noch ein Guttapercha-Scheibchen, welches die Uebertragung der Schwingungen vermittelt und reguliert.

Um nun das Instrument in Gang zu setzen, ist es notwendig ein Blättchen dünnen Zinnblechs um den Cylinder herumzulegen; dies geschieht durch Abstellen des das Mundstück tragenden Armes und langsames Andrücken mit der Hand an den Cylinder bei gleichzeitiger langsamer

*) E. hat, trotzdem er erst in der Mitte der Dreißiger steht, bereits über 200 Erfindungen patentiert.

stetiger Drehung, wie dies unsere Illustration (3) klar macht. Jetzt wird das Gestell mit Mundstück wieder in seine normale Lage gebracht und das Sprechen beginnt.

Fig. 3. Aufrollen des Zinnblechs auf den Cylinder.

Der Sprecher setzt sich so, daß er den Mund ans Mundstück andrücken kann, und zu gleicher Zeit dreht er, während er spricht, mit der rechten Hand die Kurbel in ziemlich raschem Tempo, wie dies die nächste Abbildung (4) zeigt.

Fig. 4. In den Phonographen sprechend.

Der Vorgang ist folgender: Während des Sprechens kommt das Metallscheibchen — wir wollen es Trommelfell nennen — ins Schwingen und zwar, ganz wie im Telephone, je nach den verschiedenen Lauten verschiedene Schwingungen machend. Dadurch gerät aber der Stahlstift in dieselben Schwingungen und indem er das Zinnblech in die feine Rinne des Schraubengewindes auf dem Cylinder hineindrückt, registriert er zugleich alle Schwingungen bis auf die feinsten Nüancierungen. Davon kann man sich durch den Augenschein überzeugen, denn nimmt man ein

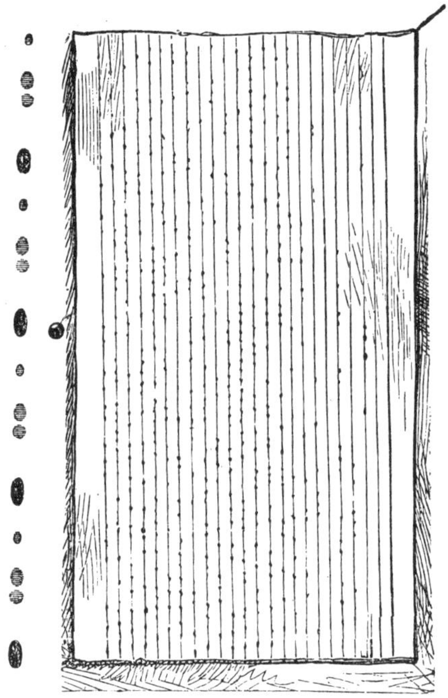

Fig. 5. Zinnblättchen mit den durch das Sprechen erzeugten Spuren.

solches Zinnblech nach dem Gebrauche vorsichtig ab, so zeigen sich auf demselben leichte Eindrücke, die in ihren gröberen Umrissen den Punkten und Strichen auf dem Papierstreifen eines Morse'schen Telegraphen-Instruments sehr ähnlich sehen. Unsere Figur (5) zeigt ein solches Zinnblech mit den von dem Stahlstifte verursachten Eindrücken. Darunter sind diejenigen Figuren in vergrößertem Maßstabe wiedergegeben, welche durch das Wort ‚bet'*) hervorgerufen werden.

Doch das Interessanteste ist nun der Umstand, daß das „Trommelfell" des Phonographen alles, was in das Mundstück hineingesprochen, gerufen und gesungen worden ist, fast genau in demselben Tone wiedergibt, wie dies vorher geschehen. Man hat nur nötig den Cylinder wieder zum Anfangspunkte zurück zu drehen und, nachdem das Mundstück wieder fest in die ursprüngliche Lage gebracht ist, wieder vorwärts zu drehen. Um die „Stimme" des Phonographen zu verstärken, setzt man noch einen Schalltrichter oder „Resonator" (6) auf, wie dies unsere Illustration zeigt (7).

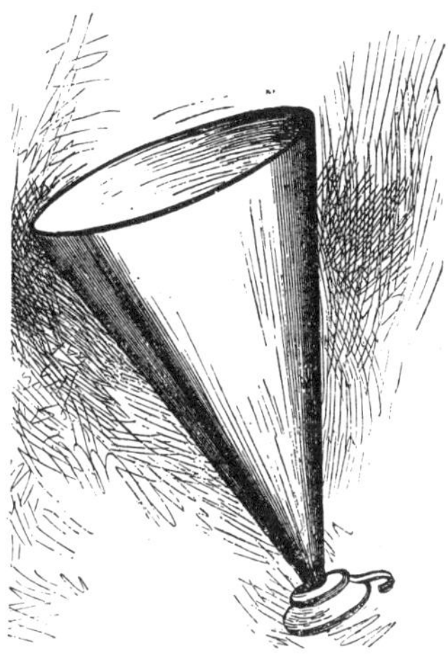

Fig. 6. Schalltrichter zur Verstärkung der vom Phonographen reproducierten Stimme.

Wohnen wir einmal einer Sitzung bei; unsere Leser werden es nicht bereuen, unserer Einladung Folge geleistet zu haben!

Der Herr, der uns die Leistungen des Instrumentes vorführen wird, hat bereits vor dem Mundstücke Platz genommen und seine rechte Hand ruht auf der Kurbel.

„Unser Phonograph ist ein guter Bursch, der folgsamste und höflichste von allen, die ich kenne," äußert er. Und indem er die Kurbel mit mäßiger Geschwindigkeit, aber in gleichförmigem Tempo vorwärts bewegt, spricht er laut in das Mundstück:

„Guten Tag, meine Damen und Herren!" Jetzt wird schnell der Apparat zum Wiederholen des Gesprochenen hergerichtet und nach wenig Minuten klingt es durch die atemlose Stille, in welcher selbst das leise Geräusch der Kurbeldrehung auffallend laut erscheint:

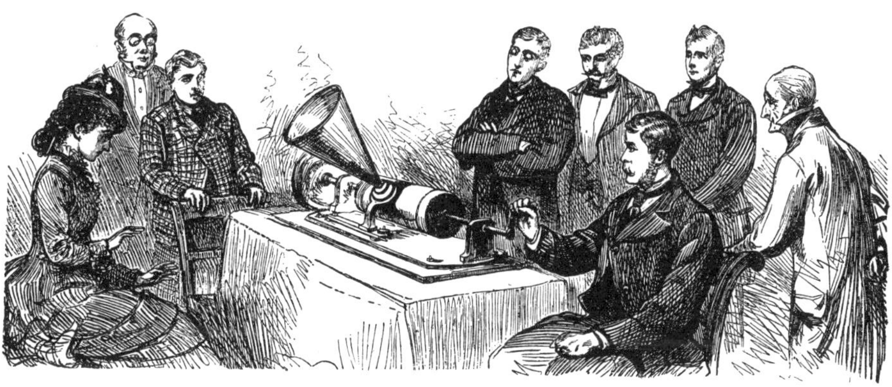

Fig. 7. Der Phonograph „spricht".

„Guten Tag, meine Damen und Herren!" aus dem Schalltrichter des Phonographen hervor (s. Illustr. 7). In der That, der Phonograph ist ein „höflicher

*) Sprich „bätt" (der Vokal ähnlich dem „ä" in „Räthsel").

Bursche", er bietet uns in der aufmerksamsten Weise seinen Gruß dar.

Nun setzt sich unser Cicerone wieder vor den Tisch, der das Instrument trägt und — beginnt sich zu räuspern, zu husten, bis ihm die Thränen in die Augen treten, was ihn, wie es scheint, zum Niesen reizt, wenigstens thut er dies einige Male ganz energisch. Dann wischt er sich die Augen, putzt sich die Nase und blickt fragend im Kreise umher, indem er eine Pause im Drehen der Kurbel macht, eine Beschäftigung, die ihm, wie's scheint, bereits zur zweiten Natur geworden ist; denn seit er dort sitzt, hat er fast ununterbrochen gedreht.

Er blickt von Einem zum Andern und die zum Teil verlegen lächelnden, zum Teil auch sehr unzufrieden dreinblickenden Gesichter seines Auditoriums scheinen ihn sehr zu amüsieren. Doch diese Pause allseitiger stummer Erwartung ist von sehr kurzer Dauer. Mit verbindlicher Höflichkeit wendet er sich an unsere Nachbarin, eine würdige Matrone, mit der Frage:

„Madame, was wünschen Sie zu hören?" Da dieselbe jedoch leicht die Achseln zuckt und lächelnd den Kopf schüttelt, so fängt unser Cicerone an, „auf eigene Rechnung und Gefahr", verschiedene Sätze in das Mundstück hineinzusprechen, deren Inhalt sich auf die Tagesereignisse, auf den Phonographen, das Telephon und dergleichen mehr beziehen. Dann singt er den ersten Vers eines Volksliedchens und am Schlusse ruft er verschiedene Rede und Gegenrede enthaltende Sätze hinein. Zuletzt rückt er das Instrument mehrere Kurbeldrehungen zurück, ehe er den nächsten Satz spricht und wiederholt dies mehrere Male.

„So," sagt er dann befriedigt, „jetzt ist's genug!"

Nun wird in der schon angedeuteten Weise das Instrument auf den Anfangspunkt zurückgedreht, das verschobene Mundstück wieder an seine Stelle gebracht, der Schalltrichter aufgesetzt und indem er seinen Platz an der Seite der Kurbel einnimmt, beginnt er zu drehen. Wir hören wieder:

„Guten Tag, meine Damen und Herren!" den verbindlichen Gruß des höflichen Phonographen erklingen; ehe wir noch mit dem Lächeln fertig sind, das uns diese übermäßige Höflichkeit des wunderlichen „Burschen" entlockt, ertönt aus dem Resonator ein Räuspern, Husten, Nießen und Schneuzen, das durch seine Natürlichkeit einen nicht enden wollenden Lachausbruch hervorruft. Derselbe geht in ein „Da capo"-Rufen und Klatschen über, dessen stürmischem Drängen unser wohlgefällig lächelnder Cicerone nicht widerstehen kann.

Nachdem wir nun diesen merkwürdigen Ohrenschmaus nochmals angehört haben und unser abermaliges Lachen vorüber ist, hören wir den Phonographen in würdiger Weise über Politik, das Wetter, sich selbst und seinen Vater — Edison, — sowie seinen Bruder — das Telephon — orakeln. Dann kommt das Lied von den drei Krähen; er singt es ganz prächtig. Doch kaum ist der Refrain: Crow, crow, crow!*) vorüber, so hören wir abermals:

„Das letzte war nicht richtig!"

„Ja, es ist doch richtig!"

„Zankt Euch nicht, Ihr könnt es ja beide nicht!"

„Was fällt Dir ein?"

„Der will Alles besser wissen!"

„Ihr versteht gar nichts davon!"

„Nimm Dich in Acht!"

---

*) Krah, Krah, Krah!

„Mach Dich nicht lächerlich!“
„Schämt Euch doch, seid jetzt still!“
„Ach was, misch' Dich nicht hinein!“
„Ja, was geht's Dich an!“ u. s. w.

So schreit und zankt es aus dem Schalltrichter hervor; manchmal sprechen scheinbar alle Drei zu gleicher Zeit, so daß das Auditorium abermals in ein herzliches Gelächter über diesen „Sturm in einem Theekessel“ ausbricht.

Unter den zahlreichen verschiedenartigen Fragen, die von einer amerikanischen Zuhörerschaft mit der üblichen, republikanischen Ungebundenheit bei solchen Gelegenheiten gestellt werden, wird auch die gethan, ob der Phonograph nicht rückwärts sprechen könne. Die Antwort an die Fragerin — denn es ist eine Dame — ist die, daß dies zweifellos geschehen könne, doch sei vorläufig die Befestigung und das ganze Arrangement der einzelnen Teile im Sinne der einen Drehungsrichtung geschehen und könne daher diesmal kein Versuch in dieser Hinsicht gemacht werden.

Wie nichts in der Welt vollkommen ist, so hat auch der Phonograph einen Mangel. Es ist der, daß Alles, was er repetiert, einen sogenannten Nasenton hat; der Phonograph spricht, wie man zu sagen pflegt, durch die Nase, was aber eigentlich ohne die Nase heißen sollte (wie sich Jeder leicht durch Sprechen mit zugehaltener Nase überzeugen kann). Die Erklärung ist sehr einfach: Da nur diejenigen Schallschwingungen das künstliche Trommelfell des Mundstückes in Bewegung setzen, welche direkt dem Munde entströmen, während die durch den Resonanzboden der Nase austretenden darüber hinausgehen und das schwingende Scheibchen nicht treffen, so werden nur die ersteren von der Stahlspitze auf dem Zinnbleche registriert und ihre Wiedergabe verursacht, da die Nasentöne fehlen, den Eindruck, als ob „durch die Nase“ gesprochen würde.

Das Uebel ist — allerdings nur teilweise — gehoben worden, indem ein größerer Sammeltrichter, welcher Mund und Nase aufnimmt, angebracht worden ist, doch ist der „nasale Timbre“ immer noch vorhanden, wenn auch weit schwächer.

Der Erwähnung wert ist endlich noch, daß der Phonograph bei Anwendung des — allerdings kostspieligen — Kupferbleches auf 275 Fuß Entfernung hörbar ist, der, wie eben erzählt, mit Zinnblech arbeitende immerhin in 150 Fuß.

Ob der Phonograph dazu verdammt ist, eine hochinteressante Spielerei zu bleiben, oder ob er einst auch im praktischen Leben allgemeine Anwendung finden wird, ist schwer zu sagen. Edison scheint durch seine — bisher allerdings noch von keinem Erfolge gekrönten — Arbeiten auf dem Gebiete der elektrischen Beleuchtung gezwungen gewesen zu sein, den Phonographen in sehr stiefväterlicher Weise zu vernachlässigen. Schön wäre es freilich, wenn mit aller Schreiberei, sogar der Stenographie, aufgeräumt werden würde, ja wenn sogar das Drucken überflüssig werden sollte.

Anstatt einen Brief zu schreiben, setzte man sich dann vor den Phonographen, wie man sich jetzt vor das Telephon stellt und spricht „wie einem der Schnabel gewachsen ist“, so lange und so viel man eben will. Dann packt man das Zinnblech, auf dem der „Brief“ steht, in ein Kästchen und sendet ihn ab. Auch in den verschiedenen Bureaux unserer unzähligen Blätter und Blättchen würde die Arbeit sehr wesentlich vereinfacht sein. Man brauchte nur ein paar Dutzend großer Phonographen, auf denen ein paar Hundert dieser Zinnbleche aufgezogen wären. Ein Redaktions-, ein Berichterstatter- und einige Annoncen-Phonographen, in welche die Redakteure ihre Leitartikel, die Reporter ihre Stadtneuigkeiten und Feuilletons und die Anzeige-Agenten ihre Anzeigen hineinsprechen würden, müßten ferner dazu dienen, den an den großen Multiplikations-Phonographen stehenden „Sprechern" (anstatt Setzern und Korrektoren) die Zeitung richtig vorzusprechen. Vielleicht ließe sich das Originalblech auch galvanoplastisch vervielfältigen oder stereotypieren. Auf dem Frühstückstische, wie überhaupt auf jedem Tische, dürfte dann der Phonograph nicht fehlen — natürlich von einem Uhrwerke oder von einer in jedem Hause aufstellbaren dynamoelektrischen Maschine (die zugleich für Licht sorgen könnte) bewegt. Das Kästchen mit dem Zeitungsblech würde geöffnet, ein Blättchen nach dem andern dem Phonographen übergeben und von ihm hergesprochen, während man behaglich im Lehnstuhl liegend seinen Kaffee schlürft und zuhört.

Eine Sängerin wird dann das Recht ihre Originalarien auf Blech verkaufen zu dürfen, an den Meistbietenden versteigern. Sie wird kontraktlich feststellen, wie viel Arien sie dem Unternehmer per Monat oder Jahr zu liefern gesonnen ist. Extrablech zu erhöhten Preisen!

Auch „selbstgesprochene Monologe großer Schauspieler und dito Reden bedeutender Redner" wird man dann nach Jahren ad libitum sich vorsprechen lassen.

Das bedeutendste Feld eröffnet sich jedoch dem Phonographen in seiner Vollendung als Lauscher, als Spion. Wir überlassen unsern Lesern sich dieses anziehende Zukunftsbild weiter auszumalen: eine Zukunft, in der Tinte und Feder nur dem Namen nach bekannt sind, Papier nur zum Einpacken und dergleichen verwendet wird, jedem Menschen die Gelegenheit zum Verdrehen oder Ableugnen seines eigenen Wortes genommen ist ꝛc.! Und Alles nur durch Blech!?

Doch Scherz bei Seite! Allem Anscheine nach wird der Phonograph eine wertvolle Bereicherung unserer physikalischen Kabinete bleiben — nicht viel mehr. Prof. Mayer am Stevent Institut in Hoboken bei New-York hat bis jetzt schon zahlreiche Untersuchungen damit angestellt und sind interessante Aufschlüsse in der Akustik davon zu erwarten.

Wir erwähnen zum Schlusse nur noch, daß dieser Gelehrte unter Anderem Folgendes feststellte:

Je mehr das Metallplättchen am Mundstücke dem menschlichen Trommelfell gleicht (was namentlich durch die Art der Dämpfung mit dem, dem Hammer in der Trommelhöhle ähnlich wirkenden Gummischeibchen zwischen Stift und Plättchen (Fig. 2) erreicht wird), desto besser registriert und wiederholt der Phonograph die Schallwellen.

Je regelmäßiger die Drehung des Cylinders ist, desto besser „arbeitet" der Apparat; man sollte deßhalb die Drehung durch einen Mechanismus und nicht durch die Hand geschehen lassen. Unregelmäßiges Drehen verursacht ein sofortiges Ueberschlagen der Stimme in Fisteltöne.

Mit dieser Erscheinung hängt endlich der merkwürdige Umstand zusammen, daß, je langsamer man dreht, desto tiefer, und je schneller, desto höher die Stimme reproduciert wird. Man kann mit diesem merkwürdigen Instrumente die Lucca Baß und den Campanini Sopran singen hören.

Chlordarstellung im Großen.

Selbst denjenigen, die keine chemischen Kenntnisse haben, ist das Chlor als ein nützlicher Körper bekannt, der im Chlorkalk z. B. zur Desinfektion von Krankenzimmern in großen Mengen verwendet wird; auch die bleichende Wirkung des Chlor ist bekannt, und nicht wenige lernten es auch schon als Arzneimittel kennen.

In der That wird das Chlor außerordentlich vielseitig verwendet, im freiem Zustande sowohl wie in Verbindungen. Unter den chemischen Großindustrien ist das Chlor von ganz besonderer Bedeutung.

Im Kleinen bei chemischen Vorlesungen oder in der Apotheke wird das Chlor in der Art dargestellt, daß Braunstein mit Salzsäure zusammengebracht wird. Die letztere entsteht bei der künstlichen Darstellung der Soda in großen Mengen als Nebenprodukt, das früher höchst lästig war und die größten Unannehmlichkeiten im Gefolge hatte. Seitdem aber die Salzsäure für die Chlorindustrie nutzbar gemacht war, hörten alle Klagen über die Verpestung der Luft, die Verderbniß der Flußwasser und das Töten der die Fabrik weithin umgebenden Vegetation vollkommen auf. Es ist also die Chlorindustrie zugleich an die Sodaindustrie gebunden und diese steht wieder in direkter Verbindung mit der Fabrikation der Schwefelsäure.

Doch giebt es noch eine andere, ebenfalls vielfach verwendete Methode der Chlorbereitung; es wird nämlich Kochsalz und Braunstein mit Schwefelsäure erwärmt; hierbei wird das Chlor des Kochsalzes gerade so frei gemacht, wie bei der vorigen Methode aus der Salzsäure. Ob man aber auf dem einen oder andern Wege das Chlor gewinnt, es ist dabei Braunstein erforderlich, den der Fabrikant oft weither beziehen und bezahlen muß; und dazu liefert derselbe nicht einmal ein nutzbares Nebenprodukt, im Gegenteil, es wird durch seine Massenhaftigkeit lästig und kostspielig.

Männer der Wissenschaft wie der Praxis haben sich eingehend mit der Frage beschäftigt, wie der Braunstein, das Dioxyd des Mangan, aus den wertlosen Rückständen wieder gewonnen werden könnte.

Einer der bedeutendsten chemischen Industriellen und zugleich ein vorzüglicher Chemiker ist Kuhlmann in Lille. Sein Vorschlag, wie aus dem nach der ersterwähnten Methode der Chlordarstellung als Nebenprodukt erhaltenen Chlormangan wieder das Mangandioxyd, der Braunstein, erhalten werden kann, läßt vom theoretischen Standpunkt nichts zu wünschen übrig, aber die praktische Ausführung ist mit so großen Schwierigkeiten verbunden, daß nur Kuhlmann selbst diese Methode in seinen Fabriken anwendet. Aber das Princip derselben ist bemerkenswert.

Da der Braunstein nie reines Mangandioxyd ist, sondern zugleich Kieselsäure, Tonerde, Eisen und andere Bestandteile enthält, so finden sich diese Verunreinigungen auch in dem Manganchlorür, das bei der Chlorfabrikation als Nebenprodukt zurückbleibt. Wird der verunreinigten Lösung desselben vorsichtig Kreide zugesetzt, bis die fremden Bestandteile gefüllt sind, so können diese von dem gelösten reinen Manganchlorür leicht getrennt werden. Letzteres bringt man mit Kalkmilch zusammen und füllt dadurch das Manganoxyd, welches durch Waschen von dem Chlorcalcium geschieden wird. Aber gerade dieser Waschproceß macht große praktische Schwierigkeiten, wenn er rasch und billig ausgeführt werden soll. Das erhaltene Manganoxyd wird nun Dämpfen von Salpetersäure und Stickstoffdioxyd ausgesetzt und dabei in ein salpetersaures Salz verwandelt. Dieses erhitzt man bis zu 200° und dabei entsteht wieder das Dioxyd des Mangan und die weiter sich bildenden Dämpfe von salpetriger und Untersalpetersäure können wieder mit einer weiteren Portion von Manganoxyd zusammengebracht werden. Man erkennt, daß mit einer kleinen Menge von Salpetersäure unbegrenzte Mengen von Mangandioxyd erhalten werden können.

Wie Kuhlmann's Methode auf seine Fabriken beschränkt bleibt, so die von Doulop auf die seinige bei Glasgow. Wie bei Kuhlmann, so werden auch bei Doulop die Verunreinigungen des Chlormangans zuerst mir Kreide ausgefüllt und die zurückbleibende reine Lösung mit möglichst reiner Kreide zusammengebracht. Die milchige Flüssigkeit wird dann unter einem Druck von 3 bis 4 Atmosphären in großen Cylindern mit Wasserdampf erhitzt. Die Cylinder selbst drehen sich um ihre Axe und enthalten mechanisch bewegte Rührapparate, um die Oberfläche der Flüssigkeit immer zu erneuern. Hierbei erhält man Mangankarbonat und Chlorcalcium, welche durch Abhitzen und sorgfältiges Auswaschen getrennt werden. Das feuchte Mangankarbonat kommt dann in kleine Wägelchen, welche durch einen Ofen wandern, der aus vier übereinander liegenden Abteilungen besteht. In der obersten kühlsten Abteilung findet ein Austrocknen statt, aber je weiter nach unten die Hitze steigt beginnt auch eine Zersetzung unter der Einwirkung des von der Seite zutretenden Sauerstoffs; in dem Maße als Kohlensäure entweicht, findet auch eine höhere Oxydation des Mangans statt.

Da diese Methode sehr kostspielige Apparate und einen beträchtlichen Verbrauch von Brennmaterial erfordert, auch das Produkt nur 67—70 Prozent Mangansuperoxyd enthält, hat sich Doulops Proceß keine weitere Verbreitung erringen können.

Dagegen ist in den Chlorfabriken fast aller Länder zur Wiedergewinnung des Mangansuperoxyd die Methode von Weldon im Gebrauch. Auch dabei werden durch Kreide zuerst die Verunreinigungen von Eisen, Thonerde und Kieselsäure entfernt, das Manganchlorür dann mit einem kleinen Ueberschuß von Kalkmilch zusammengerührt, so daß eine schwach basisch reagierende Flüssigkeit entsteht. In diese wird dann komprimierte Luft geleitet, welche auf 55° erhitzt ist. Dabei bildet sich ein schwarzer Niederschlag, den man in großen Behältern absitzen läßt, um das gelöste Chlorcalcium leicht davon zu trennen. Der schwarze Niederschlag besteht aus Calciumoxyd und Mangandioxyd und kann wieder zur Zersetzung der Salzsäure und zur Chlorgewinnung verwendet werden.

Sehen wir uns die Apparate und die verschiedenen Manipulationen etwas genauer an. In den Bottichen A und B, die mit Röhrenvorrichtungen versehen sind, wird das unreine Manganchlorür mit Kreide zusammengebracht und steigt dann nach der Reinigung durch das Rohr I nach

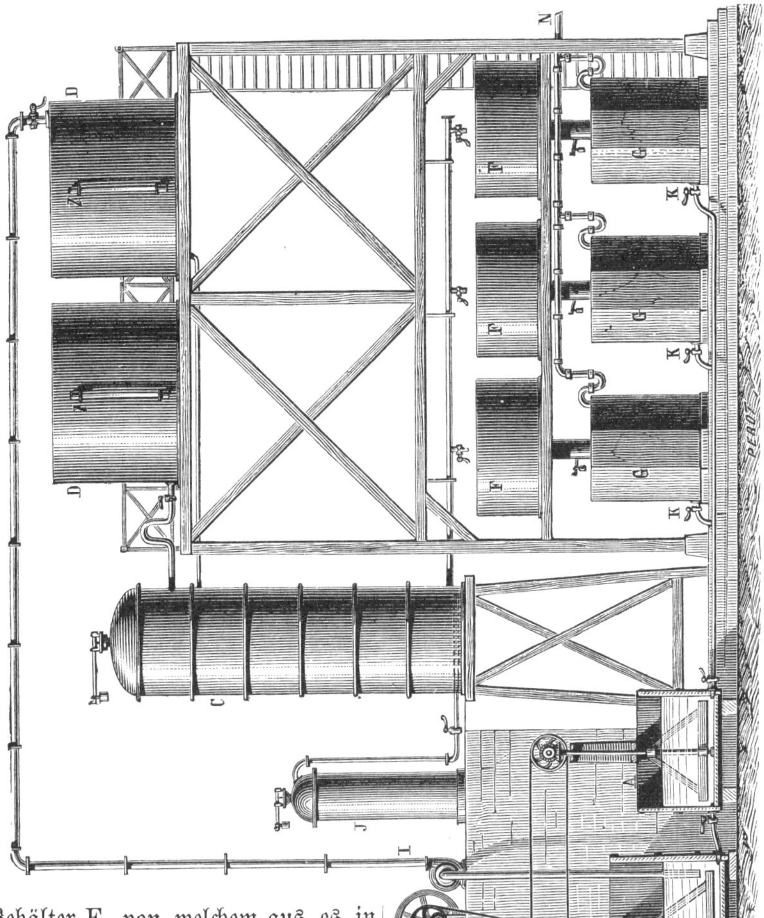

Der Weldon'sche Apparat zur Chlorgewinnung.

dem Behälter E, von welchem aus es in den Oxydationsthurm C gelangt. Hier läßt man anfangs nur soviel Luft eintreten, um die Flüssigkeitsmasse, welche die Hälfte des Turmes füllt, in Bewegung zu setzen. Dann tritt vom Behälter D aus Kalkmilch zu. Durch kleine Proben bestimmt man, wann genug Kalk zugesetzt ist. Dann wird die Menge der eingeblasenen Luft vermehrt und etwa vier Stunden lang der Strom unterhalten. Mit der zunehmenden Oxydation des Mangan vermindert sich die ursprünglich alkalische Reaktion. Dann läßt man eine neue Quantität Chlormangan von E aus zufließen, bläst noch eine Stunde lang Luft ein und läßt dann den ganzen Inhalt des Oxydationsturms C nach den Behältern F abfließen. Hier setzt sich das schwarze Mangan und Calciumoxyd ($MnO_2CaO = MnCaO_3Mn_2O_3$) ab; die überstehende Lösung von Chlorcalcium wird beseitigt. Unter den Behältern F sind achteckige Behälter G aus Sandstein; beide sind durch Röhren verbunden, wenn die Ventile darin geöffnet werden. Alsdann gelangt das Mangan-Calciumoxyd nach G und kommt daselbst mit Salzsäure in Berührung. Sofort beginnt wieder die Entwicklung von Chlor, welches durch die steinerne Röhre N nach anderen Teilen der Fabrik zur weiteren Verwendung geleitet wird. Nach beendigter Chlorentwicklung fließt das neu gebildete Chlormangan wieder durch die Hähne K nach A und B zurück und nimmt nun abermals seinen Weg durch die Apparate. Die kleine Dampfmaschine H setzt die Rührapparate in Bewegung und komprimiert in I die erwärmte Luft, welche in C die Oxydation des Mangan bewirken soll.

Das so bereitete Chlor wird vorwiegend zur Darstellung von Chlorkalk benutzt; es muß frei von Salzsäure sein, darf auch keine Kohlensäure enthalten. Große viereckige Kammern aus Blei sind in einzelne Stockwerke geteilt, deren Fußböden mit Sandsteinplatten oder mit Ziegeln belegt sind, welche vorher in Asphalt gebadet und dann durch dieselbe Masse verkittet wurden. In diesen einzelnen Abteilungen cirkuliert das Chlor. Auf den Böden ist eine 5—6 cm. hohe Schicht gelöschten Kalks ausgebreitet. Damit bei der chemischen Entwicklung des Chlors auf den Kalk die Temperatur nicht über höchstens 25° steigt, ist ein sehr langsames Einströmen des Chlor erforderlich. Wird dieses nicht mehr aufgenommen, so setzt man das Rohr N mit einer andern Bleikammer in Verbindung, entleert die abgestellte und beschickt sie neu mit Kalk.

Steigt dabei die Temperatur über 25°, so entsteht kein Chlorkalk, sondern chlorsaurer Kalk, der aber auch massenhaft dargestellt wird. Auch dabei werden große Kammern aus Blei angewendet, durch welche kaskadenartig von oben nach unten Kalkmilch fließt, während unten Chlor einströmt. Die abgelassene Flüssigkeit enthält nun chlorsauren Kalk, der durch Zusatz von Chlorkalium in chlorsaures Kalium und Chlorcalcium umgesetzt wird. Ersteres ist viel schwerer in Wasser löslich als letzteres, und krystallisiert fast rein aus. Nach einmaligem Umkrystallisieren ist das chlorsaure Kalium reine Handelswaare, die der Chemiker nicht entbehren kann, noch weniger der Feuerwerker; aber auch in medicinischer Beziehung ist das chlorsaure Kalium von Bedeutung. Das Chlorkalium, das bei der Fabrikation gebraucht wird, liefert bekanntlich das unendlich reiche Steinsalzwerk von Staßfurt, wo es unter dem Namen von Sylvin oft in prachtvollen Krystallgruppen, Würfel und Octaeder, gefunden wird.

Wesentlich durch die Methode von Weldon ist es möglich gewesen, das chlorsaure Kali zu einem viel billigeren Preise wie früher darzustellen. Dadurch ist der Verbrauch so gestiegen, daß einzelne Fabriken tausende von Centne.. jährlich davon producieren.

Der stählerne Passagierdampfer Viktoria.

Die nebenstehende Illustration giebt eine Ansicht des neuen stählernen Dampfers „Victoria“, welcher für den Magdalenenstrom in Südamerika bestimmt und schon dort eingetroffen ist. Derselbe ist zu Pittsburg von Herrn Rees erbaut worden und unterscheidet sich wesentlich von andern Dampfern. Da er als Passagierboot fungieren soll, so mußte auf Bequemlichkeit zunächst Rücksicht genommen werden und in dieser Hinsicht bietet die „Viktoria“ allerdings viel, besonders durch den über das ganze Schiff sich hinziehenden langen Saal auf dem Oberdeck. Der etagenmäßige Aufbau hat das Schiff mit den Mississippi-dampfern gemeinsam, unterscheidet sich aber durch das wuchtige hinten angebrachte

Der stählerne Passagierdampfer Viktoria.

Schaufelrad von den meisten andern Dampfern. Die Länge des Schiffs beträgt 155 Fuß, seine Breite 32½, sein Tiefgang 4½ Fuß. Der eigentliche Schiffskörper ist in acht wasserdichte Kompartimente eingeteilt, so daß im Fall eines Leckes ein Sinken nicht leicht möglich ist (wohl aber eine bedenkliche Neigung des Oberbaues aus der Vertikalen).

Industrie-Ausstellungen.

In den letzten Jahren sind Schaustellungen von Erzeugnissen der Industrie eines gewissen kleineren oder größeren Gebietes so häufig geworden, daß nur die bedeutenderen derselben in weiten Kreisen Aufsehen erregen und starken Zulauf von Besuchern haben. Natürlich sind diese Ausstellungen mit großen Kosten verbunden; ob diese durch das Unternehmen selbst gedeckt werden, oder erst dadurch, daß ein vorher gezeichneter Garantiefonds in Anspruch genommen werden muß, kann als Maßstab dafür dienen, ob das Unternehmen richtig angegriffen und mit Sachkenntniß und Umsicht durchgeführt wurde. Die Düsseldorfer Industrie-Ausstellung im Sommer 1880 erzielte einen sehr bedeutenden Ueberschuß, der reiches Material zu gemeinnütziger Verwendung darbietet; gleichzeitig war in Mannheim eine ähnliche Ausstellung, die mit einem starken Deficit endete. Wenn es ähnlich bei der großen Ausstellung 1854 zu München der Fall war, so trugen ganz besondere Umstände hierzu wesentlich bei. Es brach die Cholera aus und verscheuchte die anwesenden Fremden sehr rasch und hielt andere ab, die Reise dorthin zu unternehmen. Noch schlimmer ging es bei der vorzüglich angelegten und außerordentlich lehrreichen Ausstellung in Kassel 1870; kaum war sie eröffnet, so brach der große Krieg aus und alle Hoffnungen auf einen reichen Fremdenzufluß waren vernichtet.

Der Gedanke, die besten und neuesten Erzeugnisse der Industrie zur Schau auszustellen, ist älter, als man gewöhnlich annimmt. Schon 1569 wurde zu Nürnberg eine solche Ausstellung im dortigen Rathause veranstaltet und zwar auch mit dem ausgesprochenen Zweck, alle Neuerungen in den Hantierungen der Neuzeit aus der ganzen Welt selbander mit unserem einheimischen Kunsterzeugniß zur Anschauung zu bringen. Freilich führt der noch vorhandene Katalog nur hundert und einige Nummern auf, die Ausstellung war also in sehr bescheidenen Grenzen gehalten, aber immerhin war es ein glänzender Anfang in der Reihe der Ausstellungen, würdig der wichtigsten Industriestadt des alten deutschen Reiches.

Nach diesem ersten schwachen Versuche dauerte es nahe 200 Jahre, bis wieder eine Ausstellung stattfand, und zwar 1756 in England; nur noch eine folgte dann im vorigen Jahrhundert, und erst in diesem schließen sich die Glieder der langen Reihe enger an einander. Aber bei dem langsamen Personen- und Waarenverkehr, ersterer erschwert durch die schlechten Straßen und mangelhaften Posteinrichtungen, konnte der Nutzen derartiger Ausstellungen erst nach Beseitigung dieser schwer wiegenden Hindernisse merklicher hervortreten. Nun nachdem die Dampfkraft nicht nur Länder und Meere verband, sondern auch Tausende von Menschen von dem Fluch mechanischer Arbeit erlöste und ihnen eine andere nutzbringende Thätigkeit eröffnete, konnten selbst Weltausstellungen geplant und ausgeführt werden. 1851 waren in London zum erstenmale die industriellen Erzeugnisse aller Länder der Erde in einem riesigen Gebäude zur Vergleichung aufgestellt; Paris folgte 1855, 1862 wieder London, 1867 abermals Paris, 1873 öffnete Wien seine gastlichen Thore der Industrie der ganzen Welt, 1876 Philadelphia, 1878 wieder Paris, 1879 Sydney in Australien, 1880—81 Melbourne, und schon werden die Vorbereitungen für eine neue Weltausstellung in New-York im Jahre 1883 getroffen, die an Größe alle früheren überflügeln soll.

Es kann nicht bestritten werden, daß die durch diese Ausstellungen veranlaßten Anregungen von sehr großem Einfluß auf die Industrieerzeugnisse der verschiedenen Länder wurden. Es regte sich ein gewaltiger Wetteifer, hohe Ziele und das Bessere anderer Gebiete zu erreichen, wenn nicht zu überflügeln. Anderseits hatten diese riesigen Unternehmungen die große Schattenseite, daß sie in der Regel mit einem sehr beträchtlichen Deficit abschlossen, Wien 1873 mit 20 Mill. Gulden, Paris 1878 mit 20 Mill. Francs. Konnten nun die hohen Fortschritte der Industrie, die Erweiterung der Handelsverbindungen als Ersatz für die enormen Verluste angesehen werden? Auch fand man da vielfach, daß die kleiner angelegten Ausstellungen für kleinere Industriebezirke übersichtlicher und folgeweise lehrreicher seien; diese vermehrten sich dann auch in den letzten Jahrzehnten außerordentlich, und namentlich einzelne derselben erwiesen sich als nicht nur ungemein interessant und allgemein lehrreich, sondern auch für die verschiedensten Zweige der Industrie und des Handels höchst förderlich.

Mit zu den gelungensten derselben gehörte die schon erwähnte Industrie-Ausstellung zu Düsseldorf im Sommer 1880. Wenn sie auch der großen Hauptsache nach sich auf die industriellen Erzeugnisse vom Rheinland, Westfalen und Hessen-Nassau beschränkte, so waren und sind doch diese preußischen Provinzen in allen Teilen der Gewerbthätigkeit so hoch entwickelt, daß man von vornherein sicher sein konnte, nur Vorzügliches daselbst ausgestellt zu finden. Auch hochgespannte Erwartungen wurden weit übertroffen.

Die deutsche Industrie hatte 1873 die Ausstellung in Philadelphia nur schwach beschickt. Gerade die angesehenen Industriellen waren mit ihren Fabrikaten nicht vertreten und nur kleinere Leute, die hofften für ihre mangelhaften Erzeugnisse in Amerika den Absatz zu finden, der ihnen anderwärts verschlossen war, stellten in Philadelphia aus. Damals wurde der üble Eindruck, den diese Gegenstände hervorbrachten, auf die Erzeugnisse der gesammten deutschen Industrie ausgedehnt und diese gewiß mit Unrecht als „billig und schlecht" bezeichnet. Das dadurch entstandene Mißtrauen gegen die Produkte deutschen Gewerbfleißes und die immer noch andauernde politische Spannung zwischen Frankreich und Deutschland waren die Ursache, daß letzteres auf der Pariser Weltausstellung 1878 gar nicht vertreten war. Doch war nötig zu zeigen, daß die deutsche Industrie immer noch Lebensfähigkeit genug besitze, um sich vor keiner anderer Länder scheu zu verkriechen. Und wenn irgendwo dieser Beweis schlagend und mit den glänzendsten Zeugnissen belegt geführt wurde, so war es in Düsseldorf 1880.

Ausstellungsgebäude in Düsseldorf.

Der Rhein hat da schon seine landschaftlichen Reize verloren; aber die fernere Umgebung der an sich schön gebauten Stadt ist reich auch an Naturschönheiten. Doch werden die meisten Fremden wenig davon gesehen haben. Als

Ausstellungsplatz war der zoologische Garten gewählt worden, und erwies sich als sehr geeignet. Die halbe Stunde dahin konnte mit der Pferdebahn oder mit der Eisenbahn zurückgelegt werden. Auf den 20 Hektaren des schönen Gartens war Platz für alle Gebäude und ihre kleineren Anhängsel.

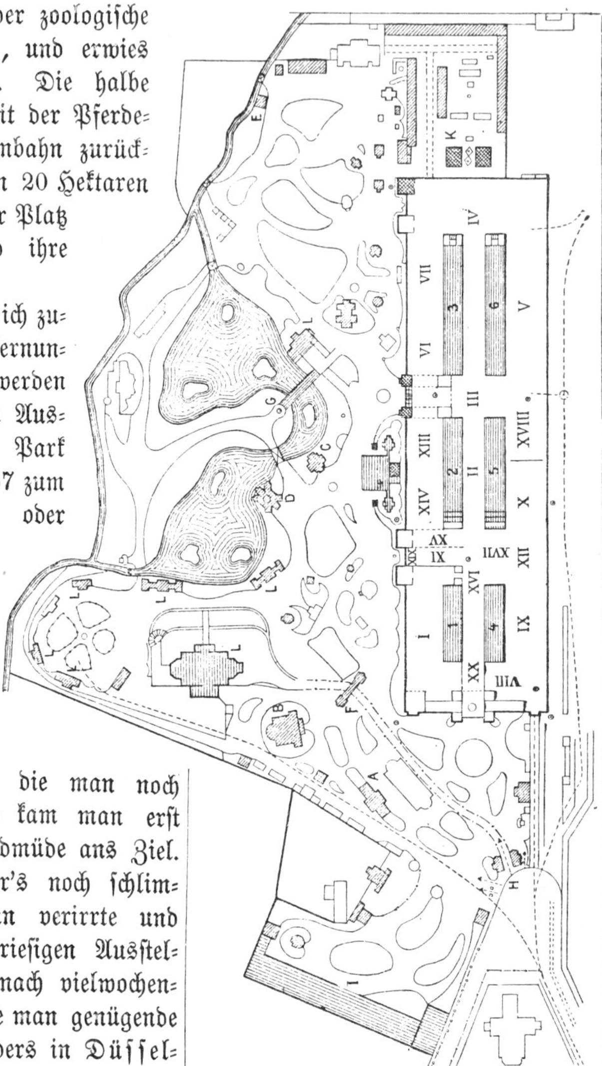

Plan der Düsseldorfer Ausstellung.

Mit Schrecken denke ich zurück an die weiten Entfernungen, die durchfahren werden mußten, um 1851 zum Ausstellungspalast in Hyde Park bei London, oder 1857 zum Marsfeld in Paris, oder 1873 zum Prater in Wien zu gelangen; und war man glücklich dort und suchte mit dem Plan in der Hand bestimmte Teile der Ausstellung von besonderem Interesse, oder die man noch nicht gesehen hatte, so kam man erst nach langem Gehen todmüde ans Ziel. 1878, in Paris, war's noch schlimmer als 1867. Man verirrte und verlor sich auf diesen riesigen Ausstellungsplätzen und nur nach vielwochenlanger Anwesenheit hatte man genügende Ortskenntnis. Wie anders in Düsseldorf. Der Platz war sehr geeignet, um all das reiche Ausstellungsmaterial geschmackvoll aufstellen zu können, aber man verirrte sich nicht darauf.

Auch das Aeußere des Hauptgebäudes war höchst stattlich und imponierte in seiner Höhe, dem reichen Schmuck und der höchst geschmackvollen Bauart; daran schloß sich dann der zoologische Garten mit den Sonderbauten. Der Grundriß zeigt an der Seite das Hauptgebäude, in welchem die Gemälde (I.) die Bergwerksprodukte (II. und III.) die Maschinen und Transportapparate (IV.) die Hüttenprodukte (V.), die Produkte der chemischen Industrie (VI.), die Nahrungsmittel (VII.), Glas-, Thon- und Steinwaaren (VIII.), Holz und Möbel (IX. und X.), die gewebten Stoffe (XI.) und Kleider (XII.), Leder- und Kautschukwaaren (XIII.), Papier XIV.), Kupferstiche und dgl. (XV.), wissenschaftliche und chirurgische Instrumente (XVI.), Musikinstrumente (XVII.), die für Bau- und Ingenieurwesen (XVIII.), die Lehrmittel (XIX.) und die Gegenstände des Kunstgewerbes (XX.) aufgestellt waren. 1—6 waren Lichthöfe, die teilweise auch zu Ausstellungszwecken dienten.

Ohne Zweifel waren die Produkte der Montanindustrie und des Hüttenbetriebs am reichlichsten vertreten. Steinkohlen, Eisen- und Bleierze kommen massenhaft vor, aber auch Nickel, Zink, Mangan und andere Erze werden bergmännisch gewonnen und verhüttet. Damit Hand in Hand geht die Darstellung von Maschinen und anderen Metallwaaren. Es sei nur an die Bedeutung Solingens erinnert. Auch die chemischen Fabriken und die Darstellung von Farbwaaren sind sehr ausgedehnt und zeichnen sich durch vorzügliche Waaren aus.

Die großen Spiegelgläser Stollbergs bei Aachen suchen weithin ihresgleichen, wie denn überhaupt die Glasindustrie die trefflichsten Leistungen darbot. Nicht minder berühmt sind die Steingutwaaren von Mettlach und das Porzellan von Wallerfangen. Wenn auch die Textilindustrie durch vorzügliche Leinen-, Baumwoll- und Wollgewebe vertreten war, so trat doch die Weltbedeutung des Ausstellungsbezirks namentlich Krefelds für Seidewaaren nicht genügend hervor; nur wenige Fabrikanten wollten ihre höchst wertvollen Seide- und Sammtstoffe durch Wind und Staub notleiden lassen.

Im Garten war noch der Pavillon A mit Krupps in Essen vorzüglichen Eisen- und Stahlprodukten, daneben eine seiner riesigsten Kanonen, ein 80 Tonsgeschütz mit 40 cm. Seelenweite; die gewöhnlichen Geschosse wiegen 650 Kilo, doch können auch solche von 900 K. mit einer Ladung von 50 K. Pulver geschleudert werden; auf 5000 Meter Entfernung schlagen sie durch Panzerplatten von 40 cm. Dicke. Die Kanone selbst hat ein Gewicht von 75,000 Kilo. Auch die übrigen sehr zahlreichen Produkte des riesigen Werkes von Krupp in Essen, das allein 12,000 Arbeiter beschäftigt und diese noch durch 500 Schmelz-, Glüh- und Cementöfen, 180 Schmiedeessen, 300 Schweiß- und Puddelöfen, 200 Coaksöfen, 350 Drehbänke und zahllose andere Maschinen der verschiedensten Art unterstützt, erregten allgemeine Bewunderung.

Im Pavillon C war den ganzen Tag über das lebhafteste Treiben von Neugierigen; hier war ein Redaktionsbureau und eine Druckerei der Kölnischen Zeitung; auf einer riesigen Druckerpresse wurde hier täglich die Ausstellungszeitung gedruckt. Ein besonderes Gebäude enthielt die kostbarsten und merkwürdigsten mittelalterlichen Kunstschätze, welche von Kirchen, Museen und Privaten des Ausstellungsgebietes dargeliehen waren. Aus Cement waren die kunstvollsten Bauten und auf's kühnste gesprengten Bogen zu sehen (z. B. F des Plans); ein Baumaterial, das schon die Römer hochschätzten und lange Zeit vergessen war, kommt erst jetzt wieder zur allgemeineren wohlverdienten Anerkennung. Der größte aller dieser Anbauten war die landwirtschaftliche Halle I, welche ebenfalls sehr viel lehrreiches und sehenswertes Material enthielt.

Es ist natürlich bei dieser wie bei jeder anderen Ausstellung geradezu unmöglich auch nur ganz kurz die Gegenstände zu erwähnen, die sehenswert waren; auch würde dieses wenig Nutzen haben. Nur auf eins sei noch verwiesen, auf die elektrische Eisenbahn von Siemens in Berlin. Schon früher wurde dieselbe im Universum (Bd. 1 S. 36) erwähnt und beschrieben. Es war in der That von höchstem Interesse, dieselbe in Thätigkeit zu sehen, wie sie 2 bis 3 kleine Waggons mit 18 bis 24 Personen auf dem mannigfaltigst gewundenen Schienenwege mit beträchtlicher Geschwindigkeit hinter sich dreinzog. Mächtige elektrische Funken entströmten der Mittelschiene, wenn der Wagen darüber hinglitt, und kaum war er vorbei, so stürzten sich die umstehenden Zuschauer darauf, um auch an sich die Wirkung der Elektricität zu empfinden. In der That war dieselbe fast empfindlich, wenn man zugleich Mittel- und Seitenschiene mit zwei schwach angefeuchteten Händen berührte.

Gleichzeitig mit der Ausstellung in Düsseldorf war eine ähnliche in Brüssel. Doch die Veranlassung dazu war eine ganz andere. Man feierte das fünfzigste Jahresfest der Lostrennung Belgiens von den Niederlanden und wollte bei dieser Gelegenheit auch die vielseitige industrielle Thätigkeit des Landes möglichst glänzend zur Schau stellen. Dies gelang denn auch vollkommen. Der Exerzierplatz wurde zum prächtigen Park umgestaltet, großartige Gebäude darauf errichtet und diese der gesamten Industrie Belgiens geöffnet. Zwar sah man nur weniges, was nicht schon 1878, also nur zwei Jahre vorher, in Paris ausgestellt gewesen war, aber man erhielt doch mehr ein Gesamtbild von der industriellen Thätigkeit eines Landes, das sich 1878 mit anderen Ländern in den vorhandenen Platz hatte teilen müssen.

Belgien mit seinen 29,500 Quadratkilometer Oberfläche grenzt mit 67 Kilometer an das Meer, 614 Km. sind französische Grenze, 129 luxemburgische, 97 deutsche, und mit 431 Km. grenzt es an das alte Mutterland der Niederlande. In den 50 seit der Lostrennung verflossenen Jahren hob sich die Bevölkerungszahl um 45 Prozent. Belgien gehört zu den am dichtesten bevölkerten Ländern, denn auf die Quadratmeile kommen 9511 Menschen, während in Deutschland im Durchschnitt nur 3906 kommen; nur der Regierungsbezirk Düsseldorf, der bevölkertste Theil Deutschlands, nähert sich mit seinen 9000 Seelen für die Quadratmeile der belgischen Durchschnittszahl.

Wesentlich Ursache der hochentwickelten Industrie ist auch hier die Steinkohle, deren Gewinnung in den letzten 30 Jahren sich außerordentlich steigerte, von fast 4 Mill. auf fast 15 Mill. Tonnen. Das Eisenbahnnetz ist höchst entwickelt und sehr vollständig, der Reichtum an Eisenerzen sehr groß, die Produktion stieg von 1850 bis 1878 von 30 auf 107 Mill. Tonnen. So sind auch die Bedingungen für eine hoch entwickelte Maschinenindustrie genügend vorhanden. Die Bedeutung Lüttichs als Darstellungsplatz für Schießwaffen ist weltbekannt. Nicht minder berühmt sind die Leinenwaaren und die Spitzen, die kurzweg als Brüsseler Spitzen den höchsten Rang einnehmen. Auch die Baumwollen- und Wollenindustrie ist hoch entwickelt, kurz wo wir hinblicken, sei es auf Glaswaaren oder Leder oder sonstige Industriezweige, überall wird vortreffliches geleistet und die Brüsseler Ausstellung war recht dazu angethan, den Besucher mit Hochachtung vor dem Fleiß und der Ausdauer der Belgier zu erfüllen und ihren feinen Schönheitssinn anzuerkennen. Besonders lehrreich aber war der gezeigte Gegensatz von früherer und jetziger Industrie, denn in dem einen Flügel des Gebäudes befanden sich alte gewebte Teppiche, Spitzen, kostbare Holz- und Elfenbeinschnitzereien, im anderen wohl auch ähnliche

Ausstellungsplatz in Brüssel.

Gegenstände, aber die Produkte der modernen Industrie.

Bei unserem Ausstellungsrundblick ist es von Interesse auch einmal einen Schritt über das Meer zu thun und uns auch dort umzusehen. Hat ja doch auch Australien alle Völker des Erdkreises eingeladen, fast zu derselben Zeit (Oktober 1880, mit Beginn des dortigen Sommers) die Schätze ihres Wissens und Könnens auszustellen in Melbourne, einer Stadt, die an sich selbst das merkwürdigste Ausstellungsobjekt ist.

1835 landete an der Küste Australiens, wo jetzt Melbourne steht, ein Abenteurer Namens John Bateman an der Spitze von einigen hundert Negern, und da ihm die Lage günstig schien, so kaufte er von den Eingebornen ein Gebiet von 20,000 Hektaren und bezahlte dafür drei Säcke voll Glasperlen, 10 Pfund Nägel und 5 Pfund Mehl. Das war vor 45 Jahren der Anfang von Melbourne; 1837 bestand sie aus zehn Hütten, 1841 zählte sie schon 23,000 Einwohner, 1871 deren 193,000 und jetzt dreimalhunderttausend!

Melbourne ist die Stadt der Spekulanten, der Waghälse, der Schwindler, der Goldsucher; ihre Lage ist für den Handel weniger günstig als die des älteren Sydney; auch war es weniger der Erfolg des Handels, der Melbourne so rasch wachsen machte; mehr als dieses waren es die Goldminen, die in der Nähe gefunden wurden.

Melbourne liegt nahe der Südspitze Australiens an einem tiefen Busen mit enger, teilweise versandeter Einfahrt und ist mit einer Regelmäßigkeit gebaut, welche zur Verzweiflung bringen kann. Alle Straßen schneiden sich in rechten Winkeln, da oder dort ragen aus den gleichartig gebauten Wohnhäusern größere Gebäude zum Teil in mächtigen Verhältnissen hervor. Banken hier, Banken da, alle mit fürstlich eingerichteten Comptoiren; auch die Klubbhäuser und Hotels sind großartig, selbst manche Kaufläden sind so glänzend ausgestattet, als man sie nur irgendwo sonst findet. Aber trotz alledem trägt die ganze Stadt auch jetzt noch einen sehr primitiven Charakter. Die Gossen ziehen durch die Mitte der Straßen und verwandeln diese bei jedem Regen in Bäche. In der trocknen Zeit aber sind sie mit Staub erfüllt, der alle Kleider mit einer dicken grauen Schicht bedeckt und die Menschen blind macht. Der Hauptverkehr beschränkt sich auf wenige Straßen und auch da nur auf bestimmte Stunden. Sonst geht alles den Geschäften nach.

Aber Schule, Kunst und Wissenschaft sind deßhalb doch nicht Stiefkinder und werden enorme Summen denselben zugewendet. Die öffentliche Bibliothek und das Museum haben jährlich einen Fonds von 320,000 Mark, ein Beweis, daß die meisten Australier keine Barbaren sind.

So kann es uns auch nicht wundern, daß Melbourne den Versuch machte, die besten Industriegegenstände aller Länder bei sich zu sammeln und auszustellen. Ein glänzender und sehr großartiger Industriepalast von beträchtlicher Ausdehnung war dazu bestimmt, die Schätze zu beherbergen. Auch Deutschland beteiligte sich mit allen Ehren an diesem Wettstreit des Nützlichen und Schönen, doch konnten bei der sehr beträchtlichen Entfernung nur die bedeutenden Exportgeschäfte erwarten, durch Beschicken dieser australischen Ausstellung ihren Handel wesentlich auszudehnen.

Ausstellungsgebäude in Melbourne.

Wie große Bedeutung aber die Regierung des deutschen Reiches dieser Ausstellung beimaß, geht am besten daraus hervor, daß sie einen höheren Beamten als Kommissär dahin sandte. Derselbe verfehlte auch nicht, den bedeutenden Unterschied zwischen dieser und der Ausstellung zu Philadelphia und der deutschen Industriegegenstände daselbst rühmend hervorzuheben.

Besuch in einer Firnißfabrik.

Die Amerikaner verbinden mit dem Sinn für das Praktische in den industriellen Künsten einen Hang, der fast an das Romantische streift, dem Ursprung und der Zusammensetzung aller, selbst der einfachsten und prosaischten

Firnißfabrik von Murphy & Co. in Newark, N.J.

Dinge nachzuspüren. Und hierin beruht zum Teil das Geheimniß ihres großen Erfolges auf mechanischem Gebiete. Dieser angeborene Hang, jedem Mechanismus nachzuforschen, hat schon manchen jungen Amerikaner dazu verleitet, das sich von selbst aufrollende Maßband im Nähtische der Mutter oder gar die Familien-Nähmaschine auseinander zu nehmen, um einmal nachzusehen, „wie denn das Ding eigentlich gemacht sei." Ein Besuch in einer Maschinenwerkstatt oder einer Maschinenfabrik, um dort mit eigenen Augen ein Schöpfungswerk im Kleinen zu betrachten, hat immer großen Reiz, und jedes Stadium der Umwandlung des Rohmaterials in den Fabrikationsgegenstand erfüllt den Neuling mit Staunen.

Jeder kennt wohl oberflächlich die glänzende, bernsteinfarbige Flüssigkeit, die man Firniß nennt, doch wahrscheinlich wissen nur wenige, wie viel des Wissenswerten und Interessanten diese zarte Masse in sich birgt, die fast jedem Gegenstande, der aus der Werkstätte oder dem Atelier hervorgeht, Schönheit und Haltbarkeit verleiht. Es giebt nur verhältnißmäßig wenig Firnißfabriken und die Eingänge zu denselben sind gewöhn-

Firnißfabrik von Murphy & Co. in Cleveland (Ohio).

lich nicht jedem zugänglich. Die Firnißfabrikation ist jedoch kein Geheimniß. Dem Geruchssinn offenbart der Firniß seine Gemeinschaft mit Terpentin — ein Arom, das einige zu lieben vorgeben, das jedoch den meisten Menschen zuwider ist. Das Leinöl im Firniß vermag ein Laie nicht herauszufinden; und tausende, die nicht Maler von Beruf sind und den Lack nur zum eignen Vergnügen im Haushalte verwenden, werden ohne Zweifel im Unklaren über den verfänglichen Bestandteil sein, der dem Firniß seine klebrige Beschaffenheit und die Elasticität verleiht. Dieser dritte Bestandteil ist der harzige Saft eines Baumes. Er ist analog den kleinen Harzstückchen, die man zuweilen auf einem tannenen Borde findet, das der Sonne ausgesetzt gewesen ist. Firnißharze giebt es nur sehr wenige im Vergleich zu der großen Anzahl anderer Harzarten. Man gewinnt sie nicht direkt von dem Baume, der sie erzeugt hat, sie werden vielmehr ein wenig unter der Erdoberfläche hervorgegraben, wo sie während hunderten, ja vielleicht während tausenden von Jahren gelegen, um zu reifen. Dieses ist besonders der Fall bei dem Kopal, der im Handel gebräuchlichen Bezeichnung für diese wertvollste aller Firnißharz-Arten.

Die drei Ingredienzien, Kopal, Leinöl und Terpentin werden dem Firniß-Fabrikanten in's Haus gebracht, jetzt ist es an ihm, dieselben nach bestimmten Regeln zu mischen, die sich durch angestellte Versuche und langjährige Erfahrung bewährt haben.

Die Firnißfabrikation ist eine neu erblühte Industrie der Vereinigten Staaten und erweist sich als überaus lohnend, da die Amerikaner mehr Lackfirniß verbrauchen als irgend ein anderes Volk. Ich wurde eingeweiht in das Geheimniß der Firnißbereitung bei einem Besuche in der Fabrik der Herren Murphy und Co. in Newark, New Jersey, einer großen industriellen Stadt, die ihr rasches Emporblühen der Nähe der Metropole, den vortrefflichen Wasser- und Eisenbahnstraßen und dem Umstande verdankt, ihren Arbeitern billige und behagliche Wohnungen bieten zu können. Eine halbstündige Fahrt mit der Pennsylvania-Bahn brachte mich nach

Newark. Nicht weit von der Station ist die Fabrik gelegen, deren anspruchslose Umfassungsmauer nicht die großartigen Fabrikgebäude, Vorratsspeicher und Werkstätten ahnen ließen, die hinter denselben verborgen lagen. Die Fabrik schien ihr eigenes Geräusch zu konsumieren, in der Straße herrschte tiefe Stille, die nur hin und wieder durch das laute Rufen eines kleinen farbigen Jungen in einer malerischen, grellgrünen Jacke unterbrochen wurde, der inmitten der Straße stand und in regelmäßigen Zwischenräumen „Pa!“ rief, bis ein stämmiger Afrikaner den Kopf zu einer Thüre in der Umfassungsmauer herausstreckte und seinen Sprößling beruhigte. Hier war ein eigentümliches Zusammentreffen: Der Kopal und der ebenholzschwarze Abkömmling des Kopalgräbers, hatten auf ihrer Wanderung aus dem fernen Afrika hier in der Firnißfabrik zu Newark beide eine Stätte gefunden.

Das Bureau der Fabrik, zu dem man von der Straße aus gelangte, war bequem, elegant und durchweht vom Geiste der Ordnung und Geschäftigkeit. Die Geschichte der Firma ist bemerkenswert und eine vortreffliche Illustration des von Erfolg gekrönten amerikanischen Unternehmungsgeistes. Von einem ganz bescheidenen Anfange hat sich dieselbe in dem kurzen Zeitraume von vierzehn Jahren zu großem Ruf und großer Bedeutung emporgeschwungen.

Die ausgedehnten Werke von Murphy und Co. in Newark werden durch eine Zweigfabrik in Cleveland, Ohio, mit gleich günstigen Fabrikationsverhältnissen ergänzt; doch werden dort nur die geringeren Sorten verfertigt.

Bevor Mr. Murphy einen Besucher in die Fabrik führt, erläutert er eingehend, was eigentlich Kopal sei. Seine reichhaltige Sammlung fossiler Harze bietet vortreffliche Gelegenheit zu näheren Studien. Das Interesse des Besuchers zu reizen, reicht er ihm zuerst eine kleine polierte Walze aus einer harten, gelblichen Masse, die sehr dem Bernstein gleicht. Ein dunkler Gegenstand zeigt sich in der sonst ganz durchsichtigen, glänzenden Walze; bringt man dieselbe nun zwischen Auge und Licht, so erblickt man einen hell citronenfarbenen Schmetterling in der vollen Zartheit und Schönheit der ursprünglichen Gestalt. Eingehüllt in der reinen, transparenten Masse, rastet er so anmutig, als ob er seine feinen Flügel an einem lieblichen Junimorgen im Sonnenlicht badete und den Tau aus einem Blütenkelche nippte. Er sieht so frisch aus wie ein Hut im Schaufenster einer Modistin und als sei er erst gestern der Chrysalide entschlüpft. Dennoch hat dieser Schmetterling, wenn wir den Angaben der Wissenschaft Glauben schenken, zuerst seine duftigen Flügel während der Tertiär-Periode in einem Walde Afrikas geregt, vor wie vielen tausend Jahren jedoch, dies wagt kein Geologe mit Bestimmtheit zu sagen. Glückliches Insekt, dessen leicht vergängliche Schönheit so unsterblich geworden ist! Wie aber gelangte der Schmetterling in die Walze? Wahrscheinlich schwebte er im tändelnden Spiel ahnungslos von einem Strauch, von einer tropischen Blume zur anderen und setzte sich schließlich zur Rast auf eine klebrige Substanz, die der Borke eines gigantischen Baumes entquoll. Diese Masse erwies sich so duftend wie eine Blume und so trügerisch wie Vogelleim. Der ahnungslose Schmetterling fand sich fest gebannt an seine Gruft. Nach einer kleinen Weile ergoß sich der herausströmende Saft über den zarten Kopf, die flatternden Flügel wurden gehemmt und in weniger vielleicht als einer Stunde war der Schmetterling in seiner ganzen Pracht für Ewigkeiten einbalsamiert. Noch vor dem Verfalle des Baumes oder während desselben, fiel

Die Vorreiniger.

der erhärtete Saftklumpen zu Boden und wurde unter dem modernden Laube begraben. Im Laufe der Zeit verschwand der Wald durch die Verheerungen von Stürmen, Bränden oder durch langsamen Verfall. Der Kopalklumpen lag von Jahrhundert zu Jahrhundert unter dem sengenden Wüstensande, um zu erhärten, bis ein nackter Neger auf seiner planlosen Suche ihn ans Tageslicht brachte, und an die Händler als fossilen Kopal verkaufte — ein konsolidierter Firniß der vorzüglichsten Qualität.

Die westlichen Völkerschaften haben die Anwendung des Firniß den Chinesen und Japanesen abgelauscht, die ursprünglich nur verwandten, was ihnen die Natur fertig zubereitet in die Hand gab. Dieser natürliche Lack wird Goldfirniß genannt, und ist wohl einem jeden aus den prächtigen Lackwaaren der erfinderischen Chinesen und Japanesen bekannt. Der Harz von dem Firnißbaum (dieser gehört der nämlichen Familie an, wie der Giftepheu und Giftsumach,) wird durch ein Oel, welches der Baum gleichzeitig hervorbringt, im richtigen Mischungsverhältniß zur bequemen Verwendung im gelösten Zustande erhalten. Den Harzen, aus welchen der künstliche Firniß hergestellt wird, mangelt natürlich dieses Auflösungsmittel, und was sie davon etwa enthalten haben, verflüchtigte, als sich der Kopal verhärtete.

Die Aufgabe der Firnißbereitung ist es, dieses Lösemittel in neuem und stärkerem Verhältniß zurückzugeben. Mannigfaltige Baumgattungen erzeugen heute in verschiedenen Teilen der Welt Firnißharze, doch dieser Harz ist ungeeignet für die feineren Firnißarten, bis er im Lauf der Zeit gereift und zu fossilem Kopal geworden ist. Es giebt Harz erzeugende Bäume, deren ausfließender Saft nicht für den Kern des Firniß geeignet ist, die aber doch eines der Hauptlösemittel — das Terpentin — hervorbringen. So die langwedlige Fichte der südlichen Staaten Amerikas. Die Japanesen und Chinesen unterwerfen ihren natürlichen Firniß einer sehr einfachen Behandlung, sie reinigen ihn und erhöhen seine trocknenden Eigenschaften. Der schwarze Firnißbaum von Burmah und der Mastikbaum von Morokko sind den japanischen und chinesischen Gattungen verwandt. Man hat Versuche gemacht, letzteren Baum auch bei uns einzuführen, jedoch ohne praktischen Erfolg.

Bernstein, der hauptsächlich in den alluvialen Ablagerungen am schwarzen Meere und an den preußischen Ostseeküsten gefunden wird, ist das wertvollste aller fossilen Harze. Die große Härte desselben schreibt man seinem Alter zu, das weit vor dem des fossilen Kopals datiert. Man verwandte den Bernstein früher in der Firnißfabrikation, doch derselbe ist jetzt zu selten und zu kostbar. Fossiler Kopal soll zuerst in dem blauen Thon um Wighgate, in der Nähe Londons, gefunden worden sein, doch die berühmtesten Felder liegen an der öden Seeküste des östlichen Afrikas, der Insel Zanzibar gegenüber.

Im Jahre 1850, bevor die Dampfschifffahrt und der unterseeische Kabel die große Umwälzung in der Handelsmethode der Welt zuwegegebracht, war, wie es auch jetzt noch der Fall ist, der Hafen von Zanzibar, der Hauptstadt des Sultans, die an der Westseite der Insel, der festländischen Küste gegenüber gelegen ist, der Hauptstapelplatz für die Erzeugnisse der Ostküste und des Innern von Afrika. Die Kaufleute und Händler waren Araber und Hindus.

Der Handel mit dem Innern des Landes wurde durch Karawanen betrieben, die zuweilen fünf, acht, ja selbst zehn Jahre von Zanzibar abwesend waren. Händler und Agenten der Kaufleute reisten beständig längs der Küste und zurück, und handelten mit den eingeborenen Kopalgräbern oder den Eingeborenen, die gelegentlich einen einzelnen Elephantenzahn auf den Markt brachten. Der Tauschhandel um Kopal verlief verhältnißmäßig glatt, doch der um Elfenbein war äußerst verwickelt. Der Eingeborene legt den Elephantenzahn auf eine Kiste, setzt sich darauf und beobachtet den lüsternen, redseligen Händler, wie derselbe Perlen, Kleidungsstücke u. s. w. vor ihm aufhäuft, während der gleich redselige Eingeborene an seinem Elfenbein festhält und behauptet, er habe noch keine entsprechende Entschädigung in Waaren dagegen.

Die Kopalgräber sind sehr wenig vorsorglicher Natur, wie dies bei den Eingeborenen der Tropen immer der Fall ist. Sie graben nach Kopal, wenn die äußerste Not sie dazu treibt, und selten erscheinen sie vor dem Händler mit mehr als einer doppelten Handvoll Kopal zum Verkauf. An der östlichen Küste gehen die Diggers nicht weit über den zweiten und unter den zwölften Parallelkreis hinaus. Bei dem Suchen nach Kopal stoßen sie mit einem kleinen kurzen Speer, der sehr dem Assagai der Zulu gleicht, bis zu der Tiefe von ein bis zwei Fuß in die sandige Oberfläche. Zuweilen, wenn der Fund ergiebig genug ist, sie für die erforderliche Anstrengung zu begeistern, graben sie eine Grube von 8—10 Fuß Tiefe. Seit den letzten fünfundzwanzig Jahren haben sich in Zanzibar ansässige Europäer mit dem Plane getragen, die Kopalfelder aufzusuchen und eine organisierte Nachgrabung nach Kopal anzustellen. Das Unternehmen würde sich lohnen, wäre nicht die fast unzweifelhafte Gewißheit, daß die Weißen, die an der Expedition teilnähmen, sehr bald dem Klima unterliegen müßten; die Araber und Neger aber können zu keinem systematischen

Vorgehen gebracht werden. Als der Gummi zu einem wertvollen Handelsartikel wurde, nahm die Kopal-Zufuhr von Zanzibar merklich ab, nicht weil die Felder an irgend einem Orte auch nur annähernd erschöpft sind, sondern weil die trägen Eingeborenen es bequemer und ungleich lohnender finden, Gummi zu lösen als nach Kopal zu graben. Der Vorzug des Zanzibar-Kopals vor allen anderen Firnißharzen leuchtet selbst dem Laien ein; er ist härter und reiner als andere Harzarten, und wird in kleinen dünnen Platten zu Tage gefördert, die selten die Größe einer Hand erreichen. Nachdem der Kopal durch Einweichen in einer starken Lauge von dem anhaftenden Schmutze gereinigt ist, findet man ihn gleichmäßig mit kleinen runden Tupfen von der Größe eines Stecknadelkopfes bedeckt. Diese Erscheinung wird als „Gänsehaut" bezeichnet und ist für die Gelehrten ein Gegenstand der Forschung und des Zweifels.

Am wahrscheinlichsten erklärt sich diese Erscheinung durch molekulare Thätigkeit. Sie kann nicht dem Eindruck von Sandkörnern zugeschrieben werden, als der Kopal noch weich war, weil in diesem Falle die Oberfläche eingedrückt anstatt granuliert sein müßte. Kopalbäume erzeugen auch heute Kopalharz in Zanzibar; das neue Produkt ist verhältnißmäßig weich und von untergeordnetem Werte für die Firnißfabrikation. Der Sultan beanspruchte früher ein Achtel aller Handelsartikel, die das Zollamt von Zanzibar passierten, und diese Sporteln fielen den Unterbeamten zu.

Als die Nachfrage nach Firnißharzen zunahm, wurden neue Felder aufgesucht. Das fossile Accra-Harz ist besonders zur Firnißbereitung geeignet und wird in Guinea und an der Westküste Afrikas, ungefähr in gleicher Zone mit Zanzibar, gefunden. Dieser Kopal ist zum Teil sehr klar und hell von Farbe. Er kommt in größeren Stücken als der Kopal der Ostküste vor, ist nicht so hart und hat auch nicht die Gänsehautoberfläche wie jener. Seit mehreren Jahren bezieht man die fossilen Harze für den Handel meistens aus dem nördlichen Teile Neuseelands. Man nennt sie Kauri-Kopal und trifft dieselben nicht unterhalb des achtunddreißigsten Parallelkreises an. Diese Harzart wird sowohl von Weißen wie von Eingeborenen gesammelt und in allen Graden des Alters, der Härte und des Wertes gefunden, die besten Sorten Kauri trifft man an den Stümpfen lang verfallener Bäume an. Die Bäume, welche dort gegenwärtig Harz erzeugen, wachsen zu großer Höhe empor und einige messen am Stumpf vier bis fünf Fuß im Durchmesser. Der harzige Saft schwitzt zwischen dem Holze und der Rinde des Baumes aus und rinnt an den Wurzeln in den Boden. Das Holz des Kauri-Baumes ist weit härter als das der nordischen Fichte, und gleicht in der Farbe dem Mahagoniholz, mit dem es sich indessen an Faser oder Maserung nicht vergleichen läßt. Das Kauriharz variiert in der Größe der Stücke von wenigen Lot bis zu Blöcken von 75, ja selbst 100 Pfund. Auf der Insel Madagascar hat man ein fossiles Harz von großem Werte aufgefunden. Benguela-, Congo- und Kieselharz (letzteres hat sich im Lauf der Zeit zu der Gestalt von Kieseln abgeschliffen und wird in Flußbetten gefunden) gewinnt man an der Westküste Afrikas. Das Benguelaharz wurde früher über Lissabon nach Europa verschifft. Die Manilla-, Macassar- und Dammar-Harze, die auf den philippinischen Inseln gefunden werden, verwendet man zu den gewöhnlicheren Firnißsorten. Auch werden in Süd-Amerika und Mexiko zur Firnißfabrikation geeignete Harze gefunden. Das Produkt des ersteren Landes wird gewöhnlich animé genannt, während der Zanzibar-Kopal auf dem Londoner Markte unter dem Namen animi gehandelt wird.

Diese beiden Arten enthalten gewöhnlich Insekten, eine Thatsache, die zu ihrer verwandten Benennung führte. Das Murphy-Museum umfaßt viele Stücke Insektenkopal. Ameisen nähren sich von der Rinde des Kopalbaumes und zerstören, wie man glaubt, häufig dessen Leben. Doch der Kopalbaum nimmt seine Rache. Sobald der Baum verwundet wird, strömt der harzige Saft hervor und umhüllt den winzigen Feind. Man findet häufig Harzklumpen, die so voller Ameisen sind, wie ein Kuchen voll von Korinthen. Mr. Murphy besitzt ein Stück Accraharz, in dem eine Fliege wie in einer Krystallgruft eingeschlossen ist. Ein Stück Zanzibarharz zeigt einen Grashüpfer, der aussieht, als ob er eben dem Wiesengrunde enthüpft sei. Ein anderes Stück beweist, daß der Mosquito ein sehr ehrwürdiger Bürger unserer Erde ist. Einer der Arbeiter besitzt ein kleines Stück Harz, das Zeugniß ablegt von dem räuberischen Charakter der Spinne. Eines Nachmittags ließ sich eine unglückliche Fliege auf der Rinde eines Kopalbaumes nieder und fühlte ihre Beinchen ohne Hoffnung auf Befreiung an der klebrigen Masse festgehalten. Eine Spinne zog desselben Weges und gewahrte die Fliege, die anscheinend zu sehr mit dem Naschen einer Süßigkeit beschäftigt war, um ihr Nahen zu beachten; sie stürzt sich auf ihre Beute, um gleich dieser festgehalten und mit ihrem Raube in den Fängen eingekerkert zu werden. Sogar kleine Eichhörnchen hat man in Kopalharz gefunden. Die im Harz enthaltenen Insekten sind nicht sichtbar, bevor derselbe gereinigt ist. Alle

Sortierungsraum.

Firnißharze pflegten im ungereinigten Zustande verschifft zu werden, um jedoch den Eingangszoll auf den vierten Gewichtstheil, der beim Reinigen verloren geht, zu vermeiden, wurde das Harz vor der

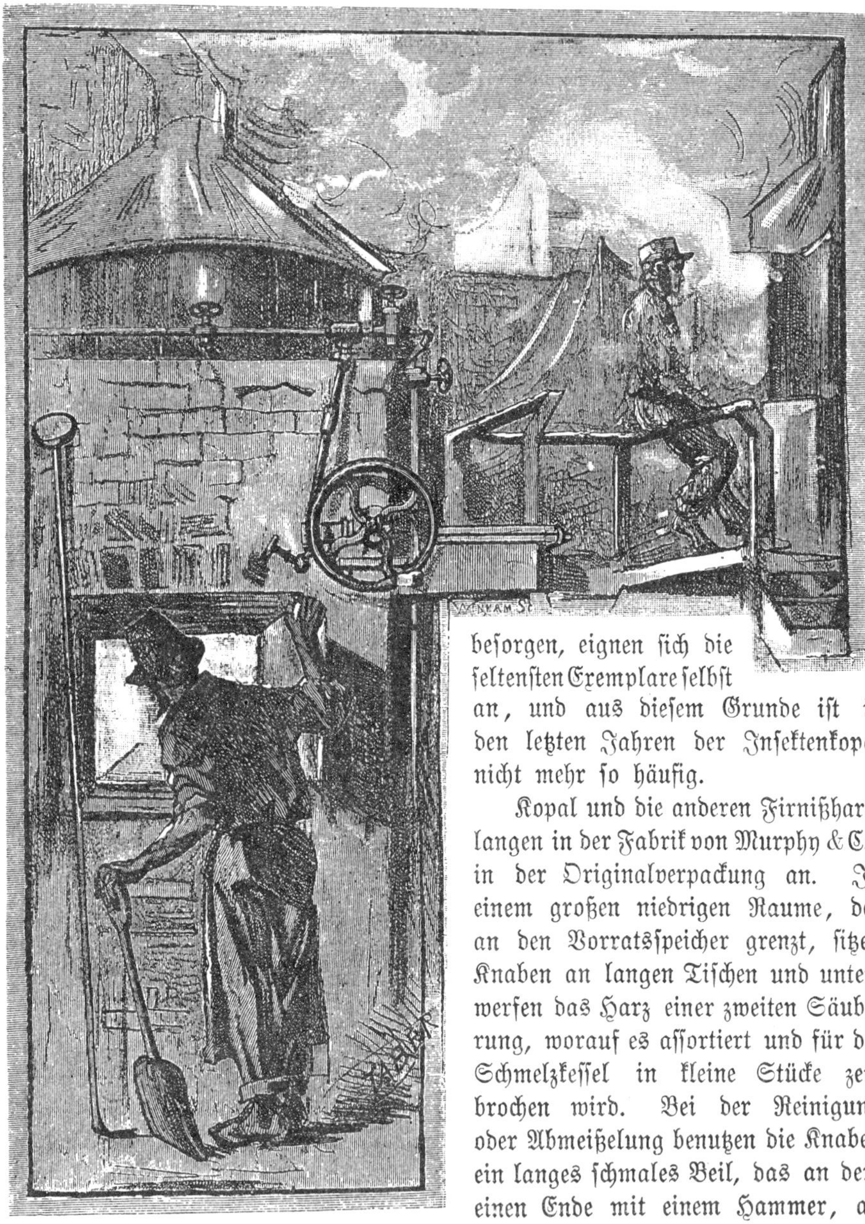

Oelsiederei.

Verladung oberflächlich gesäubert. Jetzt ist zwar der Zoll abgeschafft, aber man hält es dennoch für besser, die Reinigung vor dem Verschiffen vorzunehmen. Die Knaben, die dieses Geschäft in Zanzibar besorgen, eignen sich die seltensten Exemplare selbst an, und aus diesem Grunde ist in den letzten Jahren der Insektenkopal nicht mehr so häufig.

Kopal und die anderen Firnißharze langen in der Fabrik von Murphy & Co. in der Originalverpackung an. In einem großen niedrigen Raume, der an den Vorratsspeicher grenzt, sitzen Knaben an langen Tischen und unterwerfen das Harz einer zweiten Säuberung, worauf es assortiert und für die Schmelzkessel in kleine Stücke zerbrochen wird. Bei der Reinigung oder Abmeißelung benutzen die Knaben ein langes schmales Beil, das an dem einen Ende mit einem Hammer, an dem andern mit einer Messerschneide versehen ist. Mit dieser wird die unreine Oberfläche der Harzklumpen abgekratzt, und darauf werden dieselben mit dem Hammer zu kleinen Stücken zerschlagen. Der Harzabfall wird aufgehoben und zu einer billigen Firnißsorte verwandt.

Mit dem Reinigen und Sortieren beginnen die Schwierigkeiten des Geschäftes. Die Firma verdankt ihren Erfolg in großem Maße der Sorgfalt, die sie den geringfügigsten Einzelheiten widmet. Die Harze werden vor der Verpackung am Ort der Verladung nach den verschiedenen Sorten geordnet. Hier in der Fabrik werden die Harze nochmals nach den verschiedenen Arten, nach Reinheit und Härte, sortiert und auch während der Fabrikation streng geschieden gehalten.

Zwei weitere Ingredienzien müssen vorhanden sein, ehe der Fabrikant mit seiner Arbeit beginnen kann. Von diesen bedarf das Terpentin keiner besonderen Behandlung mehr. Es langt in Fässern in der Fabrik an und wird in massiven eisernen Behältern aufbewahrt, die zusammen ungefähr vierzig Hektoliter halten.

Die Oelsiederei, in der das Oel gekocht und zubereitet wird, ist ein kleines aber massives Gebäude, das inmitten der Werke liegt und zwei schmiedeeiserne eingemauerte Kessel enthält, von denen jeder zwei Hektoliter Oel fassen kann. In dem Laboratorium werden Versuche mit dem Oel angestellt und die dort entwickelten Ideen in der Siederei praktisch ausgeführt. Diese Abteilung steht unter der Aufsicht von Mr. Murphy's jüngerem Bruder, der mit seiner Liebe zu pflichttreuer Arbeit spezielle technische Kenntnisse verbindet.

Harzschmelzer.

Von der erfolgreichen Präparierung des Oeles hängt in großem Maße die eintrocknende Eigenschaft, die Elasticität, Zähigkeit und Klarheit des Firniß ab; und die Schwierigkeiten einer gleichmäßigen Behandlungsweise werden noch vermehrt durch den Mangel an Gleichmäßigkeit bei den Rohölen. Dies rührt nicht von einer Verfälschung der Oele her, sondern von der verschiedenartigen Beschaffenheit des Oelsamens. Die Bereitung des Leinöls besteht einfach in dem Zerquetschen der Oelsaat und dem Auspressen des Oeles durch hydraulische Kraft, doch um eine vorzügliche Qualität Oel zu erzielen, muß der Leinsamen unter günstigen Bedingungen gewachsen sein und darf erst nach vollständiger Reife eingeerntet werden. Sind diese Bedingungen nicht erfüllt, so ist das Oel ungeeignet für die feinsten Firnißsorten. Jede Sendung des Rohöles wird deßhalb sorgfältig geprüft

Der sogenannte „Japan-Sieder".

und nur solches Oel angenommen, das die Probe besteht, die, wie die Erfahrung gelehrt, nötig ist, ein zufriedenstellendes Fabrikat zu erzielen. Sobald das Oel in der Fabrik anlangt, wird es zum zweiten Stock des Hauptlagerhauses in große Behälter hinaufgepumpt, die durch Röhren mit den Kesseln in der Oelsiederei in Verbindung stehen. Nachdem das Oel gesiedet ist, läßt man es aus den Kesseln in große eiserne Kübel laufen, aus denen es nach dem Hauptlagerhause zurück in Behälter gepumpt wird, deren jeder einzelne zwei Hektoliter faßt. Man läßt dem Oel nun von einem Monat bis zu sechs Monaten Zeit, sich zu klären. Die fremden Substanzen sinken auf den Boden des Gefäßes, während das Oel an der Oberfläche, das so klar geworden ist wie Bernstein, nach Bedarf abgezogen wird, um mit dem geschmolzenen Harze vermischt zu werden. Ein Dutzend und mehr verschiedene Sorten präparierten Oeles sind stets vorrätig, die je nach der zugesetzten Menge an Siécative und den Anforderungen, die man an den fertigen Firniß stellt, variieren.

Eine doppelte Röhrenleitung, die in Verbindung mit dem Lagerraum für die gesiedeten Oele und mit den Terpentinbehältern steht, läuft quer über den Hof nach den Fabrikräumen, in denen die Mischung mit dem geschmolzenen Harze vor sich geht. Nichts kann die Sauberkeit dieser Lagerräume übertreffen. Die Behälter sind von außen angestrichen und werden tadellos rein gehalten. Es liegt Methode hierin. Es läßt sich kein guter Firniß erzielen, wenn die Arbeiter in die Gewohnheit der Unordnung und Unsauberkeit verfallen. Um Ordnung und Reinlichkeit zur Gewohnheit zu machen, wird vom Harzspeicher bis zum Bureau der Fabrik und selbst auf dem Hofraume derselben die peinlichste Sauberkeit aufrecht erhalten.

Sind diese drei Ingredienzien zur Stelle, so beginnt die Firnißfabrikation. Man will eine gewisse Qualität Firniß herstellen. Der Werkmeister im Schmelzhause begiebt sich mit seinem großen kupfernen Kessel, der 500 Liter faßt und auf vier kleinen Rädern läuft, nach dem Harzlager. Er nimmt aus einem der vielen Behälter 100 oder 150 Pfund der erforderlichen Harzart, kehrt damit in das Schmelzhaus zurück, bedeckt den Kessel mit einem Deckel aus Eisenblech, der mit einer Oeffnung für das Entweichen der dicken, betäubenden Dämpfe des kochenden Kopals versehen ist, und schiebt den Kessel in einen der großen Feuerherde, die fast die Glut eines Schmelzofens haben. Das Feuer direkt unter dem Kessel ist sehr stark und dies ist nötig, da die härtesten Kopalarten erst flüssig werden, nachdem sie einer sehr hohen Hitze ausgesetzt sind.

Sobald die Portion Kopal vollständig geschmolzen ist, wird der Kessel vom Feuer gezogen und ein Teil des präparierten Oeles hineingeschüttet. Das Verhältniß des Oeles zum Kopal ist sehr verschieden und richtet sich nach der Firnißart, die hergestellt werden soll. Nachdem sie gehörig durchgerührt worden, wird die Mischung wieder in den Ofen geschoben und bis zu einem gewissen Punkte gekocht, worauf sie vom Feuer zurückgezogen wird und bis zu 300° Fahrenheit abkühlt. Inzwischen läßt man die erforderliche Menge Terpentin in einen stehenden Recipienten mit daran befindlicher regulierbarer Röhre laufen. — Der Kessel wird unter den Sperrhahn gezogen, das Terpentin vermengt sich mit der Harz- und Oel-Mischung und der Firniß ist thatsächlich fertig. Jetzt wird er noch durch grobe Gaze geseiht, filtriert und darauf durch eine andere Röhrenleitung in die verschiedenen Vorratsräume gepumpt, wo er in großen Behältern aufbewahrt wird, um zu reifen. Die Temperatur in diesen Vorratsräumen wird im Winter auf 70° Fahrenheit erhalten.

Ausleeren des Firnisses.

Bei den feineren Firnißsorten sind für den Prozeß der Reife und Klärung vier bis zwölf Monate erforderlich, in manchen Fällen ist jedoch eine weit längere Zeit nötig, um die besten Eigenschaften des Firniß zu Tage zu fördern. Dies richtet sich nicht nach dem Gutdünken des Firnißfabrikanten. Jeder Firnißbehälter wird während der Reifungsperiode von einem erfahrenen Wagenlackierer wiederholten Versuchen unterworfen. Erst nachdem der Firniß jede Prüfung zufriedenstellend bestanden, übergiebt die Firma denselben dem Handel. Firniß ist eine sehr tückische Masse und selbst die beste Sorte oft so unbegreiflich schwierig zu handhaben, daß die Maler sich darüber einig sind, es müsse ein Spuk, eine Teufelei im Spiele sein. Wenn dem Firniß plötzlich die ihm eignen guten Eigenschaften abhanden kommen, und der Spuk beginnt, gerade wenn der Maler irgend eine wichtige Arbeit in Eile vollenden

Böttcherei.

muß, so ist dieser nur zu leicht geneigt, dem Firnißfabrikanten die ganze Verantwortlichkeit aufzubürden und in seinem Zorn zu vergessen, daß er selbst vielleicht die Schuld trägt. Diese „Teufeleien“ sind ebenso verdrießlich für den Firnißfabrikanten wie für den Maler. Der Firniß verliert in der Regel diesen heimtückischen Charakter, wenn er in einer gut erwärmten, luftigen, staubfreien Werkstelle verwandt wird. Der Firniß verachtet eben so sehr einen unwissenden Maler wie das Pferd einen unwissenden Reiter!

Die Firnißfabrikanten müssen die Nachteile der Unwissenheit mit Ergebung und Milde tragen. Wenn ein Faß Firniß mit dem Vermerk zurückgeschickt wird, „es stecke ein Teufel darin“, so brummt der Fabrikant wohl vor sich hin: „Dieser einfältige Maler!“ doch er kennt den launischen Sinn der Masse zu gut, um zu behaupten, daß sie nicht so tückisch sei, wie man ihr nachsagt.

Die Vorsichtsmaßregeln, welche in der Fabrik angewandt werden, um sich zu vergewissern, daß sich der Firniß gut streicht, wenn er angemessen behandelt wird, haben derselben mit zu dem Rufe verholfen, ein ausgezeichnetes Fabrikat zu liefern. Der Firniß wird nicht nur durchgeseiht und filtriert, bevor er in die Behälter zur Zeitigung gelangt, dies geschieht sogar nochmals, ehe er zum Versandt auf Fässer gefüllt wird. In dem Filtrierapparate ist eine Vorrichtung angebracht, die diesen gewöhnlich so langsamen Vorgang um das zehnfache beschleunigt. Die zierlichen Kannen und die Fässer, in denen der Firniß versandt wird, werden in einem eigens diesem Zweck dienenden Gebäude angefertigt. Zur ebenen Erde befindet sich eine Küferwerkstatt und auf dem ersten Stock eine Klempnerei. Auf dem zweiten Stock in dem nämlichen Gebäude liegt das Laboratorium, das so feuerfest angelegt ist, wie Eisen, Stein und Mörtel einen Raum nur machen können. Das Etablissement besitzt auch eine eigene Druckerei, in der zwei Drucker an zwei mit allen Vorzügen der Neuzeit ausgestatteten Pressen beschäftigt sind. Die hübsche typographische Ausstattung der Kataloge und Preislisten der Firma zeugt von dem praktischen Nutzen dieses sonderbaren Anhängsels an eine Firnißfabrik. Von Zeit zu Zeit wird auch eine Miniatur-Zeitung, „Der Kopalkäfer", herausgegeben.

Im Laboratorium.

Um den oben beschriebenen „Teufeleien" des Firniß, die in der Regel ihren Grund in einer ungeeigneten Unterlage haben, möglichst vorzubeugen, hat die Firma in Verbindung mit ihrer Fabrik für Firnisse eine solche für Grundfarben errichtet. Diese Fabrik liegt einige hundert Schritt von dem Hauptetablissement entfernt und ist mit demselben durch eine Telephonleitung verbunden. Indem sie eine zweckdienliche Grundfarbe bereiten, verwahren sie nicht nur sich selbst und den häufig ganz unschuldigen Firniß vor dem Anathema nachlässiger Maler, auch für letztere werden sie zu wahren Wohlthätern. Ist die Unterlage schlecht, so kann selbst der beste Firniß die Sache nicht gut machen.

Vor sechs oder sieben Jahren strebten noch die amerikanischen Firnißfabrikanten vergeblich, selbst am eignen Markt, mit den besseren Sorten englischer Wagen- und Eisenbahnfirnisse zu konkurrieren. Jetzt benutzen die ersten Wagenfabrikanten und Eisenbahngesellschaften der Vereinigten Staaten amerikanischen Firniß, und nur noch vereinzelt trifft man den englischen Artikel an und hält das veraltete Vorurteil gegen amerikanische Fabrikate aufrecht. Die besseren Sorten des amerikanischen Firniß haben jetzt auch ihren Weg

Verladungsraum.

auf den europäischen Markt gefunden, und in dieser Industrie, wie in so manchem anderen wichtigen Zweige der Fabrikation, hat Amerika das Joch der Abhängigkeit von der alten Welt von seinen Schultern geworfen.

Die Stahlfeder, eine deutsche Erfindung.

Weil in England die Stahlfeder zuerst fabrikmäßig hergestellt worden ist, besteht fast allgemein der Glaube, daß dieselbe auch eine englische Erfindung sei. Davon kann aber nicht die Rede sein. Wattenbach in seinem Werk über das Schriftwesen des Mittelalters erwähnt, daß die Kirchenväter bereits argenteo calamo, d. h. mit silbernem Schreibrohr ihre Unterschriften gegeben hätten. Damit ist freilich noch nicht gesagt, daß auch die Schreibspitze selbst von Silber gewesen: es ist vielmehr wahrscheinlich, daß das silberne Rohr nur der Halter für das Schilfrohr gewesen, dessen man sich damals, wie im Altertum, zum Schreiben bediente. Aehnlich wird es sich auch mit einer aus dem römischen Altertum herrührenden Bronzefeder verhalten, deren Wattenbach Erwähnung thut. Anders schon lautet die Nachricht aus den Verhandlungen über die Urkundenfälschungen Roberts von Artois um 1330, wo es heißt, daß Perrot de Sains eine Urkunde schrieb „avec une plume d'airain pour deguiser sa main“. Die erste sichere Kunde über Schreibfedern nach Art der heutigen Stahlfedern giebt aber ein 1544 in Nürnberg erschienenes Büchlein, dessen vollständiger Titel wie folgt lautet: „Anweysung und eygentlicher Bericht, wie man einen Kil zum schreiben erwölen, bereiten, teylen, schneiden und temperiren sol. Durch Johann Newdorffer, Burger vn Rechenmeister zu Nürnberg gemacht und seinen Schülern dargegeben.“ In demselben heißt es unter Anderem: „Es sind aber mancherley Ding, darauß man Federn zu einer yeden Schriftart machen mag, dann so man auff ein Schachtel lydlein oder ander Holtz schreiben wil, muß man eine andere Federn haben, denn so man auff ein gedünchte wand, stein oder glaß schreiben wil, desgleichen so man Notiren oder sonst große schrifften auff Berment schreiben wil, müssen bestendigere federn sein, denn so man mit einem Genßkil auf bapir schreibt. Die Ding aber, darauß man Federn macht und damit man schreibt, sind Genßkil, Pfawenkil, Schwanenkil, Welsche Calami oder Ror, auch von harten Holtzleim und durchsichtig Horn, Eysern und Kupfern Ror, auch Kupfern und Messine blechlein.“

Hiernach kann es nicht dem geringsten Zweifel unterliegen, daß die Ehre der Erfindung der Metallfeder der Stadt Nürnberg gebühre, daß dieselbe also eine deutsche Erfindung sei. Die ältesten englischen Quellen über die Existenz der Stahlfeder datieren erst aus dem Anfang des 18. Jahrhunderts. Ein Herr Bragge in Sheffield habe eine solche besessen, die aus Silber und plattiertem Stahl bestanden; sie sei in einem Halter befestigt gewesen, der in einem Notizbuch mit der Jahreszahl 1712 gesteckt habe. Gegen die Mitte des 18.

Jahrhunderts taucht die Stahlfeder in Aachen auf. Das vorhandene Schriftstück bekundet, daß der Bürgermeistereischreiber Johann Janssen dergleichen Federn angefertigt und es wird hinzugefügt: „Der liebe Gott hätte ihn wohl diese Erfindung machen lassen, damit die hohen Herren Gesandten damit den zukünftigen Frieden unterzeichnen könnten, auf daß er so haltbar wie guter Stahl werde, womit er unterschrieben."

In welchem Zusammenhang diese Nachrichten mit der Nürnberger Erfindung stehen, und ob überhaupt ein solcher vorhanden sei, wissen wir nicht. Offenbar ganz unabhängig davon wurde die Idee der metallenen Federn zu Anfang des 19. Jahrhunderts von einem Schreiblehrer in Königsberg, Namens Bürger, gefaßt, obwohl es ihm aus Mangel an Geldmitteln nicht gelang, dieselbe zu verwirklichen. Er kam zuerst auf den Gedanken, Federspulen in eine Anzahl Teile zu zerlegen und aus diesen die Schreibfedern zuzuschneiden; den dazu erforderlichen Halter konstruierte er ebenfalls. Später erfand er auch einen Apparat zum Schneiden der Federn, den er mit Hilfe eines Freundes, der die Mechanik aus Liebhaberei trieb, zur Ausführung brachte. Dieser Apparat, von dem nach erhobener Erkundigung, in Königsberg noch Exemplare vorhanden sind, hatte das Aussehen einer Zange, deren oberer Backen genau wie eine fertig zugeschnittene Feder geformt und an seinem Umfange mit einer messerartigen Schneide versehen war und gleichzeitig ein Messerchen zur Herstellung des Spaltes enthielt. Der Gänsekiel wurde an der unteren Seite schräg abgeschnitten, auf den unteren Backen der Zange aufgelegt und durch Zusammendrücken der Zangenhebel mit einem Male zur fertigen Feder zugeschnitten.

Der Schreiblehrer Bürger hatte aber wie die meisten Erfinder keinen Erfolg. Obwohl er seine Erfindung als eine höchst wichtige in der Zeitung ankündigte, wurde sie doch nur von Neidern und den stets auf der Lauer liegenden Spöttern beachtet. Man beehrte ihn mit dem Spitznamen Federschnabelhalter, welche Benennung er seinem Federhalter beigelegt hatte. Nicht besser ging es ihm, als er später mit der Absicht hervortrat, die „Federschnäbel" aus Metall herzustellen. Zu seinen bisherigen Neidern und Feinden gesellten sich nun auch die in ihrer Existenz bedrohten Gänsefederhändler. Es bildete sich eine förmliche Koalition gegen ihn, er verlor einen Schüler nach dem andern, ergab sich dem Trunk und verkam im Elend.

Von den Bürger'schen Federschneideapparaten waren einige Exemplare durch industrielle Engländer, die den Wert der Erfindung richtig erkannten, erworben und nach England gebracht worden. Im Jahre 1808 nahm ein gewisser Bryan Donkin ein Patent auf Anfertigung metallener Federn, und es ist sogar sehr wahrscheinlich, daß dieses Patent im Zusammenhange stehe mit der Bürger'schen Erfindung. Eigentliche Erfolge in der Stahlfederfabrikation sind aber erst im zweiten Viertel dieses Jahrhunderts zu verzeichnen. Sie knüpfen sich besonders an die Namen der Fabrikanten James Perry, Josua Mason und Joseph Gillot. Letzterem, von Herkunft ein einfacher Messerschleifer in Sheffield, verdankt die Fabrikation wesentliche Verbesserungen, wie die Anbringung der seitlichen Spalten, welche die Elasticität der Feder erhöhte, außerdem aber vervollkommnete Methoden in der Behandlung des Stahles beim Glühen, Pressen, Schmieden und Polieren. Heute bestehen im Ganzen 22 Stahlfederfabriken, davon in England (und zwar allein in der Stadt Birmingham) 14, in Frankreich 3, in Nordamerika und Deutschland je 2, in Oesterreich eine. Die Birminghamer Fabriken verbrauchen jährlich 155,000 bis 160,000 Centner Stahl, woraus sie etwa 5,200,000 Groß oder 748,800,000 Stück herstellen.

Der zur Fabrikation der Stahlfedern erforderliche Stahl wird blechförmig in bester Qualität bezogen, an Ort und Stelle in Streifen zerschnitten, die nachdem sie durch Rotglühen und langsames Erkalten weichgemacht worden, in kaltem Zustande so lange gewalzt werden, bis sie die erforderliche Feinheit erlangt haben. Aus diesen Streifen werden dann mittelst kleiner Handpressen Stückchen von der Länge und Breite der künftigen Stahlfeder ausgepunzt. Dies geschieht durch Arbeiterinnen, deren jede etwa 36,000 Stück täglich ausschneidet. Sodann werden die Plättchen gestempelt, d. h. mit Namen und Nummern versehen, worauf sie gelocht und mit Seitenspalten ausgerüstet werden. Es folgt dann das Biegen in Rinnenform, ebenfalls wieder auf kleinen Handpressen. Für die jetzt folgenden Operationen muß das bis dahin weiche Material wieder „stahlhart" gemacht werden. Zu diesem Zweck macht man zunächst die Plättchen glühend und wirft sie in Bottiche, die mit Fischthran gefüllt sind. Hierdurch erlangen sie aber einen Grad von Härte und Sprödigkeit, der zu jeder weiteren Bearbeitung ungeeignet ist und erst wieder in einen Zustand der Elasticität verwandelt werden muß. Es wird ihnen daher eine gelinde Glühhitze gegeben, durch welche sie jene Eigenschaft erhalten. Dies geschieht in eisernen Trommeln, die über offenem Feuer ähnlich wie Kaffeebrenner langsam gedreht werden. Da die Plättchen hierbei farbig anlaufen, so werden sie in ähnlichen Trommeln mit Sand wieder blankgescheuert. Nun kommen sie in den Schleifsaal, wo jede Arbeiterin eine von Maschinenkraft bewegte, mit einer feinen Schmirgelschicht überzogene Schleifscheibe vor sich hat und auf welcher die Feder durch ein fast nur momentanes Anlegen auf der Oberseite des Schnabels einen leichten Anschliff erhält, der den Zweck hat, diesen bis zur Spitze hin unmerklich zu verdünnen, um seine Elasticität zu erhöhen. Dies ist eine sehr wichtige Operation, von der die Güte der Feder wesentlich abhängt. Die meiste Schwierigkeit verursacht aber das Anbringen des Spaltes, welches daher auch die größte Geschicklichkeit voraussetzt. Es geschieht dies durch eine Art Scheerenschnitt und zwar wieder durch kleine Handpressen. Die nun fertigen Federn werden, da sie von kleinen Schärfen und Rauheiten fast nie vollständig frei sind, in blechernen Trommeln, in denen Sägmehl, Sand und dgl. enthalten ist, nochmals längere Zeit, oft einen ganzen Tag lang, der Rotation unterworfen, wobei sich alle scharfen Ränder abstumpfen und runden. Zum Schluß folgt dann das Sortieren und Färben oder Lackieren der Federn. Beim Sortieren ist die Beschaffenheit des Schnabels maßgebend; jede Feder wird durch einen Druck auf einem Daumenring geprüft. Das Färben geschieht dadurch, daß man sie in Blechtrommeln über offenem Feuer je nachdem gelb, braun, blau u. s. w. anlaufen läßt. Ueberzüge werden durch Guttapercha, Schellack und dgl. bewirkt. Dunkel- oder hellgraue Farben bringt man durch Beizen hervor.

Vergegenwärtigt man sich diese in der That komplizierte Fabrikationsweise, bei der nur geschickte, also gut zu bezahlende Arbeitskräfte und nur das vorzüglichste Material verwendbar ist, und bedenkt, daß man eine gute Stahlfeder im Groß schon zu einem Pfennig kaufen kann, so muß man gestehen, daß man hier vor einem der größten Wunder der Technik steht. Perry bezahlte einem Arbeiter für die erste brauchbare Feder fünf Mark. Die ersten Gillotfedern wurden mit 2 bis 4 Mark für das Stück bezahlt und noch lange erhielt sich der Preis auf einer Mark pro Stück. Diese ersten Fabrikanten, denen sich auch der bereits oben genannte Mason würdig anschließt, haben es also offenbar an Anstrengungen und Opfern nicht fehlen lassen. Können wir Deutschen daher auch mit Fug und Recht die Ehre der Erfindung der Stahlfeder in Anspruch nehmen, so müssen wir den Engländern als den Verwirklichern derselben und als Vervollkommnern des Fabrikats volle Gerechtigkeit widerfahren lassen. Ihnen gebührt der Verdienst, daß die Erfindung in verhältnißmäßig kurzer Zeit populär wurde, d. h. daß alle Welt, vom Reichen bis zum Armen, sich der Stahlfeder bedienen und dadurch eine große Menge Zeit ersparen konnte. Und Zeit ist Geld. —

Elektrische Prisen.

Die Bedeutung und Verwendbarkeit der Elektricität wird immer mehr erkannt. Kein Tag vergeht, der uns nicht eine neue „epochemachende" Erfindung auf diesem Gebiete bringt oder doch in nahe Aussicht stellt. Umsomehr nimmt es Wunder, daß weder Herr Edison noch ein anderer „elektrischer Specialerfinder" die Aufmerksamkeit auf einen Apparat gelenkt, der schon vor circa hundert Jahren konstruiert wurde, aber heute ganz verschollen zu sein scheint. Lichtenberg schreibt darüber im „Göttinger Taschen-Kalender 1788": „In England verfertigt man bereits Taschen-Elektrophore, die nicht viel größer sind, als eine große, runde Tabatière und nimmt und giebt schon in Gesellschaft Prisen von Elektricität. Wer weiß, ob nicht dereinst diese stechenden Funken, die man auch an die Nase applicieren kann, endlich den Schnupftabak verdrängen werden?"

(Ctrlztg. f. Opt. u. Mech.)

Unverbrennliches Papier.

Für die Herstellung wichtiger Schriftstücke ist es gewiß von größter Bedeutung, ein Papier zu benutzen, das der zerstörenden Gewalt Widerstand zu leisten vermag. Ein Papier, welches dieser Anforderung zu entsprechen im Stande ist, kann man auf folgende Weise herstellen. Ein Gemenge von 2 Teilen Papierbrei und 1 Teil Asbest wird mit einer Lösung von Kochsalz und Alaun getränkt, in der Papiermaschine auf die gewöhnliche Weise verarbeitet und dann mit einer Lösung von Gummilack behandelt, über die Rollen gezogen und in Bogen geschnitten. Dieses Papier mit gewöhnlicher Tinte (aus Galläpfel und Eisenvitriol) beschrieben, wird vom Feuer nicht angegriffen und deshalb in Frankreich in den Staatskanzleien viel verwendet.

Eine neue Methode zur Prüfung des Kaffee's

teilt Rimmington mit. Es ist, bemerkt er, nicht allgemein bekannt, daß Cichorie, Dandelien und wahrscheinlich auch einige andere Kaffeesurrogate durch eine schwache Chlorkalklösung rasch entfärbt werden, während diese auf Kaffee nicht wirkt. Wendet man diese Methode an, so wird eine Portion Kaffee kurze Zeit in Wasser mit einem kleinen Zusatz von Soda gekocht, um Extraktivstoffe so viel als möglich zu entfernen, dann die Flüssigkeit abgegossen und der Rückstand mit destilliertem Wasser gewaschen. Hierauf wird eine schwache Chlorkalklösung zugefügt und unter gelegentlichem Umrühren, 2—3 Stunden, bis Entfärbung stattgefunden hat, stehen gelassen. Der Kaffee bildet dann eine dunkle Schicht am Boden des Gefäßes, während Cichorie als eine leichte und fast weiße Schicht darüber schwimmt. Letztere ist nunmehr für eine mikroskopische Untersuchung am besten geeignet und bietet die Erkennung keine Schwierigkeiten. Verfasser hat indeß auch ein, vorläufig noch unbekanntes, Kaffeesurrogat angetroffen, das durch diese Behandlung nicht entfärbt wurde.

Die neue Brücke von Sysran.

Wo ist Sysran? höre ich manchen freundlichen Leser fragen. Im Flug sind wir im östlichsten Teile des europäischen Rußland an der Wolga, und da werden wir nach Sysran kommen, wenn wir dem Laufe dieses größten aller europäischen Flüsse folgen. Von dem sumpfigen Rücken des Wolchonskywaldes aus einer Höhe von 223 Meter kommend, durchströmt er auf seinem 460 Meilen weiten Lauf einen sehr großen Teil des östlichen Rußland und nimmt auf diesem Wege eine so große Menge von Nebenflüssen auf, daß ihn der Russe Matuschka, die Mutter der Flüsse, nennt. Auf mehr als 1200 Kilometer Länge ist die Wolga schiffbar und wird es schon weit oberhalb Twer. Bis Kasan ist ihre Hauptrichtung östlich, dann wendet sie sich bis Stawropol südlich, biegt dann weit nach Osten aus, um sich bei Samara wieder nach Westen zu wenden, verläßt aber auch diese Richtung wieder bei Sysran und fließt nach Südwesten bis Zarizyn und Sarepta, wo sie dem Don bis auf wenige Meilen beim Durchbruch des südrussischen Landrückens nahe kommt, um sich dann in südöstlicher Richtung und in viele Arme geteilt in das Kaspische Meer zu ergießen. Bei Nischni-Nowgorod nimmt die Wolga von der rechten Seite die Oka und südlich von Kasan von der linken Seite die Kama auf, beide für sich mächtige Ströme und die wichtigsten Nebenflüsse der Wolga, gegen welche die zahlreichen anderen in ihrer Bedeutung zurücktreten. Durch ihren Wasserreichtum erreicht denn auch die Wolga nach der Vereinigung mit der Kama eine Breite von über 1500 Meter in gewöhnlichen Zeiten, aber bei den furchtbaren Frühlingsschwellungen, wenn die russischen Schneemassen schmelzen, erreicht die Wolga oft eine Breite von 10 Kilometer.

Dieser mächtige Strom ist die einzige Verkehrsader für den ganzen Osten des europäischen Rußland; in der That wird er von den größten Dampfern befahren, welche überhaupt auf dem Kontinent Europas gefunden werden. Einige derselben haben Maschinen von über 500 Pferdekräften; sie können bis zu 2000 Passagiere aufnehmen und 500 Tonnen Waren; dabei haben sie bei der Thalfahrt eine Geschwindigkeit von 12½ Knoten (Seemeilen) und bei der Fahrt zu Berg eine solche von 6 Meilen. Wenn schon die angeführten Thatsachen einen hohen Begriff von dem außerordentlichen Verkehr auf dieser Wasserstraße geben, so steigert sich dieser wesentlich, wenn wir anführen, daß über 700 Dampfschiffe die Wolga befahren. Da sie nun alle mit Holz geheizt werden, so ist begreiflich, daß das Herbeischaffen des nur für die Dampfschiffe erforderlichen Brennmaterials ein nicht gering anzuschlagendes Mittel ist, Thätigkeit und Verdienst in die angrenzenden Teile des Landes zu bringen.

Und doch ist das linke Ufer vom rechten durch die breite und tiefe Wassermasse streng geschieden, denn unterhalb Twer kreuzt den Strom keine Brücke mehr. Gerade die Breite des Stromes und die zu Zeiten heftigen Anschwellungen desselben haben seither davon abgehalten, weiter unterhalb den Bau einer Brücke zu versuchen. Auch gingen bis in die letzten Jahre die russischen Bahnlinien nicht über Nischni-Nowgorod hinaus und die Produkte, welche sie brachten, mußten von da an den Wasserweg auf der Wolga einschlagen.

Die Russen haben die sehr dankenswerte Aufgabe übernommen, Kultur in die östlichen Gebiete, welche an ihr ungeheures Reich grenzen, zu übertragen. Es ist wahr, Rußland selbst ist erst sehr spät in die Reihe der europäischen Kulturstaaten eingetreten, aber immerhin steht trotz mancher wesentlichen Lücken auch ihre Kultur jetzt hoch über der, welche die west- und centralasiatischen Völker in der Umgebung des Aralsees z. B. besitzen. Bei der außerordentlichen Bedeutung von Sibirien ist schon dieses Land allein Grund genug, weßhalb Rußland bestrebt ist, sein Eisenbahnnetz weiter nach Osten vorzuschieben und zu erweitern. Unter allen Umständen muß dabei die Wolga überschritten werden, sowie einige ihrer wichtigsten Nebenflüsse. Doch ist von all den projektierten und teilweise im Bau begriffenen Brücken, die über die Wolga bei Syfran die bedeutendste, denn sie wird mit dem zu ihr führenden Viadukt die außerordentliche Länge von über 10 Kilometer erreichen. Zwar ist die Breite der Wolga bei dem niederen Wasserstand des Sommers bei Syfran nur 1500 Meter aber namentlich im Mai schwillt der Strom rasch an und steigt um ungefähr 16 Meter. Auf dem linken Ufer breiten sich dann die wilden Gewässer um 3 Kilometer weiter aus, da hier das Gelände tief liegt und sumpfig ist. Das rechte Ufer dagegen wird nie überschwemmt, denn es wird von Kreidehügeln begleitet, welche im Mittel eine Höhe von 100 Meter haben; der Beliy-Klutsch bei Syfran erhebt sich selbst bis zu 300 Meter. Daher finden wir auch die meisten Wolgastädte auf der rechten Stromseite. Aber sicher sind sie deßhalb doch nicht, denn die Steilküsten werden bespült und unterwaschen, fortwährend wird durch das Hochwasser Gerölle und Erde weggeführt, und so müssen die Städte mehr und mehr rückwärts geschoben werden. Es ist diese eigentümliche Erscheinung bekanntlich mit der Axendrehung der Erde und als Folge derselben erklärt worden. Alle annähernd in der Richtung des Meridians fließenden Ströme zeigen ähnliche Erscheinungen; die der nördlichen Erdhälfte weichen nach rechts, die der südlichen nach links ab.

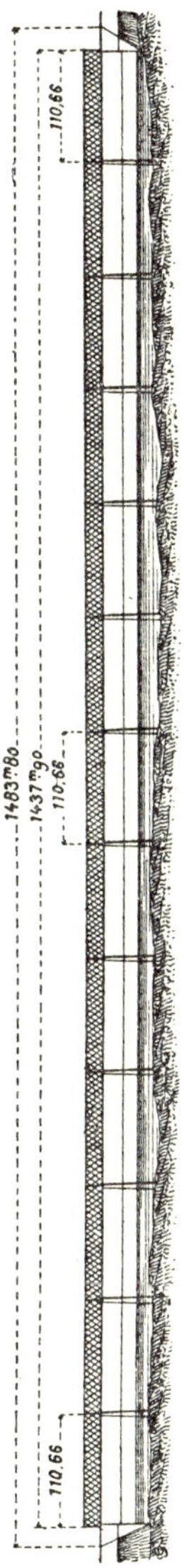

Fig. 1. Die große Wolga-Brücke mit 13 Oeffnungen.

In der Zeit, wo die Wolga wenig Wasser führt, hat dieselbe eine Tiefe von durchschnittlich 6 Meter; das durchschnittliche Gefälle beträgt nur 0,08 Meter auf 1 Kilometer. Die Folge davon ist, daß die Geschwindigkeit der Strömung nur 60 Centimeter in der Sekunde beträgt. Bei Hochwasser steigt sie aber zu 2,13 Meter; dadurch wächst die eine bestimmte Stelle passierende Wassermasse außerordentlich. Sie beträgt dann 65,000 Kubikmeter. Alle diese Umstände tragen wesentlich dazu bei, einen Brückenbau über die Wolga besonders schwierig zu machen.

Es iſt jetzt begreiflich, warum man bei Syſran die Brücke 8 Kilometer länger machen mußte, als die Normalbreite der Wolga beträgt; auch warum auf der rechten Seite des Stroms ein ungeheurer Brückenkopf als Widerlager nötig war, um der Unterwaſchung durch den Strom den genügenden Widerſtand entgegenzuſetzen und der Brücke ſelbſt einen ausreichend ſtarken Stützpunkt darzubieten.

Die Gitterbrücke ſelbſt iſt 1439 Meter lang und ruht auf 12 Pfeilern, wie es die Skizze Fig. 1 zeigt. Dieſe haben eine Höhe von 24 Meter über dem niederen Waſſerſtand und tragen Gitterröhren von 111 Meter Länge. Anders wie bei der berühmten Taybrücke, ſind die Pfeiler der Wolgabrücke aus Kalkſteinquadern, wie ſie in der Nähe von Syſran gebrochen werden, gebaut, aber noch mit einem ſehr ſtarken Mantel von Quadern aus finnländiſchem Granit umgeben; kein anderes Baumaterial hätte die Sicherheit gegeben, den furchtbaren Angriffen der rieſigen Eismaſſen bei den Frühlingshochwaſſern genügend zu widerſtehen. Die Fundamentierung der Pfeiler machte im Strombett große Schwierigkeiten, doch wurde ſie mit größter Sorgfalt ausgeführt.

Zwiſchen je zwei Pfeilern iſt dann ohne ſonſt eine Stütze eine einzige aus Eiſenſtäben gebildete Gitterröhre mit viereckigem Querſchnitt aufgelegt; ihr Gewicht beträgt 500 Tonnen. Wie kann nun, ohne daß ein Gerüſt im Strome ſelbſt aufgeſchlagen wird, dieſe ungeheure Eiſenmaſſe an ihren Platz gebracht werden? Der die Oberleitung des Baues führende Oberingenieur Bereſin machte es in folgender Weiſe möglich, indem er die Erfahrungen benützte, welche man beim Bau der Britanniabrücke und der bei Rotterdam geſammelt hatte.

Jedes einzelne Gitterſyſtem wurde auf dem rechten Ufer der Wolga auf einem feſten Holzgerüſt von 24 Meter Höhe vollkommen fertig montiert und die einzelnen Stäbe untereinander genügend vernietet und verſchraubt. Der Grundriß des feſtſtehenden Gerüſtes iſt in der Skizze Fig. 2 gezeichnet; A iſt die Stelle, wo die Gitterröhre in der Richtung DC errichtet und fertig geſtellt wurde; dann wurde ſie von A nach BB fortgeſchoben; ſie war nun in der Mitte frei und ruhte nur noch mit den Enden auf den verlängerten Schenkeln des feſtſtehenden Gerüſtes. Von da mußte dann das Gitter übertragen werden auf die zwei Pfeiler, auf welchen es dauernd ruhen ſollte. Zu dem Zweck waren ſieben Kähne von 46 Meter Länge und 9 Meter Breite in der Art mit einander verbunden, wie es die Skizze Fig. 3 zeigt. Auf dieſer Unterlage erhob ſich abermals ein ſehr ſtarkes Holzgerüſt von 24 Meter Höhe. In jedem Boot waren zwei Pumpen, welche durch eine Dampfmaſchine in Thätigkeit geſetzt werden konnten. So war in gewiſſer Art ein ſchwimmendes Dock gebildet, welches auf dem Waſſer leicht bis zwiſchen die vorſpringenden Schenkel BB des feſtſtehenden Gerüſtes Fig. 2 gebracht werden konnte; auch ſchob ſich das ſchwimmende Gerüſt unter das Eiſengitter, wenn die Boote mit Waſſer gefüllt wurden. Pumpte man ſie dann wieder aus, ſo

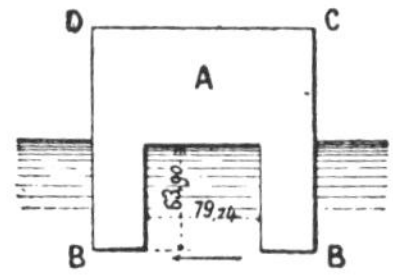

Fig. 2. Plan des feſtſtehenden Gerüſtes.

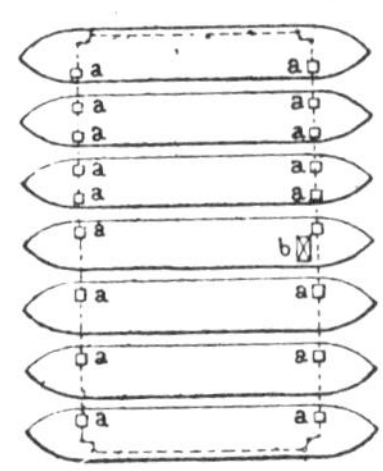
Fig. 3. Verbindung der Kähne, welche das bewegliche Gerüſt tragen.

Der Bau der großen Wolgabrücke bei Syſran.

stiegen sie, hoben das Gerüst und damit auch das Gitterjoch der Brücke. Drei Dampfschiffe wurden dann vor das schwimmende Dock mit seiner schweren Last gespannt und dieses zwischen zwei Pfeiler gefahren und da so verankert, daß die Gitterröhre über ihren Stützpunkten auf beiden Pfeilern schwebte.

Wir sehen bei Fig. 4, die nach einer Photographie dargestellt ist, zunächst den ersten Landpfeiler, dann den nächsten Strompfeiler, und zwischen beiden das auf den sieben Pontons ruhende mächtige Holzgerüst, welches das erste Brückengitter trägt. Ist dessen richtige Lage genau hergestellt, so werden die Boote wieder mit Wasser gefüllt, sie sinken, damit auch das schwimmende Gerüst, und das Gitterrohr liegt fest auf der Unterlage. Nun kann das Gerüst weggezogen werden, um ein folgendes an seine Stelle zu setzen.

Es ist ermutigend, zu sehen, wie scheinbar unüberwindliche Schwierigkeiten durch Scharfsinn und Kenntnis überwunden werden können. So auch hier. Möge dem großen und kühnen Unternehmen eine glückliche Zukunft blühen!

Jet und Vulkanit.

Die Mode mit ihrem steten Wechsel und ihrer fortwährenden Veränderlichkeit, mit ihren immer sich erneuernden Bedürfnissen, giebt der industriellen Thätigkeit den nötigen Antrieb und die erforderliche Unterstützung zum ununterbrochenen Schaffen. Ohne die Mode würde die Industrie nicht ihre heutige bewundernswerte Höhe erreicht haben.

Andererseits reizt sie jedoch auch die gewinnsüchtige Spekulationswut und fordert zu allerlei Nachahmungen und Verfälschungen heraus. Wer kennt nicht die schönen vor etwa 20 Jahren sehr modernen und dadurch besonders kostbaren echten Jet- oder Gagatschmucksachen, die im Laufe der Zeit durch Imitationen und Verschlechterungen aller Art fast wieder zur Wertlosigkeit herabgesunken sind?

Beispielsweise waren echte Jetohrringe, welche anfangs mit 25 bis 30 Mark das Paar bezahlt wurden, nachher für 5 Mark, und solche, die früher etwa 5 Mark gekostet hatten, später für 25 bis 30 Pfennige zu haben.

Eine fast über ganz Europa ausgedehnte und ganz besonders in England in höchster Blüte stehende Industrie, welche Tausenden von Menschen Beschäftigung und Verdienst gewährte, wurde durch Nachahmungen und Fälschungen allmählich untergraben und schließlich ganz zerstört. Allerdings trug hierzu auch die Erfindung eines dem Jet ähnlichen Stoffes des Vulkanits oder gehärteten Kautschuks, auch Ebonit genannt, nicht unwesentlich bei. Vulkanitschmucksachen wurden für einige Zeit Modeartikel und hatten den echten Gagat vollständig aus dem Felde geschlagen.

Mit diesen Erfolgen jedoch nicht zufrieden, fingen die Fabrikanten wieder an zu fälschen und stellten für den echten Vulkanit allerhand Surrogate her, jedoch ließ der verderbliche Effekt dieser Verschlechterungen nicht lange auf sich warten. Die schöne, gleichmäßig tiefschwarze Farbe des imitierten und gemischten sogenannten Vulkanits veränderte sich in kurzer Zeit, und die daraus gefertigten Schmuck- und Luxusgegenstände, sowie sonstigen Fabrikate bekamen ein verblaßtes schmutziggrünes Ansehen. Der Vulkanit hatte nun natürlich seine Rolle auch ausgespielt.

Nach so schlechten Erfahrungen wandte sich die Mode ganz und gar von den dunklen Bijouterien ab und ging zum geraden Gegenteile über, zu den Gold- und Silberoxyd-Sachen.

In neuerer Zeit scheinen jedoch Jet und Vulkanit wieder in Aufnahme zu kommen, wenigstens wird von England eine lebhaftere Nachfrage nach Jetartikeln gemeldet.

Da im Laufe der Jahre auch der Vulkanit in allen Gebieten der Technik und Industrie, sowie zu unzähligen täglichen Gebrauchsgegenständen die ausgedehnteste Verwendung gefunden hat, und beide Stoffe nach ihrem Ursprunge, ihren Eigenschaften und ihrer Verwendbarkeit wohl allgemein noch weniger bekannt sind, so dürfte es in vieler Hinsicht nicht unwichtig sein, hierauf etwas näher einzugehen.

Das Jet oder der Gagat gehört dem Mineralreiche an und ist Nichts weiter als eine Art Pechkohle, welch letztere man als Uebergangsform der Braunkohle zur Steinkohle bezeichnen kann. Es gehört also wie diese zu der Klasse der Anthracite und findet sich in der neueren sogenannten tertiären Formation. Das Jet ist tiefschwarz von Farbe und hat einen wachsartigen Glanz; während der Querbruch muschelig ist, zeigt der Längsbruch oft noch Spuren vegetabilischer Strukturen. In weniger derben Stücken kommen häufig noch vollständig erhaltene Holzaderungen vor. Jet ist mäßig hart, das specifische Gewicht etwa 1,25. Es wird leicht mit Kanelkohle verwechselt. Letztere ist jedoch viel härter, wenig oder gar nicht geadert, außerdem fehlt die Spaltbarkeit und der Bruch ist meist muschelig ins Ebene verlaufend.

Gagat ist erst bei ziemlich bedeutender Hitze schmelzbar, brennt mit grünlich weißer Flamme, einen bituminösen Geruch verbreitend.

Die charakteristischte Eigenschaft des Gagat, wodurch sein bedeutender Wert und seine ausgedehnte Verwendbarkeit zu Schmuck- und Luxusgegenständen bedingt wird, ist seine hohe Politurfähigkeit. Gagat kommt mehr oder weniger fast auf der ganzen Erde vor. In England wird er in größten Quantitäten häufig mit bituminösem Holz gemischt, hauptsächlich in Yorkshire gefunden. Die Fabrikation von Jets erreichte dort, besonders in der Hafenstadt Whitby an der Mündung des Esk gelegen, einen sehr bedeutenden Umfang.

In Deutschland kommt der Gagat in Gemeinschaft mit Bernstein vor. Von den Bernsteinfischern wird er hier „schwarzer Bernstein" genannt, ein Ausdruck, welcher von Italien herüber gekommen zu sein scheint, wo er unter dem Namen ambra nera bekannt ist; und zwar ist diese Bezeichnung von der Sache hergeleitet, daß Gagat wie Bernstein (electron) durch Reibung elektrische Eigenschaften annimmt. Es wird sogar vermutet, daß Gagat und Bernstein denselben Ursprung haben. Während letzterer ein versteinertes reines Harz ist, soll sich Gagat aus den vollständig verharzten Stämmen und Zweigen der Bäume gebildet haben, dabei freier von erdigen und sonstigen Beimengungen als Kanel- und andern Kohlen geblieben sein. In Frankreich wird der Gagat vorwiegend im Aude departement in der Auvergne und in den Mündungsdistrikten der Rhône gefunden. In sehr schöner Qualität kommt der Gagat in Spanien vor, besonders in der Provinz Asturien unweit des kleinen Ortes Villaviciosa und wird hauptsächlich in Oviedo verarbeitet.

Nachdem nun der Gagat, durch die massenhaft in den Handel gebrachten geringen und schlechten Sorten sowie durch die vielen Fälschungen und Imitationen (man gab außer Gemischen von Steinkohlentheer und Braunkohlenpulver sogar gefärbtes Glas für Jet aus), schon bedeutend im Werte gesunken war, wurde derselbe fast vollständig durch den von dem Amerikaner Goodyear erfundenen Vulkanit verdrängt.

Vulkanit ist eine einfache Mischung von Kautschuk und Schwefel. Er zeichnet sich gegen den echten Gagat besonders durch seine gleichförmige sammetschwarze Färbung, sowie seine viel größere Widerstandsfähigkeit und Festigkeit aus, ohne demselben in der wesentlichsten Eigenschaft, in der Politurfähigkeit nachzustehen. Die Bearbeitung ist in Folge dessen auch eine leichtere und die Fabrikate daraus sind viel haltbarer. Sehr wesentlich ist noch, daß der Vulkanit sich um fast den zehnten Teil billiger als Gagat stellt.

Vulkanit ist aber nicht nur als Konkurrent des Gagat von Bedeutung, sondern man kann sagen, daß seit der Erfindung dieses Stoffes die Kautschuk- und Gummiwaaren-Industrie sich zu einer Bedeutung erhoben hat, die vor der Erfindung desselben kaum hatte geahnt werden können.

Den Proceß, mittelst welchem der Vulkanit hergestellt wird, nennt man Vulkanisation des Kautschuks. Ohne hier näher auf diese Sache einzugehen, sei nur bemerkt, daß die Procedur zunächst in einer, durch geeignete Maschinen bewirkten, sehr innigen Vermengung des Kautschuks mit Schwefel besteht, wobei man es je nach dem geringeren oder größeren Zusatz von Schwefel ganz in der Hand hat, dem Vulkanit einen beliebigen Härtegrad zu geben. In diesem Zustande zeigt sich der Vulkanit als eine gleichförmige homogene Masse, welche nun in sogenannte Brennkammern gebracht wird, in welchen unter Anwendung von Dampfdruck und hoher Temperatur die innige chemische Verbindung des mechanisch gemengten Kautschuks und Schwefels vor sich geht.

Nach dieser Fabrikationsweise hat man den Vulkanit auch „Hartgummi“ genannt.

Es ist bei der ungeheuren Mannigfaltigkeit und Verschiedenheit fast ganz unmöglich, die Gebiete, in denen der Vulkanit Verwendung findet, aufzuzählen, man müßte sonst die Preiscourante und Anpreisungen der verschiedenen Fabrikanten abschreiben. Einige wenige Beispiele mögen hierfür genügen. Der Vulkanit wird angewandt: zum Ueberziehen und Verzieren von Stahl und Eisen, zu Maschinenteilen für Buchdruckerei, Spinnerei, Weberei 2c. Billardbälle, Federhalter, Wagenfedern, Schreibfedern, künstliche Gaumen, Kämme werden daraus gefertigt. Er findet ferner Verwendung zu Flöten und andern Blasinstrumenten, zu Elektrisiermaschinen, als Imitation des Ebenholzes und des Hirschhorns, zu chirurgischen und physikalischen Instrumenten. Die so sehr angepriesenen Tanite-Erzeugnisse, als: Schleifsteine, Fräser,

Polierscheiben ꝛc. sind Gemische von Vulkanit und Glasstaub, Schmirgel, Sand u. dergl.

Wenn nun auch die Gagatindustrie durch die Erfindung des Vulkanits zu ihrer früheren Bedeutung nicht wieder wird gelangen können, so ist der industriellen Thätigkeit durch die eminente Verwendbarkeit dieses Stoffes doch der reichlichste Ersatz geboten.

Untermeerische Telegraphie.

Der lange und von beiden Seiten selbst mit Erbitterung geführte Streit, ob zwei durch das Meer getrennte Orte auf die Dauer telegraphisch verbunden werden könnten, ist jetzt längst entschieden. Jeder weiß, daß durch die Meere in sehr verschiedenen Richtungen Telegraphenkabel gelegt sind, daß wir von irgend einer Stelle Deutschlands ebenso gut nach Hongkong, Singapore, oder Sydney, wie nach Buenos Ayres, Valparaiso, oder San Francisco, telegraphieren können. In überraschend kurzer Zeit breitete sich das Telegraphennetz nicht nur über die Kontinente, sondern auch auf dem Meeresboden aus. Große Schwierigkeiten waren zu überwinden — aber sie wurden überwunden. Wenn auch im großen Ganzen die Methode des Baues der untermeerischen Telegraphenkabel und ihres Versenkens auf den Meeresgrund sich durch die Praxis festgestellt hat, so werden doch noch immer Verbesserungen dabei angebracht, welche durch besondere Umstände bedingt sind.

Schon 1840 tauchte der Gedanke an eine untermeerische Telegraphenverbindung von Dover nach Calais auf; aber da eine für die Dauer genügend isolierende Substanz nicht bekannt war, so blieb der Plan unausgeführt. Siemens in Berlin wandte 1846 zuerst Guttapercha zur Isolierung der Leitungsdrähte an, und benützte dieselben im Frühjahr 1848 zum Entzünden von untermeerischen Minen im deutsch-dänischen Kriege. Auch wurde in derselben Zeit die erste gelungene Telegraphenleitung bei Köln durch den Rhein gelegt. — 1849 folgte dann die erste, nur zwei Meilen lange Kabellegung durch das Meer. Als sich dieser Versuch bewährte, unternahm man 1850 die Verbindung von Dover mit Calais, aber nur für wenige Tage. Es war der isolierte Draht nicht gegen Wellenschlag und Reibung an den Küsten geschützt und er zerriß schon, nachdem er wenige Tage in Gebrauch gewesen war. Ein neues Kabel mit vier isolierten Kupferdrähten und einer Panzerung von zehn verzinkten Eisendrähten (Fig. 1) wurde im

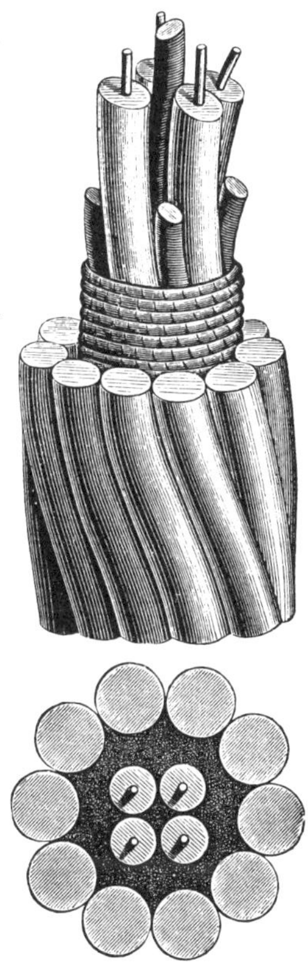
Fig. 1. Das Dover-Calais-Kabel vom Jahr 1851.

September 1851 gelegt und bewährte sich trefflich; selbst von schleppenden Ankern war es nicht zerrissen worden. 1859 war eine Reparatur nötig und ergab sich dabei, daß selbst diese starke Eisenhülle stellenweise durch den heftigen Wellenschlag im Kanal gelitten hatte; der Kern aber war ganz unversehrt.

Sehr kostspielige Versuche im Großen mußten die Anhaltspunkte liefern, um die sich entgegenstellenden Schwierigkeiten überwinden zu lernen. Von 1851 bis 1860 wurden 50 untermeerische Kabel mit einer Gesammtlänge von 2500 deutschen Meilen gelegt. 1860 waren davon nur noch zwanzig Linien für den Telegraphendienst brauchbar und von diesen mußten verschiedene bald darauf als unbrauchbar geworden beseitigt werden. Doch schreckten die mißlungenen oder nur für kürzere Zeit gelungenen Versuche nicht ab; es wurden die Fehler aufgesucht und dieselben bei den darauf folgenden Versuchen zu vermeiden getrachtet.

Freilich steigerten sich sehr wesentlich alle Schwierigkeiten, als man daran ging, größere Strecken des Oceans durch den Telegraphen zu unterbrücken. Cyrus Field in New-York war der erste Unternehmer für eine telegraphische Verbindung Europas mit Amerika.

Man erwartete besondere Schwierigkeiten bei dem Versenken des Kabels in das tiefe Meer und suchte denselben durch wohldurchdachte und kräftig gebaute Auslegemaschinen zu begegnen, und doch waren die Schwierigkeiten viel größer und das Unternehmen gefahrvoller, als man erwartet hatte. Während das Schiff vorwärts fährt, rollt das Kabel langsam neben dem Steuer ins Meer. Würde es dabei nicht durch eine der Schwere entgegenwirkende Kraft in der Bewegung gehemmt, so wäre seine Bewegung viel zu rasch. Es müssen also kräftige Bremsvorrichtungen auf dem Schiffe sein, wodurch der Last des bis zum Meeresgrund herabhängenden Kabels das Gleichgewicht gehalten wird. Dadurch wächst aber außerordentlich die Gefahr, daß das Kabel dabei zerreißt, namentlich an Stellen, wo das Meer tief ist. Auch auf dem Schiffe selbst kann eine unheilbringende Störung eintreten. Das zusammengerollte Kabel verwickelt sich und bildet eine Schleife, oder ein Draht der Panzerung bricht und steht sparrig seitwärts; dadurch wird die Auslegemaschine in ihrer Thätigkeit unterbrochen, und gewöhnlich ist der Bruch und Verlust des Kabels eine sehr kostspielige Folge des allerkleinsten Versehens. Nicht anders ist es, wenn irgendwo der kleinste Fehler in der Isolierung vorkommt; denn wenn er auch bei der vorausgegangenen sorgfältigsten Prüfung in der Fabrik nicht wahrgenommen werden konnte, er zeigt sich sicher bei dem ungeheuren Wasserdruck auf dem Grunde des Meeres. Das Aufsuchen des fehlerhaften Teiles, sein Aufwinden und Ausbessern aber ist höchst mühsam und kostspielig, und es kann gerade dabei ein Zerreißen des Kabels stattfinden.

Cyrus Field traf, soweit theoretische Anhaltspunkte vorhanden waren, seine maschinellen Vorkehrungen mit äußerster Sorgfalt und begann im Sommer 1856 mit dem Legen des ersten Verbindungskabels zwischen dem Festlande von Amerika und Neu-Fundland.

Sehr unerwartete Schwierigkeiten stellten sich aber 1857 der Weiterführung des Telegraphen bis zur Küste von Irland entgegen. Zwar ergaben die Tiefenmessungen auf dieser Strecke keine wesentlichen Unebenheiten und eine Tiefe von höchstens 4400 Meter, keine starken Steigungen und Senkungen, einen von Felsen, mit Ausnahme einer kurzen Küstenstrecke, ganz freien Untergrund von Sand und Schlamm, keine Strömungen, noch weniger pflanzt sich der Wellenschlag bis in diese Tiefen fort. Dafür waren andere Umstände ungünstig genug. Das Kabel hatte eine Länge von 542 geogr. Meilen, und wurde in zwei verschiedenen Anstalten in England zu gleichen Teilen hergestellt, zwei mächtige Schiffe hatten dieselben an Bord, alle Vorsichtsmaßregeln waren beim Ablassen ins Meer soweit irgend möglich getroffen, und doch mißlang dieser erste Versuch von 1857: das starke Seil zerriß, noch ehe es mit der anderen Hälfte verbunden war. Nun wurden die Auslegemaschinen verbessert, die elektrischen Apparate zur Prüfung der Leitung und verschiedene andere Vorrichtungen vervollkommt und 1858 ein zweiter Versuch gemacht, auch er mißglückte vollständig. Aber mutlos wurden die Unternehmer doch nicht und noch im selben Sommer folgte der dritte Versuch, der trotz der mannigfaltigsten Schwierigkeiten, die sich auch da wieder in den Weg stellten, anfangs August glücklich beendigt wurde. Aber nachdem eine kleine Anzahl Depeschen den Ocean gekreuzt hatten, 271 in östlicher Richtung nach Europa, 129 in westlicher nach Amerika, hörte schon am dritten September das Kabel auf telegraphisch zu arbeiten. Allerdings stellte nun die Untersuchung heraus, daß dieses von Anfang an mangelhaft hergestellt war und noch mehr durch das Liegen in der Sonne gelitten hatte; auch noch andere Umstände trugen zu seinem raschen Ruin bei.

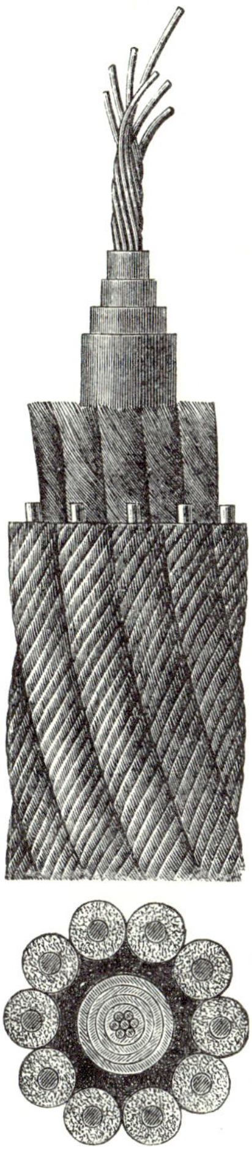

Fig. 2. Tiefseekabel von 1865 in natürl. Größe.

Nun konstituierte sich abermals eine neue Gesellschaft, aber erst 1864 waren so viele Aktien gezeichnet, daß ein neues Kabel in Angriff genommen werden konnte. Dieses unterschied sich wesentlich von den vorausgegangenen. Der Leitungsstrang (Fig. 2.) war aus sieben Drähten vom besten Kupfer zusammengedreht, zunächst mit der Chattertonschen Mischung aus Guttapercha, Holzteer und Harz vollkommen und mit Vermeidung der kleinsten Luftblasen umhüllt, dann folgte eine ganz gleichmäßige Hülle von Guttapercha, auf diese wieder Chattertons Mischung,

Fig. 3. Küstenkabel von 1856 in natürl. Größe.

abermals Guttapercha und so noch einmal und erst nachdem seine Leitungsfähigkeit aufs beste auch bei dem hohen Druck gesichert war, wie er in der Meerestiefe herrscht, wurde das Kabel mit einer Schicht durch Catechu gegerbten Jutegarns und dann mit der Panzerung aus allerbestem Draht, der mit geteertem Manilahanf umsponnen war, überzogen. Für die Küstenstrecke wurde das Kabel außerdem noch verstärkt und geschützt durch Umspinnen mit 12 Litzen aus sehr starkem, galvanisiertem Eisendraht. (Fig. 3.)

Bei dem kolossalen Gewichte des neuen Kabels (4000 Tonnen) hätten auch zwei Schiffe, wie die früher verwendeten, die Last nicht bewältigen können. Nun kam der Great Eastern, das größte jemals gebaute und für den Passagier-Verkehr unnütze Schiff, sehr gelegen. Nur das Küstenkabel wurde auf einen kleinen Dampfer verladen. Am 21. Juli 1865 begann das Auslegen; einige Schwierigkeiten, die sich in den nächsten Tagen ergaben, wurden glücklich beseitigt, doch sollte auch hier das Unglück nicht ausbleiben; am 2. August zeriß das Kabel und sank auf den Meeresgrund. Drei Versuche, das Ende des mächtigen Stranges mit Ankern zu fassen und wieder aufzuwinden, mißlangen. Der Seilvorrat war erschöpft und man mußte die Wiederauffindung des Kabelendes auf bessere Zeit verschieben.

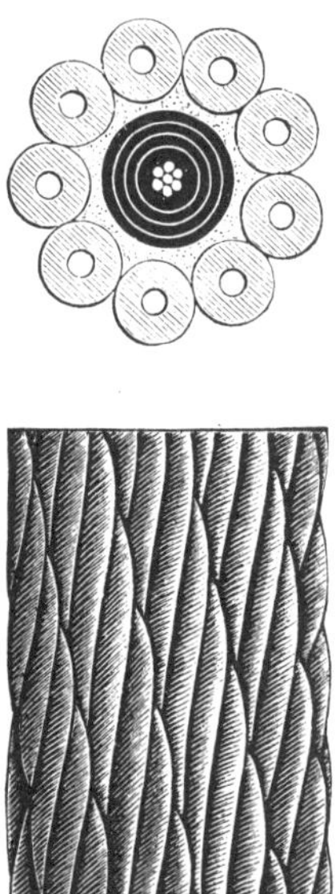

Fig. 4. Tiefseekabel von 1866 in natürl. Größe.

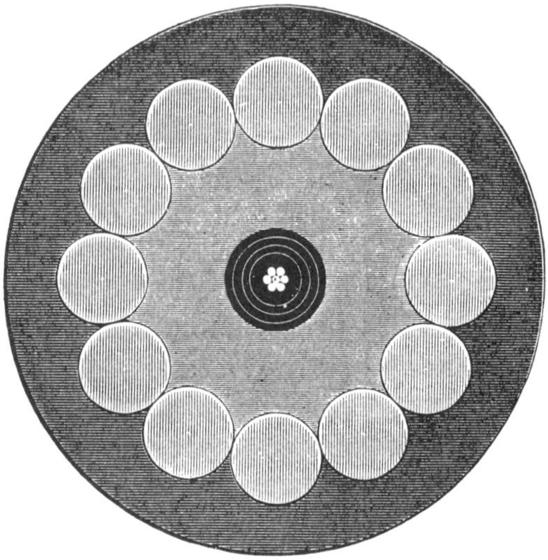

Fig. 5.
Küstenkabel von 1866 in natürl. Größe.

Jedenfalls aber hatte man sich von der Ausführbarkeit des Gedankens überzeugt, Amerika und Europa telegraphisch zu verbinden, und so wurden denn abermals die Summen flüssig gemacht, um ein neues Kabel anzufertigen und die Versuche von 1866 wieder aufzunehmen. Das Küstenkabel (Fig. 4.) wurde etwas verändert, nicht mehr mit Litzen, sondern 12 starken Eisenstäben gepanzert und diese noch mit einer dicken Hanfschicht umgeben. Das Tiefseekabel (Fig. 5.) war dem des Vorjahres ähnlich. Alle Mängel, die sich bei den letzten Versuchen ergeben hatten, wurden nach Kräften beseitigt, ein Enterhakenseil von hinreichender Stärke (Fig. 6.) sollte ermöglichen, das auf dem Meeresgrunde liegende Kabel von 1865 heraufzuwinden. Auch jetzt hatte der Great Eastern die größte Masse geladen. Am 7. Juli 1866 wurde mit der Legung des

Küstenkabels in Irland begonnen, am 14. das Tiefseekabel damit verbunden und nun fuhr das Riesenschiff mit seiner kostbaren Last abermals westlich und am 27.

Fig. 6.
Enterhakenseil von 1866 in natürl. Größe.

Juli war die Küste von Neu-Fundland erreicht. Nur ein einziger schwieriger Zwischenfall ereignete sich während der Ueberfahrt und dem Versenken des Kabels. Für uns in Deutschland war der Sommer 1866 so reich an politischer Bewegung, daß das große Ereigniß des 27. Juli, die gelungene telegraphische Verbindung Europas mit Amerika fast spurlos vorüberging. Am 4. August konnte die neue Linie dem öffentlichen Verkehr übergeben werden.

Weit schwieriger erwies sich das Auffinden und Wiederaufziehen des alten Kabels von 1865, um an das Ende ein neues Stück anzuspleißen und so eine zweite Telegraphenlinie zu legen. Aber nach vielen, sehr zeitraubenden und kostspieligen Versuchen gelang dieses, und am 8. September 1866 war auch die zweite Linie glücklich beendet.

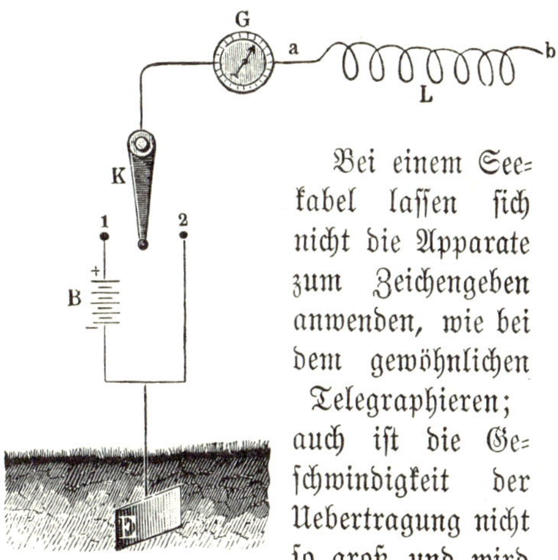

Fig. 7.

Bei einem Seekabel lassen sich nicht die Apparate zum Zeichengeben anwenden, wie bei dem gewöhnlichen Telegraphieren; auch ist die Geschwindigkeit der Uebertragung nicht so groß und wird um so geringer, je größer die Entfernung ist. Obgleich die Ursache etwas kompliciert ist, wollen wir versuchen dieselben klar zu machen.

Ist in (Fig. 7.) L eine sehr lange Leitung, welche durch die Kurbel K mit der Batterie B oder bei 2 mit der Erde in Verbindung gesetzt werden kann, so wird in der ersten Stellung die Elektricität einströmen und die Leitung sich laden, die Galvanometernadel in G wird abgelenkt; in der zweiten Lage von K wird die Leitung sich entladen und es findet bei G abermals eine Ablenkung in der entgegengesetzten Richtung statt. Doch ist zu dieser Entladung durch den Rückstrom meßbare Zeit erforderlich.

Stehen die beiden Enden der sehr lang gemachten Leitung L (Fig. 8.) mit der Erde in Verbindung und wird durch den Taster T dieselbe mit der Batterie verbunden, so strömt die Elektricität in die Leitung, lenkt die Nadel in G ab, ladet

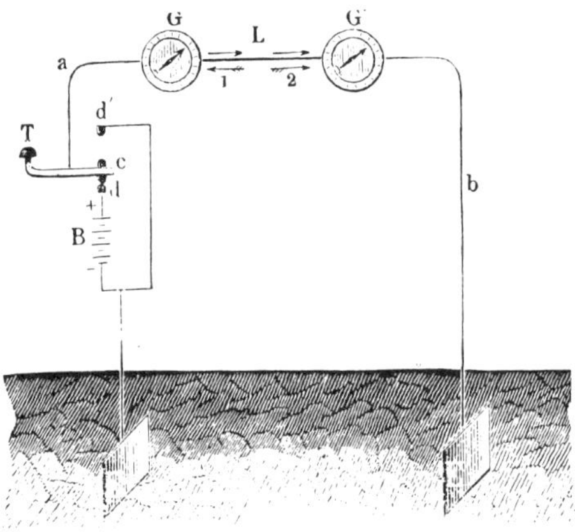

Fig. 8.

die ganze lange Drahtleitung, dann wird auch im zweiten Galvanometer G′ die Nadel abgelenkt. Ehe diese aber ein zweites Zeichen abgeben kann, muß die Elektricität wieder abfließen; der Taster T wird niedergedrückt und c mit d′ in Verbindung gesetzt, und nun kann die Elektricität auf zwei Wegen abfließen; der Rückstrom geht über a und d′ nach E, sowie über b nach E′. Es kann also die Nadel in G′ erst dann in ihre Ruhelage zurückgehn, wenn alle Elektricität abgeflossen ist. Noch mehr verzögert wird aber der Rückstrom dadurch, daß die Guttaperchahülle des Leitungsdrahts sich mit negativer Elektricität ladet. Nach dem System von Morse werden die Buchstaben und Zahlen durch Striche und Punkte in verschiedenen Kombinationen dargestellt. So ist z. B. der Laut b = — . . ., welche vier Zeichen durch deutlich von einander zu unterscheidende Ströme hergestellt werden müssen. Tritt in Irland ein Strom in das Kabel, so vergehn 0, 2 Sekunden, ehe in Neu-Fundland auch selbst mit den empfindlichsten Apparaten der Strom nachweisbar ist. Nach 0, 4 Sekunden zeigt er an der Endstation erst 0, 07 seiner Normalstärke, nach 1 Sekunde die Hälfte, und erst länger als nach drei Sekunden wird er seine volle Stärke zeigen. Auf dem französisch-amerikanischen Kabel, das viel länger ist, würde es 8 Sekunden erfordern, bis der Strom seine Maximalstärke zeigen könnte. Jedes durch Striche und Punkte darzustellende Wort würde also einige Minuten erfordern; durch diese außerordentliche Langsamkeit aber wären die Kabelgesellschaften genötigt, unerschwingliche Preise für ein Telegramm zu fordern. So mußte man denn ganz von dem Morseschen System abgehen.

Anfangs glaubte man durch sehr starke Ströme dem Mangel abhelfen zu können; die Folge war, daß das Kabel in ganz kurzer Zeit unbrauchbar wurde. Jetzt werden nur ganz schwache Ströme bei der unterseeischen Telegraphie verwendet und die Zeichen durch ein Spiegelgalvanometer gegeben.

Sehr kleine Ablenkungen der Magnetnadel können mit dem Auge allein kaum oder nicht unterschieden werden.

Schon Professor Gauß in Göttingen verband mit der Galvanometernadel ein kleines Spiegelchen, das mit abgelenkt wird und einen Lichtstrahl der darauf fällt, auf einen Maßstab reflektiert. Thomson wandte diesen kleinen Apparat zum

Zeichengeben bei der submarinen Telegraphie an.

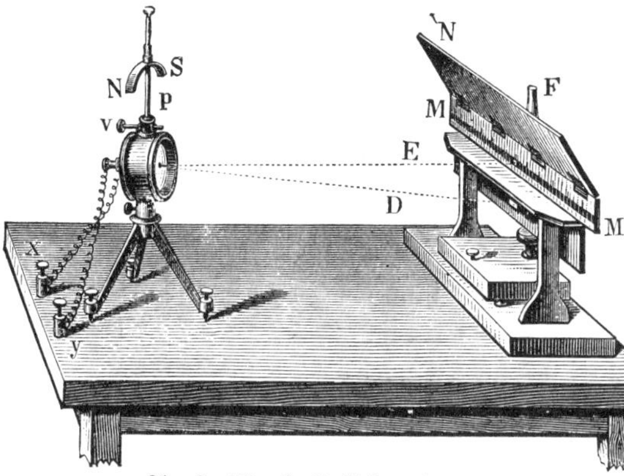

Fig. 9. Thomson's Reflexgalvanometer.

Fig. 9 zeigt die Einrichtung von Thomsons Reflexgalvanometer und Fig. 10 etwas vergrößert den Durchschnitt desselben. In einer geschlossenen Kapsel ist an einem Coconfaden die Nadel mit dem Spiegelchen aufgehängt und an der Rolle mit Drahtwindungen umgeben. Bei x und y wird das Galvanometer in die Kabelleitung eingeschaltet. Von der Flamme F fällt ein Lichtstrahl auf den Spiegel und wird nach dem Maßstab M M reflektiert. Umkreist die Nadel ein Strom, so wird diese abgelenkt, zugleich verläßt aber auch die Lichtlinie auf dem Maßstab ihre Stelle und rückt sichtbar seitwärts, denn das Lichtbild beschreibt einen doppelt so großen Winkel als der Spiegel selbst. Ein kleinerer oder größerer Ausschlag der Nadel bedeutet wieder Punkt und Strich und so werden durch Verbindung

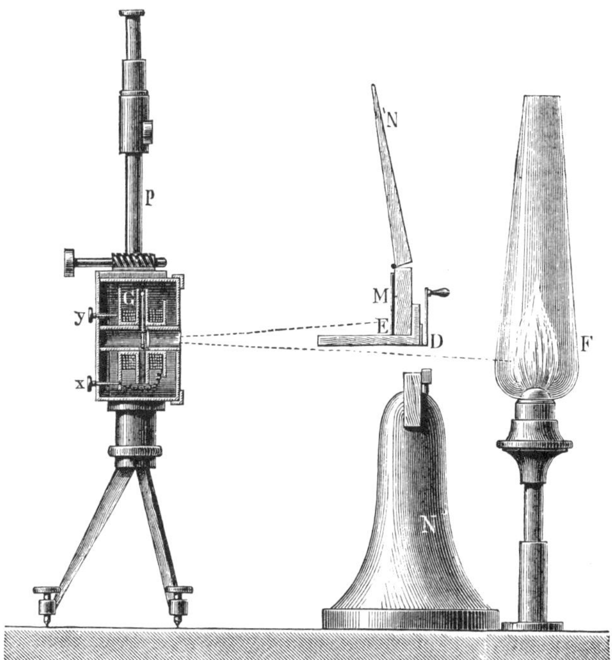

Fig. 10. Ein Durchschnitt durch das Reflexgalvanometer.

derselben die Zeichen für die Buchstaben vermittelt. Auch durch Anwendung von abwechselnd positiven und negativen Strömen hat man die störenden Einflüsse wesentlich vermindert und das Sprechen auch durch lange untermeerische Leitungen sicherer gemacht und beschleunigt. Man kann jetzt 15 bis 17 Worte in der Minute telegraphieren, und dabei ist die Intensität des Stromes am Ende des Kabels oft noch geringer als 0,001 deren, die er bei Andauer erreichen könnte. Die aufeinander folgenden Ströme beeinflussen sich, und heben sich ganz oder teilweise auf, wie verschiedene Wellen in Flüssigkeiten sich ganz oder zum Teil aufheben können. Um ein einziges Zeichen zu geben sind oft 20 bis 30 rasch auf einander folgende Ströme erforderlich. Jede kleine Aenderung im Strome offenbart sich sofort an der Veränderung in der Lage der Lichtlinie auf dem Maßstab und es gehört eine besondere Uebung des Beamten dazu, der das Telegramm empfängt und weitergiebt, die scheinbar so unregelmäßigen Zeichen zu entziffern.

Ein großer Nachteil des beim überseeischen Telegraphieren verwendeten Spiegelgalvanometers ist aber, daß keine materiellen und sichtbaren Zeichen zurückbleiben.

Der Beamte hat mit der gespanntesten Aufmerksamkeit den Weg der Lichtlinie auf dem Maßstab zu verfolgen und gleichzeitig zu entziffern. Das ermüdet außerordentlich aber die kleinste Unachtsamkeit hat große Irrtümer im Gefolge, es werden Wiederholungen nötig und Zeitverlust ist unvermeidlich.

Sir William Thomson hat nun einen neuen Apparat konstruiert, welcher auf einem sich abwickelnden Papierstreifen alle die eigentümlichen Bewegungen, welche unter dem Einfluß der verschiedenen durch das Kabel geschickten Ströme in einer ebenso eigentümlich gekrümmten Linie verzeichnet und dauernd sichtbar macht. Das Verständniß des Apparates erfordert so specielle Vorkenntnisse, daß wir darauf verzichten müssen, dieselben ausführlicher zu erklären. Aber nicht ohne Interesse ist es, einmal das damit auf dem Papierstreifen entstehende Alphabet anzusehen

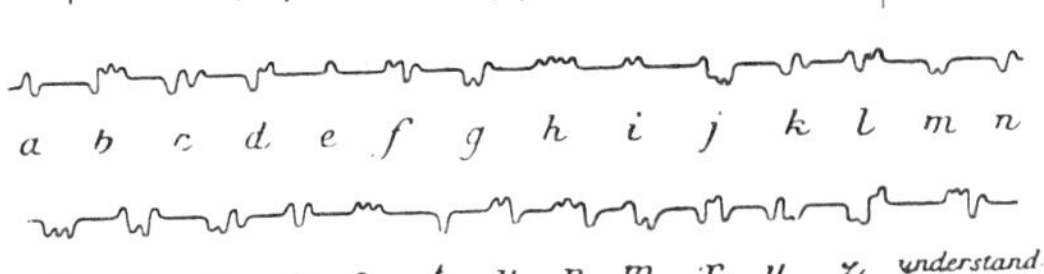

Fig. 11.

(Fig. 11.) oder ein Stück einer Depesche (Fig. 12.). Das Telegraphieren zwischen

Fig. 12.

Europa und Amerika geht dabei ebenso rasch vor sich, wie mit dem Spiegelgalvanometer.

Auch hat man jetzt die Einrichtungen so getroffen, daß in demselben Kabel zugleich in beiden Richtungen telegraphiert werden kann. Mit dieser Verbesserung und dem neuen Thomsonschen Schreibapparat können z. B. zwischen Aden und Bombay auf eine Entfernung von 3600 Kilometer 40 bis 45 Buchstaben in der Minute übermittelt werden. Dies sind ganz erstaunliche Fortschritte, die nur durch das Zusammenwirken der ausgezeichnetsten und scharfsinnigsten Physiker erzielt wurden.

Nahezu 500 untermeerische Telegraphenkabel sind jetzt von Regierungen und Privatgesellschaften gelegt und dieselben haben zusammengenommen die ungefähre Länge von 70000 Seemeilen. Nicht nur in den Fabriken, in welchen nur solche Seekabel dargestellt werden, sind nach den gemachten Erfahrungen die maschinellen Einrichtungen sehr wesentlich verbessert worden, auch die Auslegemaschinen, die Instrumente zur Untersuchuug der Leitungsfähigkeit, die Einrichtungen zur Beseitigung etwa sich ergebender Fehler, kurz das ganze höchst komplicierte System der Kabellegung ist auf eine wesentlich höhere Stufe der Vollkommenheit gebracht worden. Es geht jetzt eine solche Unternehmung in der Regel so glatt und ungestört vor sich, daß kaum noch die Tagespresse davon Notiz nimmt, wenn eine neue unterseeische Telegraphenlinie gelegt und eröffnet wird.

Um einen Beleg hierfür zu geben, wollen wir eine der neuesten Linien betrachten, die von Marseille nach Algier im September 1880 gelegt wurde. Schon vorher waren zur telegraphischen Verbindung Frankreichs mit seiner nordafrikanischen Kolonie zwei Kabel vorhanden, diese aber genügten nicht mehr dem Bedürfniß und es wurde deshalb von der französischen Regierung eine dritte Linie in England bestellt; das Kabel von 525 Meilen Länge mußte in drei Monaten beendet und gelegt sein. Als Preis waren 1,392,500 Francs festgesetzt.

Das submarine Kabel zwischen Marseille und Algier.

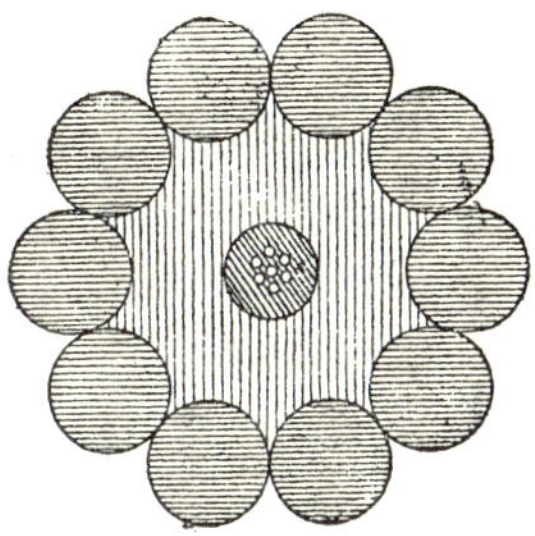

Fig. 13. Küstenkabel.

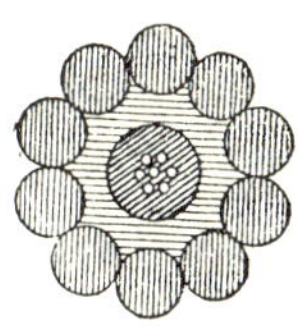

Fig. 14. Mittelkabel.

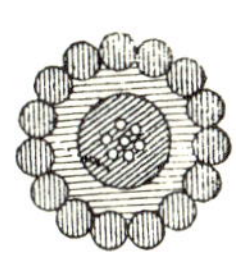

Fig. 15. Tiefseekabel.

Auch hier sind das Küstenkabel, das Mittelkabel und das Tiefseekabel nicht im Kern, sondern in der Umhüllung und Panzerung verschieden stark. Die aus 7 Kupferdrähten bestehende Litze ist mit abwechselnd je drei Lagen Chattertons Masse und Guttapercha umhüllt, darauf folgt eine starke Lage gegerbter Hanffasern und dann folgt die Panzerung mit verschieden starken Stahldrähten, die verzinkt sind.

Der große Schraubendampfer „Dacia“ mit drei Masten ist besonders für die Verladung von Seekabeln eingerichtet. Die einzelnen Teile sind aufs sorgfältigste aufgerollt in drei sogenannten Tendern aus Eisenblech; die kleinste Nachlässigkeit dabei rächt sich beim Abwickeln und Niederlegen. Durch die wesentlich verbesserte Auslegemaschine, die aus einem Dynamometer und einer sehr kräftigen Bremse besteht, ist das Niederlassen des Kabels beträchtlich erleichtert worden. Aber auf dem Meere ist die Arbeit sehr wesentlich von dem Wetter abhängig und kann auch bei größter Vorsicht — die Arbeiten am transatlantischen Kabel 1865 und 1866 beweisen dieses — ein sehr starkes Kabel zerreißen. Für den Notfall hatte die Dacia nicht nur eine größere Anzahl Boien an Bord, sondern darunter auch eine mit komprimiertem Leuchtgas gefüllte, welche einen kleinen Leuchtturm mit Fresnelschen Linsen trug. Für den Fall eines besonderen Unglücks, wo das Kabel gekappt werden mußte, sollte diese Boie an das Ende desselben befestigt und das Gas angezündet werden; die Füllung darin war so berechnet, das sie während sechs Wochen brennen konnte. Innerhalb dieser Zeit konnte dann bei Tag oder Nacht das Kabelende wiedergefunden werden. Es war zum Glück nicht nötig, diese eigentümliche Einrichtung praktisch zu erproben.

Am 23. September 1880 wurde an der algerischen Küste mit dem Legen des Kabels begonnen. Unsere Abbildung (Fig. 16.) zeigt das Schiff in einiger Entfernung, das Seil wird langsam abgelassen und muß nun sein Ende bis zum Lande geschafft werden. Ein Wegziehen über den Boden würde dasselbe aber durch die Reibung schwer verletzen, es werden daher in Entfernungen von 30 bis 40 Meter große mit Luft aufgeblasene Kautschukballons am Kabel befestigt, welche es schwimmend erhalten und so eine langsame, aber sichere Landung ermöglichen.

Da wird natürlich ein Ballon um den anderen wieder abgenommen und das Kabelende im Stationsgebäude mit der Landleitung in Verbindung gesetzt.

Der erste Teil der Arbeit ist vollendet. Nun ist noch der Rest des algerischen Küstenkabels zu versenken; sein Ende wird an einer starken Kette und diese an einer weithin sichtbaren Boie befestigt, um es wieder leicht auffinden zu können. Darbeit des Niederlegens des französischen Küstenkabels in derselben Weise wie an der afrikanischen Küste. Auf der vorher sondierten Strecke wurde dann das Seekabel abgewickelt und dabei täglich mehrfach die Leitungsfähigkeit desselben geprüft. Das Schiff stand nun in direkter telegraphischer Verbindung mit Paris und der ganzen Welt. Als dann die Boie an der algerischen Küste erreicht war, konnte das

Fig. 16. Der Dampfer „Dacia" im Angesicht der algerischen Küste.

auf fährt das Schiff nach der französischen Küste nahe bei Marseille; unterwegs waren überall Messungen der Meerestiefe vorgenommen. Zwar ist die Route etwas östlich von den früher gelegten Kabeln, aber der Meeresboden zeigt dieselbe gleichmäßige Oberfläche; dabei ergiebt sich eine Tiefe bis zu 2800 Meter.

Am 27. Sept. 1880 war Marseille erreicht und nun begann sogleich die ArSeekabel mit dem wieder herausgezogenen Ende des Küstenkabels zusammengespleißt werden und die verantwortliche Arbeit war glücklich beendigt. 784 Seemeilen Kabel waren auf den Boden des Mittelmeeres versenkt.

Freilich ist dieses sehr klein gegen den atlantischen Ocean und dadurch die Kabellegung außerordentlich erleichtert. Aber dennoch erkennt man, daß die leitenden

Ingenieure gelernt haben, die anfangs sich ergebenden Schwierigkeiten durch vervollkommte Maschinen soweit zu beseitigen, daß jetzt ohne besonderes Wagniß unternommen werden kann, durch Meere getrennte Gebiete telegraphisch zu verbinden. Nur in Ausnahmefällen werden schwierigere Störungen der Arbeit vorkommen oder diese gar vollkommen unterbrochen, wie dies anfangs so oft der Fall war.

Im Jahre 1866 kostete jedes Wort eines überseeischen Telegramms 21 Mark; 1870 hatte sich der Preis auf 2,50 Mark erniedrigt, aber bei allgemeinerer Ausführung der erwähnten Verbesserungen wird der Tarif für jedes Wort selbst bis zu 50 Pfennigen herabgesetzt werden können. In demselben Maß wird sich natürlich der telegraphische Verkehr steigern und die Kosten der Kabellinien werden sich doch verzinsen.

Weinverderbniß durch zu großen Kalkgehalt der Flaschen.

Daß durch das Glas der Flaschen eine Verschlechterung und eine Verderbniß des Weines herbeigeführt werden können, war bisher noch wenig bekannt. Ein Kaufmann, dem eine Partie seiner besten Flaschenweine auf eine unerklärliche Weise verdorben war, machte die Wahrnehmung, daß sich das Glas der Flaschen getrübt habe und übergab deshalb die Sache einem Chemiker zur Untersuchung; derselbe fand, daß das Glas einen zu großen Kalkgehalt gehabt habe. Die Weinsäure hatte den Kalk angegriffen und einen Teil desselben gelöst, wodurch eben die Zersetzung des Weines herbeigeführt worden war. Die Zusammensetzung einer guten Flasche ist:

Kieselsäure	58,4
Pottasche und Soda . .	11,7
Thonerde und Eisenoxyd .	11,3
Kalk	18,6
	100,0

Glas für Weinflaschen darf einen Kalkgehalt von 20 % nicht übersteigen. Eine Flasche mit 25 % Kalkgehalt ist zur Aufbewahrung von Wein schon unbrauchbar.

Die Schienenwege des Weltverkehrs in Amerika.

I.

Die „alte“ Pacificeisenbahn.

Die in den Jahren 1863 bis 1869 erbaute Union- und Central-Pacificeisenbahn mag dem Europäer auf den ersten Blick als der verwegenste aller amerikanischen Gedanken erschienen sein. Eine Eisenbahn, die fast auf zwei Dritteilen ihrer 5285 Kilometer langen Strecke durch unbewohnte und größtenteils auch unwirtliche, zum Teil ganz unbewohnbare Gegenden — Sandwüsten und Hochgebirgsregionen — führt und erst ganz in der Nähe des Großen Oceans wieder auf Kulturland trifft: das ist vom europäischen Standpunkte aus ein Gedanke, der so sehr allen geschäftlichen Grundsätzen widerstreitet, daß er eher dem Tollhause als dem Kopfe eines scharf und schlau berechnenden Amerikaners entsprungen schien. Eine Bahnstrecke von der Länge einer Linie von Madrid nach Petersburg, ohne Aussicht auf eine einstweilen auch nur annähernd ausreichende Rentabilität, zu bauen, eine Bahn, die zahllose Ströme und Schluchten zu überschreiten hatte, welche die Bohrung von wenigstens 25 Tunnels erforderte, der die Aufgabe gestellt war, zwei Hochgebirgszüge zu übersteigen, der obendrein die Todfeindschaft der anwohnenden Indianerstämme sicher war: das mußte mehr wie abenteuerlich erscheinen. Und dennoch baute sie der Amerikaner! Von den zwei Endpunkten zugleich in Angriff genommen, ward der Bau mit solcher Energie gefördert, daß die Fertigstellung der Strecke zwei Jahre früher erfolgte als projektiert war. Das war wieder fabelhaft oder — echt amerikanisch. Allerdings zeigte sich auch der Bau der Bahn infolge dieser Eilfertigkeit nicht überall von der Beschaffenheit, daß eine europäische Behörde ihr die Konzession erteilt haben würde. Die Brücken und Viadukte waren zum Teil von Holzstämmen oft in sehr schwankem Zustande zusammengezimmert, der Oberbau besaß nicht überall die nötige Solidität — wer weiß, welche Mängel ihr sonst noch anhafteten! Jetzt sind dieselben natürlich alle längst beseitigt, Brücken und Viadukte solid aus Stein und Eisen hergestellt ꝛc. Aber für jene einstweiligen Mängel hatte der Amerikaner kein Auge, der eine Vorteil, daß die Bahn überhaupt existierte, stellte alles Andere vollständig in den Hintergrund; einer der großartigsten technischen Gedanken aller Zeiten war hier in kurzer Frist zur vollendeten Thatsache erhoben worden. Man konnte jetzt von New-York in sieben Tagen nach San Francisco gelangen, während man via Panama die vierfache Zeit gebrauchte — das war für den Amerikaner, bei dem Zeit Geld und abermals Geld ist, ein so hoher Gewinn, daß an alles Andere weiter nicht gedacht wurde. Gemächlich zurückgelehnt im Pullmannschen Salonwagen, ließ er fast gleichgültig die weiten Ebenen der Prairien an sich vorüberziehen, auf denen hin und wieder der Sohn der Wildnis in Gestalt eines äußerst primitiv oder pittoresk gekleideten Indianers auftauchte, oder auch der Büffel, den jener hier nicht mit Pfeil und Bogen jagte. Auch die riesigen Formen der Rocky Mountains machen auf ihn keinen Eindruck, ebensowenig wie ihn die Einöden des Great Basin jenseits derselben zur Verzweiflung bringen, weshalb denn auch die herrlichen Alpenlandschaften der Sierra Navada ihn kalt lassen. Wenn er überhaupt jetzt etwas animierter erscheint, so ist es deshalb, weil er sich dem Ziel seiner Reise, und dem dort erhofften Dollar-Gewinn, nähert.

Nachdem Station Summit passiert ist, beginnt der Abstieg. Wie wenn der Dampf auch noch Flügel bekommen, so geht es jetzt abwärts, der Königin des Großen Oceans, San Francisco, entgegen.

Ganz außer Acht war aber die Frage der Rentabilität nicht gelassen, wie denn auch die Grundlagen einer solchen keineswegs fehlten. Californien hatte sich als eines der reichsten und entwicklungsfähigsten Länder der Erde erwiesen. Jenseits des Oceans lag Japan, ebenfalls in glänzender Entwickelung begriffen; die Pacificbahn kürzte den Weg von dort nach Europa um Tausende von Meilen. Auch von China war noch Manches zu erwarten, so lange der Suezkanal nicht zu voller Geltung gelangt war. Und eben weil der Suezkanal damals ebenfalls seiner Vollendung entgegenging, setzte der nordamerikanische Kongreß vielleicht die Prämien zur Fertigstellung der Pacificbahn so hoch — ohne Zweifel die höchsten überhaupt je gewährten. Dieselben bestanden in 12800 Acres Land für jede englische Meile zu beiden Seiten der Bahn und einer leihweisen Geldunterstützung, deren Höhe sich je nach den Schwierigkeiten des Baues auf 16000 resp. 32000 resp. 48000 Dollars pro engl. Meile belaufen sollte. Derjenigen der beiden gegeneinander bauenden d. h. konkurrierenden Gesellschaften sollten diese Prämien zufallen, die mit dem Geleise zuerst den 101. Grad westl. Länge erreicht haben würde. Den Sieg trug die von der Omaha-Seite vorschreitende Gesellschaft davon. Die zu gewährenden Landschenkungen berechneten sich auf 54687 englische Quadratmeilen, gleich 141600 Quadratkilometern, also fast soviel, wie das Areal der Königreiche Sachsen, Bayern und Württemberg nebst Baden, Hessen und Elsaß-Lothringen insgesamt ausmacht; während an Geldunterstützungen über 53 Millionen Dollars (223 Mill. Mark) gezahlt waren. Diese Prämien bildeten also die Triebfeder der um zwei Jahre beschleunigten Fertigstellung der Bahn, die somit nach dem amerikanischen Grundsatze „Zeit ist Geld" erfolgt war und diesen Grundsatz auch glänzend rechtfertigte. Die Bahn hat, trotz der Wüsteneien, die sie durchschneidet, sich und weitere unbewohnte Strecken, in verhältnißmäßig kurzer Zeit zu einer guten Rentabilität erhoben, ein zweites Geleise mußte schon bald gelegt werden und sie besitzt jetzt schon ein ganzes System von Nebenbahnen, die sich besonders südlich der Hauptbahn in die silber- und goldreichen Regionen des Staates Colorado und des Territoriums Nevada verzweigen.

Am 10. Mai 1869, gegen drei Uhr Nachmittags, wurde das ganze Gebiet der Unionsstaaten von einem freudigen elektrischen Schlage durchzuckt. Bei Promontory Point, dem Kreuzungspunkt des 101. Längengrades war der letzte Nagel zur Befestigung der Verbindungsschwelle der beiden Bahnhälften eingeschlagen worden. An diesem Nagel war der Draht des Pacifictelegraphen befestigt und die Sache so arrangiert worden, daß sämtliche Telegraphenstationen beim Einschlagen des Nagels fast gleichzeitig ein Glockensignal erhielten und somit der Einwohnerschaft des ganzen Landes noch an demselbigen Tage die Kunde von dem freudigen Ereignis zu teil wurde. Die Verbindungsschwelle war von Lorbeerholz, jener letzte Nagel von Gold, ein Geschenk des Staates Californien, während silberne Klammern vom Staate Nevada gesandt wurden.

Wir wollen nun die Bahn ihrer ganzen Länge nach kurz verfolgen und dabei auch ihrer Eigentümlichkeiten, insbesondere aber ihrer Bedeutung gedenken.

N e w - Y o r k ist unser Ausgangspunkt. Wir befinden uns hier in der ersten Seehandelsstadt Amerikas, der zweiten der Welt, rivalisierend mit London, welches jetzt noch die erste Stelle in dieser Hinsicht behauptet. Außer dem Ziel- und Ausgangspunkt von tausend und abertausend Handelsschiffen bildet es den Anlande- und Abfahrtsort von annähernd dreißig transatlantischen Dampferlinien, davon etwa zwanzig europäische, während gleichzeitig von hier die wichtigsten nordamerikanischen Eisenbahnen ihren Anfang nehmen. Hier mündet auch der Hauptarm des mächtigen Auswandererstromes, der jährlich mehrere hunderttausend Europamüde an diese Gestade wirft.

New-York mit der Eriebahn verlassend, gelangen wir nach B u f f a l o, am Erie-See da gelegen, wo dieser seine Wasser durch den Niagara, der hier überbrückt ist und einige Meilen abwärts seine berühmten Fälle bildet, nach dem Ontario-See sendet, aus dem er als

Lorenzostrom seinen Weg nach dem atlantischen Ocean fortsetzt. Buffalo ist fast in Wald eingebettet. Wo sich jetzt seine stolzen Straßen hinziehen, stand vor 60 Jahren noch Urwald, und man sieht ihm auch nicht gleich an, welch großartiger Verkehr hier herrscht und daß es nächst Chicago die erste Handelsstadt im Gebiet der canadischen Seen ist.

Am Südufer des Erie-Sees hinfahrend, berühren wir nacheinander Erie, Cleveland, Toledo, drei blühende Handels- und Industriestädte und gelangen dann nach dem Wunder des Westens, der Welt-Wunderstadt Chicago, am Südufer des Michigan-Sees: der größte Eisenbahnknotenpunkt Amerikas, ja der Welt, der größte überhaupt existierende Frucht- und Fleischmarkt, diejenige Stadt die von allen Städten der Welt in einer kurzen Spanne Zeit am mächtigsten, wenn auch nicht am raschesten emporgeblüht ist. Vor fünfzig Jahren noch eine elende Niederlassung, steht Chicago jetzt als eine Großstadt von mehr denn einer halben Million Bewohner da, trotzdem es mehrmals von kolossalen Feuersbrünsten heimgesucht wurde. Der Brand im Oktober 1872 zerstörte 17,450 Gebäude, setzte 75,000 Menschen außer Obdach und verursachte einen Schaden von 290 Millionen Dollars, aber schon 1873 war dieser Teil der Stadt wieder aufgebaut, herrlicher als zuvor. In Bezug auf Bauart wetteifert Chicago überhaupt mit allen Städten der Union und übertrifft in manchen Teilen sogar New-York, das doch mit Recht zu den schönsten Städten der Welt zählt. Die im Großhandel umgesetzten Werte wurden für 1879 auf 764 Millionen Dollars berechnet. Der Versandt an Getreide beträgt jährlich 45 bis 50 Millionen Hektoliter, also ungefähr den siebenten Teil dessen, was Deutschland in einem ganzen Jahre erzeugt. Es werden jährlich 6 bis 7 Millionen Schweine verarbeitet resp. verhandelt, also fast soviele als ganz Deutschland überhaupt besitzt. Dabei ist Chicago auch eine Industriestadt ersten Ranges, welche einschließlich der Fleischverpackung etwa 67,700 Arbeiter beschäftigt, darunter etwa 11,000 in der Eisen- und Stahlfabrikation. Die Zahl der hier einmündenden Eisenbahnlinien beträgt vierzig. Uebrigens treibt Chicago seit mehreren Jahren auch einen in lebhaftem Aufschwunge begriffenen Exporthandel nach Europa 2c.

Schneedächer auf der californischen Bahn.

Nachdem die Bahn dann bei Davenport den Mississippi und bei Omaha den Missouri überschritten, betritt sie das eigentliche Gebiet des Westens. Bei Fremont, 60 Kilometer westlich von Omaha, tritt die Bahn in das Thal des Nebrasca, dem sie 400 Kilometer folgt, sie gelangt hierauf in das Gebiet der Prairien, immer allmählich ansteigend, durchschneidet dann den nördlichen Teil der Colorado-Wüste, erklimmt die Rocky-Mountains und erreicht ihren höchsten Punkt bei Station S h e r m a n in 2685 Meter Seehöhe. Hier begegnen wir auch schon jenen Schutzvorrichtungen gegen Schneefall und Lawinen, die, aus starken Balken zusammengezimmert und mit dicken Bohlen bedeckt, oberirdischen Tunnels gleichen und sich oft meilenlang hinziehen. In weit größerem Maße sind diese Schneedächer im californischen Randgebirge, der Sierra Nevada, errichtet, weil dort der Schneefall wegen der großen Feuchtigkeit der Luft ungleich stärker ist, als auf dem östlichen Randgebirge. Dort haben diese Schutzvorrichtungen eine Gesamtlänge von 75 Kilometern.

Von hier folgt die Bahn eine Strecke dem oberen Nebrasca, dann dem Bitter Creek, überschreitet hierauf dessen Thal, sowie die Thäler des Black Fork, Bear River und Weber River, auf welcher Strecke sie in 2100 bis 2400 Meter durchschnittlicher Seehöhe bleibt und erreicht dann Station O g d e n in 1500 Meter Seehöhe, östlich vom Großen Salzsee, an dessen Ufern, etwas weiter südlich, die Mormonen ihr Heim aufgeschlagen haben. In der Nähe liegt auch das oben erwähnte P r o m o n t o r y P o i n t. Hinter Ogden durchschneidet die Bahn einen der ödesten und einförmigsten Teile ihrer ganzen Ausdehnung, folgt dann etwa 370 Kilometer dem Humboldt River, einer alten Auswandererroute, kreuzt hierauf die 16 Kilometer breite Truckee-Wüste, erreicht bei Station Truckee wieder eine Seehöhe von etwa 1800 Metern und bewerkstelligt dann, sechs Tunnels durchfahrend, ihren Aufstieg zum Paß der Sierra Nevada, den sie in 2148 Meter Seehöhe bei Station S u m m i t erreicht.

Karte der Haupteisenbahnen von Nord-Amerika.

Ein verhältnismäßig kurzer, durch eine großartige Alpennatur verschönter Abstieg in das californische Tiefland entschädigt reichlich für die Langeweile, die wir auf der etwa 1200 Kilometer langen Fahrt über das Hochland des Westens erlitten haben. Diese kurze Strecke war begreiflicherweise die am schwierigsten herzustellende der ganzen Bahn; auf einer Strecke von nicht ganz 200 Kilometern mußten nicht weniger als 19 Tunnels gebrochen werden.

Die Entfernung von New-York nach Omaha, auf welcher Strecke meist fertige Linien benutzt werden konnten, beträgt 2208, die Entfernung von Omaha nach Ogden 1660, die von Ogden nach Sacramento resp. San Francisco 1417 zusammen 5285 Kilometer.

Die über 7 Tage dauernde Fahrt auf der Pacificbahn ist übrigens den Reisenden so bequem wie möglich gemacht. Bei jedem Zuge befinden sich ein Pullmannscher Schlaf und Hotelwagen. Letztere führen diese Benennung in der besten Bedeutung des Wortes, da weder Küche noch Keller etwas zu wünschen übrig lassen. Auf dem Hauptzuge befindet sich sogar eine Druckerei, welche eine Zeitung, den Transkontinental, liefert, für welchen die neuesten Nachrichten auf den Hauptstationen in Bereitschaft gehalten und in Empfang genommen werden. Die hauptsächlichsten Nebenbahnen der Central- und Union-Pacificbahn sind nun folgende: 1) Die zwar der Kansas-Pacific-Gesellschaft gehörenden, aber zu jener in enger Verbindung stehenden beiden von Kansas City nach Denver der Hauptstadt des Staates Colorado führenden Parallelbahnen, wovon die nördliche den Namen Eastern Division der Union Pacific, die südliche den Namen Kansas-Denver-City führt. Jede dieser Linien hat eine Länge von etwa 1000 Kilometern. Denver, der Mittelpunkt eines reichen Gold- und Silber-Bergwerksbezirks ist jetzt der Knotenpunkt von acht, nach allen Seiten sich verzweigenden Bahnen. Eine der Strecken führt nach Cheyenne, der Hauptstadt des Territoriums Wyoming, zum Anschluß an die Pacificbahn. 2) Die zweite Linie zweigt unter dem Namen Utah Centralbahn bei Station Ogden südlich ab nach Great Salt Lake City, dem Hauptsitz der Mormonen, von wo sie südlich weiter führt. 3) Die Oregon-California-Bahn zur Verbindung von Portland am Columbia in dem Holz- und getreidereichen Staate Oregon mit Sacramento, resp. San Francisco in Californien. Diese Linie wird nordwärts bis Tacoma am Puget-Sund zum Anschluß an die noch im Bau begriffene Northern Pacific weiter geführt und ist ohne Zweifel jetzt bereits fertig.

II.

Die zweite transkontinentale Eisenbahn in der Union.

Nur zehn Jahre sind verflossen seit das Riesenwerk des ersten Schienenweges, der die Küsten des stillen mit dem des atlantischen Oceans verbindet, vollendet wurde und schon ist eine zweite transkontinentale Bahn ihrer Vollendung nahe und eine dritte hat schon nahezu die Hälfte gebaut, respektive im Bau begriffen und fast ein Drittel dem Verkehr bereits übergeben. Die letztere, die ‚Northern Pacific‘ wird hauptsächlich eine Rivalin der ‚Canadian Pacific‘ sein, welche die brittische Kolonialregierung nur unter der Bedingung subsidiert, daß keine Zweigbahnen südwärts nach der Unionsgrenze von der Hauptlinie abgezweigt werden.

Die erstere, die ‚Southern Pacific‘, wird, obgleich sie in Bezug auf direkte Entfernung der Hauptplätze im Nachteile ist*), der bereits bestehenden Bahn dadurch bedeutend Konkurrenz machen, daß sie vom Schnee, der im Winter die ‚Central und Union Pacific‘ oft inpraktikabel macht, absolut nichts zu fürchten hat. Doch sind dafür auch wieder andere Schwierigkeiten, wie z. B. Mangel an Wasser und Brennmaterial.

Doch sind, wenn die Berichte zuverlässig sind, im Territorium Arizona sowohl, wie in dem von New-Mexiko, ausgedehnte Kohlenlager entdeckt worden, welche wenigstens den letzterwähnten Mangel beseitigen werden.

Die neue Route schließt sich an die Southern Pacific of California an, welche schon seit einiger Zeit vollendet ist. Dieselbe durchschneidet von San Francisco aus den Staat Californien fast seiner ganzen Länge nach und erreicht das County Los Angeles mit seiner gleichnamigen Hauptstadt, die unter dem 34. Breitengrade gelegen ist. Es ist dies das eigentliche Weinland Californiens. In diesem herrlichen Hügellande befinden sich, hauptsächlich dem deutschen Fleiße und deutscher Umsicht ihr Entstehen verdankend, viele Quadratmeilen Landes bedeckende Weinberge, die im letzten Jahre gegen eine Million Hektoliter Wein produziert haben. Von dort wendet sich die Bahn ostwärts und die südlichsten Ausläufer der Sierra Nevada entlang; dieselben teilweise überschreitend, erreicht sie den Coloradofluß des Westens. (Bekanntlich giebt es einen andern Fluß dieses Namens, der Texas durchströmt und in den mexikanischen Golf mündet.)

Dort bei Fort Yuma überschreitet die Bahn auf einer trefflichen Holz-Gitterbrücke (Howe's System) den Fluß und erreicht damit das Territorium Arizona, speziell die Stadt Yuma, die am andern Ufer gelegen ist.

Ihre Route durch die Territorien Arizona und New-Mexiko ist die folgende:

Von Yuma den Silafluß hinauf übersteigt die Bahn die Wasserscheide zwischen diesem und dem Zuni, die San Francisco Ms. in Arizona; bei der Stadt Zuni überschreitet sie die Grenze und tritt nach New-Mexiko über. Von da geht die Route in südöstlicher Richtung dem Thale des Mimbres zu, der ein Nebenfluß des Rio Grande del Norte ist und sich bei Deming mit demselben vereinigt. Von da geht es das Thal des Rio Grande hinauf über Albuquerque bis Santa Fé.

Hier schließt sie sich der Atchison-, Topeka- und Santa Fé-Eisenbahn an, welche, zu dem, den jungen Staat Kansas überziehenden, Schienenneetze ghörend, dessen Fortsetzung bildet.

Der östliche Teil dieses, in aller Stille seiner baldigen Vollendung entgegengehenden, Schienennetzes ist schon beinahe bis Deming im New-Mexiko vollendet und war am 1. November 1880 das noch zu vollendende Stück wenig über hundert Meilen lang. Am 18. März wurde der erste Zug von Kansas City abgelassen, welcher Anschluß an die Southern-Pacific behufs Weiterbeförderung nach San Francisco machte. Ueber die unvollendete

*) Die neue Linie ist länger, als die alte für die Route:

		Meilen
San Francisco	— Chicago . . .	436
„ „	— St. Louis . .	306
„ „	— Kansas City . .	234

Strecke wurden die durchreisenden Passagiere (14 an Zahl) per Achse befördert, bestiegen in Mimbres die Southern Pacific und gelangten wohlbehalten in San Francisco an.

Von Santa Fé aus beabsichtigt die Atchison, Topeka und Santa Fé Bahngesellschaft eine Zweigbahn durch das Thal des Canadian River, eines Nebenflusses des Arkansas zu legen; dann im Thale des letztgenannten Flusses bis Little Rock der Hauptstadt des Staates Arkansas. Doch ist die Ausführung dieses Projektes sehr problematisch, indem bereits eine andere Kompagnie, welche den hochtrabenden Namen: St. Louis und San Francisco Railroad führt, sich das Wegerecht (das erstbewilligte) durch das exklusive Indianergebiet gesichert hat und in dessen nordöstliche Ecke bereits bis Vinita eingedrungen ist. Diese Linie war ursprünglich im Interesse der Texas Pacific angelegt, um bei El Paso an dieselbe Anschluß zu finden. Doch ist die Texas Pacific gegenwärtig aufgegeben und mag sich noch eine Vereinbarung mit der Southern Pacific anbahnen lassen.

Dieser Teil des ungeheueren Uniongebietes ist einer der interessantesten, weil von östlicher Kultur noch am wenigsten berührt. Und speziell Arizona und New-Mexiko sind die beiden Gebiete, in welchen der Reisende beinahe vergißt, daß er sich in den Vereinigten Staaten befindet. Nur der moderne Pullmannsche Salonwagen, in dem er sich befindet, erinnert ihn daran, daß er nicht im Lande der Incas und Azteken reist; die Menschen und Häuser, die Städte und Hügel zeigen aber erst seit Kurzem die Einwirkungen östlichen Lebens und wenn auch Englisch die offizielle Sprache der Behörden und Gerichtshöfe ist, so ist doch auf den Straßen und den Märkten, in den Bergwerken, wie auf den Feldern das Spanische fast die ausschließliche Umgangssprache.

Verhältnismäßig am schnellsten haben diejenigen Orte den ausschließlich mexikanischen Charakter abgestreift, an welchen durch den Aufenthalt der Regierungs- oder Gerichtsbeamten oder durch die Anwesenheit einer Garnison Ver.-Staaten-Truppen eine größere Anzahl östlicher und auch californischer Einwanderer sich niedergelassen oder wenigsteus zeitweiligen Aufenthalt genommen haben. Ein solcher Ort ist die dem Fort Yuma am Colorado, da wo er von Arizona nach Mexiko hineinfließt, gegenüber gelegene Stadt Yuma.

Mexikaner und Indianer (Yuma) sind allerdings die Hauptmasse der Einwohner dieses, früher Arizona City genannten Ortes heute noch und auch die vielen Häuser aus Adobe*), in den abgelegeneren Teilen desselben zeigen dies an. Doch sind die als Gespann dienenden Achsen bereits durch Pferde verdrängt und der größere Teil der Wohnungen sind die üblichen Holz-(Frame) Häuser der amerikanischen Ansiedler, obgleich eine gewisse Kombination beider Bauweisen, namentlich zu geschäftlichen Zwecken benutzt, die Hauptverkehrsstraße entlang prädominiert. Die fast völlige Abwesenheit großer Schattenbäume, sowie die glühende Sonne, die den ganzen Tag auf die einförmig aschfarbenen Straßen der Stadt und der die letztere umgebenden Hügel und Ebenen herabscheint, haben jedoch nicht die unangenehme Wirkung auf den Menschen, die man erwarten sollte. Hat sich das Auge erst an die

*) Eine aus Stroh und Lehm bereitete Masse, welche schon den prähistorischen Stämmen Amerikas zum Häuserbau diente.

blendende Monotonie des Kalkstaubes gewöhnt, so ist das körperliche Befinden ein ausgezeichnetes, wie denn Arizona und namentlich New-Mexiko und das noch etwas nördlicher und höher über dem Meeresspiegel gelegene Colorado, das Meran Davos, oder sagen wir lieber das des westlichen Kontinentes, sind. Die Lungenschwindsucht ist auch hier, wie auf den genannten, europäischen Hochebenen, eine Krankheit, an welcher nur die Unglücklichen sterben, welche zu spät sich zur Reise nach diesen Gebieten entschließen.

Unsere Abbildung giebt eine sehr gute Vorstellung von der Stadt, wie sie ein Blick nach Norden von einem nahe dem Bahnhofe gelegenen Hügel zeigt: im Vordergrunde nach Osten sich erstreckend die Stadt selbst mit ihren niedrigen, meist in großen Einfriedigungen — corrals genannt — gelegenen Häusern; darunter der Money Exchange, d. i. die Bank, sowie das Zeitungsbureau der ‚Yuma Sentinel‘, von dem eine besondere Abbildung geeignet ist, eine richtige Vorstellung zu geben. Im Hintergrunde nach Norden zu eine Kette niedriger Sandhügel, hinter denen der hier in den Colorado mündende Gila-Fluß fließt und über den die Telegraphenlinie der Atlantic und Pacific Telegraph Company herübergeführt ist. Weiter dem Westen zu zeigen sich die Ketten der ‚Purple Hills‘ und der ‚Castle dome‘, Gebirgszüge, zwischen denen sich der Colorado hindurchwindet, dessen Thal sich unterhalb derselben ausbreitet. Noch weiter westlich Californiawärts die beiden Gebirgsketten der Picache Pics und der Cargo Muchacho, welche genug Geld in ihren Granit und Quarzadern enthalten sollen, um einst noch Californien selbst in den Schatten zu stellen. Dann dicht neben dem Bahnhofe

Yuma am Colorado-Flusse.

der Colorado selbst, auf welchem einer der flachbootähnlich gebauten Dampfer zu sehen ist, die bisher den Verkehr mit Californien vermittelten.

Diese Reiseroute gehörte mit zu den interessantesten dieses seltsamen Erdenwinkels. Der Ocean-Dampfer brachte den Reisenden von San Francisco bis Mazatlan und von da den pittoresken Golf von Californien herauf in Küstendampfern bis nahe der Mündung des Colorado. Dort bei San Catalina wurden Waaren und Passagiere abermals umgeladen und zwar auf Lichterschiffe, welche sofort durch den engen Kanal bei Port Isabel in die gleichnamige Bucht gebracht werden, um sie vor der in Folge von Stürmen im Golfe entstehenden heftigen Brandung zu schützen. Von da werden sie nach Guymas weitergeschleppt und dort an der eigentlichen Mündung des Colorado auf eins eben dieser Flachboote umgeladen, wie es unsere Abbildung zeigt. Die besondere Konfiguration des Golfes bringt es mit sich, daß — wie die Brandung — so auch die Flut an seinem nördlichen Ende sehr hoch ist. Die niedrigsten Gezeiten haben eine Differenz von 16, die Springfluten eine solche von 32 Fuß. Daher rührt es auch, daß da, wo die Flut der Strömung des Colorado begegnet, etwa 40 (engl.) Meilen oberhalb der Mündung, dieselbe einen stehenden Wellenberg von mindestens 3 Fuß und noch mehr Höhe bildet. Deßhalb warten die Flußdampfer auch bis kurze Zeit vor Eintritt der vollen Flut, ehe sie von Guymas abfahren; es hat dann die notwendige Ausgleichung der beiden Niveaus — der Flutwelle und der Flußströmung — stattgefunden und außerdem wird die Flut zum Hinauffahren benutzt. Der Colorado ist bis nahe bei Yuma hinauf sehr breit und flach, an manchen Stellen ist das Fahrwasser nicht mehr wie 3 Fuß tief zur Zeit des niedrigsten Wasserstandes, welcher im Dezember eintritt. Zur Zeit des Hochwassers, im Juni, ist er dafür um so wasserreicher, da sein Gebiet eine ungeheure Ausdehnung hat von den Rocky Mts. im Osten, den Vintah Mts. im Norden, den Wasatch Mts. im Westen bis tief nach Mexiko hinein in südlicher Richtung.

Etablissement der Yuma-Sentinel.

Doch wird, wie gesagt, die transkontinentale Eisenbahn das alles ändern und soweit der Verkehr mit Californien in Betracht kommt hat sie es schon gethan.

Gut ist es, daß die Yuma-Indianer in Arizona nicht die privilegierte Stellung genießen, deren sich ihre roten Genossen im Indianergebiete — die Choctaws — erfreuen. Die Letzteren weigerten sich jahrelang eine Eisenbahn durch ihr Gebiet bauen zu lassen und selbst, als die

Erlaubniß gegeben und die Bahn endlich fertig war, lehnten sie die höfliche Ein-

Ein Zeuge der einbrechenden Civilisation.

ladung zur Einweihungsfeierlichkeit mit dem klassischen Ausspruche ihres Häuptlings, Gouverneur Oasalatah, ab:

„Der Indianer wünscht nicht mit der Eisenbahn zu gehen und hat es auch nicht nötig. Er sagt, daß die Wagen schmutzig sind und stinken!“ (Das letztere bezieht sich natürlich auf den gelegentlichen Schwefelgeruch des Steinkohlenrauches.)

Als ihm hierauf der Beamte der Kompagnie, der die Einladung überbracht hatte, erwiderte: „Aber unsere Wagen sind neu, rein und prächtig, ihr könnt darin auf Sammtsesseln sitzen und eure Füße auf buntfarbige Teppiche strecken!“ —, da schüttelte der alte Häuptling den Kopf und schnitt alle weiteren Versuche, ihn zur Fahrt zu bewegen mit dem grimmigen, salomonischen Ausspruche ab:

„Der Indianer will nicht gehen! Er sagt, daß der weiße Mann die große Eisenbahnschlange nur dazu in sein Land gesetzt hat, damit sie ihn nach Texas hinunterziehen soll und dort will der weiße Mann den roten in einen Topf thun und einen Indian Stew aus ihm machen!“

Es ist gut, wie gesagt, daß der Bau der Southern Pacific of Arizona nicht von der Erlaubniß der Herren Yuma abhängt; denn nach der Physiognomie und der Haltung des Indianers, den wir auf unserm Bildchen der mit Dampf herannahenden Civilisation ent-

Bahnbau in der Ebene.

gegenstarren sehen, zu urteilen, wird er den Nutzen derselben so wenig zu schätzen wissen, wie den jenes Paares Unaussprechlicher, die er sich als Zierde umgehangen anstatt sie anzuziehn, so daß sie ihm, wie zwei ungebührlich lange Frackschöße hinter seinen splitternackten Beinen herabhängen — zum großen Gaudium natürlich der vorübersausenden Passagiere im Eisenbahnzuge, dem Jener in stiller Furcht nachblickt.

zum Transporte der Materialien und Arbeiter und zum Wohnorte der letzteren dient.

Unsere letzte Illustration zeigt die schöne Holz-Gitterbrücke über den Colorado, welche die ‚Southern Pacific of California‘ mit derjenigen von Arizona verbindet. Dieselbe ist eingleisig wie die ganze Bahn, wie überhaupt die meisten größtenteils durch Wildnisse führenden Bahnen im fernen Westen.

Brücke der „Southern Pacific of Arizona“ über den Colorado-Fluß.

Die Art und Weise, wie der Bahnbau auf den vom Colorado ostwärts bis an die angeblich so silbererzreichen Santa Rita Mts. reichenden Ebenen geführt wird, ist einfach genug. Das Bahnbett wird mit geringem Zeit- und Kraftaufwande festgestampft; und der Konstruktionstrain, welcher verschiedene sogenannte ‚Wagonmasters Cars‘ enthält, ist bei der Hand mit genügenden Schwellen und Schienen. Dieselben werden gelegt und befestigt, so daß der Schienenweg sogleich

III.

Eisenbahnen in Canada.

Wir sind gewöhnt, amerikanische Verhältnisse und Zustände mit ganz anderen Augen zu betrachten, als unsere. Alles hat sich in kurzer Zeit in entschieden viel großartigerer Weise entwickelt, und die Mittel, welche der Industrie dienstbar gemacht sind, die Unternehmungslust und die Kühnheit der Entwürfe und Ausführungen erregen mit Recht oft genug unser Staunen. Doch sind wir auch weiter noch gewöhnt, diesen Maßstab des Großartigen vorwiegend an die Unternehmungen der Vereinigten Staaten anzulegen und an diese in erster Reihe zu denken, wenn davon die Rede ist.

Doch auch andere Teile Amerikas geben Stoff zu Vergleichen mit den Verhältnissen bei uns; Canada nicht zuletzt. Es ist das riesige Gebiet zwischen atlantischem und stillem Ocean bis zum Lorenzostrom, den fünf großen Seen und dem 48° n. Br. Auch jetzt noch sind ungeheuer große Teile dieses weiten Gebietes mit dichten endlosen Wäldern bedeckt und kaum von Menschen besucht, andere Teile aber, namentlich im Südosten, sind reich bevölkert und zeigen hohe Kultur in Gegenden, die vor fünfzig Jahren auch noch mit Urwald bedeckt und nur von Indianern besucht waren. Es ist erstaunlich, wie sich das Gebiet nördlich des Lorenzo und an den großen Seen in den letzten Jahrzehnten verändert hat. Wo nur wenige Kolonisten den Kampf ums Dasein bestanden, finden sich jetzt mächtige Städte; wo noch 1840 kaum 200,000 Bewohner lebten, drängt sich deren jetzt weit über eine Million. Die alten Wälder sind vielfach ausgerodet und an ihrer Stelle bringt der jungfräuliche Boden Ernten hervor, von deren Reichtum wir bei unseren ausgesogenen Aeckern keinen Begriff haben. Gehoben werden dieselben noch durch Verwendung der nützlichsten landwirtschaftlichen Maschinen, von welchen wir meistens deßhalb keinen Gebrauch machen können, weil der Boden in zu kleine Teile geteilt ist. Hafer, Roggen, Gerste, Buchweizen, Erbsen, Bohnen und Kartoffeln liefern die reichsten Ernten, reicher als in den südlicher gelegenen Unionsstaaten. Ueber 4,5 Mill. Hektoliter Getreide allein werden jährlich geerntet, und rechnet man den Gesamtertrag des Ackerbaus, so sind es zwölf Millionen Hektoliter. Auf den Kopf der Einwohnerschaft kommen 20,16 Hektoliter, während in den Vereinigten Staaten nur 15,63 Hektoliter und in Frankreich nur 7 Hektoliter kommen. Auf 100 Bewohner rechnet man 24 Pferde und 32 Milchkühe, in den Unionsstaaten nur 20 Pferde und 27 Kühe.

Durch diese Verhältnisse ist Canada für Europa von höchster Wichtigkeit geworden. Es liefert von seinem übergroßen Reichtum an Bodenerzeugnissen einen beträchtlichen Teil an Europa ab; und daß der Preis durch hohe Transportkosten nicht unerschwinglich werde, dafür sorgen die zahlreichen Eisenbahngesellschaften, welche um die Wette neue Bahnlinien aus dem Boden hervorzaubern und sich gegenseitig in der Billigkeit der Frachten überbieten. Zu der außerordentlichen Erleichterung des Verkehrs tragen außerdem die zahlreichen Wasserstraßen bei, und wo die natürlichen auf Flüssen und Seen nicht ausreichten, da wurden auch Kanäle gegraben. 1840 kostete noch der Transport einer Tonne Getreide von Bufalo am Westende des Eriesees nach New-York 400 Mark; nach Beendigung des Eriekanals, der einen niederen Ausläufer der Alleghanys durchbricht, sank die Fracht auf 80 Mark. Noch größeren Einfluß aber hatten die Eisenbahnen, die sich immer weiter ausdehnten und vorwiegend für das Produktengeschäft thätig waren. So entstand ein sehr kompliciertes Eisenbahnnetz, mit welchem das Land bedeckt ist.

Es kann nicht unsere Aufgabe sein, auf seine einzelnen Teile und ihre Bedeutung einzugehen. Erwähnung verdient aber ihrer kühnen Bauten wegen die neueste Bahn von Toronto am NW.-Ufer des

Ontariosees nach Detroit im Unionsstaate Michigan zwischen dem See St. Claire und dem Westende des Eriesees. Besonders merkwürdige Bauten sind z. B. der Viadukt aus Holz über den Humber; er hat eine Höhe von 40 Meter und eine Länge von 270 Meter; dann die eiserne Brücke bei Galt über das Thal des Grand-River deren Bau durch die Heftigkeit des Stromes und seine starken Anschwellungen ganz besondere Schwierigkeiten machte. Bei dem enormen Reichtum Canadas an dem vorzüglichsten Bauholz kann es nicht verwundern, daß zahlreiche kühne Eisenbahnbauten aus Holz bestehen. Die genannte Brücke war die erste im ganzen Lande, welche aus Eisen gebaut wurde; dies giebt aber zugleich einen Beweis dafür ab, daß Bergbau und Hüttenwesen in den letzten Jahren in Canada wesentlich weiter sich entwickelten.

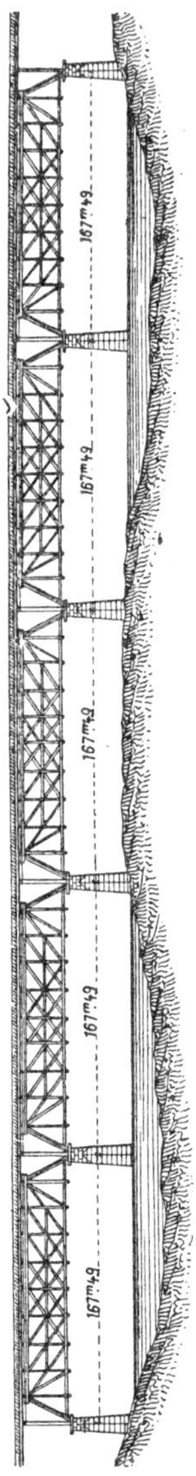

Eisenbrücke bei Galt über das Thal des Grand-River.

Im Südwesten von Toronto zweigt sich eine Bahn nach Sligo ab; mit geringer Steigung folgt sie dem scharf eingeschnittenen Thal des Creditflusses, der sich in den Ontariosee ergießt und in seinem Oberlauf sehr malerische Wasserfälle bildet. Nahe der Wasserscheide hat man eine herrliche Aussicht bis zu den blauen Wassern des Ontariosees. Dann steigt die Bahn abwärts in das Thal des Grand-River, der auch durch seine außerordentlich schönen Wasserfälle berühmt ist; auch da sind wieder sehr bedeutende Bauten nötig gewesen, von welchen wir hier eine der Brücken darstellen. Sie kreuzt das Thal Western Fork, 5 Kilometer von Sligo. Die Brücke ist 4 Kilometer lang und erhebt sich 20 Meter über den Wasserspiegel. Die sehr starke Kurve von fast 90° ist ganz aus Holz erbaut, wie die meisten amerikanischen Brücken. In der That verstehen die amerikanischen Ingenieure mit wenigen Kosten in kurzer Zeit eine Bahnlinie zu erbauen, welche für die Kolonisation einer Gegend von größter Bedeutung sein kann. Die Kunstbauten dabei sind fast nur aus Holz oder aus Holz und Eisen, aber Mauerwerk wird nur in seltenen Ausnahmsfällen angewendet. Die Verbindung der einzelnen Stücke wird durch hölzerne Zapfen oder durch eiserne Bänder bewirkt; viele Sicherheitsmaßregeln, die man bei uns für unentbehrlich hält, werden dabei ganz bei Seite gelassen, weil man sie für zu kompliciert ansieht. Und trotz dieser nach unserer Ansicht leichtsinnigen und gefährlichen Ausführung gelingt es ihnen, sehr kühne Bauten mit Spannweiten von 40 bis 50 Meter auszuführen. Den canadischen Baumeistern kommt dabei noch besonders die Vortrefflichkeit des einheimischen Bauholzes zu statten. Es ist besonders die rote und weiße Tanne (red and white pine).

Schließlich ist zu erwähnen, daß die Engländer in Canada auch eine Pacificbahn bauen, die vom Obern See in einer Länge von 3268 Kilometer nach dem Großen Ocean gegenüber der Vancouver Insel führen soll. Sie hat offenbar den Zweck, den kürzesten Weg zwischen Europa und Ostasien herzustellen. Ob aber eine so-weit nach Norden gerückte, im Winter wahrscheinlich unpraktikabele Route ein glücklicher Gedanke war, möchte zu bezweifeln sein. Aber auch ohnedem würde sie bei dem Mangel eines Handelsemporiums an jenem Küstenpunkt des Großen Oceans mit den amerikanischen Linien, die reichen Gegenden durchschneidend, in einem der blühendsten Länder der Erde auslaufen, und einen dominierenden Centralpunkt in San Francisco besitzen, schwerlich zu konkurrieren im Stande sein.

Holzbrücke von Western Fork in Canada.

IV.

Die Panamaeisenbahn.

Die schmalste Strecke des längsten aller Isthmen — desjenigen, der die beiden großen Kontinente der westlichen Hemisphäre vereinigt — ist diejenige, welche sich hufeisenförmig fast im vollen Halbkreise von S. Miguel-Bai bis Liso Pt. ausdehnt, die Bai von Panama umschließend. Auf dieser Strecke wiederum ist derjenige Teil, in welchem der stille und der atlantische Ocean sich am nächsten treten, der zwischen San Blas und Chepo gelegene. Doch sind daselbst keine gute Häfen für größere Fahrzeuge, und die Kordilleren, das Rückgrat der neuen Welt, sind daselbst höher als an anderen Stellen. Von den letzteren ist der Isthmus von Panama zwischen dieser Stadt und Aspinwall nur wenig breiter, die Erhebung des erwähnten Gebirges nicht so bedeutend, und die beiden Orte haben vortreffliche Häfen, auch für Aufnahme der größten Dampfer.

Hier wurde deshalb vor 30 Jahren

die Eisenbahnverbindung projektiert und ausgeführt, die das stille mit dem atlantischen Meere verbindet. Die Eisenbahn als solche bietet in ihrer Konstruktion nichts Besonderes dar. Von dem alten Städtchen Colon ist wenig mehr übrig; das moderne Aspinwall hat, wie das immer der Fall ist, seinen Platz zum größten Teile eingenommen, wie dies unsere Illustrationen zeigen. Eine stattliche Reihe von Hotels und anderen modernen Gebäuden schließt sich an den Bahnhof an; auf dem freien Platze, der den alten Markt (Plaza) bezeichnet, ist eine treffliche Bronzestatue des großen Entdeckers der neuen Welt, der seine Rechte schützend über eine furchtsam-erwartungsvoll lauschende Indianerin hält. Auf der anderen Seite der Bahn, gegenüber der nicht mehr ganz jungen

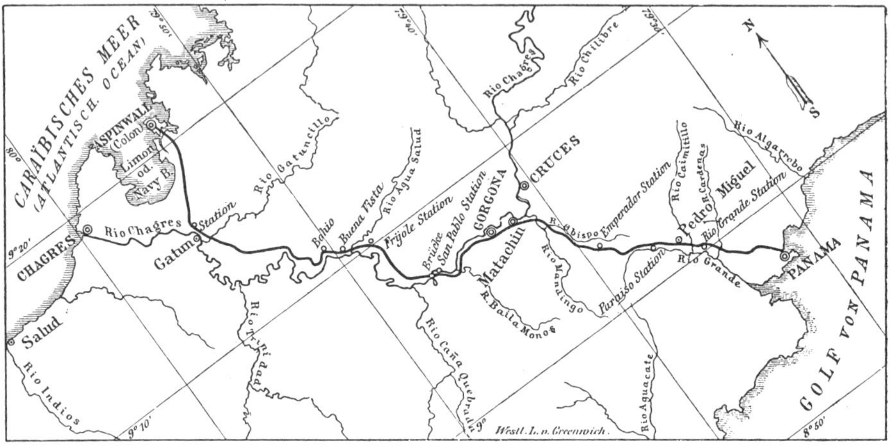

Karte der Eisenbahn über den Isthmus von Panama.

Aspinwall-Colon, die atlantische Endstation. Bahnhof, Hotels 2c.

protestantischen Kirche, ist die dem Andenken des genialen John L. Stephens errichtete Denksäule, welcher — einer der hauptsächlichsten Förderer des wichtigen Unternehmens — dem tödlichen Klima des Isthmus zum Opfer fiel.

Aspinwall bis Fryoles sind es etwa 20 Meilen, von Fryoles bis Panama beinahe 27, zusammen 47. Fryoles ist deshalb die Hauptwasserstation, und unsere Illustration zeigt die vier großen, auf steinernen Kreuzgewölben ruhenden Wasserbehälter.

Dorf Buena Vista.

Die nächste größere Station ist gegenüber von Gatun, wo die niedrigen Hügelketten auf beiden Seiten ziemlich nahe an den Chagres herantreten. Der Fluß kann sich trotz seiner geringen Länge (50 e. M.) mit so manchem europäischen Strome messen, dessen Lauf durch viele Hunderte von Meilen geht. An Bohio und Buena Vista vorüber gelangen wir zunächst nach Fryoles, das nahezu in der Mitte des Weges gelegen ist. Von

Vier Meilen weiter, bei San Pablo, kreuzt die Bahn den Chagres auf einer schönen, 625 Fuß langen Gitterbrücke mit neun Spannweiten bis zu 120 Fuß; von da an verläßt sie das Thal dieses Flusses und fängt jetzt im Obispo-Thale, dasjenige eines Nebenflusses des Chagres, an langsam aufzusteigen. Doch erst von Emperador beginnt der eigentlich gebirgige Teil. Bis hierher — auf eine Entfernung von etwa 35 Meilen ist die

Wasserstation Fryoles.

Bahn so gut wie horizontal. Von Emperador steigt die Bahn auf den nächsten zwei Meilen Bahnstrecke bis zu 260 Fuß (80 M.) an; damit ist der Höhepunkt erreicht. Der Abstieg auf dem südlichen Abhange der Kordilleren ist ein weit langsamerer, als der Anstieg auf dem nördlichen. Paraiso liegt nahe dem höchsten Punkte und von da bringen uns etwa 6 weitere Meilen nach Rio Grande am Fuße des Gebirges; von da bis Panama ist wieder ebenes Terrain.

In Panama selbst ist ein äußerst geschmackvoll und komfortabel eingerichtetes Bahnhofsgebäude und ebenfalls verschiedene Hotels, in derselben Weise, wie solche Plätze eingerichtet, die unerwartet und plötzlich einen Weltverkehr durch sich hindurchpulsieren sehen. Denn Durchgangsplätze sind beide Endstationen nur, weiter nichts. In Aspinwall legen die Dampfer der ‚Pacific-Mail-Stromship-Company' von New-York und den atlantischen und Golfhäfen kommend an, und nachdem Fracht und Passagiere den Isthmus per Bahn überschritten, nehmen die Dampfer derselben Gesellschaft sie wieder auf und befördern sie nach den verschiedenen Häfen der Westküste in Nord- und Südamerika.

Bahnhof und Umgebung der Endstation Panama am stillen Meere.

Ein solcher Schraubendampfer fährt auf der beistehenden Ansicht der herrlichen Bai von Panama soeben dem Hafen zu, von Süden her kommend, während ein anderer nordwärts San Francisco zusteuert. Rechts erhebt sich landeinwärts das zwischen 6000 und 7000 Fuß hohe Pico de Putrigan, und quer vor den Hafen streckt sich die schmale Landzunge hin, die das alte von Pizarro erbaute Fort trägt. Dasselbe ist noch in ziemlich gutem Zustande, wenn auch so mancher seiner Wälle die Vergänglichkeit alles Irdischen in überzeugender und einleuchtender Weise illustriert.

Auch die Panamabahn hat diese Eigenschaft aller Menschenwerke an sich selbst erfahren müssen und scheint bestimmt noch viel bittrere Erfahrungen zu machen. Seit der Vollendung der transkontinentalen Eisenbahn hat der Fracht-, sowie der Personen-Verkehr stetig abgenommen, wie folgende Zahlen zeigen:

	Wert der Fracht:	Personen:
Im Jahre 1869 wurden transportiert	$ 70,202,028	26,853,
im Jahre 1879 .	$ 4,947,755	4,469.

Doch nicht genug damit und nicht genug, daß vier andere transkontinentale

Bahnen im Bau begriffen sind, deren eine in diesem und deren zwei binnen wenigen Jahren vollendet sein werden — sollte sich der Bau eines Kanales oder einer Schiffseisenbahn realisieren, so wäre dies für die Panama-Bahn der „Anfang vom Ende“.

Für den Durchreisenden ist die Fahrt über den Isthmus ein seltener Genuß; namentlich derjenige, der die üppige Vegetation eines tropischen Urwaldes noch nicht kennen gelernt hat, ist ganz geblendet von der majestätischen Schönheit der freiwillig oder durch Verhältnisse gezwungen, inmitten dieser bezaubernden Vegetation rastet. Das tödliche Gift dringt in seinen Körper ein, saugt ihm Kraft und Mark aus und macht ihn zum Invaliden oder zur Leiche, wenn er nicht schleunigst die unheilschwangeren Gegenden meidet. Weit schlimmer aber noch wütete der grimmige Todfeind alles Gesunden und Lebendigen unter jenen Arbeitern, welche die Aussicht auf hohen Lohn verlockte, sich zum Bau der Panama-Eisenbahn zu verdingen.

Bai von Panama.

und der erhabenen Wildheit dieses Anblickes.

In schnell wechselnden mannigfaltigen Gestaltungen eilte diese herrliche Scenerie dem in raschem Fluge dahineilenden Beschauer vorüber, und so mancher ließ sich durch den Eindruck solch einer wunderbar schönen Partie, zu dem Ausrufe begeistern: „Hier ist es schön; ach, wer hier wohnen könnte!“ Doch, wie so oft, ist auch hier das Schönste eine gleißnerische Hülle: unter ihr aber lauert der Tod. Das schleichende Fiebergift, dieser Fluch so vieler herrlichen Erdstriche, brütet unter den Palmen und Sykomoren und wehe dem unglücklichen Fremdling,

Die entsetzliche Hitze des Sommers, die auf die ungeheuren Niederschläge der Regenzeit folgt, begünstigt in dem mit verwesenden Vegetabilien aller Art und steigernden Wasserbehältern bedeckten Boden das ununterbrochene Fortwuchern des Fiebergiftes und aus dem frisch umgegrabenen, jungfräulichen Boden steigt es mit tödlicher Intensität auf, den unglücklichen Gräber mit seinem todesschwangeren Atem vernichtend. Es ist eine traurige Thatsache, daß der fürchterliche Ausspruch: „Eine jede Schwelle, die auf dieser Bahnstrecke gelegt wurde, habe mit einem Menschenleben bezahlt werden müssen“ eine grauenhafte Wahrheit ist.

Welcher Art aber die Niederschläge auf diesem Teil des Isthmus sind, davon wollen wir versuchen unsern Lesern einen ungefähren Begriff zu geben. Während in den mittleren Breiten Deutschlands die Regenmenge zwischen 16 und 40 Zoll beträgt, beläuft sie sich bei Colon und an der Mündung des Chagres, auf 10 bis 14 Fuß! Landeinwärts beträgt sie mindestens ebensoviel, wahrscheinlich mehr. Etwa achtzig Prozent dieses riesigen Niederschlages — des bedeutendsten, der irgendwo vorkommt — fallen in die sechs Monate währende Regenzeit. Ueber dreißig Zoll sind schon in einem einzigen Monate beobachtet worden und davon wieder fielen zwei Drittel im Zeitraume von zehn Tagen; ja sechs Zoll fallen oft an einem einzigen Tage und es sind einzelne Tage beobachtet worden, an denen über zehn Zoll Regen fiel. Das Flußgebiet des Chagres hat eine durchschnittliche Erhebung von 500 Fuß (bis zu tausend 2c.) und berechnet sich auf mindestens 300 Quadratmeilen. Ein Regenfall von 10 Zoll an einem Tage würde also 6000 Millionen Kubikfuß Wasser dem Chagres zuführen: Also etwa 170 Millionen Kubikmeter! Da aber diese Wassermasse in wenigen Wochen sich verdreifachen mag, so ist es leicht verständlich, daß die Regenzeit meist ausgedehnte Ueberschwemmungen und Zerstörungen in den Flachländern des Isthmus anrichtet.

Um unsern Lesern einen Begriff von diesen Ueberschwemmungen zu geben, wollen wir kurz diejenige berühren, die im Herbste 1879 den Isthmus überflutete.

Kurz nachdem eine der furchtbaren westindischen Cyklonen, welche die Navy-Bay häufig genug bedrohen und heimsuchen, die Werfte und Docks der Pacific Mail S. S. Co. fast völlig zerstört hatte (der Schaden belief sich auf über 300,000 Dollars) — stieg der Chagres in zweimal vierundzwanzig Stunden auf eine ungeahnte Höhe: Ja nach der Breite des Flußthales stand der Wasserspiegel zwischen fünfzig und siebzig Fuß über mittlerem Wasserstande und mit Ausnahme des über den Kamm des Gebirges steigenden Teiles und desjenigen auf der Panama-Seite, stand das ganze Geleise derselben zwischen sechs bis zehn Fuß unter Wasser; die Reservoirs von Fryoles waren beinahe völlig unter Wasser. An vielen Stellen war auch von Damm, Oberbau und dergl. nicht die Spur mehr vorhanden. Die eisernen Brücken über die Nebenflüsse des Chagres waren durch die Gewalt der Strömung entweder ganz aus ihren Lagern gerissen oder doch an Ort und Stelle bis zur völligen Unbrauchbarkeit verdreht und verbogen. Die große Brücke über den Chagres selbst, welche vierzig Fuß über dem Flußbette gelegen ist, war beinahe unsichtbar, indem zehn Fuß Wasser über dem Geleise derselben standen.

Der Oberingenieur machte seine Inspektionsreise in einem großen Ruderboote; von Monken Mill, einer Vorstadt Colons konnte er auf 35 Meilen — bis nahezu Emperador am Fuße der Kordilleren — die Schienen des Bahngeleises nicht erblicken. Im Jahre 1876 waren die Verhältnisse noch schlimmer, indem ein heftiger Nordwind die See in die Mündung des Chagres zurückstaute; der beste Beweis dafür war der, daß auf Meilen im Inland Muscheln, Krebse und Schaltiere überhaupt angetroffen wurden und nachdem das Wasser sich verlaufen zahlreiche Salzwassertümpel mit allerhand Seegetier zurückblieben.

Es sei noch erwähnt, daß die in den Jahren 1850 — 55 gebaute Bahn etwa acht Millionen Dollars gekostet hat.

Geschwindigkeiten.

Wenn wir heute, trotz unserer Eisenbahnen, oft eine noch raschere Reisegelegenheit herbeiwünschen, wieviel mehr mag dies der Fall gewesen sein bei unseren Vorfahren, die mit ihren holperigen Wegen und langsamen Postkaleschen noch keine Ahnung hatten von einer Schnellzugsgeschwindigkeit von 55 Kilometern oder mehr als sieben Meilen in der Zeitstunde. Eine solche Strecke kann der rüstigste Fußgänger nur ausnahmsweise in einem Tage bewältigen. In England giebt es aber Schnellzüge, die 75, in Nordamerika sogar 97 Kilometer in der Stunde zurücklegen. Mit einem solchen Zuge würde man eine Reise um die 5400 Meilen im Umfang haltende Erde in 17 1/3, eine Fahrt nach dem etwa 50,000 Meilen entfernten Monde (seit Julius Verne ist man an solche Reisen gewöhnt) in 160 Tagen bewerkstelligen können. Mit einem Köln-Mindener Schnellzuge würde die Reise um die Erde jedoch 32, die nach dem Monde fast 300 Tage in Anspruch nehmen, während bei einer Fußtour, eine tägliche Leistung von 5 Meilen angenommen, für die Reise um die Erde fast 3 Jahre und über 27 Jahre für die nach dem Monde erforderlich wären.

Fast ebenso rasch wie mit dem amerikanischen Schnellzug würde man vorwärts kommen, wenn man sich eines englischen Rennpferdes bediente, das seine größte Geschwindigkeit unausgesetzt beibehielte.

Auf dem Rücken eines Adlers oder einer Brieftaube kämen wir schon etwas rascher ans Ziel, denn jener brächte uns bei einer Reise um die Erde schon in 15 1/10, die Brieftaube in 12 1/3 Tagen wieder an unsern Ausgangspunkt, während wir die Entfernung nach dem Monde mit dem Adler in 140, mit der Brieftaube in 114 1/3 Tagen zurücklegen würden.

Das alles geht aber gewiß Manchem noch immer zu langsam.

Sehen wir uns also nach einer rascheren Fahrgelegenheit um. Kennt ihr die Geschichte von dem Büblein, das überall hat mitgenommen sein wollen? Das Büblein setzte sich schließlich auch auf den Wind — das gefiel ihm. Mit einem gewöhnlichen Wind käme man aber nur etwa 2 Meilen in der Stunde vorwärts. Da läßt sich aber helfen, denn wenn wir ihn tüchtig peitschen, so kommen wir auch auf 10 Meilen, setzen wir ihm aber die Sporen in die Weichen, so können wir's auf 20 bringen; dann reiten wir aber auf dem Sturm und endlich auf dem Orkan. Damit läßt sich die Reise um die Welt in stark 11 Tagen, die Reise nach dem Mond in 104 Tagen zurücklegen. Das geht aber noch viel zu langsam, sagt manch' Einer. Wir wollen's daher einmal machen wie Münchhausen, der bekanntlich einstmals eine Kanonenkugel zur Reisegelegenheit benutzte. Na, das geht schon ganz anders! Mit 500 Kilometern in der Sekunde und 240 Meilen in der Stunde kommen wir in etwas weniger als einem Tage um die Erde und in weniger als 9 Tagen nach dem Monde.

Was meint ihr nun zum Schall? Sollte das nicht noch rascher gehen? bei Leibe! So geschwind dieser Gesell auch vorwärts kommt, hinter der Granate bleibt er doch bedeutend zurück, sofern diese nämlich ihre Anfangsgeschwindigkeit beständig beibehielte. Bei einer Reise um die Erde käme er beinahe 9 Stunden und bei einer solchen nach dem Mond 4 Tage nachgehinkt; zu ersterer braucht er nämlich 1 4/10, zu letzterer 13 Tage. Nun ist aber auch der Schall jedesmal ein anderer, je nachdem er es mit einem mehr oder weniger dichten Körper zu thun hat. Im Wasser kommt er 4 1/2 mal, im Zink 9 7/10, im Kupfer 11 1/10 und im Stahl 15 mal rascher vorwärts. Legte man also einen offenen Stahlring um die Erde, so würde, wenn man dem einen Ende einen Schlag mit dem Hammer versetzte, man den Widerhall davon nach Verlauf von 2 1/4 Stunden hören; nach dem Monde hin müßte man allerdings beinahe 21 Stunden darauf warten. Der Schall in einem stählernen Ring wäre also soweit die geschwindeste Reisegelegenheit. Wer möchte aber eine Reise durch Stahl machen? Nein, weder durch Stahl, noch durch Kupfer, noch durch Zink, noch durchs Wasser. Wohl aber auf dem Wasser auf einem flotten Dampfer. Freilich, einen Fortschritt in der Schnelligkeit würden wir dabei nicht machen, denn der flinkste Dampfer bringt es nur auf 119 Meilen im Tage, er würde also die Reise um die Erde bei unausgesetzter Fahrt erst in 46 Tagen, eine Tour nach dem Monde in 420 Tagen zurücklegen können.

Aber was träumen wir! Während wir nach allen möglichen Geschwindigkeiten umhersuchen und sie bestaunen, sind wir fortwährend auf einer dreifachen Reise begriffen, deren Geschwindigkeit die bisher vorgeführten weit hinter sich läßt. Erstens machen wir täglich eine Reise um die Welt, oder vielmehr drehen wir uns mit der Erde um ihre Achse und legen dabei, je näher dem Aequator, um so mehr Meilen zurück. Da aber diese Geschwindigkeit nur am Aequator diejenige der Granate aus schwerem Geschütz erreicht, nach den Polen zu, wie angedeutet, beständig abnimmt, weil die Kugelumfänge kleiner werden, so wollen wir hierauf kein so großes Gewicht legen. Desto voller können wir aber den Mund nehmen bei der zweiten und dritten Gelegenheit. Die zweite Reise machen wir jährlich einmal um die Sonne. Wir legen dabei nicht weniger als 128 Millionen Meilen zurück; macht täglich 350,700, in der Stunde 14,612, in der Minute 243 1/2 und in der Sekunde $4,_{06}$ Meilen oder 30 1/2 Kilometer. Die dritte Reise machen wir mit der Sonne im Weltraum. Die Sonne bewegt sich nämlich ebenfalls um einen anderen, und jedenfalls größeren Himmelskörper. Sie zieht dabei das ganze um sich kreisende Sonnensystem, d. h. die Planeten, mit sich fort, also auch die Erde, deren Bewegung um die Sonne mithin eine Schraubenlinie darstellt. Die Geschwindigkeit, mit welcher die Sonne sich auf ihrer Bahn fortbewegt, beträgt in der Sekunde 7 1/8 Meilen oder 54 3/4 Kilometer. Von dieser letzteren Fahrt merken wir aber ganz und gar nichts und unsere Wissenschaft davon beruht nur auf den Berechnungen der Astronomen; daß wir auf der zweiten Reise, d. h. der jährlichen Tour um die Sonne begriffen sind, merken wir nur aus dem regelmäßigen Wechsel der Jahreszeiten, während der Wechsel von Tag und Nacht uns Kunde von unserer täglichen Reise um die Erdachse giebt. Wie schneckenhaft erscheinen uns hiergegen die Geschwindigkeiten der Granate und erst die der Eisenbahnen! Die Geschwindigkeit der Erdbewegung um die Sonne ist 61 mal größer als die der Granate und die Bewegung der Sonne auf ihrer Weltbahn 110 mal. Die Strecke, welche die Sonne in einem Jahre durchmißt, würde die Granate mithin erst in 81, ein Schnellzug mit fortdauernd größter Geschwindigkeit erst in 1200 Jahren zurücklegen.

Die Bewegung der Himmelskörper ist aber wieder nur ein Schneckengang gegen die Geschwindigkeit des Lichtes oder gar der Elektricität, denn erstere beträgt 41,000, letztere 62,000 Meilen in der Sekunde. Das Licht bewegt sich also 10,000 mal rascher als die Erde um die Sonne und 5,600 mal rascher als die Sonne im Weltraum, während die Elektricität erstere 15,000 mal, letztere 8,500 mal in der Geschwindigkeit übertrifft. Der Abstand der Erde von der Sonne beträgt etwa 20 Millionen Meilen. Zur Durchmessung dieser Entfernung würde die Erde 58 Tage, die Sonne selbst 31 1/2 Tage gebrauchen; das Licht legt sie in 8 Sekunden zurück, die Elektricität in 5 1/4. Wie es dem Menschen gelungen ist, sich die Elektricität in der Telegraphie dienstbar zu machen, wissen wir. Wenn nun auch bei der Telegraphie jene Geschwindigkeit von 62,000 Meilen in der Sekunde nicht erreicht werden kann, so läßt der Telegraph doch alle anderen dem Menschen dienstbaren Geschwindigkeiten weit hinter sich. Ein Telegramm von London nach Indien braucht im günstigsten Falle 30 Minuten, es durchläuft also auf der über 1000 Meilen langen Strecke, allen Zwischenaufenthalt eingerechnet, in der Sekunde 4164 Meter, also 8 1/8 mal mehr als die Granate des Fünfhundertpfünders in ihrer Anfangsgeschwindigkeit. Der amerikanische Schnellzug würde zur Durchmessung dieser Strecke drei Tage, ein Köln-Mindener Schnellzug etwa 4 1/8 Tage in Anspruch nehmen.

Nun aber eine andere Frage! Was ist eine Billion? Geschrieben sieht sie so aus: 1,000,000,000,000, es ist also eine Million Millionen. Wollte man eine Billion abzählen, so brauchte man dazu beinahe 8,000 Jahre. Sollte die Arbeit aber in einem Jahre erledigt sein, so müßte man sich zehn Bataillone Infanterie dazu abkommandieren lassen, wobei man jedem Mann den achttausendsten Teil der Billion zuzuweisen hätte. In der billionenfachen Geschwindigkeit gelangen wir jetzt, und zwar bleiben wir nicht etwa bei der einfachen Billion, sondern kommen weit in die Hunderte. Wie jeder weiß, besteht der Regenbogen aus 6 Farben: rot, orange, gelb, grün, blau, violett. Aus diesen Farben ist das Sonnenlicht zusammengesetzt, da man es bekanntlich auch durch ein Glasprisma in diese zerlegen kann. Was wir Farben nennen, sind mithin nur Arten des Lichtes. Dieselben kommen uns zu Bewußtsein durch die Verschiedenartigkeit ihrer Bewegungen oder der Aetherschwingungen, die beim roten 436 Billionen in der Sekunde betragen, beim orange 480, beim gelben 523, beim grünen 585, beim blauen 616 bis 718, beim violetten 784 Billionen. Gegen solche Geschwindigkeiten ist auch die des elektrischen Funkens so winzig, daß, wollte man sie als Einheit annehmen, dieselbe 7,000 Millionen mal in der größten dieser Zahlen enthalten sein würde. Mit einer derartigen Geschwindigkeit muß wohl des Doktor Faustus Zaubermantel ausgestattet gewesen sein, der ihn in demselben Moment nach jedem beliebigen Ort versetzte, in welchem er den Wunsch aussprach. Diese Reisegelegenheit wäre gewiß allen anderen vorzuziehen. Wenn aber Jeder einen Zaubermantel besäße, so würden in der Luft mehr Carambolagen vorkommen, als auf dem Trottoir; und aus diesem Grunde ist es auch wahrscheinlich bei dem einen Zaubermantel geblieben, der übrigens auch nur ein Werk des Bösen war und deshalb auch von Niemand, dem seine Seele lieb ist, begehrt werden wird.

Aquarien und zoologische Stationen.

Die meisten Leser kennen die so höchst interessanten Aquarien, welche in größeren Städten Gelegenheit geben, das Tierleben des Süßwassers und des Meeres in der Nähe und bei guter Beleuchtung zu beobachten.

Die Treppenhalle im Berliner Aquarium.

Das Aquarium in Berlin war eins der ersten in Deutschland und zeichnete sich von Anfang an durch vortreffliche Einrichtung und durch den Reichtum an den verschiedensten Tierformen aus.

In der That kann nichts mehr überraschen, als in einem Hause, das außen wie andere Häuser aussieht, das Innere so vollkommen anders zu finden. Statt der Zimmer große aus Felsen aufgebaute Grotten, die untereinander durch düstere Gänge in Verbindung stehen, statt der Fenster große Glasscheiben, hinter welchen sich das regste Tierleben im Wasser zeigt und eine Mannigfaltigkeit von Formen, wundervoll schöne und erschreckend häßliche, und dann wieder auffallend komische Formen sich dem staunenden Auge zeigen. Dazu tritt eine vorzügliche Beleuchtung des Wassers und seines lebendigen Inhalts von oben, während der Beschauer in der düsteren Grotte davor steht.

Kleines Aquarium in einer Glasglocke.

Die innere Einrichtung der meisten großen Aquarien an anderen Orten läßt schon von vornherein diese Ueberraschung nicht aufkommen. Eine Höhle öffnet sich und in ihr und den Seitenabteilungen derselben finden sich dann die Bassins, die aber immer von vorn durch eine starke Glasscheibe, nicht von oben zu betrachten sind. Aber die sich darbietenden Bilder sind ebenso mannigfaltig und im höchsten Grade lehrreich.

Diese großartigen Einrichtungen sind nicht fürs Privathaus und für den Liebhaber von Tierbeobachtungen. Sie sind viel zu kostspielig anzulegen und zu unterhalten. Eine Dampfmaschine muß das Wasser in Cirkulation halten, sie hat auch fortwährend einen dünnen Luftstrahl durchzublasen, um den Sauerstoff zu ersetzen, der durch das Atmen zahlreicher Tiere stets hinweggenommen wird. Und trotz aller Vorsicht sind Verluste nicht zu vermeiden und ihr Ersatz abermals mit großen Kosten verbunden.

Weit leichter ist es, sich ein kleines Süßwasseraquarium anzulegen und dasselbe mit all' dem mancherlei Getier zu bevölkern, das in unseren Teichen, Bächen und Wassertümpeln herumkriecht und herumschwimmt. Am leichtesten füllt man dasselbe, wenn man mit einem dichten Netz Schlamm und Wasser zugleich herausfischt und dann in ein möglichst großes Glasgefäß füllt. Das trübe Wasser wird sich rasch absetzen und klären; dann erst ist das rege Leben in demselben deutlich wahrzunehmen und seine Beobachtung gewährt einen großen Genuß.

Werden solche Zimmeraquarien aus untereinander verkitteten Glasplatten hergestellt, so ist es schwer, sie vollkommen wasserdicht zu machen; ist aber nur ein kleiner Leck vorhanden, so wird er durch den Druck des Wassers rasch größer, es fließt ins Zimmer und bereitet großen Aerger.

Wesentlich ist nicht das Pflanzenleben dabei auszuschließen, vielmehr nicht nur größere Wasserpflanzen, sondern auch Algen in denselben zu ziehen; sollten sie zu stark wuchern, so können sie zeitweise vermindert werden. Aber sie bieten nicht nur vielen Wassertieren Nahrung, sie ersetzen auch den durch die Tieratmung verbrauchten Sauerstoff.

Leicht überzieht sich die Innenseite des Glases mit einer dichten Schicht grüner Algen, die dann die Durchsicht und Beobachtung hemmen. Werden aber Wasserschnecken hineingebracht — und wie mannigfaltig ist ihre Gestalt — so finden diese fette Weide zur Ernährung; man sieht, wie sie mit ihrer Zunge, die wie ein Reibeisen mit sehr zahlreichen scharfen Zähnen regelmäßig besetzt ist, den grünen Beschlag abreiben.

Blutegel, die schwarzen Roßegel und ähnliche Tiere werden auch den Schnecken gefährlich. Es ist sehr leicht zu beobachten, wie sie immer tiefer und tiefer in das Schneckenhaus eindringen und es ganz leeren.

Zu den gefährlichen Raubtieren der Aquarien gehören auch die großen Wasserkäfer und ihre Larven. Die Goldfische, die Stichlinge, die Wassersalamander und andere größere Wassertiere werden von denselben angepackt; sie krallen sich auf, beginnen dann große Stücke aus der Seite oder dem Rücken des Tieres herauszufressen, das sehr bald seiner schweren Verwundung erliegt, ohne sich vorher

Aquarium für Infusorien.

von seinem Peiniger befreien zu können. — Werden Frösche und andere Tiere, welche aus dem Aquarium entweichen können, gezüchtet, so ist nötig, das Glas mit einem feinen Netze zu überbinden.

Zu mikroskopischen Untersuchungen bieten die Schlammabsätze auf Wasserpflanzen, namentlich auf Wasserlinsen, sowie der Schlamm selbst aus Morästen und Tümpeln reiche Gelegenheit. Doch kann man auch leicht ein Infusorienaquarium anlegen, wenn man in ein Glas mit Wasser einige Petersilienblätter steckt und dann mit einer Glasglocke überdeckt in die Sonne stellt. Schon nach wenigen Tagen wird das Wasser leben und immer reicher an Tierformen werden.

So bieten die Aquarien, ob sie klein oder groß, und mit den lebenden Tierformen des süßen oder des Seewassers gefüllt sind, ungemein viel Anregung und Stoff zur Belehrung. Wir sehen auch diese niederen Tiere entstehn, sich lieben und hassen, sich bekämpfen und auffressen und doch wird ihre Zahl täglich größer.

Aber nicht allein die Annehmlichkeiten häuslicher, angenehmer Unterhaltung bieten die Aquarien; wichtiger ist, daß sie leicht dem Forscher das Material zu seinen zoologischen Untersuchungen darbieten. Viel schwieriger ist dieses aber, wenn die Tierformen des Meeres beobachtet werden sollen. Nur wenige Gelehrte sind in der Lage, die großen Seeaquarien mächtiger Städte dabei zu benützen; aber selbst wenn dies der Fall ist, so finden sich oft auch in diesen gerade diejenigen Tierarten nicht, auf welche es bei der Untersuchung wesentlich ankommt.

Von diesen Gesichtspunkten ausgehend, faßte ein deutscher Gelehrter, Dr. Anton Dohrn, den Entschluß, eine zoologische Station zu gründen, eine Anstalt, in welcher Seetiere unter geeigneten günstigen Umständen in Aquarien längere Zeit lebend erhalten werden und wo den Gelehrten Gelegenheit geboten wird, alle diejenigen wissenschaftlichen Beobachtungen auszuführen, auch wenn sie längere Zeit in Anspruch nehmen sollten, zu welchen ihm zu Hause das Material fehlt. Mit deutscher Unermüdlichkeit gelang es ihm, den schönen Plan in Neapel zur Ausführung zu bringen, trotz der zahlreichen Schwierigkeiten, welche sich entgegen türmten.

Neapel wurde von Dohrn erwählt, nicht Berlin oder sonst eine deutsche Stadt, weil vor allem auf die nächste Nähe des Meeres Rücksicht zu nehmen war. Dann aber bietet Neapel den ungeheuren Vorteil eines ganz nahen und dabei sehr tierreichen, warmen Meeres, viel mehr wie Kiel oder sonst eine Stadt an der deutschen Küste der Nord- oder Ostsee. Dazu kommt die wundervolle Lage und das angenehme Leben in Neapel. So sehen wir denn auch, daß seit der Eröffnung der gelehrten Anstalt Preußen, Bayern, Sachsen, Württemberg, Baden, Hessen, Mecklenburg, Hamburg, Straßburg und andere Staaten und Städte Deutschlands, England, Oesterreich, Rußland, Italien, Holland, die Schweiz u. a. ihre Gelehrten nach Neapel schickten, um daselbst zoologische Untersuchungen anzustellen.

Dohrn errichtete zu diesem Zweck ein besonderes Gebäude und hoffte anfangs, die sehr bedeutenden Kosten durch die Eintrittsgelder derjenigen decken zu können, welche die Aquarien sehen wollen. Doch stellte sich dies sehr bald als Täuschung heraus, namentlich als das Gebäude mehr und mehr wuchs, um seinen Hauptzweck zu erfüllen, den Gelehrten

Gelegenheit zu zoologischen Arbeiten darzubieten. Die verschiedenen europäischen Regierungen und einzelne Universitäten zeichneten nun Beiträge für einen oder einige Arbeitstische, die dann auch von diesen an bestimmte Gelehrte zur Benützung abgelassen werden.

Auch hier ist ein kleiner Dampfer von besonderer Wichtigkeit. Von ihm aus können die verschiedenen Netze leicht ausgelegt werden. Nicht selten werden dabei höchst bizarre Tierformen und Tierkolonien an das Tageslicht gezogen. Du findest einen Einsiedlerkrebs in seinem leeren Schneckenhaus; nur der Kopf, die Fühler, die Scheren und einige Laufbeine ragen hervor und mühsam bewegt er sich fort. Denn die Last seines selbstgewählten Hauses wird vermehrt durch drei Actonien, die sich darauf niedergelassen haben; es sind die prächtigen Tiere, die auch in Seeaquarien größerer Städte in so herrlicher Mannigfaltigkeit gefunden werden. Mit ihren ausstreckbaren und einstülpbaren Fühlern um das Maul sind sie ähnlich den herrlichsten Blumen. Noch eine andere Kolonie von kleineren Seetieren sitzt dazwischen und läßt sich auf dem Schilderhause des einsiedlerischen Krebses herumtragen, und um die Last voll zu machen, hat sich noch eine kleine rote Krabbe dazwischen gesetzt.

Untersuchung des Schlammes bei Cap Breton.

Ob aber die zoologischen Stationen einen rein wissenschaftlichen Charakter haben, wie die deutsche Schöpfung in Neapel, oder einen mehr praktischen, unter allen Umständen sind sie von höchster Wichtigkeit und eine solche Gründung deshalb mit Freuden zu begrüßen.

Die zoologische Station steht mit

einer großen Anzahl von Fischern in Verbindung, welche alles das, was nicht eigentlichen Handelswert besitzt, an die gelehrte Anstalt abliefern. Mehr noch. Die Berliner Akademie stellte derselben ein eigens zu diesem Zweck in England erbautes kleines Dampfboot zur Verfügung, dessen Herstellung 18,000 Mark kostete und welches ermöglicht, daß nach Bedürfnis da oder dort in verschiedenen Tiefen gefischt wird.

An Material zur Untersuchung fehlt es nicht; das Meer ist unendlich reich an den mannigfaltigsten Tierformen. Doch werden auch botanische Untersuchungen an Seepflanzen vorgenommen. Sehr nützlich erwies sich zu Erlangung des nötigen Materials ein Taucherapparat, in welchem der Forscher selbst auf dem Meeresgrund die feinste Auswahl derjenigen Pflanzen treffen kann, die in Höhlen, Spalten und an der Unterseite überhängender Felsen für das Grundnetz unerreichbar bleiben.

Hauptsächlich aber sind es die mannigfachen Formveränderungen, welche viele Seetiere vom Ei bis zur vollkommenen Ausbildung zeigen, die hier sorgfältig verfolgt werden. Doch sind diese Untersuchungen mit großer Mühe und bedeutendem Zeitaufwand verbunden. Die Methode der Untersuchung richtet sich natürlich nach dem betreffenden Tiere, dessen Entwicklungsformen studiert werden sollen. Manche Jugendformen finden sich immer am Ufer an den eingerammten Pfählen, andere schwimmen frei an oder in der Nähe der Oberfläche des Meeres, andere in größeren Tiefen, die meisten aber müssen mit Schleppnetzen vom Grund des Meeres heraufgeholt und dann von Massen des gleichzeitig mitgehobenen Sandes, Schlamms und anderen Seegrundes geschieden werden. Bei klarem und ruhigem Wetter erheben sich oft ungeheure Massen dieser niederen und meist noch unvollkommen entwickelten Tiere zu den oberen Teilen des Meeres und erzeugen da die so oft geschilderte und nie genug bewunderte Erscheinung des Meerleuchtens.

Um diese frei schwimmenden Tierchen zu fangen, werden feine Gasnetze benutzt, welche entweder an Stricken hinter dem Fahrzeug herschwimmen oder an Stäben befestigt sind und dann zeitweise mit der Hand in das Wasser getaucht werden. Die erlangte Beute fristet ihr Leben in Aquarien und dient dann von Tag zu Tag oder von Woche zu Woche zu mikroskopischen Studien, um die Formveränderungen festzustellen. Die Aquarien geben gleichzeitig Gelegenheit zur Ablagerung von Eiern, die natürlich dann ebenfalls Gegenstand der Untersuchung und Forschung sind.

Für die wissenschaftlichen Forschungen, die hier ermöglicht werden, hat überhaupt nur der Zoologe ein wirkliches Verständniß; aber man braucht nur die lange Reihe der bis dahin vorgenommenen Untersuchungen zu lesen, um sich zu überzeugen, daß durch die Gründung und Erhaltung der zoologischen Station in Neapel der Wissenschaft ein unschätzbarer Dienst erwiesen wurde. Auf dem ganzen Kontinent Europa, ja in der ganzen Welt ist keine dieser Anstalt gleiches Unternehmen zu finden.

Und doch hat Amerika einige zoologische Stationen, aber selbst die bedeutendste ist einmal weniger vollkommen ausgerüstet und dann hat sie nicht die hohe Aufgabe, wie die zu Neapel.

So hatte die zoologische Station von Hopkins von Anfang an nicht wissen=

schaftliche Ziele allein, sondern auch praktische, wie sich von einem unternehmenden Yankee im voraus erwarten läßt. Der Austernhandel ist an der Ostküste der Vereinigten Staaten an vielen Stellen von ganz besonderer Bedeutung und es galt, genauer als seither, die Entwicklung und Verbreitung der Auster kennen zu lernen. So liegt das Dorf Crisfield an der Ostküste von Maryland an einem solchen Austerngebiet im Centrum des Austernhandels der südlichen Chesapeakbai. Man kann bildlich und wörtlich den Ausspruch thun, der Ort sei auf Austern gegründet. Hier wurden die gelungensten Untersuchungen über das Leben und die Vermehrung, auch die künstliche, des nützlichen Muscheltieres ausgeführt, dann aber traten solche unendliche Scharen von Moskitos auf, daß die fleißigen Mikroskopiker entfliehen mußten, um nicht von den blutdürstigen Insekten vernichtet zu werden.

Um die subtropischen Formen der Seetiere genauer kennen zu lernen, wurde dann das Institut nach Braufort an der Küste von Nord-Carolina verlegt.

Obgleich die Stadt ziemlich außerhalb des großen Weltverkehrs liegt, so wird sie doch vorwiegend gerne auch zum Sommeraufenthalt gewählt. Das Klima ist durch die vorherrschenden kühleren Seewinde sehr angenehm und das ist für viele ein ausschlaggebender Punkt. Dabei ist die schönste Gelegenheit zu fischen, zu baden und zu rudern. Auch ist die Lage der Stadt malerisch schön. Durch die alten Windmühlen erhält sie außerdem ein fremdartiges, fast holländisches Aussehen, aber freilich schwindet dieses im Innern, wo die wetterzerissenen Häuser den holländischen Eindruck wieder wesentlich stören.

Ein Neapel ist es nicht und wird es nicht werden. Aber das Meer ist von früher berühmt durch seinen Reichtum an Tieren aller Art und deßhalb wurde es zur zoologischen Station gewählt, die besonders auch jungen, noch weniger geübten Forschern Gelegenheit geben sollte, während des Sommers sich besonders in mikroskopischen Untersuchungen mehr auszubilden. Doch blieb der Hauptzweck, Fischerei und Austernzucht und verwandte Industriezweige zu heben und nutzbringender zu machen.

Ringschere.

Die beifolgende Abbildung stellt einen Scherenring dar, welcher das Aufnehmen und aus der Hand Legen der Schere erspart und zum Schneiden von Band, Zwirn, Bindfaden, dünnen Stoffen ꝛc. dient. Zwei stählerne Schneiden sind auf einer V-förmigen Feder angebracht, deren eines Ende an einem Ringe

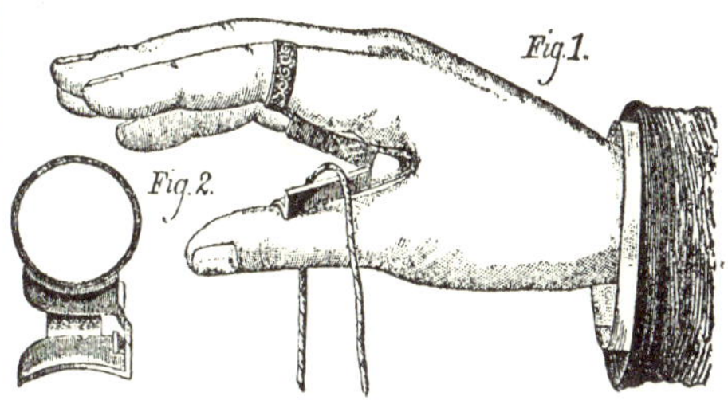

Haward's neue Ringschere.

befestigt ist. Dieser Ring wird an den Zeigefinger gesteckt; die Arme der Feder sind zu Stützplättchen verbreitert, die sich an die Innenfläche des Zeigefingers und die obere Seitenfläche des Daumens anlegen, wie dies aus Fig. 2 am deutlichsten ersichtlich ist.

Diese praktische Vorrichtung ist stets für den Gebrauch bereit und ist beim Nichtgebrauche dem Träger nicht hinderlich.

Der Erfinder ist Hr. O. C. Haward in Washington, D. C.

Die Albo-Carbon-Beleuchtung.

Die Albo-Carbon-Beleuchtung ist eine kombinierte Beleuchtungsart von gewöhnlichem Steinkohlengas und Naphthalin, einem fast reinen Kohlenstoffkörper. Sie ist eine amerikanische Erfindung und verdient wegen ihrer Vorzüge, die sie unbedingt über die gewöhnliche Gas-Beleuchtungsart stellt, die allgemeinste Verbreitung. Selbstverständlich ist sie nur da möglich, wo Gasleitungen vorhanden sind. Damit wir ihre Vorzüge gleich nennen, so bestehen sie in der wunderschönen, hellen und ruhigen Flamme, und dann in der ungemeinen Billigkeit. Näheres darüber später, nachdem wir uns die Beschaffenheit von Apparat und Beleuchtung etwas näher angesehen haben.

Man hat Apparate mit beweglichem Heizblech und solche mit am unteren Ende angebrachten Heizflämmchen. Erstere sind die einfacheren und mögen daher hier zuerst angeführt werden. Der Apparat Fig. 1 wird bei a an Stelle des Gasbrenners eingeschraubt, nachdem der kugelförmige Behälter mit Naphthalinstückchen durch die mittels Schraube bei b dicht verschließbare Oeffnung gefüllt worden; c ist der Brenner, d das verschiebbare Heizblech, das, von der Flamme bei c erwärmt, das Naphthalin langsam zum Schmelzen und gleichzeitig zum Verdampfen bringt. Die Dämpfe mischen sich mit dem Gas und verleihen diesem eine stärkere Leuchtkraft, während alle übeln Eigenschaften, die dem Gase mehr oder weniger anhaften, Grellheit ohne Helligkeit, Verbreitung großer Hitze, sowie säureartiger, die Augen wie die Lunge angreifender Dünste, fast ganz verschwinden. Wer zum erstenmal eine Albo-Carbonflamme, auf die man trotz der reichlichen Lichtquelle, die ihr entströmt, das Auge fast eine halbe Minute gerichtet halten kann, ohne geblendet zu werden, zum erstenmale sieht, der wird sich sagen, daß er hier etwas Außerordentliches vor sich habe.

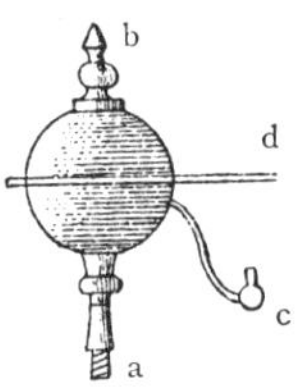

Fig. 1.

Die Wartung, die der Apparat erfordert, reduciert sich dadurch, daß seine Füllung nur alle 4—5 Tage bei gewöhnlicher Benutzung vorgenommen zu werden braucht, auf ein Minimum. Besondere Vorsichtsmaßregeln sind nicht erforderlich, da an ein Explodieren des Naphthalins, bezw. dessen Dämpfen, nicht zu denken ist. Nur trage man Sorge, daß kein Wasser mit in den Behälter kommt, weil dadurch ein unangenehmes Kochen in demselben und eine Verschlechterung der Flamme, sonst aber eine Gefahr nicht bewirkt wird. Fängt die Flamme an rußig zu brennen, so ist dies ein Zeichen, daß das Naphthalin zu rasch verdampft. Um diesem Uebelstande abzuhelfen, braucht man nur das Heizblech bei d etwas zur Seite zu schieben, wodurch die Hitze vermindert wird. Muß man den Apparat zeitweilig ganz ohne Aufsicht lassen, so thut man wohl, solange das Heizblech ganz zur Seite zn schieben. Es empfiehlt sich auch, nach Oeffnung des Gashahnes durch Annäherung einer Flamme sich zu überzeugen, daß weder bei der Verbindungshülse a noch bei der Füllschraube b Gas entweiche. Das Leerwerden des Behälters an Naphthalin giebt sich durch das deutlich bemerkbare Abnehmen der Lichtstärke zu erkennen.

Während der in Fig. 1 dargestellte Apparat zum Befestigen an der Wand dient, ist der Apparat Fig. 2 bestimmt, als Hängelampe, oder auch bei größerer Vervielfältigung der Brenner, als Kronleuchter zu funktionieren. Der Apparat wird bei a mit einer etwa 1 Meter langen Röhre in Verbindung gebracht, die ihrerseits die Verbindung mit der Gasleitung an der Decke des Zimmers herstellt. — Das Naphthalin wird durch die verschraubbaren Oeffnungen bei n n eingefüllt, wobei jedoch die Masse nicht den Punkt o übersteigen darf, weil sonst die Flamme erlischt. Andrerseits ist darauf zu achten, daß das Naphthalin nie ganz wegbrennt, sondern wenigstens immer noch den gewölbten Boden des Behälters bedeckt. Bei diesem Stadium ist neue Füllung zu bewerkstelligen. Bei b b b b befinden sich die Brenner. Was die übrige Konstruktion des Apparates betrifft, so ist dieselbe in Folge der Ventileinrichtung r p s etwas komplicierter, als die von Fig. 1. Diese Ventileinrichtung dient dazu, die Wärmflamme bei m zu speisen und gleichzeitig zu regulieren, welch' letzteres durch das bei verschiedener Wärme erfolgende Ausdehnen und Zusammenziehen der eisernen Stange s erfolgt. Die Flamme bei m, die im Anfang ziemlich groß brennt, sinkt dadurch, daß die sich ausdehnende Ventilstange s das Zuströmen des Gases beschränkt, allmählich bis auf 10 Millimeter Höhe herab, genügt aber dann vollständig, um dem Apparat die nötige Wärme zur Verdunstung des Naphthalins zu verleihen.

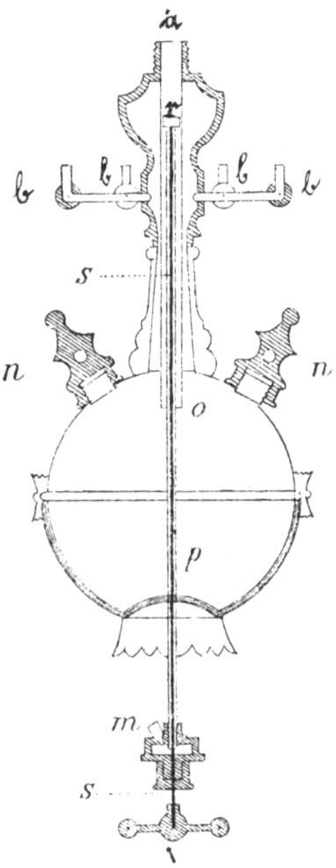

Fig. 2.

Was nun den Effekt des Lichtes betrifft, so geben 100 Kubikmeter Gas von gewöhnlicher Beschaffenheit in Verbindung mit 9—10 Kilo Naphthalin durchschnittlich dieselbe Lichtmenge wie 400 Kubikmeter unvermischten Gases. Bei einem Preise von 20 Pf. für den Kubikmeter Gas und 1 Mark für ein Kilo Naphthalin würden die Gesammtkosten etwa 30 Mark betragen, während man zur Erzielung einer gleichen Lichtmenge durch bloßes Gas etwa 80 Mark aufwenden müßte. Man kann daher als sicher annehmen, daß die Ersparniß bei Anwendung des Albo-Carbon-Lichtes mindestens die Hälfte der Kosten der Gasbeleuchtung betrage, der anderen, keineswegs aber unwesentlichen Vorteile, wie wir sie bereits oben erwähnten, nicht zu gedenken.

Elektrische Fischangel.

In der Berliner Fischerei-Ausstellung befand sich auch eine patentierte elektrische Fischangel. Dieselbe besteht aus einem kleinen Schiffchen, das durch ein eine Flügelschraube treibendes Uhrwerk nach jeder Stelle des Gewässers geräuschlos gelenkt werden kann. Dort angelangt, verankert es sich selbst gegen Wind und Strömung, während Angelschnur nebst Haken gleichzeitig ins Wasser gleiten. Das Schiffchen enthält eine elektrische Batterie und einen Elektromagnet, die so angeordnet sind, daß der Fisch durch den leisesten Druck bezw. Biß auf den Haken den elektrischen Strom schließt, dieser mittelst des Elektromagnetes die Rute mit Schnur und Haken blitzschnell hochschleudert und den Fisch einhaut. Das Emporschnellen der Rute macht eine Glocke erklingen und benachrichtigt so den Angler, daß ein Fisch gefangen ist, der dann durch die das Schiffchen mit dem Ufer verbindende Schnur gelandet werden kann.

Die Schiffbarmachung der Mississippi-Mündung durch Kapitän James B. Eads.

Es giebt wohl wenig große Seehäfen auf der Erde, deren Umgebung, sobald einmal das Land in Sicht ist, auf den neuen Ankömmling einen so entmutigenden Eindruck macht, wie die Einfahrt in den Mississippi unterhalb New-Orleans. Soweit der Blick schweifen kann, nach West, Nord und Ost hin begegnen sich Sumpf, Wasser und Himmel im traurigsten Einerlei, und die Moskitos, die sofort in unzähligen Schwärmen an Bord des Schiffes sich einstellen, um die Anzahl ihrer neuangekommenen „grünen" Schlachtopfer zu inspizieren, tragen nicht dazu bei, das durch den deprimierenden Eindruck der Landschaft völlig verschwundene Behagen wieder zu wecken.

Kein Baum, kein Strauch zeigt sich dem über das im Winde leise raschelnde Schilf hingleitende Auge, welches vergeblich einen Ruhepunkt sucht. Ein ähnlich rauschender, nur etwas tieferer Ton wird vom Golfe herübergetragen, in regelmäßig wiederkehrenden Pausen anschwellend und fast verhallend. Es ist die Brandung, die träge an die schlammigen Ufer der die einzelnen Arme des Mississippideltas trennenden Bänke schlägt. Nur die in zahllosen Flügen das bis zu fünfzehn Fuß hohe Schilf bevölkernden Vögel beleben die schweigsame Landschaft. Die Amseln jagen sich auf den Halmen umher, während lange Reihen von Pelikanen in den Kanälen und Lichtungen des Röhrichts einherziehen, in deren stillem Gewässer ihr blendend weißes Gefieder sich widerspiegelt. Endlose Züge von Wildenten und Seemöven schaukeln sich auf den Wellen oder wiegen sich in den vom Wasser aufsteigenden Dünsten, dann und wann in weitgezogenen Kreisen höher und immer höher fliegend bis sie im Azur des Zeniths dem nachfolgenden Auge verschwinden.

Stunden um Stunden verrinnen, ehe die Eintönigkeit der Uferlandschaft allmählich durch ein Cypressengebüsch unterbrochen wird. An den, Schlangenwindungen beschreibenden, Einfahrten in die Kanäle liegen Rudel von Alligatoren und sonnen sich. „Sonnen" kann man eigentlich nicht sagen, denn der dicke, feuchte und immer drückender und schwüler werdende Dunst, der über dem Flusse und den Ufersümpfen lagert, erlaubt der schon sinkenden Sonne nur selten einen, immer noch verschleierten, Blick auf das vermeintliche Eden zu werfen, als welches der sanguinische Neuling den „sonnigen Süden" sich in seinen Träumen vorgestellt. Mancher wünscht vielleicht im Stillen, daß er wieder umkehren könnte, und bereut seinen Entschluß, gerade hierher seine Fahrt gerichtet zu haben.

Bald aber ändert sich der Charakter der Landschaft; die düsteren Cypressensümpfe werden spärlicher, an beiden Seiten des Stromes zeigen ausgedehnte

Lichtungen im Röhrichte die in hellfrischem Grün prangenden, sich dem Strome andrängenden Savannen. Bald auch unterscheidet der Blick das in langgestreckten, den Meereswogen gleichenden, Wellen auf- und niederwallende Prairiegras, und die in unzähligen Farben leuchtenden Blumen und Blüten weben ihm aus der Ferne den schönsten Teppich vor, den noch jemals eine üppige Phantasie ersonnen.

Ein sanfter Hauch strömt von ihnen aus und erhöht den Genuß dieser anziehenden Scenerie. Der ferne Golf, der im Abenddufte azurblau herüberschimmert, bildet einen lieblichen Kontrast zum Abendhimmel, der sich allmählich mit wundervollem Purpur und Golde überzieht. Jetzt werden auch Zeichen menschlicher Kultur wahrnehmbar. Hier reicht ein Zuckerrohrfeld bis an den Strom herab, dort duftende Magnoliahaine und blühende Orangen-Plantagen, deren Wohlgeruch in sanften Wellen über den mächtigen, leise flüsternden Strom herübergetragen werden. Damit wechseln wieder mächtige Weidengebüsche ab, welche die Aussicht in das Land hinein neidisch verdecken und den Blick auf das jetzt im Abenddunkel schwärzer scheinende, schmutzig-gelbe Wasser des „Vaters der Gewässer" zurücklenken, indem die an hundert Stellen festsitzenden Baumleichen nur noch undeutlich zu sehen sind. Gespenstisch ragen ihre Zweige aus dem leise an ihnen vorübergurgelnden Gewässern hervor, als streckten sich hagere Geisterkrallen nach dem Fahrzeuge aus, welches wagt, ihnen zu nahe zu kommen. Und wohl sind sie geeignet Furcht zu erwecken, denn manches wackere Schiff verdankt ihnen den Untergang oder doch schwere Schädigung.

Allmählich wird der Strom belebter; mit hereinbrechender Dunkelheit mehren sich die verschiedenfarbigen Lichter der Fahrzeuge aller Art, und nicht lange mehr dauert es, so enthüllt eine plötzliche Biegung des Stromes das Lichtermeer von New-Orleans, dessen Widerschein am nordwestlichen Himmel schon seit geraumer Zeit mit dem verlöschenden Zwielichte kämpfte.

Seit wenigen Jahren jedoch ist noch etwas in Wegfall gekommen, das wohl geeignet ist, ebenso durch seinen Anblick, als wie durch die Gedanken, welche es dem Beschauer erweckt, ihn die Monotonie der Landschaft vergessen zu lassen.

Fast kein Tag, ja fast keine Stunde verging früher, wo nicht ein oder mehrere Schiffe auf der Barro oder auf Suags (halb versunkenen Baumstämmen) oder von Mud-Lumps*) erfaßt, feststaken und man sich mit ihrer Flottmachung abmühte — oft genug vergeblich! Nur völliges Umladen durch Lichterschiffe schaffte Hilfe.

Das kommt jetzt nicht mehr vor, weil durch die Regulierung der Südpassage eine Tiefe des Fahrwassers von etwa dreißig Fuß erzielt worden ist, so daß die großen Seeschiffe ungehindert diese Fahrstraße einschlagen können.

Die Bauten nun, welche zur Herbeiführung dieses bedeutsamen Umstandes notwendig waren, erstrecken sich weit in den Golf hinaus, und bald nachdem die schmutzig-gelbe Färbung, welche das

---

*) Es ist dies eine eigentümliche Erscheinung, welche darin besteht, daß plötzlich ohne wahrnehmbare Ursache große Lehm- und Schlammklumpen vom Flußbette emporsteigen und an den Schiffen, welche sie zufällig treffen, haften bleiben und sie festhalten.

Wasser des Mississippi den blauen Fluten des mexikanischen Golfes erteilt, dem herannahenden Schiffe sichtbar geworden, zeigen sich die Pfähle der submarin gelegenen Dämme und die zwischen ihn dahineilende lebhaftere Strömung.

Während der letzten Jahrzehnte war die Südwestpassage (S. die beigegebene Karte) die einzige gewesen, welche größere Schiffe passieren konnten. Da war ihre Tiefe selten größer wie 16 Fuß, meist weniger. Die Südostpassage, die Passage

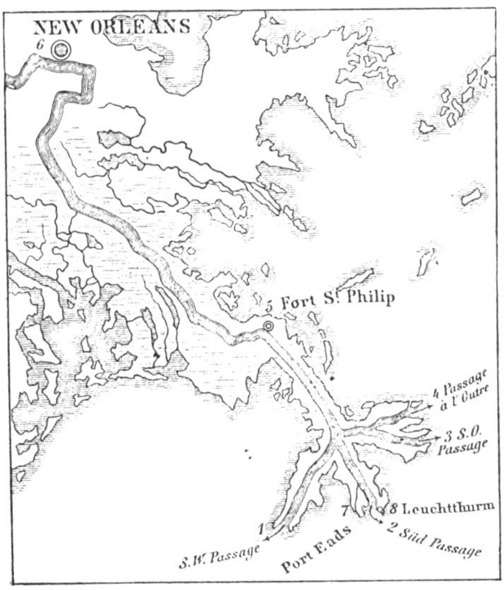

Das Delta des Mississippi.

1 Südwestpassage. 2 Südpassage. 3 Südostpassage. 4 Passage à l'Outre. 5 Fort St. Philip. 6. New-Orleans. 7 Port Eads. 8 Leuchtturm.

à l'Outre, sowie die Südpassage, wurden nur von kleineren Fahrzeugen benutzt, da die Wassermasse sowohl wie die Tiefe in diesen Mündungen keinen größeren Schiffen die Einfahrt gestatteten. Ueber der Barre an der Südpassage war nie mehr wie 6 Fuß Wasser während der Ebbe, oft nicht so viel.

Die Notwendigkeit, hier Abhilfe zu schaffen, zumal da in seinem Laufe zwischen dem Delta und New-Orleans der Mississippi genügend Wasser hat, wurde immer dringender, und schon war der Entschluß gefaßt worden, einen Kanal von der nötigen Tiefe von Fort St. Philip nach dem Golfe anzulegen, als der Kapitän vom Ver.-Staaten-Geniekorps, James B. Eads aus St. Louis, dem Kongresse folgenden Vorschlag machte:

Anstatt des projektierten Kanals, der eine Anfangsbewilligung von acht Millionen bei einer Gesammtauslage von mindestens zwanzig Millionen Dollars und einer Arbeitszeit von wenigstens 10 Jahren erfordere, wolle er durch Regulierung in fünf Jahren spätestens die Südwestpassage für Schiffe von 26 Fuß Tiefgang schiffbar machen gegen eine Remuneration von 3 ¾ Millionen Dollars; eine Einfahrt von 30 Fuß Tiefe sei er gewillt in etwa derselben Zeit für 5 ¼ Millionen herzustellen.

Da man im Kongresse mit der Annahme seines Vorschlages zögerte, weil verschiedene tüchtige Fachleute die Möglichkeit des Gelingens bezweifelten, so erbot sich Eads das Unternehmen auf eigene Rechnung und Gefahr zu beginnen und erst dann eine Teilzahlung zu beanspruchen, wenn eine gewisse Tiefe durchgehends erzielt sei.

Dies wurde ihm gewährt, doch mit der Beschränkung, daß — da die Südwestpassage die einzige praktikable Durchfahrt sei, dieselbe aber durch Kapt. Eads' Bauten möglicherweise unzugänglich, weil in ihrer Tiefe geschädigt werden könne — die Regulierungsarbeiten an der Südpassage vorzunehmen seien. Diese Verordnung wurde Anfang des Jahres 1875 angenommen; im Mai desselben Jahres begann Eads mit seinem großen Werke und am 10 Juli 1879, also wenig über vier Jahre später, berichtete der Kapitän vom Ver. Staaten-Geniekorps M. R. Brown

Port Eads-Hotel am oberen Ende des westlichen Ufers.

an den Kriegsminister, daß die Tiefe der Südpassage durchgängig zwischen den Dämmen dreißig Fuß betrage und daß oberhalb derselben sechsundzwanzig Fuß Fahrwasser beim niedrigsten Wasserstande stets gefunden worden sei, beides auf 600 Yards Breite, der kontraktlichen Verpflichtung gemäß.

Die Arbeiten selbst wurden mit dem Verschlusse der Südostpassage und derjenigen à l'Outre begonnen; auch die Südwestpassage wurde an der nahegelegenen Seite teilweise abgeschlossen und so die durch die Südpassage fließende Wassermenge wesentlich vergrößert.

Am Ende des westlichen Ufers der Südpassage wurden auf Pfählen die Arbeits- und Wohnplätze für die Ingenieure, Beamten und Arbeiter aufgeführt, welchen die Konstruktion der wesentlichsten Teile der großen Molos — der Weidengeflechte — oblag. Das Hotel dieser „Port Eads" genannten Ansiedlung bildet jetzt ein Wahrzeichen auf dem rechten Ufer, wie der alte Leuchtturm auf dem linken, zu dem es das Gegenstück bildet.

Die Landzunge des rechten Ufers,

Leuchtturm.

eine etwa sechs Fuß über dem Wasserspiegel sich erhebende Schlammbank, wurde zum Bauplatze, auf dem die 40 Fuß langen, 15 Fuß breiten und 3 Fuß dicken Weidengeflechte in Balkenrahmen hergestellt wurden. Dieselben wurden dann ins Wasser geschoben und nach den durch Pfähle abgesteckten Plätzen geflößt, wo sie versenkt wurden. Dann wurden Steine und Schotter aufgehäuft und der Wirkung des Stromes die weitere Ausfüllung der etwaigen Lücke mittelst des unaufhörlich sich absetzenden Schlammes überlassen. Nach einiger Zeit wurde eine frische Lage dieser Rahmen versenkt, bis die nötige Höhe und Festigkeit erreicht war; meist waren sechs Lagen notwendig.

Konstruktionsplatz der Weidengeflechte mit Port Eads im Hintergrunde.

Auch rechtwinklig zu den großen Dämmen in den Strom hineinragende kurze Dämme wurden hergestellt um die Strömung zu beschleunigen. An diesen Stellen pflegte sich das Treibholz, das der Mississippi in ungeheuren Massen aus dem Innern herabführt, am meisten anzustauen.

Pfähle, mittelst welcher die Dämme abgesteckt sind; links Massen von Treibholz; weiter stromabwärts zur Versenkung placierte Weidengeflechte.

Weiter hinaus mußte der Bau unter ziemlichen Schwierigkeiten durch eine doppelte Betonschicht gefestigt worden. Große Blöcke 16 × 3 und 16 × 3 × 3 Fuß wurden angewandt, um durch ihr bedeutendes Gewicht die ganze Konstruktion auf dem Grunde festzuhalten.

Die Weiden wurden einem einige Meilen oberhalb gelegenen riesigen Gebüsche entnommen; die Steine und Schotter jedoch wurden aus dem Staate Ohio herabgeführt, eine Strecke von etwa 1200 engl. Meilen. Bei Port Eads wurde alles abgeladen, was für den westlichen, und bei der Signalstation oberhalb des Leuchtturmes alles Material, was für den östlichen Damm bestimmt war. Der weitere Transport, die Dämme entlang, geschah auf Eisenbahnen, die etwa 10 Fuß über dem Wasserspiegel auf Pfeilern dahinliefen. Die Mitteilungen und Befehle des Oberaufsehers wurden per Flaggen- oder Laternen-Signal vom Dachfenster des Hotels zu Port Eads nach der Signalstation am rechten Ufer abgegeben und umgekehrt, Berichte und Fragen in derselben Weise herüber- und hinübergesandt.

Damm am linken Ufer vom Fuße des Leuchtturmes aus; teilweise versenkte Weidengeflechte.

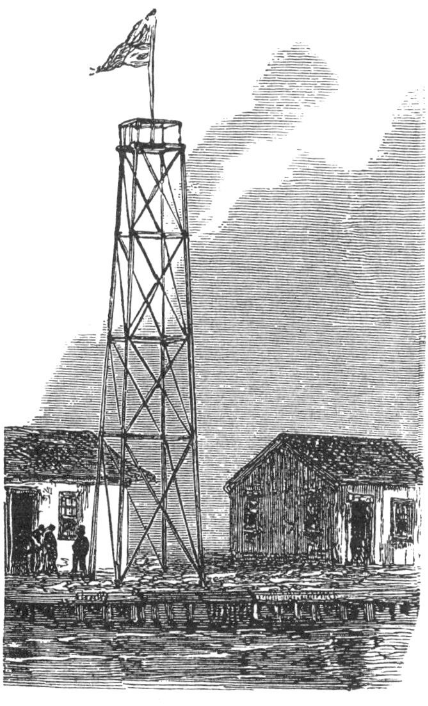

Signalstation oberhalb des Leuchtturmes.

Es könnte unsern Lesern auffallen, daß die Bedeckung der Weidengeflechte mit Steinen, Schlamm und Schotter so sorgfältig ausgeführt wurde, da doch die Stabilität durch das Versenken größerer Steinblöcke schneller und billiger zu erreichen gewesen wäre. Die Antwort ist, daß der Bohrwurm im mexikanischen Golfe, wie überhaupt in südlichen Gewässern, alles was Holz ist, völlig zerstört. Pfähle, welche zum Abstecken der Dammlinien eingerammt worden waren, zeigten z. B. nach etwa zwei Jahren nur noch etwa 5 von den 12 Zoll ihres Durchmessers unbeschädigt, und das bei acht Fuß Tiefe. Es darf unter dem Wasserspiegel deshalb kein Holz blos liegen, zumal da eine verhältnißmäßig dünne Schicht Schlamm oder Sand genügt, um den Feind abzuhalten. —

Die Hauptsache ist, daß Kapt. Eads in vier Jahren den Mississippi gezwungen hat, den Seeschiffen aller Nationen selbst eine Einfahrt auszugraben, welche 26 bis 30 Fuß tief ist. In zwanzig Jahren unausgesetzten Baggerns haben die Regierungsmaschinen nur etwa 250,000

Kubikfuß Material dauernd aus dem schiffbaren Kanal weggeschafft; der Mississippi hat auf Eads' Anordnung hin in 4 Jahren 2,500,000 Kubikfuß aus dem Wege geschafft. Selbst der Hafen von New-York, über dessen Barre zu Sandy Hook bei Ebbe nur 23 Fuß Wasser sind, steht hinter der Einfahrt in den Mississippi zurück. Die großen Oceandampfer

Einfahrt in die Südpassage des Mississippideltas seit vollendeter Regulierung.

passieren jetzt ohne jedweden Aufenthalt bei den verschiedensten Wasserständen, und der zwischen den Dämmen (hier „Jetties" genannt) durchgehende Verkehr wächst tagtäglich. Es vergeht kein Tag, an dem nicht ein oder das andere Segel- oder Dampfschiff in die Jetties einläuft, das mit den „Mud-lumps" oder der Barre, der Südwestpassage ein unliebsames Tête-à-tête gehabt.

Es existieren jetzt folgende reguläre Postdampferrouten von New-Orleans aus:

Liverpool,
Bremen,
Havana,
Galveston,
Vera-Cruz
und New-York,

außer einer großen Anzahl auf Fracht und Rückfracht laufender Dampfer und einer noch viel größeren Anzahl von Segelschiffen aller Art. Von Letzteren zählt man jetzt oft 120, 150 und mehr an den Werften von New-Orleans, früher waren sie der Größe und der Zahl nach viel geringer vertreten.

Unsere Illustration zeigt die Mündung der Süd-Passage mit den versenkten Dämmen zu beiden Seiten, rechts den Leuchtturm und die Signalstation, und links im Hintergrunde Port Eads. Die ganze Länge der „Jetties" beträgt über zwei Meilen, und sollte es nötig werden, so können sie noch um eine bedeutende Strecke verlängert werden, um eine noch größere Tiefe zu erzielen.

Ein Pflug für Abzugsgräben an Eisenbahnen.

Der praktische Sinn der Amerikaner und die hohen Arbeitslöhne jenseits des Oceans sind die Ursache, daß vielfach da Maschinen für eine bestimmte Arbeit eintreten, wo bei uns eine gewisse Anzahl von Taglöhnern auch zum Ziel kommen. Beispiele dafür sind zahllos; hier sei nur eines Riesenpflugs erwähnt, der die Aufgabe hat, an der Seite einer Eisenbahnlinie in kurzer Zeit und möglichst billig die Abzugsgräben zu ziehen. Die Maschine ist von A. E. Buchanan, dem Inspektor der N.-A. Südbahn St. Louis-Arkansas konstruiert und hat sich auf dieser Strecke durch ebenes Land ohne natürlichen Wasserabzug vortrefflich bewährt.

Unsere Abbildung giebt einen klaren Begriff von der Arbeit der Maschine. Die Eisenbahnlinie ist fertig und kann von der Lokomotive befahren werden. Der Riesenpflug ruht auf einem angehängten vier Meter langen Gestell

Buchanans Pflug für Abzugsgräben an Eisenbahnen.

auf Rädern und kann mit Hülfe eines Krahns abgehoben und seitwärts von der Eisenbahnlinie niedergelassen, auch wieder auf das Gestell aufgehoben werden. Das Gewicht des Pflugs beträgt 20,000 Centner, außerdem ist aber der angehängte niedere Wagen, an welchen der Pflug befestigt wird und der ihn beim Transport zu tragen hat, noch mit 10 Tonnen Schienen beschwert, um eine hinreichende Standfestigkeit zu haben.

Wird der Pflug durch die Lokomotive in einer Entfernung von drei Meter von der nächsten Schiene in Bewegung gesetzt, so hebt er einen Graben von dreißig Centimeter Tiefe und achtzig Centimeter Breite aus und das Streichbrett wirft die Erdschollen zur Seite. Auf diese Weise können im günstigen Fall in zehn Stunden Arbeitszeit drei Kilometer Graben ausgehoben werden und im Mittel doch immer 1,6 Kilometer. Auf der erwähnten Eisenbahnstrecke sind mit dieser Maschine schon 160 Kilometer Graben ausgehoben worden.

Moderne Riesenhotels.

Bei dem geringen Reisebedürfnisse im frühen Altertum gab es noch keine eigentlichen Hotels; dafür kam die Gastfreundschaft dem Reisenden in weit höherem Maße entgegen als heutzutage. An den großen Handelsstraßen besonders den karawanenmäßig bereisten, hatte man jedoch Logierhäuser, die aber außer der Gelegenheit zum Uebernachten für Mensch und Tier nichts boten; Lebensmittel und Futter mußte der Reisende mit sich führen. So sind heute noch die orientalischen Khaas oder Karawanserais beschaffen. Erst in der römischen Kaiserzeit kamen allmählich Gasthäuser auf, und zwar als Deversoria für die höheren Stände, als Tabernae oder Cauponae für die niederen. Daneben bildeten sich Garküchen (Popinae). Der Name Taberna hat sich noch in Städtenamen, wie Zabern, Bergzabern, Rheinzabern, erhalten. Die spätere Entstehung der Wirtshäuser knüpft sich an das Aufblühen des Handels im Mittelalter, auf welches auch unser heutiges (nicht sehr vorteilhaftes) Kneipenleben zurückzuführen ist. Die eigentliche Entwickelung des Hotelwesens fällt aber in die zweite Hälfte unseres Jahrhunderts, wo die rasche Ausbreitung der Eisenbahnnetze über die civilisierte Welt dem Reisen eine nie geahnte Erleichterung und Ausdehnung verschaffte. Da vervielfältigte sich auch das Bedürfnis, besonders bei länger dauernden Touren, am Ende des Tages ein Heim zu finden, das neben einigem Komfort eine gute Verpflegung bieten konnte. Das heutige Hotelwesen ist denn auch auf einem Standpunkte angelangt, daß man sogar in jeder kleinen Stadt bei nicht zu hohen Ansprüchen gut wohnen kann. Höheren Ansprüchen können natürlich nur größere und ganz große Städte gerecht werden, sowie anderseits Orte, welche aus irgend einem Grunde (Badegelegenheit, durch Naturschönheit ausgezeichnete Umgebungen) in massenhafter Weise Vergnügungsreisende heranziehen. Solche dem Luxus dienenden Etablissements meidet aber der berufsmäßige Reisende, oder der auf einer Erholungsreise begriffene Tourist sorgfältig. Sie kennen ihre Häuser nach dem Renommee, und wenn sie einmal in den Fall kommen, ein unbekanntes Haus beziehen zu müssen, so stellen sie vorher klüglich Erkundigungen an. Anderseits bleibt besonders der Geschäftsreisende immer gern auf einer gewissen Höhe, weil eben für ihn ein gewisses Maß von Komfort und eine entsprechend gute Verpflegung Bedürfnis ist.

Wie nun das Eisenbahnnetz in den Vereinigten Staaten von Amerika rascher und großartiger aufgebaut wurde als in irgend einem anderen Lande, so entwickelte sich dort auch das Hotelwesen zuerst auf großem Fuß. Dort baute man zuerst jene Riesenhotels von über fünfhundert Zimmern, die man seit einigen Jahren in Europa, wenn auch meist in etwas kleinerem Maßstabe, nachgeahmt hat. Lange Zeit galt das Palace-Hotel in San Francisco (Californien) als das größte der Welt, und es steht jetzt noch, wenn auch übertroffen, immer noch mit in erster Linie. Es ist 114 Meter lang, 89 Meter breit und 38 Meter hoch, hat sieben Stockwerke, zwei unter und fünf über der Erde und zählt außer den Empfangs-, Billard-, Speise- und sonstigen Sälen 750 Zimmer und 377 Badezimmer. Es umfaßt drei mit Glas gedeckte Höfe, in denen sich Gärten mit Springbrunnen, Statuen ꝛc. befinden. Jedes Zimmer ist mit einem Löschapparat versehen und enthält außerdem eine Vorrichtung, wodurch jede außergewöhnliche Erhitzung einer Wand sich mittelst Klingel beim Wachthabenden kundgiebt. Das Parterre wird, wie das ja jetzt bei fast allen großen Hotels der Fall ist, von Verkaufsmagazinen aller Art eingenommen, so daß der Reisende ohne unter dem Dache fortzugehen, seine sämtlichen Einkäufe besorgen kann. Jede große Stadt in den Vereinigten Staaten hat jetzt ihre Riesenhotels. New-York z. B. besitzt fünfzehn derartige Etablissements mit zusammen 4662 Zimmern, so daß also auf jedes durchschnittlich 311 Zimmer kommen. Die Bedienung bestand im Jahre 1879 aus 2785 Personen, darunter 1479 männlichen und 1306 weiblichen Geschlechts. Die Tagesausgabe eines Gastes betrug durchschnittlich 39 Mark. Billig sind also diese, allerdings auch im höchsten Grade eleganten und den weitgehendsten Ansprüchen gerecht werdenden Häuser nicht! Dabei darf man aber nicht vergessen, daß man es hier mit amerikanischen Verhältnissen zu thun hat. Unter den New-Yorker Hotels befindet sich auch das von dem reichsten Kaufmann in Amerika, dem berühmten Alexander Turney Stewart (gestorben am 10. April 1876) gebaute Hotel, speziell für Frauen, das als solches aber bald wieder einging, da es seinem ursprünglichen Zweck nicht entsprach. Es zählt über 500 Zimmer. Eine hervorragende Stelle unter den New-Yorker Hotels nimmt auch das Windsor-Hotel ein. Zu den ersten amerikanischen Etablissements zählt das Grand Pacific-Hotel in Chicago. Das größte aller Gasthäuser soll aber das Riesenhotel zu Atlantic City sein, einem Seebade im Staate New-York mit einer Frequenz von 40,000 Badegästen. Es soll nämlich 1000 Zimmer aufweisen.

Die größten Hotels auf dem europäischen Kontinent besitzen Paris und Berlin. Paris weist drei Riesenhotels mit je 700 Zimmern auf: das Grand Hotel du Louvre, das Grand Hotel und das Hotel Continental. Letzteres soll das prachtvollste und komfortabelste überhaupt bestehende Gasthaus sein. Berlin hat in neuester Zeit in dem Kaiserhof und dem Centralhotel zwei Etablissements erstehen sehen, die sich ebenfalls dem ersten Range beizählen dürfen. Das Centralhotel verdient einer etwas eingehenderen Erwähnung. In der Länge 109, in der Breite 82 und in der Höhe 30 Meter messend, enthalten seine oberen drei Geschosse 400 elegante Logierzimmer. Unterhalb dieser befinden sich die verschiedenen Salons, sowie Familienwohnungen von sechs bis acht Räumen und endlich auch Logierzimmer für bescheidenere Ansprüche. Das Erdgeschoß enthält 30 elegante Läden. Einer der an den 30 Meter langen und 19 Meter breiten Hof sich anschließenden Säle hat eine Länge von 60 und eine Breite von 11 Metern. Das Ganze erreicht seinen Abschluß in einem 75 Meter langen und 23 Meter breiten von einer Glaskuppel überdeckten Wintergarten.

Daß England ebenfalls Riesenhotels aufzuweisen habe, ist fast selbstverständlich. Besondere Erwähnung verdienen das London and North Western-Hotel in Liverpool, sowie in London das Midland Grand Hotel, das Holborn Viaduct Hotel und das neue Grand Hotel, bei dessen Bau und Einrichtung man von dem Prinzip ausging, alles in dieser Art Vorhandene zu überbieten.

Alte mechanische Sonderbarkeiten.

Es ist nicht ohne Interesse, in älteren Werken die mechanischen Konstruktionen früherer Zeiten aufzusuchen und mit denen der Jetztzeit zu vergleichen. Es ergeben sich dabei sehr wichtige Thatsachen zur Entwickelungsgeschichte mancher Maschinen oder physikalischer Apparate, welche zeigen, wie der menschliche Scharfsinn fortwährend an der Verbesserung des Vorhandenen arbeitete und noch arbeitet. Anderseits finden sich dabei auch nicht wenige Ideen, die wir jetzt für möglichst unpraktisch und verkehrt halten müssen. Doch dürfen wir nicht vergessen, daß wahrscheinlich ebenso spätere Jahrhunderte über viele von unseren jetzigen vielleicht hochgerühmten Erfindungen lächeln werden.

Zu Anfang des 17. Jahrhunderts lebte in Lyon Nicolas Grollier von Servière, der Geld genug besaß, um seiner Vorliebe für neue Erfindungen und Besonderheiten zu fröhnen, dieselben zu sammeln und in seinem Hause aufzustellen. Er stammte aus einer der ältesten Familien der Provinz und schon sein Großonkel hatte zur Zeit von Franz I. die reichste Bibliothek zusammengebracht, die damals in Frankreich war. Auch sein Vater war ein geistreicher und berühmter Mann in der Zeit Heinrichs IV. Der Sohn hatte nicht nur den Reichtum, sondern auch den Geist seiner Vorfahren geerbt. Nach einer ausgezeichneten militärischen Laufbahn widmete er sich ganz der Sammlung von merkwürdigen Apparaten, welche das häusliche Leben bequem und behaglich machen können; auch Uhren von besonderem Bau und andere mechanische Instrumente zum Emporheben des Wassers, zum Brückenbau 2c., ferner Elfenbeinschnitzereien von unnachahmlicher Feinheit und Kunstvollendung u. dgl. entgingen seiner Aufmerksamkeit nicht und so ist es kaum zu verwundern, daß bald das Raritätenkabinet des Herrn von Servière in ganz Frankreich mit hohem Ruhme genannt wurde. Doch erst sein Enkel gab eine Beschreibung der angehäuften Merkwürdigkeiten im Jahre 1719 heraus; sie ist mit zahlreichen Bildern geschmückt und jetzt sehr selten geworden.

Herrn von Servières Lesepult.

Unsere Abbildungen sind diesem Werke entnommen; die erste zeigt den Herrn von Servière an seinem Lesepult, einem großen mühlradförmigen Gestell, auf dessen Schaufeln die für eine bestimmte Arbeit nötigen Bücher und alle anderen Bedürfnisse an Papier 2c. aufgelegt sind. „Ehe die Arbeit beginnt, werden alle Bücher, die dabei erforderlich sind, auf die Bretter des Pultes aufgelegt, dann setzt man sich in den Lehnstuhl und beginnt mit einem Buch; bedarf man ein anderes, so dreht man das Rad mit der Hand so lange, bis das Verlangte vor einem liegt.“ Obwohl jetzt noch ein Gelehrter von einer solchen Maschine Gebrauch machen würde?

Noch eine andere Maschine aus dem Kabinet Servières sei erwähnt. Es ist ein Schubkarren, der dazu dient, die Entfernung zweier Orte von einander direkt zu messen. In der beigefügten Beschreibung heißt es, daß das große Rad B, auf welches sich der ganze Schubkarren stützt, wenn er bewegt wird, genau vier Fuß Umfang und wie die drei andern Zahnräder C, D, E an ihrem Umfang in Grade eingeteilt sei. Durch das Rad C werden die Fuß, durch D die Klafter und durch E die Hunderte derselben angegeben. Alle stehen durch Triebe mit einander in Verbindung, welche eine entsprechende Anzahl von Zähnen haben. Die Zeiger stehen fest und die Räder drehen sich unter denselben weg. Im Beginn der Messung werden alle Räder so gestellt, daß die Zeiger auf Null stehen. Fährt man dann den Schubkarren von dem Orte A nach dem Orte B in

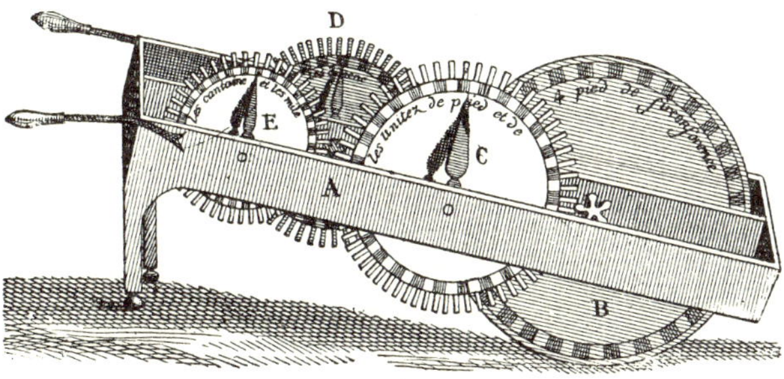

Schubkarren als Distanzmesser.

gerader Linie, so läßt sich nach der Ankunft die Länge des zurückgelegten Weges direkt an den Rädern ablesen.

Es ist nicht schwer und eine ganz interessante Aufgabe, die Maße für die Räder, die Anzahl ihrer Zähne und der Zähne jedes Triebs zu berechnen, um diesen Maßstab für das metrische Maß brauchbar zu machen.

Das Salz und seine Bereitung.

Das Salz ist einer der verbreitetsten Körper in der Natur. Es ist ein wesentlicher Bestandteil unseres Blutes und gehört daher zu den Nahrungsmitteln. In keiner Pflanze fehlt es und deshalb brauchten wir eigentlich direkt kein Salz zu genießen. Die pflanzenfressenden Tiere, in deren Blut doch auch Salz enthalten ist, liefern den Beweis dafür. Diese Tiere weisen sogar den direkten, ihnen gebotenen Salzgenuß ab, oder, wenn sie ihn acceptieren, bringt er ihnen mehr Schaden als Nutzen. Kaninchen, denen man während einer Reihe von Tagen Salz unter Futter und Wasser mischte, starben eines nach dem andern, während eine andere Anzahl Versuchskaninchen, denen man das gewöhnliche Futter gab, sämtlich wohl und munter blieben. Dies sollte uns eine Mahnung sein, daß wir im Salzgenuß Maß halten. Obwohl die Akten noch nicht darüber geschlossen sind, so wollen doch verschiedene Aerzte in übermäßigem Salzgenuß die Ursache mancher Entzündungserscheinungen erblicken, besonders auch an den Augen. — Aber nicht nur dient das Salz in unserem Körper als Nahrungsmittel, es befördert auch den allgemeinen Stoffwechsel, leistet also auch dem Prozeß der Ernährung Vorschub. Hängt man eine mit Salzwasser gefüllte Blase in ein Gefäß, in welchem gewöhnliches Wasser enthalten ist, so wird letzteres nach einiger Zeit salzig schmecken und allmählich gleicht sich der Salzgehalt des in der Blase befindlichen Wassers mit dem des Gefäßes aus. Dies ist ein getreues Bild des Stoffwechsels, wie es in unserem Körper vor sich geht, und eben, wie gesagt, durch das Salz befördert wird.

Salzlager kommen in fast allen Gebirgsformationen der Erde vor, stets aber in Begleitung von Gips- und Thonschichten. Sie bilden oft ganze Gebirge, die zuweilen selbst zu Tage treten, wie am Südende des Toten Meeres in Palästina, bei Langro, nördlich vom Altomonte in Kalabrien, bei Szavota und Parayd in Udvarhelyer Komitat in Siebenbürgen, bei Kardona am südlichen Abhang der Pyrenäen (letzteres schon zur Römerzeit bekannt und ausgebeutet), bei Hutkaja in der Kirgisensteppe u. s. w. u. s. w. In neuerer Zeit hat man namentlich in der norddeutschen Tiefebene unerschöpfliche Salzlagerstätten, zuweilen in bedeutender Tiefe, erbohrt und verschiedene auch in Ausbeutung genommen, so besonders das von Staßfurt-Leopoldshall, zum Teil in Preußen, zum Teil in Anhalt gelegen. Andere mächtige Salzlager wurden bei Sperrenberg südlich von Berlin, bei Inowrazlaw in der Provinz Posen, bei Segeberg in Schleswig-Holstein u. s. w. entdeckt. Von älterem Vorkommen ist besonders das von Wieliczka-Bochnia in Galizien durch vielfache Beschreibung bekannt*), doch bleibt seine Förderung gegen diejenige von Staßfurt-Leopoldshall bedeutend zurück. Außerdem giebt es in vielen Steppen und Wüsten (im südöstlichen Rußland, in Ostafrika 2c.) ausgedehnte offene Salzlager, teils im Umkreise von alten Salzseen oder abgeschlossenen Meerbusen, teils in Niederungen, welche ehemals solche Meerbusen waren. Das Wasser verdunstete, der Salzgehalt des Wassers schlug sich als feste Schichte nieder. Aus diesem natürlichen Vorgange leitet man denn auch die Bildung der im Innern der Erde befindlichen Steinsalzlager ab, obwohl damit der ursprüngliche Proceß, der in einem Auslaugen der salzhaltigen Gebirgsformationen bestanden haben muß, keineswegs ausgeschlossen ist. Denn es ist doch nicht denkbar, daß das Wasser der Erdoberfläche ursprünglich salzhaltig gewesen sei. Wenigstens ist Salz kein natürlicher Bestandteil des Wassers, es ist erst hinzugekommen, und da ist kein anderer Weg denkbar, als der des Auslaugens. Das Meer enthält durchschnittlich etwa 2 ½ Procent Salz. Den Inhalt des Meeres auf 2 Billionen Kubikmeter gerechnet, beliefe sich also sein Salzgehalt in fester Masse auf fünfzig Milliarden Kubikmeter, was, den Kubikmeter zu zwei Centner gerechnet, ein Gewicht von hundert Milliarden Centner ergäbe. Um dieses Quantum zu transportieren, wäre gerade eine Milliarde Eisenbahnwaggons zu 100 Centner erforderlich, also fast dreihundertmal mehr, als deren überhaupt auf der ganzen Erde vorhanden sind.

Da das Salz ein physisches Lebensbedürfnis ist, so war es von jeher auch ein Handelsartikel von Belang. Es wurde ursprünglich aus den Gegenden, wo es offen zu Tage lag, nach denjenigen, wo es mangelte, ausgeführt. Noch heute ist es im Orient und besonders in Nordafrika ein Tauschartikel, auf den man sogar vielfach die Bedeutung des Geldes übertragen hat. Letzteres ist besonders der Fall in manchen Teilen der Sahara, in Abessinien, am mittlern Niger bei den Kimbunduvölkern in Benguela, an der Südgrenze von Angola und am ganzen Coanza. Südöstlich vom Abessinischen Hochlande liegt der Assal-See, dessen Wasser einen äußerst starken Salzgehalt besitzt und an dessen Ufern sich feste Salzlager niedergeschlagen haben. Hier haut man das Salz in Gestalt von Schleifsteinen aus und sendet es nach Abessinien, wo diese Steine als Scheidemünze, und zwar zwanzig auf einen Mariatheresiathaler, also zu einem sehr hohen Werte, kursieren. Wie mußte aber die Bedeutung des Salzes als Handelsartikel steigen, als man anfing, dasselbe auch zu industriellen Zwecken zu verwenden! Es giebt jetzt, abgesehen von den verschiedenen Arten des Einsalzens, nicht weniger als dreißig Industriezweige, in denen Salz verbraucht wird, darunter besonders die Soda-, Glaubersalz-, Seifen- und chemischen Fabriken. Die Soda- und Glaubersalzfabrikation beläuft sich

*) Vergl. Jahrgang I. des Neuen Universum S. 255.

allein auf etwa 8 Millionen Centner jährlich.

Aber nicht nur in der rein materiellen Kultur hat das Salz von jeher eine Rolle gespielt. In der weitgehenden Symbolik, die ihm, wie jedem Gegenstand von einiger Wichtigkeit, im Altertum beigelegt wurde, übte es auch stets einen sittlichen Einfluß von nicht geringer Bedeutung aus. Nach dem mosaischen Gesetz mußte allen Opfern Salz beigegeben werden, und bei den Griechen wurde einem Opfer von Bohnen oder Linsen mit Salz vermischt reinigende Wirkung zugeschrieben. Bei fast allen Völkern kommt der Brauch vor, beim Beziehen neuer Wohnungen Salz und Brod in ceremoniöser Weise mitzubringen. Es galt dies als ein Akt von guter Vorbedeutung. Insbesondere geschah es bei einem neuvermählten Paar, wie es heute noch in Rußland fast allgemein üblich ist. Bei den Slaven gilt das Darbringen von Brod und Salz als Zeichen der Unterwerfung. Bei den Orientalen bedeutete Salz und Brod mit andern Personen zusammen essen, einen festen heiligen Bund mit einander schließen. Der Salzbund war bei den alten Juden der unverbrüchlichste von allen. Noch jetzt werden bei den Arabern Bündnisse geschlossen, indem sie Salz auf Brod streuen und dabei ausrufen: Salem, Friede! Als Dschellal-ed-din Mankberni den von ihm abgefallenen Chazaren Salz und Brod zusandte, um sie an ein altes Bündniß zu erinnern, gingen sie sofort wieder zu ihm über. Ein arabischer Räuber stieß bei einem nächtlichen Einbruch an ein Gefäß. Als er durch Kosten sich davon überzeugt hatte, daß Salz darin enthalten sei, legte er die gemachte Beute wieder ab und verließ das Haus wie er gekommen war, weil er in demselben das heilig geachtete Salz genossen hatte. Ein arabischer Scheich, der einen Kaufmann in seine Gewalt bekommen, ließ ihn unberaubt wieder frei, weil auf der Tafel, an der er von Jenem bewirtet wurde, ein Salzfaß gestanden. So wurde das Salz ein Symbol der Treue, der Freundschaft und Unverletzlichkeit. Das Salzfaß selbst wurde in Folge dessen gewöhnlich aus kostbarem Material, meist aus Silber, hergestellt und sorgfältig von Vater auf Sohn, von Geschlecht zu Geschlecht, vererbt. Kostbare Salzgefäße kommen aber nicht nur im Altertum, sondern auch noch in viel späterer Zeit, in Mitteleuropa vor; es sei nur an das berühmte Salzfaß des Cellini erinnert, das aus getriebenem Golde mit einem Ebenholzuntersatze bestand und noch vorhanden ist.

Wie aber das Salz als ein Symbol der Treue galt, so war das Verschütten desselben, besonders wenn es absichtlich geschah, ein Zeichen der Feindschaft, eine Herausforderung und trug überhaupt den Charakter einer schlimmen Vorbedeutung. Aus der Beobachtung, daß ein salzhaltiger Boden unfruchtbar sei oder nur wenige charakteristische Pflanzen hervorbringe, wurde der Brauch abgeleitet, über eine Stätte, der man fluchen wollte, Salz auszustreuen.

Bei den alten Germanen wurden Orte, wo Salz vorkam, also besonders Salzquellen, heilig geachtet; man hielt diese Orte näher dem Himmel oder den Göttern; Gebete waren da wirksamer als anderswo, das Streitigmachen eines solchen Orts war eine der gerechtesten Ursachen zum Kriege und wurde es thatsächlich zu wiederholten Malen. Die heilige Bedeutung des Salzes hat sich noch lange im Volksglauben, auch in Deutschland, erhalten und noch heutigen Tages wird in vielen Gegenden, besonders auf dem Lande, daran festgehalten. Am häufigsten kommt es hier vor als Zaubermittel oder als Talisman gegen Zauberei, und zwar wird in dieser Hinsicht das geweihte Salz als das wirksamste betrachtet.

Nicht unerwähnt bleibe endlich, daß das Salz auch als Symbol von Geist und Witz hingestellt wurde, wahrscheinlich wegen seiner scharfen und beißenden Eigenschaften. So legte man dem durch seine Schneidigkeit berühmten Witz der alten Athener den Namen „Attisches Salz" bei.

Was nun die Gewinnung des Salzes betrifft, so ist die an der Erdoberfläche betriebene ohne Zweifel die älteste. Dieselbe erfolgte entweder aus Salzlachen in der Nähe des Meeres, sowie aus Steppenseen, oder steinbruchartig von Salzlagern, welche die Erdoberfläche als Hügel oder Berge überragten und in diese Lage durch vulkanische Kräfte oder Ereignisse gebracht worden waren. Doch wird weder die Erfindung, Salz durch sogenannte Salzgärten oder Salzbeete am Meerufer zu gewinnen, noch die bergmännische Förderung aus der Tiefe, lange haben auf sich warten lassen. Denn erstere Methode ist nur eine Nachahmung der Natur, wie sie eben durch Verdunstung in flachen Meerbusen Salz hervorbringt, während die Zweite sich von selbst ergab und nur größere Schwierigkeiten bot, als man zum unterirdischen Abbau überging. Derselbe unterscheidet sich vom Bergbau auf Metall oder Steinkohlen in keiner Weise, nur hat er wieder seine Specialitäten, die besonders in salzärmeren Gebirgen Anwendung gefunden haben. So wird bei Berchtesgaden und Hallein im Salzkammergut, wo das Steinsalz durch Mergellager, sogenanntes Haselgebirge, verunreinigt ist, die Gewinnung durch Sinkwerke oder sogenannte Wöhren in der Weise ausgeführt, daß man in den Salzthon große und tiefe Gruben legt, diese mit Wasser füllt und so das Gebirge auslaugen läßt. Die so gewonnene Sole wird durch Pumpwerke gehoben und dann versotten.

Salzgarten.

Salzgärten sind besonders in Portugal (die berühmtesten bei St. Ubes bei Setubal), Spanien, Frankreich, Italien, Dalmatien, Istrien in Betrieb. Sie werden an flachen, gegen die Flut geschützten Ufern des Meeres angelegt und bestehen aus mehreren im Niveau etwas untereinander liegenden Gruppen von Beeten, zwischen denen breite, dammartige Erhöhungen aufgeworfen werden. Der Boden der Beete ist genau horizontal und aus Lehm oder Thon festgestampft. Der Betrieb beginnt im Frühjahr, nachdem Alles ordentlich vorgerichtet ist, mit dem Einlassen von Meerwasser in den das Ganze umgebenden Graben oder in ein seitlich gelegenes flaches Reservoir. Nach einigen Tagen, wenn das darin enthaltene Wasser sich erwärmt hat, wird es in das zu oberst gelegene Beet in der Tiefe von etwa 10 Centimetern eingelassen oder eingeschaufelt. Hier bleibt es, je nach dem Wetter, ein bis drei Tage, wird dann in das zweite Beet eingelassen und so fort bis zum fünften oder sechsten Beet, wo die Sole in eine Kruste auskrystallisiert und nun auf der Krone der Dämme in Haufen gesetzt wird, die, mit Strohdächern bedeckt, einige Monate stehen bleiben, damit die sogenannten zerfließenden, fremde Bestandteile bildenden, Salze sich ausscheiden. Die in den Salzbeeten zurückbleibende Mutterlauge wird als Glaubersalz, Bittersalz und Chlorkalcium verarbeitet. Hin und wieder bedient man sich auch des Frostes zur Konzentrierung der Lauge, indem man die sich bildenden Eisdecken von Zeit zu Zeit entfernt. Die schließlich zurückbleibende Flüssigkeit ist so stark gesättigt, daß zur Erzielung von Salzkrystallen ein schwaches Eindampfen genügt.

Die Gewinnung aus Salzquellen, meist im Binnenlande, ist die jüngste, weil komplizierteste und kostspieligste Methode. Sie erfolgt gewöhnlich mit Anwendung von **Gradierwerken**, die wieder von verschiedener Konstruktion sind. Die wirksamste und am meisten gebräuchliche ist die Tröpfelgradierung, bei der 10 bis 12 Meter hohe, bis 70 Meter lange, mit Dornenbündeln angefüllte Gerüste in Anwendung kommen. Die Sole wird durch Pumpwerke hinaufgehoben und mittelst enger Röhrchen über die ganze Fläche der Dornenhecke verteilt.

Gradierwerk.

Sie tröpfelt so durch die dichte Verästelung, wobei sowohl ein Teil des Wassers verdunstet, als auch die festen Bestandteile der Sole (Gips, kohlensaurer Kalk, Eisenoxyd) sich absetzen, so daß nach Verlauf von 4 bis 6 Jahren die Dornenzweige mit einem 4 bis 8 Millimeter dicken festen Ueberzuge bedeckt sind. Dieser Ueberzug, Dornstein genannt, wird als Düngemittel benutzt. Jede Dornwand steht in einem Kasten, in welchem sich die herabtropfende Sole wieder sammelt und so lange wieder hinaufgepumpt wird, bis sie den nötigen Grad der Konzentration besitzt, um versotten werden zu können. Dies geschieht in flachen, 10 Meter langen Pfannen von Eisenblech, die von unten her geheizt werden, wobei die Einrichtung getroffen ist, daß die Flamme oder wenigstens die Feuergase mehreremale unter dem Boden der Pfanne hin- und herstreichen müssen, bevor sie durch die Esse entweichen. Die Pfannen stehen unter Dach, doch ist über jeder ein konisch geformter, oben offener Herdmantel (Brodemfang) zur besseren Ableitung der Wasserdämpfe angebracht. Nach einiger Zeit erscheinen an der Oberfläche des Wassers kleine Krystalle, die, sich zu einer Haut zusammenhängend, niedersinken, um einer zweiten Krystallschicht Platz zu machen. Dieses so sich bildende Salz wird aus den Pfannen aufgeschaufelt und in konisch geformte Körbe, die um den Brodemfang aufgestellt sind, zum Trocknen gesammelt. Sobald keine Flüssigkeit mehr ausläuft, bringt man das Produkt zum völligen Trocknen in die Darrstuben unter dem Dache des Siedehauses. Auf diese Operation folgt endlich das Verpacken in Fässer. Neuerdings wird das gewonnene Gut auch mittelst besonderer, erwärmter und in Rotation zu versetzende Apparate, einer Kombination von übereinander stehender, an einer Achse befestigter, Trommeln getrocknet. Zur rascheren Verdunstung der Sole, resp. zur Beschleunigung der Salzbildung, hat man ebenfalls verbesserte Vorrichtungen, so besonders die Rohrpfannen, bei denen in halber Höhe der Pfanne, und in deren Längsrichtung eiserne Röhren angebracht sind, durch welche die Feuergase streichen, und die solcherweise, wie es bei den Röhrendampfkesseln der Fall ist, eine energischere Erwärmung des Wassers 2c. bewirken.

Reines Salz erhält sich an der Luft stets trocken; wird Salz feucht, so ist es durch fremde sogenannte zerfließende Salze verunreinigt. Salinensalz ist immer weißer als Steinsalz, das übrigens im Handel nicht so häufig ist, wie jenes, aber schärfer salzt, weßhalb man sich erst daran gewöhnen muß, wenn man bisher nur Sudsalz verbraucht hat. Der durchschnittliche Verbrauch an Salz pro Kopf wird auf jährlich 15 Pfund berechnet, so daß also für diesen Zweck pro Jahr 225 Millionen Centner produciert werden müssen. Wieviel zu industriellen Zwecken erforderlich ist, entzieht sich der Berechnung.

Das Photophon.

In unserer an merkwürdigen Erfindungen so reichen Zeit ist keine von größerem, ich will noch nicht sagen praktischem, aber jedenfalls wissenschaftlichem Interesse, als das Photophon. Auch diesmal wieder haben wir es mit einer specifisch amerikanischen Erfindung zu thun und zwar ist derselbe Graham Bell, der das Telephon so verbesserte, daß es zu praktischen Zwecken verwendet werden konnte und so aus dem physikalischen Kabinett in das Leben eintrat, der scharfsinnige Kopf, der auch das Photophon ersann. Während bei dem Telephon bekanntlich das Instrument, mit dem gehört wird, durch einen Draht zur Leitung der Elektricität mit dem anderen Apparat verbunden sein muß, welcher die Töne auffängt, wird bei dem Photophon diese Verbindung einfach durch einen Lichtstrahl bewirkt. Es können also zwei Telephone mit einander in Verbindung gesetzt werden, sobald nur vom einen zum anderen ein Lichtstrahl oder ein Bündel Lichtstrahlen gelangen kann. Bei Bells ersten Versuchen glückte es ihm, auf eine Entfernung von 213 Meter Worte auf den Flügeln des Lichts fortzupflanzen. Schon 1878 hatte er die sichere Hoffnung der Ausführung seines kühnen Gedankens, aber erst am 26. Aug. 1880 konnte er in einer Sitzung der American Association seinen wunderbaren Apparat vorzeigen und mit demselben experimentieren.

Die dem Photophon zu Grunde liegende Idee ist folgende: Es soll ein Lichtstrahl durch eine Reihe von Tönen so in seiner Stärke und Richtung modificiert werden, daß dadurch auf den Empfangsapparat eine bestimmte, je nach den Tönen abwechselnde Einwirkung hervorgebracht wird. Wie Bell dieses Ziel erreicht, wird klar werden, wenn wir zuvor ein Wort über das Selen gesagt haben.

1817 entdeckte der berühmte Chemiker Berzelius im Schlamm der Bleikammern mancher Schwefelsäurefabriken einen einfachen Stoff, der gewisse Aehnlichkeiten mit Schwefel und Tellur zeigte. Er wurde Selen genannt und hatte bis in die Neuzeit eigentlich nur wissenschaftliches Interesse. Selen schmilzt bei 210° und verdampft bei 700°. Hittorf entdeckte 1852, daß es in zwei verschiedenen Zuständen bestehen kann. Glasartig amorph ist es dunkelbraun, bei auffallendem Lichte schwarz und sehr glänzend. Erstarrt es aus dem geschmolzenen Zustande sehr langsam, so nimmt es Bleifarbe an, wird krystallinisch und sieht aus wie ein Metall.

Daß Selen wie Schwefel ein sehr schlechter Leiter der Elektricität sei, war bekannt, aber erst 1872 machte May, ein Beamter beim transatlantischen Telegraphen, die merkwürdige Beobachtung, daß Selen ein guter Leiter der Elektricität wird, wenn es ein Lichtstrahl trifft. Durch zahlreiche Experimentatoren wurde die Thatsache bestätigt; man fand, daß dünne Selenscheiben, wenn sie auf 200° erhitzt und dann wieder abgekühlt werden, eine so große Empfindlichkeit für das Licht annehmen, daß man leicht die Stärke der Lichteinwirkung bemessen kann nach der Stärke des elektrischen Stromes, welcher durch die leitend gewordene Masse des Selens ging.

Auf diese Eigenschaft des Selens begründete Siemens ein sehr empfindliches Photometer. Geht ein gleichmäßiger elektrischer Strom durch eine Selenplatte, die von dem Normallicht bestrahlt wird, so erfolgt bei einem in die Leitung eingeschalteten Galvanometer ein bestimmter Ausschlag der Nadel. Wird dann die Selenplatte von einer anderen Lichtquelle bestrahlt, so wird der Ausschlag der Nadel ein anderer sein und sich nach der Stärke der Bestrahlung richten. Auch die verschieden gefärbten Strahlen wirken auf das Leitungsvermögen des Selens verschieden. Ist die Ablenkung der Nadel bei Bestrahlung der Selenplatte mit violettem Licht 139, so beträgt sie bei rotem 188. Es macht also das rote Licht das Selen am besten leitend.

Waren auch diese und weitere Versuche von Siemens ebenso neu wie merkwürdig, so ging doch Bell einen großen Schritt weiter. Das Prinzip seines Photophons ist nun leicht zu verstehen, wenn man die folgende Skizze Fig. 1 betrachtet.

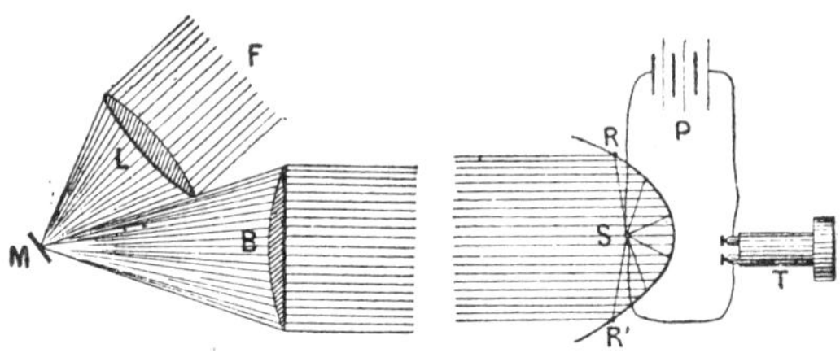

Fig. 1. Schematische Zeichnung des Bellschen Photophons.

Bei M ist ein Spiegel aus einer sehr elastischen, leicht biegsamen Masse angebracht. Am besten ist ein dünnes Glimmerblättchen, oder ein feines Deckglas, wie es bei mikroskopischen Präparaten verwendet wird. Die eine Seite ist versilbert und hoch poliert. Indem man gegen die Rückseite dieses Spiegels spricht, wird durch die Schallwellen die Oberfläche desselben mehr oder weniger modificiert. Fällt nun ein Lichtbündel F von der Sonne oder einer Knallgaslampe auf die Linse L und dann auf den Spiegel, so werden auch die Strahlen von der durch die Stimme beeinflußten wechselnden Oberfläche des Spiegels in verschiedener Weise reflektiert werden. Die durch die Schallwellen gewölbtere Oberfläche des Spiegels reflektiert anders, als wenn der Spiegel eine ebene Oberfläche hat. Es wird also auch die Linse B, welche die zurückgeworfenen Strahlen auffängt, je nach der Stimme und den Tönen modificierte Strahlenbündel in paralleler Richtung dem Empfänger zusenden.

Dieser besteht zuerst aus einem Hohlspiegel RR', in dessen Brennpunkt die Selenplatte S sich befindet. Von ihr aus führen Leitungsdrähte nach dem galvanischen Element und dem Telephon und auch die beiden letzteren sind leitend verbunden. Nun ist klar, daß je nach dem wechselnden Leitungsvermögen des Selens auch der durch das Telephon, gehende Strom verschieden sein muß und verschiedene Töne gehört werden. Es sind dieselben, welche die Oberflächengestalt des Spiegels M im Uebertragen verändert haben, weil ja der galvanische Strom in der Telephonplatte dieselben Schwingungen hervorbringt, wie sie im Spiegel M durch die Töne hervorgebracht wurden.

Es wird also der Schall nicht wirklich durch das Licht fortgepflanzt, es ist vielmehr die Aufgabe des Lichtes die: ähnliche Schwingungen durch den elektrischen Strom im Telephon zu erzeugen, wie sie die Stimme beim Spiegel M erzeugt hat. Läßt man aber musikalische Töne auf den Spiegel einwirken, so ist der Erfolg ein weit stärkerer und folglich auch ein weniger intensiver Lichtstrahl zur Uebertragung erforderlich. Schon der eines Kerzenlichts genügt. Ja man kann Töne im Telephon hervorrufen, wenn man vor der Linse des Uebertragers eine regelmäßig durchbohrte Scheibe, wie sie als Sirene aus der Akustik, oder als Phenakistoskop aus der Optik bekannt ist, so bewegt, daß die Linse in mehr oder weniger raschem Wechsel vom Lichtstrahl getroffen wird oder nicht. Je nach der Häufigkeit des Wechsels werden auch die hervorgerufenen Töne verschieden sein.

Graham Bell und sein Mitarbeiter Sumner Tainter konstruierten einen anderen einfacheren Apparat, der ebenfalls die Aufgabe haben sollte, ohne Anwendung von Elektricität und Selen Licht in Töne umzusetzen. Doch sei gleich im Voraus bemerkt, daß, obgleich auch dabei Töne wirklich entstehen, doch ein wesentlicher

Irrtum mit unterlief. Sehen wir uns vor allem dieses sogenannte Photophon an:

Auf den ebenen Spiegel M (Fig. 2) fällt ein Lichtbündel von der Sonne oder einer elektrischen Lampe und wird nach der Linse L geworfen. Fallen die Strahlen nicht parallel auf M, so wird bei S eine zweite Linse angebracht. Zu ihrem Brennpunkt ist die Sirenenscheibe R oder die Scheibe eines Phenakistoskops so aufgestellt, daß sich dieselbe so rasch um ihre Horizontalachse drehen kann, daß in der Sekunde 100 bis 600 Umdrehungen erfolgen. Es wird also der durch L konvergent durchgegangene Strahlenbündel in sehr rasch wechselnder Folge auf die Linse am Anfang des Rohrs T fallen oder davon abgehalten werden. Die durchgehenden Strahlen fallen auf eine Platte am hinteren Ende des Rohres T; dieselbe kann aus irgend welcher Masse bestehen: Gold, Silber, Platin, Eisen, Stahl, Kupfer, Messing, Antimon, Neusilber, Elfenbein, Guttapercha, Celluloid, Hartgummi, Pergament, Holz, Glimmer, versilbertes Glas oder sonst einer Substanz. Durch die rasche Folge von auffallendem Licht und Lichtmangel entstehen aber nun Schwingungen in der Platte, die durch das mit T verbundene Hörrohr deutlich vernommen werden. Je rascher die Scheibe gedreht wird, um so höher ist der Ton. Wird aber eine kleine an einem Hebel bewegliche Scheibe vor das den Strahl durchlassende Loch geschoben, so hört der Ton sofort auf, kommt aber gleich wieder, wenn das Scheibchen beseitigt wird.

Fig. 2. Musikalisches Photophon von Graham Bell und Sumner Tainter.

Der große Irrtum der berühmten Experimentatoren besteht nun darin, daß sie annahmen, daß durch das **Licht** die Töne erzeugt würden, indem ein Plättchen in Schwingung versetzt werde. In Wirklichkeit sind es aber die dunklen Strahlen der **Wärme**, welche hier wirksam sind, denn wenn man die Strahlen, welche von der Lichtquelle ausgehen, durch eine klare und farblose Alaunlösung durchgehn läßt, ehe sie die Sirenenscheibe und das Rohr T treffen, so werden alle Wärmestrahlen gewissermaßen abfiltriert und in der Alaunlösung zurückgehalten, es gehen nur die Lichtstrahlen durch, und in demselben Augenblicke hört auch der Ton auf, kommt aber wieder, wenn die Alaunlösung beseitigt wird. Umgekehrt, läßt man die von der Quelle ausgehenden Licht- und Wärmestrahlen durch eine starke Jodlösung in Schwefelkohlenstoff hindurchgehen, so hält diese die Lichtstrahlen zurück und nur die Wärmestrahlen treffen das Rohr T, aber ein Ton ist hörbar.

Doch ist leicht verständlich, welcher Vorgang bei dieser Umsetzung von Wärme in Schall stattfindet. Das Rohr T ist mit Luft gefüllt. Diese wird

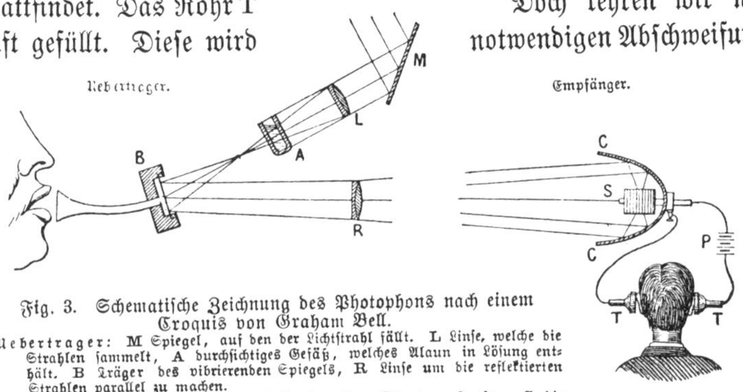

Fig. 3. Schematische Zeichnung des Photophons nach einem Croquis von Graham Bell.
Uebertrager: M Spiegel, auf den der Lichtstrahl fällt. L Linse, welche die Strahlen sammelt, A durchsichtiges Gefäß, welches Alaun in Lösung enthält. B Träger des vibrierenden Spiegels, R Linse um die reflektierten Strahlen parallel zu machen.
Empfänger: C C Parabolischer Spiegel aus versilbertem Kupfer, S die präparierte Selenplatte, P Batterie, T T die Telephone.

durch Wärme ausgedehnt und drückt stärker auf die Wandungen des Rohres, wenn es ringsum geschlossen ist. Da aber an demselben ein Kautschukhörrohr befestigt ist, so wird die Luft in demselben in dem Augenblicke einen Stoß erhalten, wo ein Bündel Wärmestrahlen die Luft in T ausdehnt. Im nächsten Augenblick wird der Strahl durch die Sirene abgehalten; die Luft nimmt wieder ihren alten Raum ein und es erfolgt von dem Hörrohr aus ein Rückstoß von Luft, dem aber abermals einen Augenblick später wieder ein Vorstoß folgt. Diese abwechselnden Luftstöße erzeugen den Ton.

Es ist jetzt auch klar, warum die Schlußplatte des Rohrs T von irgend welcher Substanz sein kann. Hat sie ja doch gar keinen Einfluß auf die Entstehung des Tons, den Bell nur irrtümlich ihrer Schwingung zuschrieb!

Immerhin ist auch dieser Apparat höchst merkwürdig und lehrreich sowie wert, zu weiteren Versuchen verwendet zu werden. Bis jetzt wissen wir z. B. noch fast nichts, wie sich die verschiedenen Gase zu den Wärmestrahlen verhalten, gleichartig oder verschieden, auch nicht bis zu welcher Rotationsgeschwindigkeit der Sirenenscheibe Töne vernommen werden.

Doch kehren wir nach dieser notwendigen Abschweifung zu dem eigentlichen Photophon Bells, bei welchen Selen verwendet wird, zurück.

Unsere Skizze Fig. 3 ist nach dem vorher Gesagten sehr leicht verständlich. Die auf M auffallenden Sonnenstrahlen werden von der Linse L durch die Glasschale A mit Alaunlösung geworfen und dadurch die Wärmestrahlen zurückgehalten. Es soll dadurch der etwaige Einwand beseitigt werden, nicht die Licht- sondern die Wärmestrahlen seien auch hier die Ursachen der weiteren Erscheinungen. Für die Ausführung des Versuchs ist jedoch dieser Teil A des Apparats nicht gerade notwendig. Nur die Lichtstrahlen fallen auf den elastischen Spiegel B, der die Größe der schwingenden Platte eines gewöhnlichen Telephons hat. Die reflektierten Strahlen fallen durch die achromatische Linse R in beliebiger Entfernung auf den parabolischen Spiegel des Empfängers; er besteht aus versilbertem Kupfer und wirft die Strahlen auf das Selen, von dem gleich weiter die Rede sein wird. P ist wieder die Batterie und T je ein Telephon für jedes Ohr.

Dieselbe bereitete dem sinnreichen Erfinder deswegen besondere Schwierigkeiten, weil einmal gefordert wurde, daß das Selen dem Licht eine möglichst große Oberfläche darbiete, und dann, daß es dem Strom einen möglichst geringen Widerstand entgegensetze. Benutzte man eine dünne Platte, so vermehrte man die Oberfläche, zugleich aber auch den Widerstand. Wurde aber ein Cylinder angewendet, so war es gerade umgekehrt.

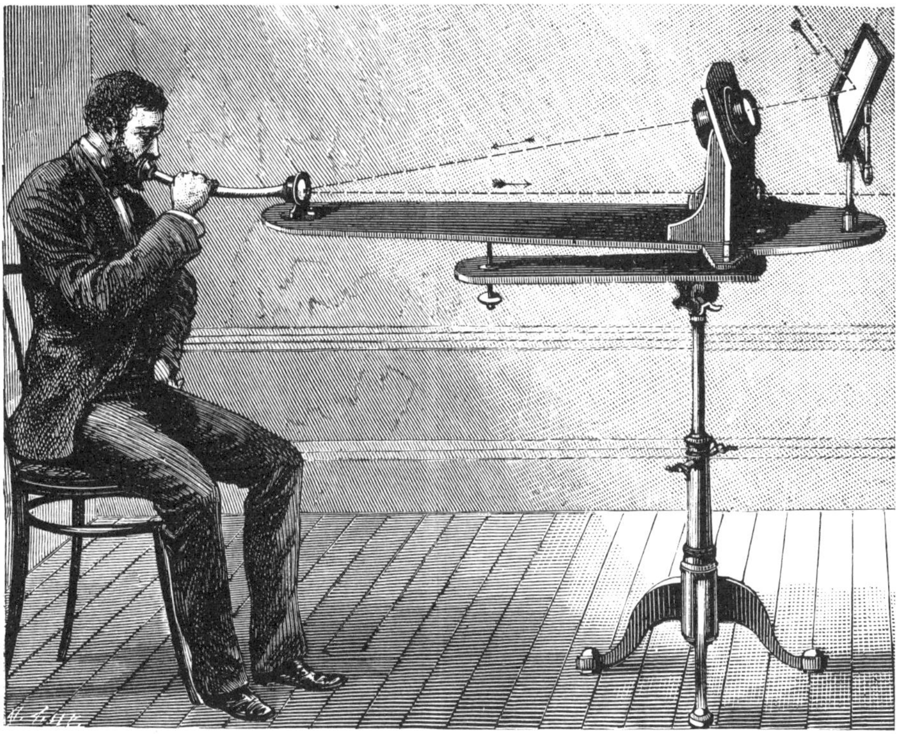

Fig. 4. Bells Photophon in der Praxis. Der Uebertrager.

Wie sich der Apparat in der Wirklichkeit anwendet und zusammensetzt, ist aus Fig. 4 und 5 zu sehen; aufmerksam sei nur gemacht auf die Batterie von neun Leclanché-Elementen, die mit dem Empfänger und mit den beiden Telephonen (Fig. 5) verbunden ist

Wir haben noch die Einrichtung der Selenzwischenlage kennen zu lernen.

Die Schwierigkeit wurde von Bell dadurch umgangen, daß, wie unsere Skizze Fig. 6 zeigt, eine Säule aus abwechselnden Messingscheiben und Glimmerblättchen gebildet wird, welche letztere einen wenig kleineren Durchmesser haben. Dadurch entsteht ein Cylinder von etwa

5 Centimeter Durchmesser und 9 Centimeter Länge und rings um denselben laufen schmale Furchen. Wird nun das ganze zusammengeschraubte System bis nahe auf den Schmelzpunkt des Selens erhitzt und werden dann mit einem Selenstift die Furchen gerieben, so wird sich eine dünne Schicht dieser Masse zwischen den vorstehenden scheiben. Wir sehen zugleich aus Fig. 7, wie je die paaren und unpaaren Messingscheiben elektrisch leitend in Verbindung gesetzt sind, um den Strom von der Batterie P nach dem Telephon T zu leiten.

Es ist klar, daß mit der Anzahl der Scheiben sich auch die Selenfläche ver-

Fig. 5. Bells Photophon in der Praxis. Der Empfänger.

Messingstreifen ausbreiten. Hierauf steigert man die Temperatur bis das metallische Aussehen des Selens verschwunden und dieses schiefergrau geworden ist. Dann läßt man den Empfänger kalt werden und er ist zum Gebrauche fertig. In unserer letzten Figur und bei der Skizze Fig. 7 sind also die schwarzen Partien Selen zwischen den Messingscheiben und auf dem Umfang der Glimmer- größert, während zugleich der elektrische Widerstand geringer wird. Der Apparat, in der dargestellten Art angeordnet, ist von außerordentlicher Empfindlichkeit. Sowohl das gesprochene Wort wie die Töne des Gesanges können dadurch auf sehr große Entfernung mit vollkommener Klarheit übertragen werden. Wird mit elektrischem Licht gearbeitet, so hört man die Töne nicht so laut wie bei Sonnenlicht, auch nicht so laut wie bei einem gewöhnlichen Telephon, aber immerhin haben die Töne und Worte eine bemerkenswerte Deutlichkeit. Benutzt man aber beim Uebertragen statt des elastischen Spiegels die durchbohrte Scheibe, so ist der vom Empfänger erzeugte Ton so laut, daß es nicht nötig ist, das Telephon ans Ohr selbst zu setzen. Das unterbrochene Licht einer Kerze schon genügt, um einen Ton hervorzubringen, der selbst noch in einer Entfernung von 2 Kilometern hörbar ist.

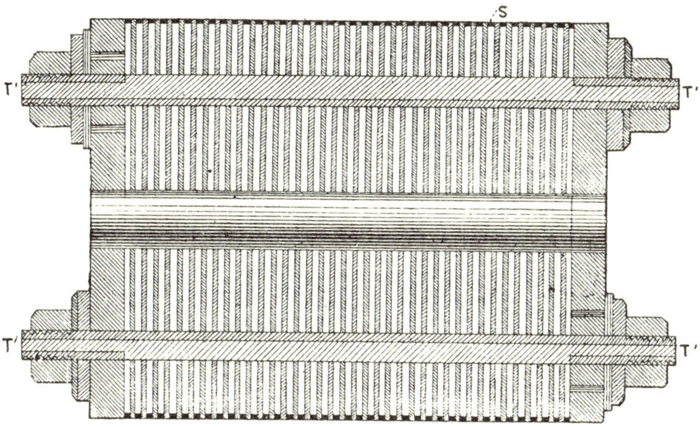

Fig. 6. Die Säule (S in Figur 3) von Messingscheiben und Selen im Durchschnitt.

Bell hat zahllose Versuche gemacht, um sein Versprechen von 1878, Licht und Schatten hörbar zu machen, in der Praxis auszuführen. Eine seiner geistreichen Ideen wird verständlich, wenn man die Skizze Fig. 8 betrachtet. Der Ton trifft eine elastische Platte und versetzt sie in Schwingung. Durch einen Stift überträgt sich die Schwingung auf ein dünnes Plättchen mit einem feinen Längsspalt. Hinter demselben ist ein zweites Plättchen aufgestellt, welches einen gleichen Längsspalt hat. Ein Lichtstrahl fällt, ist der Apparat in Ruhe, durch die beiden Längsspalten hindurch auf den Empfänger. Wird aber in das Mundstück E gesprochen und dadurch die Platte in Schwingung versetzt, so wird sich diese auf das erste Plättchen durch den Stift übertragen, die beiden Längsspalten verschieben sich, der durchgehende Lichtstrahl wird verändert oder ganz unterbrochen und der Empfänger wird, da die Tele-

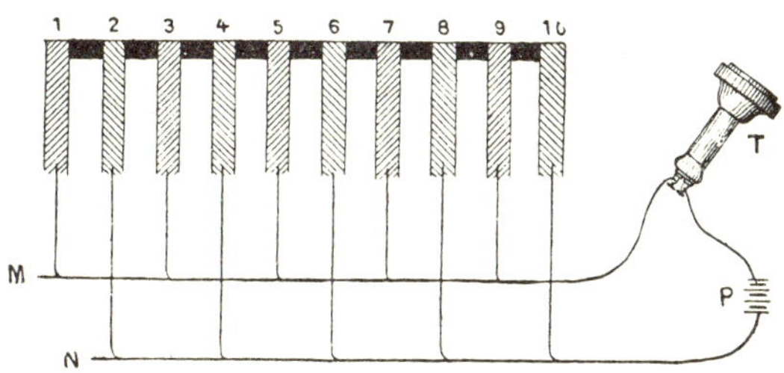

Fig. 7. Schematische Darstellung zur Verdeutlichung der elektrischen Verbindung.

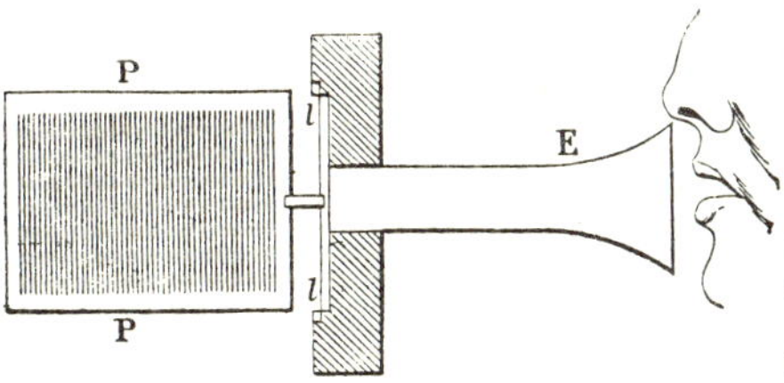

Fig. 8. Photophonischer Uebertrager mit Spalten.

phonplatte dieselben Schwingungen macht, Licht und Schatten hören. Bei der praktischen Ausführung hat Bell zahlreiche Spalten in der feststehenden Platte P (Fig. 9) und ein dünnes Plättchen angewendet, das mit der schwingenden Membran verbunden ist. Auch dieser Apparat zeigt erstaunliche Wirkungen.

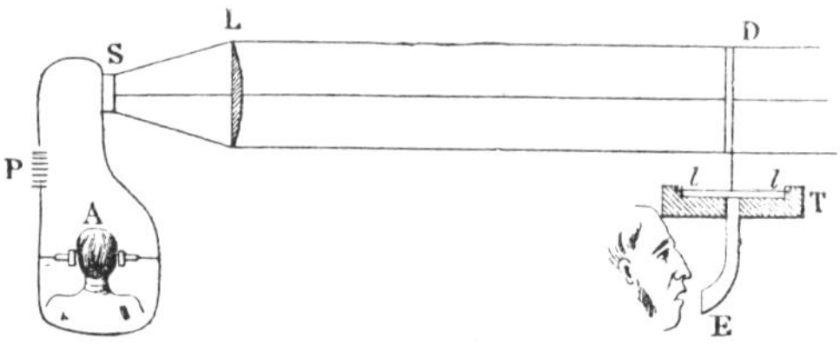

Fig. 9. Schematische Darstellung des photophonischen Uebertragers mit Spalten.
E Mündung. l l Vibrierende Platte. D Scheiben mit Spalten, eine fest, die andere mit l l verbunden. S Selen. P Batterie.

Man thut wohl daran, eine neue Erfindung nicht mit zu sanguinischen Hoffnungen zu begrüßen. Es ist auch noch sehr die Frage, ob das Photophon bald ausgedehntere praktische Verwendung finden wird. Aber das kann nicht bestritten werden, daß die Apparate und Versuche von Bell ein ganz neues wissenschaftliches Feld eröffnet haben, das von der größten Tragweite sein wird. Sind sie doch ein neuer Beleg für die Einheit der Naturkräfte.

Ein Blick auf die Entwicklung der Eisenbahnen.

Solange die Welt besteht, hat sich auf dem Gebiete der materiellen Kultur kein so großartiger Fortschritt innerhalb eines halben Jahrhunderts vollzogen, als dies durch die Eisenbahnen geschehen ist. Am 27. September 1825 wurde die erste Eisenbahn mit Lokomotivbetrieb eröffnet und heute übersteigt die Betriebslänge der Eisenbahnen bereits die Strecke von 360,000 Kilometern. Davon kommen auf Europa 160,000, auf Amerika 160,000, auf Asien 18,000, auf Australien 5,700 und auf Afrika 3,500 Kilometer. Die Entfernungen sind durch die Eisenbahnen durchschnittlich von 10 auf 1 reduciert; von 6 auf 1, wenn man einen gutgeregelten Postdienst in Betracht zieht. Der Zeitgewinn ist aber ein wesentlich höherer als ein sechs- oder zehnfacher, da die Eisenbahnen viel häufigere Reisegelegenheiten bieten als die Post und — was am schwersten ins Gewicht fällt — jedesmal einer 20 bis 30fach größeren Zahl von Menschen Reisegelegenheit bieten und mit jeder Gelegenheit diese Anzahl auch befördern. Ja, es ist nicht übertrieben, wenn man sagt, daß wo vor 60 Jahren hundert reisten, heute 100,000 reisen.

Man sollte sagen, die Erfindung der Lokomotiv-Eisenbahn müßte sofort die ganze Welt in Aufruhr versetzt und den Wetteifer der Länder, dieses Verkehrsmittel zu besitzen, aufs Höchste gesteigert haben. Keineswegs. Und dies ist eines der schlagendsten Beispiele, wie schwer selbst die größten und epochemachendsten Erfindungen sich in der Allgemeinheit Bahn brechen. Nicht nur, daß der Erfinder der Eisenbahnen elf Jahre kämpfen mußte, bis er mit seinem Projekte durchdrang: fünf Jahre nach diesem Ereignis sonder Gleichen betrug die Länge aller Eisenbahnen erst 332 Kilometer und nach weiteren fünf Jahren wurde erst mit dem Bau auf dem europäischen Kontinente begonnen.

Die Schwierigkeiten, welche sich dem Durchdringen der Eisenbahnen entgegentürmten, finden gleichsam ein Vorspiel in dem Leben des Erfinders, George Stephenson. Es war ein Leben voll Entbehrungen und Kämpfen. George erblickte das Licht der Welt am 9. Juli 1781 zu Wylam, einem kleinen von Kohlenbergleuten bewohnten Dörfchen in der englischen Grafschaft Northumberland. In einer elenden Lehmhütte mit unbeworfenen Wänden und nackten Dachbalken stand seine Wiege. Sein Vater, Robert Stephenson, war Heizer an der Dampfpumpe einer Kohlengrube mit einem Wochenlohn von 12 Schillingen = 12 Mark unseres Geldes. Die Familie war zahlreich. In seinem achten Jahre wurde George Kuhhirt, was ihm täglich zwei Pence (20 Pfg.) einbrachte. Seine Mußestunden verwendete er dazu, aus allerlei Material Dampfmaschinen herzustellen. Nebenbei lernte er auch mit Pferden umgehen, was ihm dann den Posten eines Pferdelenkers in der Kohlengrube mit 8 Pence Tagelohn einbrachte. Im vierzehnten Lebensjahre Hülfsheizer, avancierte er bald zum Maschinenwärter, was ihm Gelegenheit verschaffte, die Dampfmaschine in allen ihren Details kennen zu lernen. Doch blieb ihm das theoretische Studium verschlossen, da er nicht lesen konnte. Er war 18 Jahre alt, als er das ABC lernte, und 19 Jahre als er seinen Namen zum erstenmale schrieb. Das Rechnen kam noch später an die Reihe. Fleiß und Energie füllten aber rasch alle Lücken aus, und strenge Sparsamkeit halfen ihm bald einen eigenen Hausstand gründen. Aber nicht lange dauerte sein häusliches Glück. Schon nach drei Jahren starb seine Frau. Er ging darauf nach Schottland, wo er während mehrerer Jahre kümmerlich durch allerlei Hantierungen sein und der Seinigen Leben fristen mußte. Im Jahre 1812 wurde er Grubeningenieur in der Nähe von Darlington und nahm nun sein längst im Kopfe fertiges Projekt: das Pferd vor dem Kohlenwagen durch eine bewegliche Dampfmaschine zu ersetzen, im Angriff.

Dampfwagen wurden zwar schon 1763 durch den Franzosen Cugnot erbaut, 1789 durch den Amerikaner Evans, 1801 durch die Schotten Anderson und Edgeworth, 1804 durch den Engländer Trewethik. Alle diese Konstruktionen bewährten sich jedoch nicht. Stephensons Dampfwagen, von ihm Lokomotive genannt, kam 1814 zu Stande und zog acht beladene Kohlenwagen im Gesamtgewicht von 600 Centnern. Im Jahre 1811 hatte man die seitherigen, schon im Altertum beim Bau der ägyptischen Pyramiden angewendeten Holzschienen, zum erstenmale durch eiserne ersetzt.

Ein reicher Quäker in Darlington Namens Pease erhielt nach langen Bemühungen endlich 1817 die Konzession zur Legung einer Holzbahn von Darlington nach dem einige Meilen entfernten Seehafen Stokton. Das eiserne Geleise wurde erst später gelegt. Aber erst 1825 waren alle Schwierigkeiten, welche Grundbesitzer — der Herzog von Cleveland obenan — und Fuhrunternehmer, wie auch die königliche Post, dem Projekte entgegenstellten, überwunden. Noch am Tage vor der Eröffnung der Strecke, die vorerst nur dem Kohlentransport dienen sollte, glaubten nur sehr wenige an den Erfolg. Der Postmeister von Darlington vermaß sich, das neue Gefährt mit seiner Postkutsche zu überholen und wettete gegen Stephenson ein Abendessen für sämtliche zu der Eröffnungsfestlichkeit geladenen Gäste. Stephenson gewann glänzend, denn die Lokomotive, obwol einen mit 450 Personen besetzten Zug schleppend, überholte bald den triumphierend vorauseilenden Postwagen.

Die Lokomotive, welche diese Leistung vollbrachte, existiert noch, sie steht jetzt als Stephensons bestes Denkmal auf dem Bahnhofe zu Darlington, nachdem sie bei dem Eisenbahnjubiläum am 27. September 1875 an der Spitze des Festzuges der Lokomotiven noch einmal Dienst gethan, allerdings unter Beihülfe von fremdem Dampf, da ihr Kessel schadhaft geworden war. George Stephenson starb am 12. August 1848, nachdem die meisten europäischen Länder ihn als Berater oder Erbauer zu ihren Eisenbahnprojekten hinzugezogen. Dem Beispiele der Eisenbahngesellschaften folgend, setzten auch die Arbeiter dem großen Manne ein Denkmal. Ihnen war in ihm ja einer der glänzendsten Beweise verkörpert, daß die Höhen der Wissenschaft und Technik dem menschlichen Genius auch ohne akademische Schulung zugänglich werden können!

Die Lokomotive, der man damals sogar im englischen Parlamente jede Zukunft abgesprochen hatte, überschreitet jetzt die breitesten Flüsse auf luftigen Brücken, nimmt ihren Weg durch Gebirgskolosse in meilenlangen Tunnels und steigt an der Lehne der Hochgebirge bis zu 14,500 Fuß über das Meer empor.

Wir geben nun zunächst eine **Uebersicht über die Länge der Eisenbahnen sämtlicher Länder der Erde** mit Hinzufügung des Dichtigkeitsverhältnisses der einzelnen Netze.

Länder.	km. i. Betrieb total.	a. 10000 qkm.
Belgien	3740	1270
Niederlande	1967	596
Luxemburg	273	1055
Großbritannien	27898	886
Schweiz (1877)	2590	626
Deutsches Reich	31636	586
Frankreich	23793	450
Dänemark	1366	357
Oesterreich-Ungarn	18270	293
Italien (1877)	8046	272
Portugal	1152	129
Spanien (1877)	6199	124
Schweden	5241	118
Rumänien	1388	109
Türkei	1243	45
Rußland	21840	44
Bulgarien	224	35
Norwegen	1059	33
Finland	873	23
Griechenland	12	4,4
Europa	158810	164
Britisch-Indien	13221	57
Ceylon (1877)	175	28
Kaukasus	1004	23
Java	261	19
Kleinasien	274	5,4
Japan	105	2,8
Asien	15040	—
Vereinigte Staaten	127470	136
Cuba	640	54
Chile	1689	53
Jamaica (1877)	40	37
Uruguay	376	21
Costa Rica	103	19
Peru (1877)	1852	14
Argentina	2317	11
Canada	9886	11
Honduras	60	4,9
Mexiko	767	3,9
Brasilien	2753	3,3
Paraguay	72	3,0
Brit.-Guyana (1877)	34	1,6
Columbia	103	1,2
Venezuela	113	1,0
Ecuador	41	0,6
Bolivia	50	0,4
Amerika	148366	40
Mauritius	106	554
Algerien	1008	32
Aegypten	1494	15
Capcolonie (1877)	650	12
Tunis	60	5
Natal (1877)	8	1,7
Afrika	3326	—
Neu-Seeland (1877)	1535	56
Tasmania (1877)	278	41
Tahiti	4	38
Australien (1877)	3777	6
Australien	5594	8,5
Total	331163	

Das dichteste Eisenbahnnetz besitzt mithin Belgien, es folgt Luxemburg, dann Großbritannien (England für sich betrachtet würde mit 1450 Kilometer auf 10,000 Quadratkilometer oben stehen), dann Schweiz, Niederlande, und erst in sechster Linie Deutschland. Nimmt man dagegen die Einwohnerzahl als maßgebend an, so werden die europäischen Länder von vielen außereuropäischen, besonders von den Vereinigten Staaten weithin überragt. Hier kommen auf 10,000 Bewohner 28 Kilometer Eisenbahnen, während in Belgien diese Verhältnißzahl nur 6,7, in Großbritannien 7,91, in Deutschland 7 beträgt u. s. w. Da es auch von Interesse sein dürfte, das allmähliche Wachstum der Eisenbahnlängen vor Augen zu haben, so schließen wir hier eine kleine Uebersicht an. Die Gesamtlänge der Eisenbahnen betrug am Ende der Jahre:

	km.		km.
1830:	332	1873:	270071
1840:	8591	1874:	283072
1850:	38022	1875:	295783
1855:	68148	1876:	309600
1860:	106886	1877:	320830
1865:	145114	1778:	331136
1870:	221980	1879:	345000
1871:	235375	1880:	360000
1872:	251032		

Das Anwachsen des Eisenbahnnetzes, im Anfange sehr langsam von Statten gehend, betrug 1860—65 schon 7,646 Km. durchschnittlich, stieg im Jahre 1872 bis 73 mit 19,039 Km. auf seinen höchsten Punkt, um dann 1877—78 wieder rasch bis fast auf 10,000 Kilometer zu fallen. Seitdem ist es jedoch wieder in Zunahme begriffen.

An Transportmaterial sind jetzt vorhanden annähernd 100,000 Lokomotiven, 120,000 Personenwagen und 1,500,000 Lastwagen. Die Geschwindigkeit eines gewöhnlichen Personenzuges beträgt etwa 40 Kilometer in der Stunde, die eines Schnellzuges 55 Kilometer. Einzelne Züge in England durchmessen 75 Kilometer, der Expreßzug zwischen New-York und Philadelphia sogar 97 Kilometer per Stunde. Die Fahrpreise in den einzelnen Ländern sind sehr verschieden. Sie sind, was Europa anbelangt, am billigsten in Norwegen, am teuersten in der Türkei. Nachstehende Tabelle giebt eine Uebersicht über die europäischen Länder in dieser Hinsicht (Preise in Pfennig pro Kilometer).

Länder.	I. Kl	II. Kl.	III. Kl.	Total.
Norwegen . . .	$5\frac{2}{3}$	$3\frac{2}{5}$	$2\frac{1}{2}$	$11\frac{4}{10}$
Belgien . . .	6	$4\frac{1}{2}$	3	$13\frac{1}{2}$
Süddeutschland .	8	$5\frac{1}{2}$	$3\frac{2}{5}$	$16\frac{7}{10}$
Dänemark . . .	$7\frac{4}{5}$	$5\frac{3}{5}$	$3\frac{2}{5}$	$16\frac{8}{10}$
Schweden . . .	8	$5\frac{2}{3}$	$3\frac{3}{5}$	$17\frac{3}{10}$
Norddeutschland	8	6	4	18
Schweiz . . .	$8\frac{1}{2}$	6	$4\frac{1}{3}$	$18\frac{5}{6}$
Portugal . . .	$8\frac{1}{2}$	$6\frac{2}{3}$	$4\frac{2}{3}$	$19\frac{5}{6}$
Niederlande . .	$8\frac{1}{2}$	$6\frac{4}{5}$	$4\frac{1}{4}$	20
Rußland . . .	$9\frac{1}{2}$	7	4	$20\frac{1}{2}$
Oesterreich-Ungarn	$9\frac{1}{2}$	7	$4\frac{3}{4}$	$21\frac{1}{4}$
Frankreich . . .	10	$7\frac{1}{2}$	$5\frac{2}{5}$	$22\frac{9}{10}$
Spanien . . .	$10\frac{1}{2}$	8	5	$23\frac{1}{2}$
Großbritannien .	$11\frac{1}{2}$	$8\frac{1}{3}$	5	$24\frac{5}{6}$
Türkei	$15\frac{1}{2}$	$11\frac{2}{5}$	$7\frac{1}{2}$	$34\frac{4}{10}$

Der Zuschlag für Expreß-, Kurier- und Schnellzüge differiert zwischen 10 und 30% der vorstehenden Sätze. Was die Beschaffenheit der einzelnen Reisegelegenheiten betrifft, so bieten die norddeutschen Bahnen in ganz Europa wohl die meisten Bequemlichkeiten, da hier bei den Schnellzügen fast überall die dritte Wagenklasse eingeführt ist, eine vierte Wagenklasse besteht und bis zu einem gewissen Belange Freigepäck gewährt wird. Zur Erleichterung für weite Touren ist auch mit der Einstellung von Schlaf- und Restaurationswagen begonnen worden.

Die Haupteinnahmequelle der Eisenbahnen ist der Güterverkehr, ohne den dieselben sehr schlechte Geschäfte machen würden oder gar nicht bestehen könnten. Der Geh. Ober-Regierungsrat Dr. Engel, Vorsteher des Königl. Preuß. Statistischen Bureaus zu Berlin, teilt folgende interessante Daten über das Eisenbahnwesen im preußischen Staate mit. In der Zeit von 1844 bis 1878 sind im Ganzen 87,079,549,083 Kilo Güter für 4,690,985,775 Mark befördert worden, wobei der Tarif von 15 auf 4 1/2 Pfennig für 100 Kilogramm heruntergegangen ist. Unter Annahme, daß die Beförderung ohne Dampf 27 Pfennig für 100 Kilogramm betrage, wurden in der genannten Periode fast 18,562 Mill. Mark ohne Rücksicht auf die dabei gewonnene Zeit erspart. In derselben Periode wurden ferner 53,074 Mill. Personen-Kilometer geleistet und dafür 2030 Mill. Mark vereinnahmt, wobei die Einnahme pro Personen-Kilometer von 4,50 auf 3,59 Pfennig herabgegangen ist. Unter der Annahme, daß der Transport durch Pferdekraft pro Personen-Kilometer auf 5,53 Pfennig zu stehen kommt, sind also durch die preußischen Eisenbahnen über 800 Mill. Mark und annähernd 1061 1/2 Mill. Stunden an Zeit erspart worden, welche bei der Wertannahme von nur 10 Pfennig pro Person und Stunde eine weitere Ersparniß von über 106 Mill. Mark repräsentieren. Bei diesen Berechnungen, denen überall die niedrigsten Verhältnisse und Sätze zu Grunde liegen, ist aber das Wichtigste: der durch den Eisenbahnverkehr in unberechenbarem Maße beschleunigte Güter- und Geldumschlag, sowie der Gewinn an Gesundheit und Leben durch Krafterspanniß gar nicht in Anschlag gebracht, der Zinsen für jene ausgesparten Kosten auch nicht zu gedenken. Das alles entzieht sich freilich größtenteils der menschlichen Berechnung. Für 1878 berechnet Dr. Engel die Ersparnis durch die Eisenbahnen für Preußen auf 1900 Mill. Mark. Da nun die preußischen Eisenbahnen etwa nur den dreiundzwanzigsten Teil des Eisenbahnnetzes der Erde ausmachen, so würde, jenes Resultat als Grundlage angenommen, die jährliche Ersparniß für die ganze Erde durch die Eisenbahnen 43,700 Millionen Mark betragen. Wo dies Geld aber steckt und wo es bleibt, dürfte wohl schwerlich Jemand nachzuweisen im Stande sein!

Ein Einwurf, den man früher stets gegen die Eisenbahnen geltend machte: die mit dieser Reisegelegenheit verbundene Gefahr, ist längst durch die Statistik entkräftet oder wenigstens auf ihr richtiges Maß reduciert worden. Selbstredend ohne Gefahr ist sie nicht, aber diese Gefahr ist verhältnismäßig geringer als bei den Reisen mit Wagen und Pferden. In früheren Zeiten, wo der Eisenbahnbau noch nicht zu der Vollkommenheit gediehen und der Aufsichtsdienst noch nicht mit den Erfahrungen ausgerüstet war wie heute, war natürlich auch die Möglichkeit, auf der Fahrt zu verunglücken, bedeutend größer. Wenn aber heute von zehn Millionen Reisenden höchstens Einer auf der Fahrt verunglückt, so ist das zweifellos das bei Weitem günstigste Verhältniß von allen Reisegelegenheiten. Die Unglücksfälle auf Eisenbahnen sind entweder Entgleisungen oder Zusammenstöße. Entgleisungen entstehen entweder durch schlechte Beschaffenheit des Geleises oder durch Achsenbrüche. Was das Geleise betrifft, so liegt hier die Ursache in den allermeisten Fällen an der schlechten Beschaffenheit der Schwellen (gewöhnlich Fäulniß derselben), wodurch das Einbrechen des Zuges erfolgt; zuweilen auch an der mangelhaften Befestigung der Schienen. Nachdem man neuerdings immer mehr zur Benutzung eiserner Schwellen übergeht, vermindert sich diese Gefahr ganz wesentlich. Die Achsenbrüche haben gegen früher in dem Maße abgenommen, als man es verstanden hat, den Achsen eine größere Elasticität zu geben. Daß dies in hohem Grade der Fall ist, beweist der Umstand, daß während 1870 noch das 776. Fahrzeug von einem Achsenbruch betroffen wurde, schon im Jahre 1874 erst das 1170. Fahrzeug einen solchen erlitt. Die Ursache der Zusammenstöße beruht in den allermeisten Fällen in verkehrter Weichenstellung, wodurch der Zug einem Geleise überwiesen wird, den ein anderer Zug befährt. Auch hier ist eine bedeutende Besserung eingetreten, seitdem man einer der hier waltenden Grundursachen auf die Spur gekommen ist, nämlich der Farbenblindheit. Bekanntlich sind die Laternen mit denen in den Bahnhöfen nachts die optischen Signale gegeben werden, farbig nach einer bestimmten Regel. Ebenso bekannt ist, daß manche Augen gewisse Farben nicht als solche zu erkennen vermögen, in erster Linie das Rot. Ein mit einem solchen Mangel Behafteter sieht wohl das Signal, erkennt aber in Folge seiner Rotblindheit nicht die an die rote Farbe gebundene Bedeutung desselben, und so ist es erklärlich, daß viele Zusammenstöße auf Farbenblindheit der Weichensteller zurückgeführt werden müssen. Seitdem diese Entdeckung gemacht worden, werden sämmtliche Beamte, bevor man sie dem praktischen Dienste zuteilt, auf Farbenblindheit untersucht. Da aber der Nachtdienst auf den Bahnhöfen, besonders solchen mit starkem Verkehr, immer große Gefahren birgt, so ist die Einrichtung von Centralweichen, von wo aus sämmtliche Weichen eines Bahnhofes, oder doch der größte Teil derselben, bedient werden können, wohl das wirksamste Mittel zur Verhütung von Zusammenstößen. Eine solche Centralweiche kann in der Regel von einem einzigen Manne bedient werden, wozu man natürlich den zuverlässigsten wählt, während sonst der Dienst auf eine größere oder kleinere Anzahl von Köpfen verteilt und die Sicherheit eine ungleich geringere ist.

Aus alledem geht hervor, daß die Gefahr, auf der Eisenbahnfahrt ein Unglück zu erleiden, mit der Zeit immer geringer werden muß, besonders, da ja die Bahnen selbst das größte Interesse haben, dergleichen zu verhüten, indem sie den meisten Schaden dabei leiden, nicht nur durch Zerstörung an Bau und Material, sowie durch Betriebsstörung, sondern auch durch die Verpflichtung des Schadenersatzes an die Verunglückten oder deren Angehörigen, welche ihnen das Haftpflichtgesetz auferlegt.

Ein neues Telephon

ist von dem Postsekretär Böttcher in Frankfurt a. M. konstruiert worden und wird von der dortigen Firma Schäfer und Montanus (zu 40 Mark das Paar) ausgeführt. Die Leistungsfähigkeit desselben übertrifft diejenige aller andern bedeutend. Dasselbe übermittelt die Töne mit überraschender Klarheit und Deutlichkeit, so daß dieselben selbst von Personen, die sich in ziemlicher Entfernung von dem Empfangs-Apparat befinden, noch deutlich vernommen werden können. Das Böttchersche Telephon unterscheidet sich von den bisherigen dadurch, daß der Elektromagnet nicht, wie bisher, unbeweglich in dem Gehäuse befestigt, sondern frei in der Mitte desselben derart aufgehängt ist, daß er innerhalb gewisser Grenzen mit der Metallplatte vibriert, wodurch der übermittelte Ton sehr an Kraft und Deutlichkeit gewinnt.

Physik ohne Apparate.

„Hoher Sinn liegt oft in kind'schem Spiel."
Schiller.

Die physikalischen Kabinette der höheren Schulen, namentlich aber der Hochschulen, sind meist sehr reich ausgestattet mit den verschiedensten physikalischen Apparaten, an denen fortwährend Verbesserungen angebracht werden. Für die Geschichte der Wissenschaft sind ganze Reihen von Belegstücken von hohem Interesse; aber wie selten findet man z. B. eine Reihe von Elektrisiermaschinen von ihrer anfänglichen einfachen Form bis zu ihrer jetzigen hohen Vollkommenheit? Wird ein alter Apparat durch einen besseren neuen ersetzt, so muß der alte auch in der Regel den Platz räumen, vielleicht verstaubt er noch eine Zeit lang in einer Ecke, die ihm endlich auch nicht mehr gegönnt wird. So ist in allen experimentellen Wissenschaften sehr viel wertvolles historisches Material verloren gegangen und geht noch Jahr für Jahr verloren, was höchlich zu beklagen ist.

Bei den geringen Mitteln, welche der Volksschule zur Verfügung stehen, und bei den entsprechend geringeren Anforderungen an die Leistung der Schule und die Kenntnis der Schüler, beschränken sich die physikalischen Apparate auf die allereinfachsten und nötigsten. Es wird der Unterricht aber auch um so nutzbringender sein, je einfacher und verständlicher die erklärenden Versuche sind. Und in der That läßt sich ohne kostspielige Apparate eine große Menge von physikalischen Thatsachen zeigen und erklären. Einige Beispiele sollen dies belegen.

Wirft ein Licht seine Strahlen auf eine Papierscheibe, so entsteht hinter derselben zum Teil Kernschatten und dieser ist von Halbschatten umgeben. Darauf beruhen die in früherer Zeit mehr wie jetzt bei der Jugend beliebten Schattenbilder, die jeder nur halbwegs geschickte Zeichner nach irgend einem Bilde selbst entwerfen kann. Die hellen Partien des Bildes werden aus einem steifen Karton ausgeschnitten, wie es Fig. 1 zeigt. Hält man ihn nahe an eine den Schatten auffangende Wand, so wird vorwiegend Kernschatten entstehen und das Schattenbild wird scharfe und harte Umrisse zeigen (Fig. 2), dagegen durch den Halbschatten weiche und

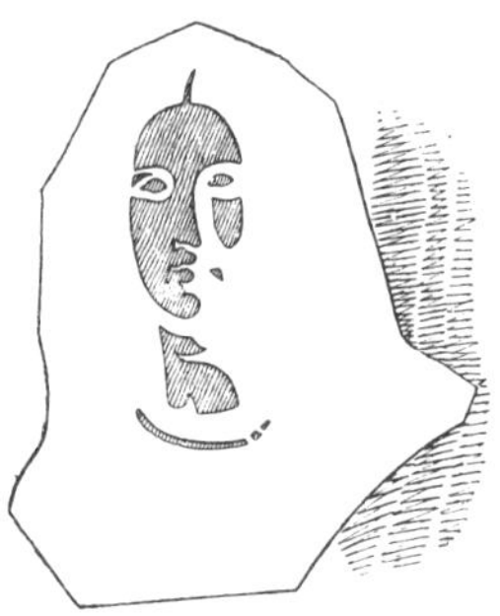

Fig. 1. Ausgeschnittene Karte.

Fig. 2. Von dieser Karte geworfener Schatten.

Fig. 3. Andere Wirkung, durch den Halbschatten hervorgerufen.

verschwommene (Fig. 3), wenn das ausgeschnittene Papier etwas weiter von dem auffangenden Schirm gehalten wird. Auf diese Weise lassen sich bei sorgfältiger Ausführung der ausgeschnittenen Kartons und bei richtiger Wahl der Entfernung, in welcher der Schatten aufgefangen wird, wahrhaft künstlerisch vollendete Schattenbilder herstellen.

Bekannt genug ist, daß man auch mit den in verschiedener Weise zusammengefalteten Händen recht wirksame Schattenbilder hervorrufen kann.

Gießt man in ein Trinkglas oder in eine Flasche irgend eine Flüssigkeit, so entsteht dadurch ein Geräusch, aber der Ton desselben wird um so höher, je mehr sich das Glas mit Flüssigkeit anfüllt. Durch das auffallende Wasser werden auch die davon noch nicht berührten Teile des Glases in Schwingung versetzt, doch durch die sich vermehrende Flüssigkeit werden die schwingenden Glasteilchen mehr und mehr vermindert, also muß sich auch der dabei entstehende Ton verändern und höher werden.

Das erwähnte Geräusch ist keineswegs melodisch, es kann aber, auf demselben Prinzip beruhend, auch ein einfaches Musikinstrument zusammengestellt werden. Sieben Stengelgläser (Fig. 4) werden nebeneinander gestellt und durch verschiedene Mengen eingegossenen Wassers so gestimmt, daß jedes beim Anschlagen mit einem Korkhämmerchen einen anderen Ton hervorbringt und zwar alle in der Reihe der Tonleiter. Einfache Melodien lassen sich dann darauf spielen.

Fig. 4. Singende Gläser.

Sind die Ränder der Gläser abgeschliffen, so werden diese durch das sanfte Streichen mit feuchtem Finger auch zum Schwingen gebracht und der dabei entstehende Ton ist sehr stark und voll, orgelartig. Ich habe auf diesem einfachen Musikinstrument schon wahre Virtuosen spielen hören; namentlich erinnere ich mich mit Vergnügen an einen solchen im Themsetunnel, dessen Melodien weithin durch den langgestreckten Raum schallten.

Die Schleuder hat schon der kleine David und viele andere lange vor ihm benutzt, ohne etwas von der Centrifugal-

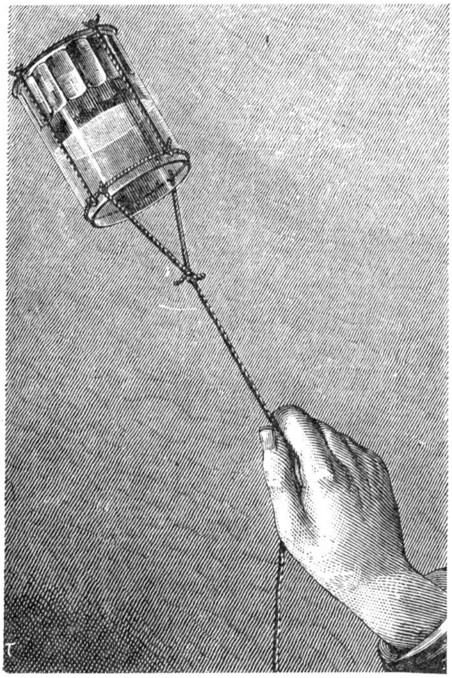

Fig. 5. Durch die Centrifugalkraft in einem Glase niedergehaltenes Wasser.

kraft zu wissen; befestigt man ein Glas mit Wasser an zwei gleich langen Bindfäden und schwingt dasselbe dann schleuderartig im Kreise um die Hand (Fig. 5), so wird in Folge der Centrifugalkraft kein Wasser ausfließen. Oder macht man die Bindfäden etwas länger, läßt das Glas senkrecht herabhängen und dreht es dann um seine Vertikalaxe, so werden sich beide Fäden eng zusammendrehen. Ein kleiner drehender Anstoß in der entgegengesetzten Richtung bewirkt, daß sich die Bindfäden wieder öffnen, und die Drehung wird zuletzt so rasch werden, daß infolge der Centrifugalkraft das Wasser aus dem Glase herausgeschleudert wird.

Aber das Glas ist in drehender Bewegung und strebt darin zu beharren, so daß sich nun die Bindfäden in der entgegengesetzten Richtung zusammendrehen. Dies ist ein guter Beleg für die Beharrung; früher wurde von einem Gesetze der Trägheit gesprochen. Auch das Toujou, das bekannte Kinderspiel, ist ein gutes Beispiel für die Beharrung. Nicht minder der folgende kleine Versuch:

Stellt man auf einen Streifen Papier, der teilweise auf einem glatten Tische liegt und teilweise mit der linken Hand gehalten wird, ein größeres Geldstück mit dem Rand auf und schlägt dann mit

Fig. 6. Durch das Beharrungsvermögen festgehaltene Münze.

dem Zeigefinger der rechten Hand den Papierstreifen rasch unter der Münze weg, so wird diese an ihrem Platz stehen bleiben oder bei langsamerem Abziehen des Papiers auf den Tisch rollen.

Die Haarröhrchenanziehung oder Kapillarattraktion, wie manche sie lieber nennen, kann mit jedem Stück Zucker, das mit einem Eck in Kaffee getaucht wird, oder mit jedem Lampendocht gezeigt werden; nicht minder leicht ist es, denselben zugleich als Heber zu benützen. Wir können irgend eine Flüssigkeit aus einem Gefäß in ein anderes, tieferstehendes, mit einem Docht oder selbst mit einem Streifen Löschpapier überzapfen. Ist das Heberrohr mit einem Cylinder aus präparierter Kohle verbunden, der in trübes und übelriechendes Wasser gelegt ist, so geht nur die reine Flüssigkeit durch, die Verunreinigungen werden von der

Fig. 7. Filtrierheber.

Kohle zurückgehalten und klares Trinkwasser sammelt sich im zweiten Gefäß. An vielen Orten wird dieses Kohlefilter in den Haushaltungen verwendet.

Werden zwei Spiegelplatten gegen einander gedrückt, so haften sie fest aneinander; es ist ein oft gezeigtes Beispiel für die Wirkung der Oberflächenanziehung oder Adhäsion. Setzt man die Schneide eines Messers auf eine Bleikugel und trennt diese dann durch einen Hammerschlag in zwei Teile, so werden diese, mit den Schnittflächen aufeinandergelegt und zusammengedrückt, auch wieder aneinanderhaften. Es ist dieselbe Ursache wie bei den Spiegelplatten.

Auch ohne Luftpumpe läßt sich leicht beweisen, daß die dichtere Luft einen

Fig. 8. Hartgesottenes geschältes Ei, durch den Luftdruck in die Flasche getrieben.

stärkeren Druck ausübt, als verdünnte. Steckt man kurze Zeit einen brennenden Fidibus in eine leere Wasserflasche, wie unsere vorstehende Abbildung zeigt, so wird die darin befindliche Luft durch die Wärme ausgedehnt und tritt teilweise aus, es bleibt also nur wenig verdünnte und erwärmte Luft in der Flasche. Diese wird nun mit einem hartgesottenen und geschälten Ei, das wie ein Stöpsel aufgesetzt wird, verschlossen. Indem sich die in der Flasche befindliche Luft abkühlt und wieder verdichtet, entsteht ein luftverdünnter Raum und das Ei wird durch den äußeren, stärkeren Luftdruck nach und nach in den Hals der Flasche und dann mit einem kleinen Puff in dieselbe hineingedrückt werden.

Daß warme Luft specifisch leichter als kalte ist, kann an jedem rauchenden Schornstein gezeigt werden; allgemein bekannt ist auch das einfache Experiment an einer halb geöffneten Thüre zwischen einem erwärmten und einem kalten Zimmer und einer brennenden Kerze, die oben und dann unten an den Thürspalt gehalten wird; die Flamme wird dabei in entgegengesetzter Richtung bewegt; hält man sie an den oberen Thürspalt, so bewegt sie sich nach dem kalten Zimmer zu, hält man sie an den untern Spalt, so kehrt sie sich nach dem warmen Zimmer. Auch die auf einem Strickstock tanzende Schlange aus Papier, die sich umdrehenden Windflügel und Aehnliches sind allgemein bekannte physikalische Spielereien, die hierher gehören.

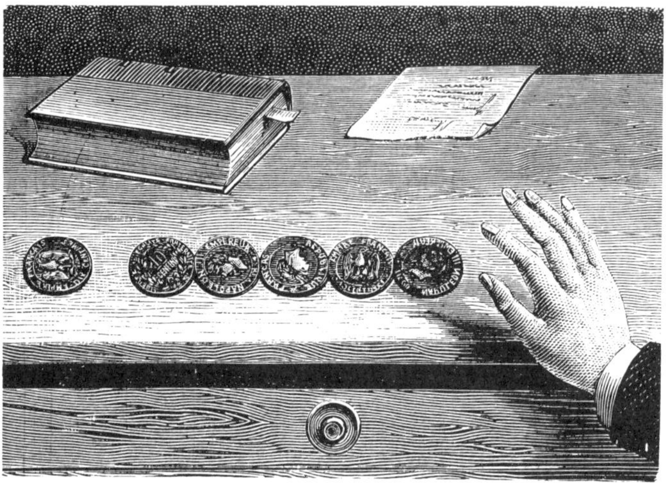

Fig. 9. Fortpflanzung eines Stoßes.

Um die Fortpflanzung des Stoßes durch eine Reihe von Körpern zu zeigen benutzt man in wohleingerichteten physikalischen Kabinetten gleich große und in gerader Linie frei aufgehängte Elfenbeinkugeln. Wird die erste etwas gehoben und fällt sie dann auf die zweite, so bewegt sich diese nicht vom Platz, überträgt aber den empfangenen Stoß auf die Nachbarkugel, diese wieder weiter, und nur die letzte Kugel in der Reihe wird abgestoßen. Auch ohne diesen Apparat läßt sich dasselbe mit einer Anzahl gleicher und nicht zu kleiner Münzen zeigen, die in einer geraden Reihe auf dem Tisch liegen. Schnellt man die erste mit dem Finger gegen die zweite, so wird die letzte Münze erst abgeschnellt, während die übrigen ruhig liegen bleiben.

Dem Anfänger wird es oft schwer, einen richtigen Begriff von dem specifischen Gewicht zu bekommen. Wenn ich aber aus einem cylindrischen Stabe, von beliebigem Durchmesser, Stückchen und Stücke

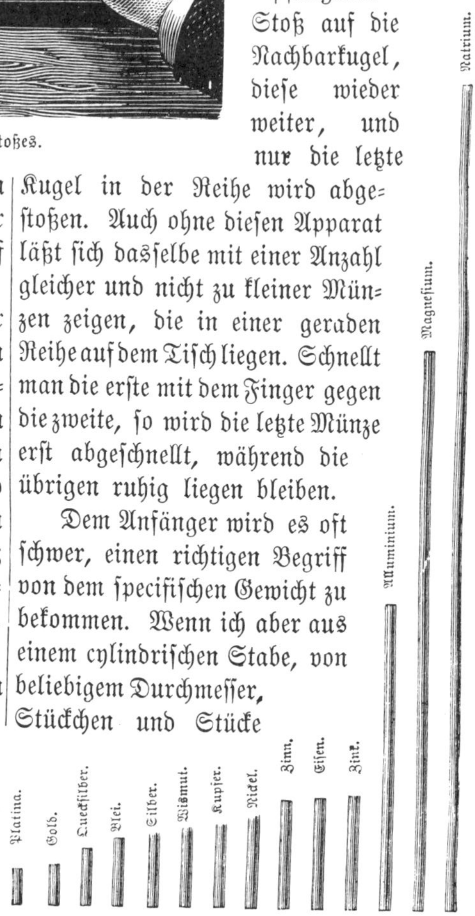

Fig. 10. Verhältnis des specifischen Gewichts der verschiedenen Metalle, dargestellt an gleich schweren Stäben derselben Stärke.

von entsprechender Länge abschneide, wie Fig. 6 zeigt, welche die verschiedenen Metalle bei gleichen Gewichten repräsentieren, so wird klar, daß Raum und Gewicht in bestimmter Beziehung zu einander stehen.

Einen Kartesianischen Taucher, der ja immer noch auf Jahrmärkten das Staunen der Bauern erregt und für Kinder ein ergötzliches Spielzeug ist, kann sich jeder selbst machen mit einer hohlen Nuß und einem Porzellanpüppchen. Die zwei halben Nußschalen werden mit Siegellack so zusammengekittet, daß an der Spitze eine kleine Oeffnung bleibt. Durch einen Faden wird dann die Nuß mit dem Püppchen verbunden. Ist das Ganze so schwer, daß es trotz der hohlen Nuß im Wasser untersinkt, so schaltet man zwischen Nuß und Puppe so lange Korkscheibchen ein, bis alles oben im Wasser so schwimmt, daß die Nuß fast ganz eingetaucht ist. Die Flasche mit dem kleinen Taucher wird dann mit einer Kautschukplatte etwa von einem zerrissenen und unbrauchbar gewordenen Gummiball fest zugebunden. Durch einen Fingerdruck auf den Deckel wird die darunter befindliche Luft zusammengepreßt, diese drückt auf das Wasser und einige Tröpfchen dringen in die Nuß ein. Nun wird der schwimmende Taucher schwerer und sinkt auf den Boden der Flasche. Läßt der Fingerdruck nach, so entweicht auch das Wasser wieder aus der Nuß und der Taucher erhebt sich wieder zur Oberfläche.

Fig. 11. Kartesianischer Taucher mittelst einer Nußschale hergestellt.

Schon in der Kindheit haben wir alle die erste Bekanntschaft mit dem Magnetismus gemacht, auch schon gelernt, daß man die anziehende Kraft des Magnetstabs, mit welchem wir Entchen und Fischchen aus Blech lenkten, anzogen oder abstießen, auf andere Eisengegenstände übertragen kann, indem man diese damit streicht.

Das Verständnis für diese und andere physikalische Experimente kommt freilich erst in einem späteren Alter, aber nützlich sind sie doch. „Ein tiefer Sinn liegt oft im kind'schen Spiel;" man soll sich deshalb nicht hochmütig von demselben abwenden.

Aehnlich ist es mit der folgenden magnetischen Spielerei, bei welcher außer der anziehenden Kraft eines Magnets auf den entgegengesetzten Pol eines anderen auch die Abstoßung gleichartiger magnetischer Pole in Betracht kommt.

Einige gleich lange und dicke Nähnadeln werden durch Streichen mit einem Magneten gleichartig so magnetisiert, daß die Oehr-Enden gleiche Pole haben. Darauf werden sie durch kurze Abschnitte ganz dünner Korkstöpsel so gesteckt, daß das Oehr nur wenig über den Kork hervorragt, der Schwerpunkt der Nadel also unter dem Kork liegt. Die Nadel wird dann im Wasser aufrecht schwimmen und

Fig. 12. Elektrophor, hergestellt mittelst eines Theebretts und eines Blattes Papier.

zwei, drei oder mehr derselben werden in gewissem Abstand von einander bleiben, weil sich die über das Wasser hervorragenden gleichnamigen Pole abstoßen. Nähert man dann den freischwimmenden Nadeln einen kräftigen Magnetstab mit dem entgegengesetzt magnetischen Ende, so wird dieser die Nadeln anziehen, da sie sich aber unter einander abstoßen, so müssen sie eine regelmäßige Lage zu einander annehmen. Sind es drei, so werden sie sich durch ein gleichseitiges Dreieck verbinden lassen, vier ordnen sich zu einem Quadrat, bei 5, 6 u. s. w. werden sich die übrigen um die mittelste Nadel regelmäßig gruppieren. Entfernt man den Magnetstab weiter von den schwimmenden Nadeln, so werden sie sich von einander entfernen und sind sie hinreichend stark magnetisiert, so werden sie bei vollständiger Entfernung des Magnetstabes bis zum Rande der Schüssel fliehen. Noch rascher geschieht dies, wenn der Magnetstab rasch umgedreht und der entgegengesetzte Pol den schwimmenden Nadeln genähert wird; dieser wird nun die gleichnamigen Pole der Nadeln abstoßen.

Auch elektrische Versuche lassen sich mit den einfachsten Mitteln ausführen, die überall zur Hand sind. Wir wollen uns einen Elektrophor einfachster Art herstellen, und doch soll seine Wirkung nichts zu wünschen übrig lassen. Ein lackiertes Theebrett aus Weißblech von 30—40 Cm. Länge wird auf zwei oder drei Stempelgläser gestellt. Eine Scheibe aus steifem Papier, an welcher zwei Handhaben aus Papier mit Siegellack befestigt sind, wird auf einem wohlgeheizten Ofen scharf ausgetrocknet und erwärmt,

Fig. 13. Leydener Flasche, aus einem Trinkglase, Schrotkörnern und einem silbernen Löffel.

dann auf einen Tisch gelegt und mit einer steifen Kleiderbürste gehörig gebürstet. Nun ist das Papier stark elektrisch geworden. Man hebt es von dem Tische ab, legt es auf das Theebrett und berührt es am Rande. Man kann dann mit dem Knöchel des Fingers einen elektrischen Funken von 1 Cm. Länge aus dem Theebrett ziehen.

Oder man hält das gebürstete warme Papier über auf dem Tisch liegende Korkstückchen, Papierschnitzel u. dgl. leichte Gegenstände, so werden sie auf beträchtliche Entfernung von dem elektrischen Karton angezogen und dann wieder abgestoßen.

Nichts ist leichter, als sich eine Leydner Flasche selbst zu machen. Ein Trinkglas wird mit Schrotkörnern halb gefüllt und ein silberner Kaffeelöffel hineingesteckt, und sie ist fertig. Wir laden sie mit unserem Elektrophor von vorhin, indem wir dem Theebrett seine Elektricität nicht mit dem Finger, sondern mit dem Kaffeelöffel entziehen und so mehrfach; die Ladung kann auch hier so stark werden, daß die Empfindung beim Entladen der Leydner Flasche mit der Hand unangenehm wird.

Fig. 15. Plateaus Phenakistoskop.

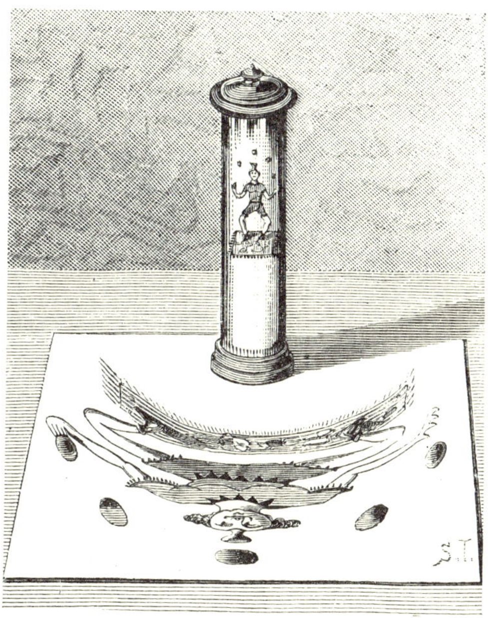

Fig. 14. Cylinderspiegel und durch ihn reflektiertes Zerrbild.

Gewisse optische Versuche lassen sich ebenfalls mit sehr einfachen Mitteln ausführen und viele Apparate sind aus den physikalischen Kabinetten in die Kinderstube als Spielwerk übergegangen. Wer denkt da nicht an das Kaleidoskop mit seiner Wirkung von Winkelspiegeln? Auch Plateaus Phenakistoskop, das auf die Dauer des Lichteindrucks auf die Netzhaut basiert ist, ebenso wie die thaumatropischen Scheiben, sind bekannt und bedürfen keiner besonderen Erklärung. Kugel-, Kegel- und Cylinderspiegel sind selbst dem Kinde keine fremden Erscheinungen mehr, und wenn es sich auch keine klare Vorstellung darüber machen kann, warum die Bilder darin verzerrt sind oder warum verzerrt gezeichnete Bilder darin eine vollständig veränderte Gestalt zeigen, so ist ihm doch die Thatsache als solche nicht unbekannt.

Das Interoceanische Transportationsproblem.

Panama-Kanal, Nicaragua-Kanal, Eads' Schiffseisenbahn.

Allgemeines.

Einen der glänzendsten Beweise seines weitblickenden Genius hat unser Goethe in einem Gespräche mit Eckermann gegeben, welches vor mehr als fünfzig Jahren gelegentlich der Beurteilung des Werkes von Humboldt über Cuba und Kolumbien stattfand. Die Ideen des großen Naturforschers über die Möglichkeit, einen interoceanischen Kanal zwischen Punkten Centralamerikas unter Benutzung geeigneter Flußläufe zu konstruieren, erschien Goethe wohlbegründet. Auch ihm leuchtete ein, daß einige der von Humboldt angegebenen Routen vorteilhafter sein würden, als die Panama-Route. Nach Eckermanns Aufzeichnungen fand an jenem denkwürdigen Tage (21. Febr. 1827) Folgendes statt:

„Er sprach ausführlich mit Bewunderung von Alexander von Humboldt, dessen Werk über Cuba und Kolumbien er zu lesen begonnen und dessen Ansichten über das Projekt eines Durchstiches des Isthmus von Panama für ihn von besonderem Interesse zu sein schienen. „Humboldt," sagte Goethe, „hat mit seiner großen Sachkenntniß andere Punkte angegeben, an denen durch Benutzung einiger Flüsse, die in den Golf von Mexiko münden, der Zweck viel besser erreicht werden kann, als bei Panama. Alles dies ist natürlich der Zukunft vorbehalten und einem unternehmenden Geiste. Soviel ist jedoch sicher, daß, wenn es gelingt, einen Kanal vom mexikanischen Golfe nach dem stillen Meere durchzulegen, der ganzen Menschheit, der civilisierten wie der uncivilisierten, zahllose Wohlthaten erwachsen würden. Aber es würde mich wundern, wenn die Vereinigten Staaten sich die Gelegenheit entgehen lassen würden, ein solches Werk in ihre Hand zu bekommen. Man kann wohl voraussehen, daß dieses junge Reich mit seiner ausgesprochenen Bevorzugung des Westens, in 30 bis 40 Jahren das große Ländergebiet jenseits der Felsengebirge in Besitz genommen und bevölkert haben wird. Man kann ferner voraussehen, daß die ganze stille Meeresküste entlang, an welcher die Natur bereits die geräumigsten und sichersten Häfen geschaffen hat, nach und nach bedeutende Handelsstädte entstehen werden, welche den ausgedehnten Handel der Ver. Staaten mit China und Ostindien vermitteln. In einem solchen Falle würde es nicht nur wünschenswert, sondern geradezu eine Notwendigkeit sein, daß eine schnellere Verbindung zwischen der Ost- und Westküste Nordamerikas bestehe, sowohl für Kauffahrtei- wie für Kriegsschiffe, als bisher durch die lange, unangenehme und teure Reise um das Kap Horn. Ich wiederhole deshalb, daß es absolut unerläßlich für die Vereinigten Staaten ist, einen Durchgang vom Golfe nach dem stillen Meere zu ermöglichen; und ich bin sicher, daß sie es thun werden.

Würde ich doch das noch erleben! — — doch es wird nicht der Fall sein. Ich möchte noch ein anderes Werk vollbracht sehen — eine Verbindung der Donau mit dem Rhein. Aber dies Unternehmen ist ein so gigantisches, daß ich an seiner

Ausführung zweifle, zumal wenn ich an unsere deutschen Hülfsquellen denke. Und drittens und letztens, möchte ich England im Besitze eines Kanals durch den Isthmus von Suez sehen. Könnte ich diese drei großen Werke noch erleben! Es wäre wirklich der Mühe wert nur deshalb noch fünfzig Jahre auszuhalten!"

Man muß sich vergegenwärtigen, daß erst zwanzig Jahre später die Vereinigten Staaten jene Mill. engl. Quadratmeilen von Mexiko ankauften, welche gegenwärtig die Staaten Californien, Nevada und Texas und die Territorien Arizona, Utah und Neu-Mexiko bilden — daß erst vierzig Jahre später der Suezkanal gebaut wurde — und daß derselbe erst fünfzig Jahre später durch Disraelis kluge Politik in Englands Hände kam, um die großartige Divinationsgabe unseres Dichter- und Denkerfürsten völlig zu würdigen. Wie eigentlich sich jedoch die Verhältnisse entwickelt haben, wie durch die Entdeckung des californischen Goldes der Verkehr sich in einseitig übermäßiger Weise nur auf das eine San Francisco geworfen, das konnte Goethe natürlich so wenig ahnen, wie den anderen Umstand, daß durch die wunderbare Entwickelung der Eisenbahnen und Dampfschiffe die ganze Sachlage eine durchaus veränderte werden würde.

Was nun die, gegenwärtig die Vereinigten Staaten bewegende, Frage anbetrifft, welcher Linie und welchem Projekte der Vorzug zu geben sei, so sind dabei verschiedene Gesichtspunkte festzuhalten.

Vom rein technischen Standpunkte aus läßt sich wohl behaupten, daß der heutigen Ingenieurkunst in gewissem Sinne nichts unmöglich ist; die Beherrschung der Natur durch rationelle mechanische und dynamische Prinzipien ist eine so unwiderstehliche geworden, daß nur die Kosten die Grenze für ihre Bestätigung in diesem Sinne feststellen. Wie Kapitän Eads selbst in einer Ansprache an das Kanalkomitee des Kongresses sagte:

„Sollte ein Turm errichtet werden, der bis in die Region des ewigen Schnees reicht, oder eine Brücke über meilenbreite Abgründe geschlagen, oder ein Tunnel durch den breitesten Teil des Felsengebirges getrieben werden, oder eine Eisenbahn, auf der die größte der ägyptischen Pyramiden ganz und gar transportiert werden sollte, oder ein Kanal durch den Isthmus von Darien, der breit genug wäre, um den Lauf des Golfstromes zu ändern und die Gezeiten an jenen Küsten anders pulsieren zu lassen — so würde die moderne Ingenieurkunst alles dies und noch viel mehr fertig bringen, wenn sie nur Zeit und Geld genug zur Disposition hätte."

Daher ist ein Kanal à niveau, wie ihn Lesseps beabsichtigt, sicherlich ausführbar und da er die schnellste Passage ermöglichen würde, auch in dieser Beziehung sehr wünschenswert. Doch kann man dem unternehmenden Franzosen das Eine ganz sicher prophezeihen: Daß er auf dem Isthmus im Westen das Wasser, das ihm auf dem Isthmus im Osten ein kostbarer Freund war, nur als tückischen Feind kennen lernen wird.

Da also der Kostenpunkt der wichtigste ist, indem das in ein so gigantisches Unternehmen gesteckte Kapital mindestens verzinst werden muß, so ist die erste Frage die, was sollen die verschiedenen Projekte kosten und wie viel können sie durch ihre Benutzung abwerfen?

Die Kostenanschläge (die natürlich sehr verschieden ausfallen, je nachdem der betreffende Sachverständige dem Projekte geneigt ist oder nicht) sind nun folgende:*)

1. Panamakanal à niveau
$ 168,000,000—550,000,000,
2. Nicaraguakanal
$ 75,000,000—100,000,000,
3. Tehuantepec-Schiffseisenbahn
$ 60,000,000—75,000,000.

Da ferner die Bauzeit noch keine Einnahmen bringt, während der größere Teil des angelegten Kapitals zu verzinsen ist, so spielt auch dieser Faktor eine große Rolle. Für die Schätzung desselben gilt das oben über den Kostenpunkt Gesagte. Die Bauzeit wird geschätzt:

1. P.-K. à niveau . 7—12 Jahre
2. N.-Kanal . . . 6—8 „
3. T.-Schiffseisenbahn 4—5 „

Was aber würde der zu erwartende Verkehr sein? Denn dieser allein kann die Frage der Rentabilität entscheiden.

Lesseps veranschlagt denselben auf 6 Millionen, die bei einem Zolle von mindestens $ 3.00 per Tonne eine jährliche Einnahme von $ 18,000,000 ergäben d. h. eine Verzinsung von über 10 Prozent (auf $ 168,000,000).

Für das Nicaragua-Projekt sind 5 Mill. Tons veranschlagt, eine Schätzung, der sich Kapitän Eads angeschlossen hat. Die Einnahmen bei gleichen Raten würden für den Nicaraguakanal eine Jahreseinnahme von $ 15,000,000 ergeben oder 30 Prozent (auf $ 75,000,000).

Kapitän Eads hat jedoch vor, nur $ 1.25 bis $ 1.50 per Tonne zu fordern, und würde dann immer noch, bei einer jährlichen Einnahme von $ 6,250,000 bis $ 7,500,000 zwischen 8 und 10 Prozent (auf $ 75,000,000) realisieren.

Doch ist eben gerade dieser Punkt, der doch gewiß von fundamentaler Bedeutung ist, ein vielbestrittener.

Ganz abgesehen davon, daß die Zahl der transkontinentalen Eisenbahnen sehr bald von einer auf fünf erhöht sein wird — der Handel Englands wird fast ausschließlich dem Suezkanal treu bleiben, so weit er durch Dampfer vermittelt wird, und um Kap Horn und das Kap der guten Hoffnung gehen, so weit er Segelschiffe in Bewegung setzt. (Denn von 1477 Fahrzeugen, die den Suezkanal im vergangenen Jahre passierten, waren nur drei Segelschiffe, die übrigen 1474 waren Dampfer!)

Die beste Idee erhält man von folgendem Vergleiche:

Linien	Entfernung per amerik. Isthmus	Entfernung per Suezkanal	Differenz für Suezkanal
Liverpool—Australien	12,869 See-Meilen	11,221 See-Meil.	1,648 See-Meilen
„ —Singapore	15,416 „ „	8,286 „ „	7,110 „ „
„ —Hongkong	14,290 „ „	9,865 „ „	4,420 „ „
„ —Jokohama	12,615 „ „	11,515 „ „	1,100 „ „

Aber auch von dem etwa $5\frac{1}{2}$ Mill. Tons betragenden Handel zwischen den atlantischen und pacifischen Staaten der Union, sowie von demjenigen zwischen Europa und der Westküste Südamerikas wird nur ein mäßiger Teil den Isthmus passieren wollen. Die Rückladungen na-

*) Der Voranschlag von Lesseps für den Suezkanal war $ 40,000,000 die Kosten beinahe $ 100,000,000.

mentlich — meist aus Getreide, Guano und Salpeter bestehend — werden aus Zweckmäßigkeitsgründen nach wie vor von ums Kap Horn gehenden Schiffen transportiert werden, wenn etwa nicht die Segelschiffe die Schiffseisenbahn vorteilhafter finden sollten.

Nach dem Direktor des statistischen Büreaus im Ver.-Staaten-Finanzministerium, Mr. Nimmo, kann die über den Isthmus gehende Fracht 1,625,000 Tonnen nicht überschreiten, was im Angesicht der Thatsache, daß der Verkehr durch den Suezkanal im letzten Jahre nur 3,236,941 Tonnen betrug, sehr wahrscheinlich ist.

Es ist zweifelhaft, ob auch die Tehuantepec-Schiffseisenbahn mit dem Suezkanal konkurrieren kann, obgleich die Entfernungen von Liverpool nach den Häfen am stillen Meere um 800—900 Meilen kleiner sind und der Ueberlandtransport nur einen halben Tag in Anspruch nehmen würde (gegen 5—7 Tage auf dem Nicaraguakanal), und obgleich endlich der Unterschied zwischen den Entfernungen über Panama, Nicaragua und Tehuantepec von den amerikanischen Häfen der Ostküste nach den Häfen des stillen Meeres ein sehr bedeutender ist, wie die folgende Zusammenstellung zeigt:

Linien	Differenz zu Gunsten von Tehuantepec gegen Panama und Nicaragua
New-Orleans—San Francisco	1836 See-Meilen
„ —Jokohama und Hongkong	1820 „ „
„ —Sydney	1153 „ „
„ —Mazatlan	1824 „ „
New-York—San Francisco	1152 „ „
„ —Hongkong und Jokohama	1350 „ „
San Francisco—Havana	1430 „ „

Es wäre wohl möglich, daß dieser Vorzug in Zukunft den Getreideexport der pacifischen Staaten, der jährlich mindestens eine Million Tonnen beträgt, über die Eads'sche Eisenbahn locken würde. Denn die große Zeitersparniß und die Vermeidung der gefährlichen Passage um Kap Horn würde die Kosten des Transportes über den Isthmus von Tehuantepec mehr wie kompensieren.

I.
Das Lesseps'sche Projekt eines Canal interocéanique à niveau über den Isthmus von Panama.

Die von dem kühnen Schöpfer des Suez-Kanals projektierte Route für einen Kanal über den amerikanischen Isthmus schließt sich dem Laufe der Panamabahn ziemlich eng an. Die Endpunkte sind dieselben: Aspinwall-Colon und Panama und auch die Richtung: Von Nordnordwest nach Südsüdost. (Vergleiche die Karte auf Seite 154.)

Die Breite des Isthmus ist hier zwischen 42 und 43 Meilen und dies ist auch die Länge des Kanals, der bis auf wenige langgestreckte Kurven von 2000 Metern Radius, geradlinig projektiert ist. Bis Obispo an der Mündung des Rio Obispo in den Chagres (s. Karte) wird das Bett des letzteren zum Kanal umgeformt werden. Um dies zu ermöglichen, soll quer über das Flußthal von Cerro Pelado nach Barracoas und Gomboas ein 900 Meter hoher Damm aufgeführt werden. Aus dem so gebildeten Reservoir, welches eine Kapazität von 600 Millionen Kubikmetern haben würde, werden die Gewässer des Chagres zu beiden Seiten des alten Flußbettes in besonderen Hülfskanälen herabgeführt, ein Plan, der folgende Vorteile bieten würde:

Erstens wäre die Konstruktion des Kanal à niveau vom Damme bis zur Navy-Bai (bei Colon) an der Mündung bedeutend erleichtert durch vorherige Trockenlegung des zu regulierenden Flußbettes;

Zweitens würde das Reservoir für eine Ansammlung der ungeheuren Wassermassen sorgen, welche zur Regenzeit den Chagres schwellen, zu welchem Zwecke noch ein zweiter 30 Meter hoher Damm bei Campanas aufgeführt werden soll — und endlich

Drittens liefern diese Reservoire in der trockenen Jahreszeit Speisewasser für den Kanal selbst.

Von Obispo, den Fluß gleichen Namens zum Kanal umformend, erreicht der Letztere die Wasserscheide, welche hier 90 Meter hoch ist. Dieselbe wird beabsichtigt mit einem 14 Kilometer langen Tunnel zu durchbohren, welcher zwischen 30 und 40 Meter breit und zwischen 40 und 43 Meter hoch sein soll, so daß große Seeschiffe durch denselben passieren können! Der Tunnel mündet in das Thal des Rio Grande, in welchem der Kanal bis zur Bai von Panama zu Ende geführt wird.

Noch ist zu bemerken, daß, ob zwar die Häfen von Aspinwall und von Panama vorzüglich, dennoch bedeutende Bauten an beiden nötig sind. Da der Spiegel des stillen Meeres etwa 6 Meter höher liegt, als der der karibischen See und da ferner die Gezeiten in letzterer ½ bis 1 Meter betragen, während sie an der stillen Meereskūste zwischen 5½ und 7½ Meter ausmachen, so müssen beide Häfen mit geräumigen Flutschleusen versehen werden. Lesseps glaubte erst dieselben entbehren zu können, ebenso wie beim Suezkanal; doch hat er seine Ansicht darüber ändern müssen, da die Gezeiten eben weit bedeutender sind, als an dem Isthmus von Suez.

Der Hafen von Colon (Navy Bai) ist ferner noch durch einen Molo von wenigstens 2 Kilometern Länge zu schützen, da öfters eine sehr hoch gehende See von den plötzlich aus Norden hereinbrechenden Böen verursacht wird.

Die Existenz der Bahn über den Isthmus ist natürlich ein großer Vorteil, wenn sie auch in gewissem Sinne durch die gebotene Schonung Elemente neuer Schwierigkeiten in sich trägt, die durch die verschiedenen Verlegungen des Bahnbettes, welche nötig werden, sich noch vergrößern.

Doch sind die folgenden drei Nachteile der Panama-Route von größter Wichtigkeit:

1. Das gefährliche Klima.

2. Die ungeheure Regenmenge und die durch dieselben erzeugten Hochfluten und Ueberschwemmungen des Chagres.

3. Die Windstillen, Böen und Cyklonen, die in dem karibischen Meere häufig sind.

Es sei noch erwähnt, daß amerikanische Ingenieure, die mit den einschlägigen Verhältnissen vertraut sind, die Wassermenge, welche der Chagres während seiner Hochflut thalwärts führt, sehr viel höher schätzen, als das von Lesseps angenommene Maximalquantum von 600 Mill. Kubikmeter. Selbst der dem Panamakanale sehr freundlich gesinnte Oberst der Ver.-Staaten-Armee Trotten giebt zu, daß die Wassermassen (wie 1876 und 1879) mindestens 1000 Mill. Kubikmeter betragen müssen.

Doch wird die Wassermasse, welche zu bewältigen ist, wenn der ungünstigste Fall eintritt, d. h. wenn 10 Zoll Regen in 24 Stunden fallen, etwa 170 Mill. Kubikmeter sein. Da ferner über dreißig Zoll in einem einzigen Monate fallen können, so wird das Maximalquantum, das von Lesseps berechnet worden ist (600 Mill. Kubikmeter) nahezu erreicht sein. Da der Abfluß durch die Seitenkanäle jedoch Monate dauern müßte, um diese ungeheure Wassermasse aus dem davon nahezu gefüllten Reservoir abfließen zu lassen, so würde, wenn in den folgenden Monaten der Regenzeit ein nur halb so starker wäre, die Kapazität des Reservoirs erschöpft und eine Ueberflutung resp. Zerstörung des Kanals unvermeidlich sein. Dazu kommt nun noch, daß kompetente Fachleute es für sehr zweifelhaft erklären, daß Lesseps in dem von ihm projektierten Reservoir mehr wie 300 Mill. Kubikmeter aufstauen kann, ein Umstand, der das ganze Unternehmen in Frage stellen würde.

In Bezug auf die durch Windstillen verursachten Verzögerungen ist zu bemerken, daß dieselben allerdings durch weit in die karibische See hinaus kreuzende Schleppdampfer vermieden oder doch abgekürzt werden können, daß aber doch dadurch die Transportkosten bedeutend erhöht werden. Ueber die Zerstörungen welche Cyklonen und plötzlich aufspringende Böen anrichten können, ist es nicht nötig Weiteres zu sagen. Dieselben sind nur zu bekannt.

Was die praktische Seite des Unternehmens anbelangt, so ist Lesseps' Panamakanal scheinbar allen anderen Projekten voraus. Denn am 29. Januar sind der Superintendent des Kanalbaus, Herr G. Blanchet, und der Generalagent, Herr E. Reclus, nebst Gefolge in Colon-Aspinwall angekommen und daselbst festlich empfangen worden. Sie haben sich nach Panama begeben, woselbst die Büreaus und Niederlagen der Kompagnie ihren Sitz haben werden.

Von dort aus wird die genaue, endgültige Feststellung der Linie sofort beginnen, indem die Absteckung und Entwaldung längs der ganzen Strecke dem eigentlichen Kanalbau vorangehen muß.

Dies würde also die thatsächliche Inangriffnahme des Riesenwerkes bedeuten. Trotz alledem ist das Unternehmen ein äußerst problematisches, da dasselbe schwerlich rentabel werden kann, von den technischen Schwierigkeiten ganz abgesehen.

Die Kosten sind von Lesseps ursprünglich auf 168 Mill. Dollars veranschlagt worden; doch giebt sie Totten auf 300 bis 400 Millionen an und Metlpine, der Oberingenieur der im Bau begriffenen Eisenbahn über den Isthmus von Tehuantepec behauptet, daß dieselben mindestens 550 Millionen betragen würden.

Aehnlich verhält es sich mit der Bauzeit, die von Lesseps auf 7—9, von Anderen auf 10 bis 12 Jahre angesetzt worden ist.

Endlich ist die Art und Weise, wie das Unternehmen gegründet worden ist, wohl geeignet, einen berechtigten Verdacht gegen die Solidität desselben zu erwecken. Sogar die Annahme des Präsidiums der ‚Compagnie universelle pour la construction d'un canal interocéanique par l'isthmus de Panama' für Amerika durch den früheren Marineminister der Vereinigten Staaten, Thompson, hat dasselbe in den Augen der amerikanischen Geschäftswelt nicht rehabilitieren können. Es sind in der Union, so wenig wie in England, irgend welche nennenswerte Beträge gezeichnet worden; die 600 Mill Francs (120 Mill. Dollars), welche angeblich bereits gezeichnet sind, werden fast ausschließlich in Frankreich genommen worden sein — wenn sie wirklich verkauft worden sind.

Fast ist man geneigt zu glauben, daß die den Franzosen zugeschriebene Eitelkeit, ihre Hand im Spiele hat, denn jedem Aktionär, der fünf oder mehr Anteilscheine nimmt, ist eine silberne Medaille versprochen — Wert 5 Fr. = 4 Mark!

Wichtig ist der Umstand, daß jeder Aktionär vom Anfange an seine fünf Prozent zieht, trotzdem der Kanal während der ersten 10 Jahre nur Geld kosten aber nichts einbringen kann. — —

II.

Das Projekt eines Kanals über den Nicaragua-See.

Der in der Republik Nicaragua befindliche See gleichen Namens, dessen eigentümliche landschaftliche Schönheit unsere Illustration veranschaulicht, ist zwischen 11° und 12° N. Br. und 85° und 86° W. L. gelegen; er bedeckt eine Fläche von etwa 2700 engl. Quadratmeilen und ist von nahezu elliptischer Form. Seine Längsachse ist etwa 110 Meilen und erstreckt sich von S. O. nach N. W.; er ist 30 Meilen breit und zwischen 30 und 150 Fuß tief. Der Spiegel des Sees liegt durchschnittlich 107 Fuß über dem des stillen Meeres und die Fluktuationen sind nicht mehr wie 6 Fuß als äußerste Grenzen; auch gehen dieselben seiner Ausdehnung wegen sehr allmählich vor.

Ansicht des Nicaragua-Sees von San Carlos am Ausflusse des San Juan.

Der See hat einen sehr wasserreichen Abfluß, den San Juan, der nahe dem südöstlichen Ende seiner Längsachse austritt und in südöstlicher Richtung dem karibischen Meere zuströmt. Derselbe hat mehrere Stromschnellen, deren zwei bedeutend genug sind, um einen Uebergang auf dem Lande nötig zu machen. Die im oberen Flußlaufe gelegenen Stromschnellen befinden sich bei Castillo, mehrere Meilen unterhalb San Carlos. Letzteres ist eine am Austritte des San Juan aus dem Nicaragua-See gelegene alte spanische Ansiedlung, die auch noch Ueberbleibsel von mehrere Jahrhunderte alten spanischen Befestigungen am Seeufer aufzuweisen hat. Obenstehende Illustration giebt dem Leser eine zwar richtige, aber nicht gerade sehr imponierende Ansicht dieser centralamerikanischen „Stadt“, deren Einwohner sehr stark an den europäischen Typus der „Lazzaroni“ erinnern. Trotzdem darf man die kleine Republik nicht mit dieser Genossenschaft vergleichen; man würde ihr schweres Unrecht thun. Im Gegenteile, seit mehreren Jahren beginnt es daselbst sehr regsam zu werden. Eine Eisenbahn von der Küste des stillen Meeres über die Hauptstadt Leon nach der Westküste des Sees ist — wenn nicht vollendet — so doch im Bau begriffen und der Vollendung nahe. Und die Regulierung des San Juan geht andrerseits unter der Aufsicht des Ingenieurs A. G. Menocal vom Ver. Staaten Marine-Corps ebenfalls rüstig vorwärts. Die Verbesserung des Hafens San Juan del Norte (Greytown) durch Wegsprengen der Riffe und Baggern der Sandbänke an der Flußmündung wird denselben in kurzer Zeit wieder zu einem vortrefflichen machen. (Er ist erst in den letzten fünfundzwanzig Jahren durch Versanden unzugänglich geworden). Der San Juan-Fluß ist bis an die unteren großen Stromschnellen nahe Mochuco für Dampfer mit sechs Fuß Tiefgang schiffbar und auch oberhalb dieser Hindernisse, die in beistehender Illustration abgebildet sind, ist auf viele Meilen dasselbe der Fall. Doch müssen Passagiere und Waaren ausgeladen und auf dem Lande von einem Dampfer zum andern geschafft werden, was natürlich Kosten und Aufenthalt macht. Hier nun hat Ingenieur Menocal die Anlegung eines verbindenden Kanales beschlossen und begonnen, um den Dampfern die Passage nach dem oberhalb gelegenen Teile des Stromes zu ermöglichen.

Ansicht von San Carlos.

Es ist wohl natürlich, daß die Regierung der Republik Nicaragua die Anlage des Isthmuskanales durch ihr Gebiet sehnlichst herbeiwünscht und die Ausführung des Unternehmens in jeder Weise fördert. Die Regulierung des San Juan ist in diesem Sinne ein sehr kluges Unternehmen, ganz abgesehen von den großen Vorteilen, die dem Ländchen durch den erleichterten Verkehr auch dann erwachsen, wenn der intermaritime Kanal nicht — wenigstens auf dieser Route nicht — zur Ausführung kommt.

Denn diese Regulierung, die seit August 1879 rührig betrieben wird, ist der beste Beweis für die leichte Ausführbarkeit des großen Unternehmens, dem sie zugleich vorarbeitet.

Am San Juan-Flusse selbst brauchte nur für die letzten vierzig Meilen, von der Einmündung des San Carlos-Flusses bis zur Mündung bei Greytown im Golfe ein besonderes Kanalbett konstruiert zu werden. Die übrigen 63 Meilen bis hinauf zum See würden, durch Erhebung des Wasserspiegels mittelst Dammbauten und Verbindung durch Seitenkanäle an den vier Stromschnellen mit sehr mäßigen Kosten hergestellt werden können. Von dem Ausflusse des San Juan aus dem Nicaragua-See wäre die Route über diesen See in westlicher Richtung an den auf Inseln gelegenen Vulkanen Zapotero und Omatopec vorüber nach der Mitte der Westküste. Die einzige Stelle dieser etwa 60 Meilen langen See-Navigation, wo es notwendig wäre durch Baggern den See zu vertiefen, ist am Ausflusse des San Juan, in der Nähe des alten Forts San Carlos. Denn, wie schon erwähnt, das Fahrwasser des Sees ist zwischen 30 und 150 Fuß tief. Durch den am westlichen Ufer befindlichen Höhenzug würde der Kanal mittelst eines etwa 160 Fuß tiefen Einschnittes aus- und in das Thal des Rio del Medio eintreten. Dieser bei Brito, etwa 16 Meilen weiter, in das stille Meer mündende Fluß würde genügend Wasser zur Schiffahrt liefern; doch müßten 10 Schleusen angebracht werden, um die 100 Fuß zum Oceane herabzusteigen.

Endlich müßte an diesem Endpunkte ein Hafen geschaffen werden.

Das Klima von Nicaragua ist ein ausgezeichnetes und weder Cyklonen noch Kalmen sind an der Ostküste jemals zur Beobachtung gekommen; die Passatwinde wehen daselbst mit gewohnter Regelmäßigkeit. Auf der andern Seite aber ist dieser Landstrich, wie Centralamerika überhaupt, in hohem Grade vulkanisch und häufig von Erdbeben heimgesucht. Im See selbst liegen zahlreiche Inseln mit vulkanischen Kratern, Kegeln und Kraterseen, von denen zwei in Thätigkeit sind: Mandeira und Omotopec. Im Staate Nicaragua allein befinden sich zwischen 20 und 30 Vulkane (nach Fuchs wenigstens 24), deren bedeutendste — und es giebt deren bis zu 9000 Fuß Höhe — auf dem schmalen Landstriche zwischen dem Nicaragua-See und dem stillen Meere gelegen sind, auf welchem der projektierte Kanal im Thale des Rio del Medio herabsteigen soll. Noch weit drohender erhebt sich am südlichen Ufer des Sees die nördliche Gruppe der Vulkane von Costa Rica, der Nachbarrepublik, die von riesigen Bergen gebildet wird, z. B. der Irazu 11,900 Fuß und der Pico Blanco 11,740 Fuß hoch. Zwar behauptet der Marine-Ingenier Menocal, daß weder das alte Fort San Carlos, noch die alten, ebenfalls vor Jahrhunderten von den Spaniern erbauten Damm-

Die untern Stromschnellen des San Juan bei Marxhube.

bauten im San Juan Risse oder Sprünge zeigten, und will daraus auf die Ungefährlichkeit der dortigen Erdbeben schließen: Doch konnte er die Besorgnisse der, in der Sitzung der amerikanischen geographischen Gesellschaft, in welcher dies zur Sprache kam, anwesenden Fachleute und Gelehrten dadurch nicht beseitigen, und sie fanden, wohl mit Recht, erneuten Ausdruck.

Was die geschäftliche Seite des Unternehmens anbelangt, die uns hier weniger interessiert, so sei nur erwähnt, daß der Nicaraguakanal zwischen 50 und 75 Millionen Dollars kosten soll; daß Admiral Amman im Auftrage der die Kanalbaugesellschaft bildenden Kapitalisten (zu denen u. A. die Rothschilds gehören sollen) dem Ex-Präsidenten Ulysses S. Grant das Präsidium angeboten und daß die Regierung der Republik Nicaragua die ausgedehntesten Konzessionen gewährt hat.

Der zu entrichtende Zoll wird zu $ 2.00 per Tonne als Minimum garantiert; als Maximum ist $ 6.00 ins Auge genommen. Die Inkorporationsakte der Gesellschaft, als einer amerikanischen, sind von dem New-Yorker Bankier Morton bereits den Ver. Staaten zur Annahme vorgelegt und an das betreffende Kongreßkomitee verwiesen worden. Sollte Grant, der sich in einem ausführlichen Essay in der North American Review (Februar-Nummer) sehr entschieden für den Nicaraguakanal ausgesprochen hat, das Präsidium definitiv annehmen, so wäre der Beginn der Arbeiten in nächster Zeit zu gewärtigen.

Durch seine Annahme des Präsidiums der Weltausstellungskommission (1883 in New-York) ist jedoch die erstere Eventualität wieder etwas zweifelhaft geworden.

Der größte Nachteil, den die Nicaragua-Route besitzt, ist die große Anzahl von Schleusen (20) und ihre Länge (180 Meilen); der Uebergang wird daher im günstigsten Falle volle fünf Tage in Anspruch nehmen, durchschnittlich mehr.

Die Gefahren, welche die bei vulkanischen Ausbrüchen stets drohenden Erdbeben mit sich bringen, sind ebenfalls ein nicht zu unterschätzender Einwurf.

III.

Kapitän Eads' Projekt einer Schiffseisenbahn über den Isthmus von Tehuantepec.

Die nördlichste der zu Kanalprojekten benutzten Routen ist die, welche über den 130 engl. Meilen breiten Isthmus von Tehuantepec führt. Der atlantische Endpunkt dieses Projektes, die Mündung des Coazacoalco-Flusses liegt am Golfe von Mexiko, im Gegensatze zu allen andern Projekten, die die karibische See mit dem stillen Oceane zu verbinden trachten. Anstatt eines Kanals beabsichtigt jedoch der Hauptmann vom Vereinigten Staaten-Geniekorps — James B. Eads — eine Eisenbahn von riesigen Dimensionen anzulegen, auf der die größten Oceandampfer von Meer zu Meer transportiert werden können.

Kapitän Eads gehört zu den bedeutendsten Ingenieuren unserer Zeit. Die große Mississippibrücke bei St. Louis und die Schiffbarmachung der Mündung dieses „Vaters der Ströme" durch entsprechende Wasserbauten haben ihn schnell zum Rufe eines der ersten — seit des Deutschen, John A. Roebling Tode wohl des ersten Ingenieurs des westlichen Kontinents verholfen. So überraschend die Idee zuerst auch sein mag, sie ist mit weit geringeren Schwierigkeiten verknüpft, als der Panama-Kanal à niveau. In der That ist die Eadssche Schiffseisenbahn der Ausführung näher, als man zu glauben geneigt ist.

Die allgemeine Richtung ist, wie die Karte lehrt, von Nord nach Süd, und die Länge des projektierten Schienenweges etwa 130 engl. Meilen. Da der Coazacoalco bis Minatitlan, etwa 30 Meilen oberhalb seiner Mündung schiffbar ist — nirgends weniger als 20 Fuß Wasser — so wird die Schiffseisenbahn bei diesem Orte (18 ° n. Br. und 94 ° w. L.) beginnen. Ohne besondere Terrainschwierigkeiten wird der Fuß der hier 770 Fuß hohen Kordilleren erreicht; dieselben werden in Steigungen, die nicht mehr wie 1:100 betragen, genommen; Kurven unter 12,000 Fuß Radius werden nicht angelegt, sondern, wenn nötig, kolossale Drehscheiben dafür substituiert (so namentlich an den Ausweichestellen.) Die stille Meeresküste wird unter denselben Bedingungen erreicht, da eben die geringe Höhe des Gebirgsrückens und die Breite des Küstenstriches dies ermöglichen. Die Eisenbahn endet bei La Ventosa am Golfe von Tehuantepec (16 ° n. Br. und 95 ° w. L.). Hier ist die Anlage eines Hafens nötig, während die Coazacoalco-Bai einen herrlichen, 50 Fuß tiefen Hafenplatz bietet.

Die Bahn wird zwölfschienig sein und die Fahrgerüste oder Rollwagen, welche die Schiffe zu transportieren bestimmt sind, werden aus mehreren (5—6) Sektionen bestehen. Das Aufladen der Schiffe wird in der Weise besorgt werden, daß die Fahrgerüste direkt unter die ersteren laufen und dann beide durch stationäre Dampfmaschinen aus dem Wasser heraufgezogen werden, wobei sich das Schiff auf den Rollwagen niederläßt. Am Ende der ins Wasser führenden schiefen Ebene ist ein riesiger Kipptisch, der den Fahrstuhl mit Schiff aus der geneigten in die horizontale Lage bringt. Dieselbe Vorrichtung (Kipptisch) wird überall da angewandt, wo die Bahn eine Steigungsveränderung erleidet. Hierauf werden, je nach Bedarf, zwei oder mehr der kolossalen Doppellokomotiven vorgespannt und der Transport beginnt, wie dies unsere Illustration zeigt.

Die Rollwagen sollen 1200—2000 Räder haben, so daß die Maximalbelastung pro Rad nie mehr wie 5 Tonnen beträgt, die gewöhnliche Durchschnittsbelastung, welche bei schweren Güterzügen oft genug überschritten wird. Die Details gehören nicht hierher, da sie einerseits erst noch durch Versuche unterstützt werden müssen, anderseits aber mehrere Entwürfe für die meisten der völlig neuen Konstruktionen vorliegen, welche dieses großartige Projekt nötig macht.

Die Unterstützung der Schiffe ist ein solch hochwichtiger Punkt, zumal sich Stimmen geltend gemacht haben, die eine schwere Schädigung der Schiffskörper durch die vorgeschlagene Transportweise prophezeihen. Die Zahl derer, die das ganze Projekt für unausführbar erklären, ist keineswegs gering, wenn auch natürlich die eifrigsten Gegner unter den Befürwortern einer der beiden Kanalrouten zu finden sind.

Kapitän Eads, der natürlich seine kühne Idee für durchaus praktikabel und sicher hält, führt noch Folgendes an, um die Vorzüge einer Schiffseisenbahn vor einem Kanale ins rechte Licht zu setzen:

Dieselbe kann für die Hälfte der für einen Schleußenkanal und für ein Viertel der für einen Kanal à niveau nötigen

Summe und in dem dritten oder vierten Teile der Zeit gebaut werden.

Die größten Schiffe können auf derselben vier- bis fünfmal schneller und doch mit absoluter Sicherheit transportiert werden; damit ist zugleich konstatiert, daß eine weit größere Anzahl per Tag befördert werden kann.

Eine Vergrößerung und Erweiterung des Projektes kann leicht und ohne jedwede Verkehrsstörung stattfinden.

Eine solche Anlage kann auch da, wo ein Kanal unthunlich ist, konstruiert werden.

Die Betriebs- und Erhaltungskosten sind weit geringer, als wie bei einem Kanale.

Endlich kann für ein solches Unternehmen eine ziemlich sichere Schätzung in Bezug auf Zeit, Kosten und Ertrag gemacht werden, da der ganze Bau oberhalb stattfindet, während bei einem Kanale, als einem hydraulischen Unternehmen, mit vielen unsicheren Faktoren zu rechnen ist.

Außer diesen theoretisch zwar sehr einleuchtenden, aber praktisch doch noch nicht erprobten Punkten hat die Tehuantepec-Schiffseisenbahn noch einen großen thatsächlichen Vorzug, nämlich, daß sie die kürzeste Route ist. Und zwar deshalb, weil sie den Vereinigten Staaten näher liegt.

Die östlichen Endpunkte der beiden Kanäle (Panama und Nicaragua) liegen ungefähr gleichweit von den atlantischen Häfen der Union entfernt, derjenige der Tehuantepec-Route liegt jedoch viel näher. Der Hafen von Brito (Nic.-Kanal) liegt den stillen Meereshäfen Nordamerikas etwa 600 Meilen näher, als der von Panama; doch ist der größte Vorteil in jeder Beziehung auf Seiten der Tehuantepec-Route, welches um 1260 Meilen San Francisco näher ist als Panama.

Von New-Orleans nach San Francisco ist die Distanz

über Panama	5412 engl. M.
„ Tehuantepec	3576 „ „
Gewinn	1836 engl. M.

Dasselbe gilt z. B. für die Distanz von New-Orleans nach Hongkong oder Jokohama; da ist:

ein Gewinn v. 1820 M.

New-Orelans nach
Sydney: Gewinn v. 1153 M.

New-Orleans nach
Mazatlan: Gewinn v. 1824 M.

New-York nach
San Francisco: Gewinn v. 1152 M.

New-York nach
Hongkong: Gewinn v. 1350 M.

Liverpool nach
San Francisco: Gewinn v. 887 M.

San Francisco nach
Havana: Gewinn v. 1430 M.

u. s. w.

Auch ein anderes Projekt ist noch zu erwähnen, welches für Kapitän Eads von großem Vorteile ist, nämlich die bereits im Bau begriffene Eisenbahn über den Isthmus von Tehuantepec, die für den großen Ingenieur noch weit vorteilhafter sein wird, als die Panama-Eisenbahn für Lesseps. Denn, da der Bau derselben jetzt erst begonnen, so können beide Projekte gleichzeitig bestimmt und Vereinbarungen getroffen worden, die künftige Störungen und Aenderungen vermeiden. Dem Kapitän Eads ist in seiner äußerst günstigen Koncession die Entscheidung über die Bedingungen einer Konsolidation beider Unternehmungen zugestanden worden. Zu derselben wird die Eisenbahngesellschaft sich um so eher entschließen, da Eads das Recht hat, außer der Schiffs-

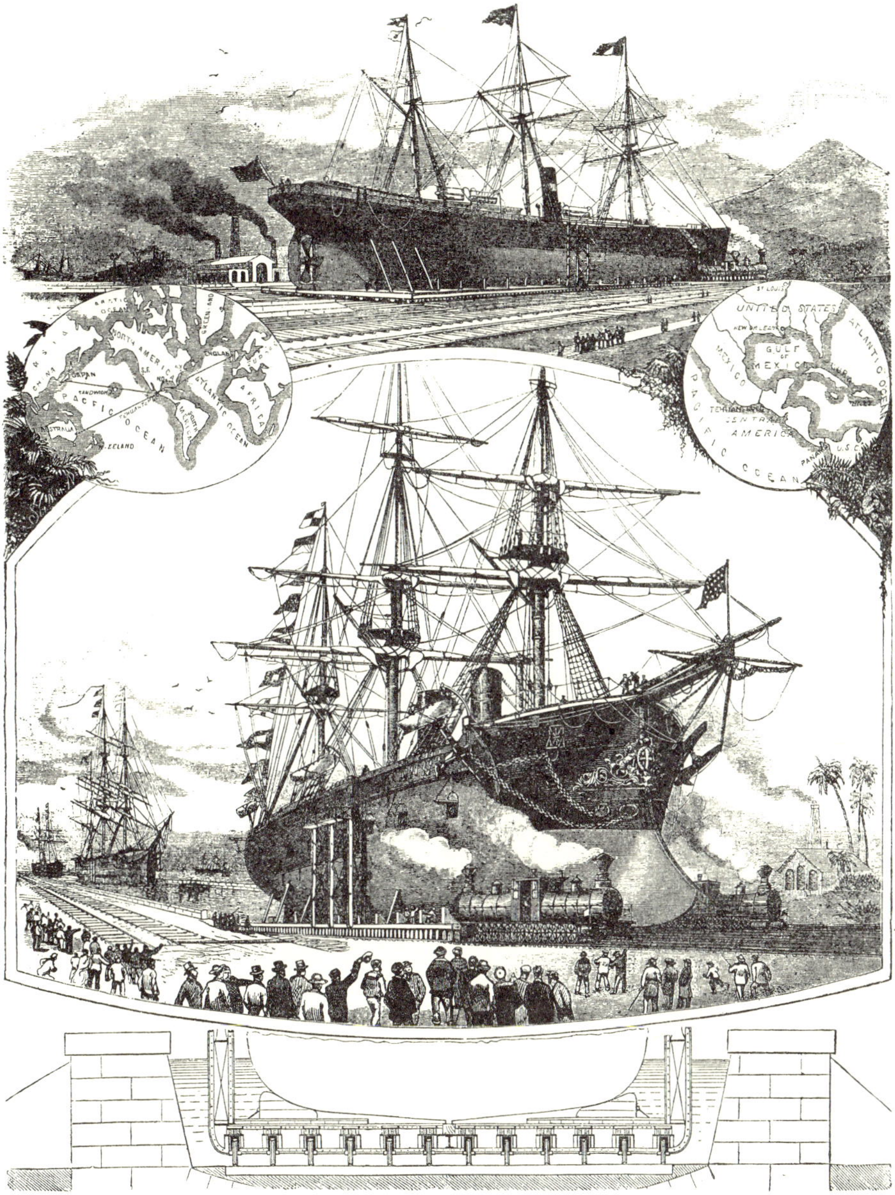

Kapitän Eads große Schiffseisenbahn über die Landenge von Panama.

eisenbahn auch noch eine gewöhnliche Eisenbahn nebst Telegraphenlinie zu konstruieren. Die Bahn ist in Angriff genommen und bis nächsten Oktober müssen die ersten 40 Meilen, in spätestens 3 Jahren die ganze 130 Meilen lange Bahnstrecke fertig sein.

Die Subvention des Unternehmens seitens der Republick Mexico beläuft sich auf anderthalb Millionen Dollars in

Gold und große Ländereien; auch dem Tehuantepec Ship Railway (Eads' Projekt) sind wertvolle Landschenkungen gemacht worden. Außer einem eine halbe bis eine ganze Meile breiten Strich, längs der Linie der projektierten Schiffseisenbahn, werden der Kompagnie eine Million Acker Regierungsländereien zugesichert, als Entschädigung für den Bau eines Hafens bei La Ventosa. Man sieht, daß das Land in jenen Gegenden noch in ziemlicher Ausdehnung unbenutzt herumliegt! Für diese und noch andere Koncessionen muß jedoch Eads Schiffe, Truppen und Güter der mexikanischen Regierung frei transportieren.

Das wichtigste Zugeständnis ist jedoch dem Kapitän Eads von Mexiko damit gemacht worden, daß er die Einkünfte des Unternehmens der Vereinigten-Staaten-Regierung verpfänden darf, im Falle dieselbe durch Unterstützung desselben Ansprüche auf ein solches Privileg erwirbt. Es ist dies eine sehr kluge Vorsichtsmaßregel, die jede Intervention einer europäischen Macht unmöglich macht, dem Grundsatze der sogenannten Monroe-Doktrin gemäß, welche die Eroberung irgend welchen Gebiets durch eine europäische Regierung für unzulässig erklärt.

Als Kompensation dafür verspricht Eads, die Union in Bezug auf freie Benutzung der Schiffseisenbahn Mexiko gleichzustellen, und was von allergrößter Wichtigkeit ist, ihr das Recht zuzugestehen den Zoll für den Schiffstransport zu regulieren.

Ein neues Optometer.

Optometer sind Instrumente, welche zur Ermittelung der Sehweite der Augen dienen. Es giebt nämlich für jedes Auge eine ganz bestimmte Entfernung, in welcher dasselbe Gegenstände deutlich zu sehen vermag, und man nennt den kleinsten Abstand, in welchem dies ohne Anstrengung noch möglich ist, die Weite des deutlichen Sehens oder kurz die Sehweite.

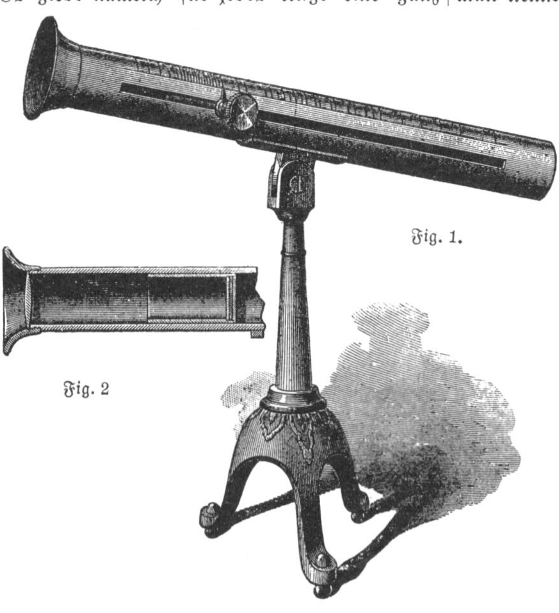

Fig. 1. Fig. 2

Sie beträgt für ein gesundes normales Auge etwa 20 bis 25 Centimeter. Augen, deren Sehweite größer ist, heißen weitsichtig, wenn sie jedoch geringer ist, kurzsichtig.

Man verbessert die Fernsichtigkeit und Kurzsichtigkeit durch Anwendung von konvex oder konkav geschliffenen Brillengläser. Es werden, je nachdem die Augen mehr oder weniger weitsichtig oder kurzsichtig sind, schwächere oder stärkere Linsen zur Anwendung gebracht und zwar sind dieselben so zu wählen, daß die Weite des deutlichen Sehens durch Mitwirkung der Gläser ebenso groß, also 20 bis 25 Centimeter wird, wie bei einem gesunden normalen Auge. Da nun die richtige Wahl der Gläser für jedes Auge von der allergrößten Bedeutung ist, will man anders dem Sehvermögen nicht leichtsinnig, oft nie gut zu machenden Schaden zufügen, so hat man Apparate konstruiert, mit Hülfe derer man die Sehweite durch Messung genau ermitteln kann.

Die alten optometrischen Vorrichtungen von dem englischen Gelehrten Thomas Young sowie Lehots Optometer bestehen im Wesentlichen aus einem gespannten feinen Faden, der in horizontaler Lage mit dem Auge gebracht, in der Weite des deutlichen Sehens einfach aussieht, während er diesseits und jenseits in zwei divergierende Fäden sich zu teilen scheint, wodurch man die Sehweite also leicht messen kann.

Viel größere Genauigkeit bietet jedoch ein in neuerer Zeit den Amerikanern E. G. Klein und J. X. Giering patentiertes Optometer, ein dem Stampferschen sehr ähnliches Instrument. Dasselbe besteht, wie nebenstehende Fig. 1 zeigt, aus einer längeren Röhre, auf einem Stativ drehbar befestigt, in welcher sich eine Kapsel hin und her bewegen läßt. An dem einen erweiterten Ende des Rohres befindet sich eine bikonvexe Linse. In die bewegliche Kapsel ist an der der Linse abgewandten Seite eine durchsichtige Scheibe eingefügt, wie aus dem Längenschnitt Fig. 2, welcher mit einer Anzahl Punkte versehen ist, deutlich hervorgeht. Hält man das Instrument nun gegen das Tageslicht, so giebt die Entfernung dieser Scheibe von der Linse, bis zu welcher das durchsehende Auge die einzelnen Punkte noch genau und scharf erkennen kann, die Weite des deutlichen Sehens. Auf der längeren Röhre, welcher an der Seite aufgeschlitzt ist, befindet sich eine Skala, in welche durch diesen Schlitz geführt ein mit der Kapsel verbundener Zeiger einspielt. Die Einteilung der Skala von einem Nullpunkte nach A für Messung kurzsichtiger, und nach B für Messung weitsichtiger Augen ist so eingerichtet, daß die Teilungsstriche zugleich die Nummer des für das gemessene Auge passenden Glases angeben.

Die Italia.

Es ist nicht zu verwundern, daß der geeinigte Staat Italien nun auch keine Mühe und Kosten scheut, um seine günstige Lage im Meere, wenn auch einem Binnenmeere, zur Gründung einer achtunggebietenden Kriegsmarine anzuwenden. Am 29. September 1880 lief das größte Kriegsschiff, die Italia, in Castellamare von Stapel. Das Arsenal König Humberts kann nun nicht allein darauf stolz sein, England in der Darstellung einer Hunderttonnen-Kanone erreicht, sondern dieses auch durch den Bau des größten Kriegsschiffes überflügelt zu haben. 1876 wurde mit dem Bau der Italia begonnen. Sie ist ein Schiff von 14,300 Tonnen, ganz aus Stahl, hat einen Sporn von etwa 3 Meter Länge und trägt außerdem 4 Hunderttonnen-Geschütze, sowie Breitseit-Batterien von geringerem Kaliber. Durch Maschinen von 8000 Pferdekräften wird die Bewegung auf die Schrauben übertragen. Das Schiff ist 400 Fuß lang, 75 Fuß breit und 33 Fuß tief.

Die Ceremonie der Taufe und der Stapellauf gingen in der üblichen Weise unter großen Feierlichkeiten in Gegenwart des Königs Humbert und des Ministeriums vor sich. Möge die Lebenszeit dieses Kriegsschiffs eine recht lange und friedliche sein.

Die schiefe Ebene von Pittsburg.

Die Stadt Pittsburg im nordamerikanischen Unionsstaate Pennsylvanien liegt auf einer Landzunge zwischen zwei Flüssen, dem Alleghany und dem Monongahela, welche sich hier vereinigen, um den Ohio zu bilden. Schon durch diese günstige geographische Lage, welche den Wasserweg nach dem Herzen der Vereinigten Staaten öffnet, hat Pittsburg für den Handelsverkehr ganz besondere Vorteile. Dazu kommt, daß die Stadt in einem der reichsten Kohlenreviere der Union und am südlichen Rande eines sehr mächtigen Petroleumdistrikts liegt. Dadurch ist Pittsburg das Centrum einer sehr ausgedehnten Industrie geworden und die Stadt verdient den Spottnamen Smoke-City, Rauchstadt, ähnlich wie Cincinnati im Staat Ohio, Porkopolis (Schweinestadt) genannt wird, wegen der vielen daselbst geschlachteten Schweine, deren Fleisch und Fett über die ganze Erde verbreitet wird. Doch heißt Pittsburg auch die Eisenstadt, weil fast 600 Hochöfen für die Gewinnung dieses Metalls in Betrieb sind; Eisenbahnmaterial und Maschinen werden in ungeheuren Mengen hergestellt und 20,000 Arbeiter finden dabei Beschäftigung; außerdem sind über 34,000 Arbeiter in hunderten von anderen Fabriken thätig.

Als hier Fulton 1816 sein erstes Dampfboot vom Stapel ließ, war Pittsburg nur ein kleines Dorf, aber selbst für amerikanische Zustände ist sein Anwachsen außerordentlich rasch, da es jetzt etwa 100,000 Einwohner zählt. Diese Zahl wird noch wesentlich größer, wenn man die Bewohner von Alleghany dazu zählt, das nur durch den Fluß von Pittsburg getrennt ist. Unter denselben sind sehr zahlreiche Deutsche.

Drahtseilbahn auf der schiefen Ebene von Pittsburg.

Da das Flußthal in kleiner Entfernung von der Stadt durch den 120 Meter hohen Washingtonberg eingeengt wird, so war sie genötigt, sich selbst auf diesem weiter auszudehnen. Aber die Seiten gegen die älteren Stadtteile sind sehr steil abfallend und es wurde deshalb erforderlich, mechanische Vorkehrungen zur Erleichterung des Verkehrs zwischen beiden Stadtteilen zu ersinnen und auszuführen. Unsere Abbildung zeigt eine der vier schiefen Ebenen, durch welche die steilen Abstürze des Mount Washington überwunden wurden. Sie bildet eine ganz gerade Linie auf eine Länge von 241 Meter und hat die beträchtliche Neigung von 30,5 Grad.

Der Aufzug wird durch eine stehende Maschine auf der oberen Plattform mit Hülfe eines Drahtseiles bewirkt; während ein Wagen aufwärts gezogen wird, bewegt sich ein anderer abwärts. Dadurch wird natürlich wesentlich an Kraft gespart.

Die schiefe Ebene ruht teilweise auf Stützen, welche teils in den übersteilen Abhang, teils in den Thalboden eingelassen sind. Daneben bleibt genügender Raum für einen Viadukt, der von einer Eisenbahn benutzt wird. Doch sind die Waggons, die auf diesem eigentümlichen Verkehrsweg auf und ab befördert werden, noch viel eigentümlicher und von den in anderen Ländern üblichen ganz verschieden. So schmiegt sich z. B. der Wagen, der die Vesuvbahn befährt, in seiner Gestalt der geneigten Ebene an und ist auch schief gebaut. (Univ. I. S. 308, 309.) Anders aber bei der Pittsburger schiefen Ebene. Er ist, ganz horizontal gebaut, und nur das Untergestell für die Räder richtet sich nach der Neigung der zu befahrenden schiefen Ebene. Dadurch entsteht aber zwischen dem Wagen und den Rädern ein großer freier Raum, welcher dazu dient, das Gepäck unterzubringen. In jedem Wagen sind 25 Sitzplätze.

Ankunft des Wagens an der oberen Haltestelle der Drahtseilbahn.

Das Seil, an welchem die Wagen hängen, ist aus Stahldraht und 274 Meter lang. Ohne daß es zerreißt könnte die angehängte Last zehnmal so groß sein, als sie wirklich ist. Aber sollte durch irgend einen unvorhergesehenen Unglücksfall das Seil doch zerreißen, oder sich nur außergewöhnlich stark in die Länge ziehen, so ist ein zweites Sicherheitskabel vorhanden, welches sich mit dem eigentlichen Lastseil abwickelt und welches augenblicklich in Thätigkeit treten würde, wenn das Hauptseil seine Schuldigkeit zu thun versagte. Es ist also für hinreichende Sicherheit gesorgt.

Die stehende Maschine an dem oberen Ende der schiefen Ebene wickelt das Seil auf eine Walze von 50 cm. Durchmesser, deren Umfang mit Rinnen versehen ist. Natürlich wird auch unterwegs auf der schiefen Ebene das Seil von Rollen getragen.

Kein Beamter begleitet den Wagen; er behält seinen Platz im Bureau am oberen Ende der schiefen Ebene, von welchem aus er dieselbe vollkommen übersehen kann; durch eine einfache Hebelbewegung hält er das Rollen des Wagens auf, oder veranlasst die entgegengesetzte Bewegung. Diese wird überhaupt durch eine Dampfmaschine von 70 Pferdekräften hervorgebracht.

In zwei Minuten ist der Weg zurückgelegt und die Fahrt kostet 24 Pfennig. In zwei Jahren wurden 50,000 Menschen damit befördert, aber niemals ist bis jetzt irgend welches Unglück vorgekommen.

Die Taybrücke und die Ursachen ihres Einsturzes.

Es ist noch in allgemeiner Erinnerung, welcher Schreck die ganze civilisierte Welt durchbebte, als sich die Nachricht von dem Einsturz der Taybrücke in Schottland verbreitete. Auch das Neue Universum (B. I, S. 81) erzählte die Thatsache, daß am 28. Decbr. 1879 während eines rasenden Sturms ein Eisenbahnzug die Brücke passierte und dabei der Zug mit dreizehn Trägern der Brücke in das Meer stürzte. Auf einer Strecke von 1 Kilometer war die Brückenbahn unterbrochen und selbst die auf den gemauerten Pfeilern errichteten eisernen Träger waren bis auf wenige Reste verschwunden.

Pfeiler der Taybrücke nach der Katastrophe (nach einer von der Untersuchungskommission aufgenommenen Photographie).

Die englische Regierung ernannte sehr bald eine Kommission, bestehend aus den Herren Rothery, dem officiellen Kommissär zur Untersuchung von Unglücksfällen zur See, Hauptmann Yolland und dem Präsidenten der Gesellschaft der Ingenieure Barlow; die Kommission war beauftragt, die Ursache des furchtbaren Unglücks aufzusuchen und die Schuldigen zu bezeichnen.

Am 26. Februar 1880 begann die Kommission ihre Arbeiten in Dundee und setzte dieselben bis zu Ende April fort. Etwa 60 Zeugen wurden dabei vernommen, von welchen die meisten mehr oder weniger direkt bei den Konstruktionsarbeiten beteiligt gewesen waren. Doch konnte die Kommission nicht zu einem gemeinsamen Urteil gelangen, obgleich zwei Monate lang hin und her vermittelt wurde. Endlich wurden zwei Gutachten eingereicht, das eine von Yolland und Barlow, das andere von Rothery unterzeichnet. Wir wollen hier zuerst kurz die Ergebnisse der Zeugenaussagen zusammenstellen.

Schon längere Zeit vor dem tragischen Ereignisse wurden an und auf der Brücke eigentümliche Schwankungen beobachtet, wenn ein Zug darüber fuhr. Verschiedenen Abonnenten, die häufig die Bahn zu benutzen pflegten, waren diese Schwankungen so bedenklich, daß sie vorzogen mit dem Schiffe über den Taybusen zu fahren, weil sie sich keiner Gefahr aussetzen wollten. Die Arbeiter, welche das Eisenwerk an den Pfeilern und den Gittern anzustreichen hatten, waren durch die Schwankungen genötigt, ihre Farbtöpfe ganz besonders zu befestigen, damit sie während der Ueberfahrt eines Zuges nicht herabfielen.

Erinnern wir uns, daß die Brücke aus 85 Gitterröhren zusammengesetzt war,

Die Taybrücke nach der Katastrophe (nach einer Photographie der Kommission).

von welchen die längsten zwischen zwei Pfeileraxen 74,70 Meter lang waren. Auch die dreizehn Träger, welche am 18. Dec. 1879 einstürzten, waren so lang; sie erhoben sich 25,60 Meter über die Fluthöhe des Meeres. Die Gitter waren nach allen Regeln der Kunst aus sehr starken Eisenstäben gebildet, welche unter einander vernietet waren, und die Pfeiler, welche sie trugen, bestanden aus sechs gußeisernen Säulen von 38—45 Centim. Durchmesser, die ebenfalls wieder durch eiserne Kreuzsprießen mit einander verbunden waren.

Nach Aussage vieler Zeugen war oft die Geschwindigkeit der über die Brücke fahrenden Eisenbahnzüge größer als vorgeschrieben und erlaubt. Die Folge davon war, daß sich, als das Unglück geschehen war, höchst auffallende Mängel am verwendeten Material nicht nur, sondern auch in der Konstruktion und in der technischen Ausführung bei dem Brückenbau offenbarten. Ja, es zeigte sich, daß der gesamte Bauplan, welcher der Brücke zu Grund lag und der s. Z. genehmigt worden war, keine genügende Sicherheit darbot!

Die gußeisernen Teile bestanden aus Clevelandeisen, das aus phosphorreichen Erzen gewonnen und schwierig zu gießen war. Dabei waren die Gußformen so fehlerhaft, daß bei verschiedenen zerbrochenen Säulen eine Wanddicke von 9 bis 36 Millm. gefunden wurde, während ihre normale Stärke 25 Millm. sein sollte. Sie waren ferner oft von zahlreichen und großen Gußblasen durchzogen, welche, wenigstens die größeren, mit einem Kitt zugeschmiert waren, um die Fehler zu verdecken. Waren aber die Löcher zu groß, so wurden sie nochmals mit Eisen ausgegossen, das sich aber natürlich nur sehr unvollkommen mit dem übrigen Metall verband.

Auch die Träger für die Gitter oben auf den Säulen waren viel zu schwach, wenigstens waren sie alle bei den wenigen stehengebliebenen Pfeilern zerbrochen. Dabei gingen die Bolzen, durch welche die Säulen auf dem gemauerten Grundpfeiler befestigt waren, oft nur durch zwei Quaderlagen hindurch und so erklärt sich, daß beim Zusammensturz der Brücke auf einem der Pfeiler die obersten Steinlagen mit der eisernen Deckplatte abgerissen wurden.

Auch in anderen Teilen der Brücke war die Montierung mehr als nachlässig. Vielfach waren die Vernietungen mangelhaft, die gebohrten Löcher unregelmäßig konisch und die Bolzen saßen nicht fest. Fand man doch viele derselben, sowie Schrauben, welche durch die Erschütterungen die Köpfe verloren hatten. So saßen dann auch natürlich die Verbindungsstücke schlaff und konnten ihre Aufgabe nicht erfüllen. Die Folge war, daß der ganze Bau zwar in Folge seiner Elasticität den Einwirkungen des Windes nachgeben konnte, aber es fehlte ihm an der notwendigen Festigkeit und Kraft des Zusammenhalts.

Ueberhaupt scheint der ganze Plan in großer Hast ausgeführt worden zu sein und ohne daß die erforderlichen Voruntersuchungen vorausgingen. So mußte er denn auch während des Baues selbst verändert werden. Als man genauere Angaben über die Natur des Bodens auf dem Grund des Meerbusens gesammelt hatte, vertauschte man die aus Steinen aufgemauerten Pfeiler mit solchen aus eisernen Hohlsäulen, die Spannweite zwischen denselben wurde von 63 auf 74,70 Meter vergrößert. Als während des Baues schon ein Einsturz stattfand, wurden verschiedene Pfeiler in derselben Art wieder aufgebaut, ohne daß man nach anderen Ursachen des Unglücks suchte, als vorherige mangelhafte Ausführung. Die senkrechten Eisensäulen waren stark genug, den Druck von oben zu tragen, aber nicht, die seitwärts angreifende Kraft des Windes auszuhalten; ihre Basis war im Verhältnisse zu ihrer Höhe viel zu schmal.

Die Annahme, daß der Einsturz der Brücke durch eine Entgleisung des Zuges, der dann die Gitter zerbrach, veranlaßt worden sei, entbehrt sehr der Wahrscheinlichkeit. Die Lokomotive wurde auf dem Meeresgrund in einem so vollkommenen Zustande gefunden, daß ein vorheriges Entgleisen ganz ausgeschlossen zu sein scheint.

Alle erwähnten Thatsachen wurden von der genannten Kommission fest gestellt und als wahr anerkannt. Eine Verschiedenheit der Meinung trat eigentlich nur in der Frage hervor, ob der Ingenieur Thomas Bouch, der den Plan für die Taybrücke und zahlreiche andere und sehr große Brücken in allen Teilen der Welt entworfen hatte, einer Anklage unterliegen solle oder nicht. Dagegen waren Barlow und Yolland, dafür Rothery. Die ersteren beschränkten sich darauf auszuführen, daß der verunglückte Zug ein wenig rasch gefahren und daß durch das Nachgeben der Windstützen das Unglück veranlaßt worden sei. Sie schoben also die Hauptschuld auf den Sturm. Rothery dagegen kommt zum Schluß, die Vorarbeiten zum Plan des Brückenbaues seien mangelhaft, die Ausführung fehlerhaft und die Unterhaltung schlecht gewesen, und schiebt die Verantwortlichkeit für das entstandene Unglück ganz auf Bouch; was die Fehler bei der Ausführung und Unterhaltung anlangt, so seien die Bauunternehmer Hopkin und Gilkes, welche nicht mit genügender Sorgfalt und Aufmerksamkeit die Qualität der gelieferten Eisenteile und die Montierungsarbeiten überwacht hätten, gleich verantwortlich.

Es ist höchst beklagenswert, daß alle die genannten Mängel bei der Ausführung der Brücke erst nachträglich entdeckt wurden, und daß ein furchtbares Eisenbahnunglück, das nirgends seinesgleichen findet, erst eine genauere Untersuchung veranlaßte. Die Toten können nicht ins Leben zurückgerufen werden, aber man kann beim Wiederaufbau der Brücke oder bei der Neuerrichtung ähnlicher durch schärffste Aufsicht eine ähnliche Katastrophe vermeiden.

Brennendes Wasser — kaltes Feuer — fliegendes Eisen — gläserne Brücke — Kieselsteinbutter —

lauter direkte Widersprüche und Unmöglichkeiten, aber dennoch alles in vollkommenster Ordnung, in natürlichstem Verlauf. Brennendes Wasser! Man glaube nicht etwa, daß hier durch einen dem Wasser beigemischten leicht brennbaren Stoff ein wohlfeiles Kunststückchen hervorgebracht werden sollte. Nein! es handelt sich um reines Wasser, wie die Natur es erschaffen, wie es aus dem Felsen, meinetwegen aus der Wasserleitung quillt. Dieses Wasser stecke ich in Brand mit einem Gegenstand, der selbst gar nicht brennbar ist. Dieser Gegenstand ist sogar ein Metall. Sobald ich ein Stückchen davon ins Wasser werfe, steht dasselbe in hellen Flammen. Das Metall schwimmt dabei in heftigen Bewegungen, wie von einem Feinde verfolgt, auf dem Wasser umher und verschwindet endlich mit einer schwachen Explosion. Dieses rätselhafte, das Wasser entzündende und darauf schwimmende Metall nennt sich Kalium. Des Rätsels Lösung aber heißt: chemische Verwandtschaft. Diese ist nichts weiter als eine Wahlverwandtschaft der Stoffe. In diesem Falle heißt der Verwandte: Sauerstoff. Das Kalium saugt den im Wasser enthaltenen Sauerstoff so begierig auf, daß jenes zersetzt wird. Dabei entwickelt sich Wärme, die den beim Zersetzungsprozeß frei werdenden Wasserstoff entzündet, der mit violetter Flamme verbrennt. Das Kalium kommt wegen seiner nahen Verwandtschaft zum Sauerstoff nicht gediegen vor, sondern nur in Verbindungen, kann nur auf künstlichem Wege unter großen Schwierigkeiten hergestellt werden und erfordert Aufbewahrung mit Abschluß von der Luft.

Kaltes Feuer — Feuer, das nicht brennt, das man ruhig in der Hand halten kann: das klingt eben so unglaublich wie brennendes Wasser. Auch hier handelt es sich keineswegs um eine nur feuerähnliche Erscheinung, etwa eine Lichterscheinung, sondern um das wirkliche echte Element. Du kannst auf meine Verantwortung den Versuch machen. Nimm verdünnte Schwefelsäure im Verhältnis von 100 Teilen Wasser und 1 Teil Schwefelsäure in die Hand, gieße Schwefeläther hinzu, den du anzündest, und du kannst der Flamme gefürchtetes Gebilde ruhig darin lodern lassen. Das Mischen des Wassers mit der Schwefelsäure erfordert jedoch einige Behutsamkeit, wenigstens soweit, daß sie nicht herumspritzt. Denn wo unvermischte Schwefelsäure auf ein Kleidungsstück fällt, da setzt es ein Loch, und wo sie mit der Haut in Berührung kommt, da giebt es eine heftig schmerzende Brandwunde. Das Anstecken des Schwefeläthers ist ganz gefahrlos, da er durchaus isoliert auf der Wasser- und Schwefelsäuremischung schwimmt und mit der Haut am Umkreise gar nicht in Berührung kommt, indem die betreffende Mischung in der Hand eine Art Mulde bildet. Daß der Ausdruck „kaltes Feuer“ nur dem Augenblick entlehnt ist, bedarf wohl keiner weiteren Erklärung.

Fliegendes Eisen — das klingt noch sonderbarer als schwimmendes Metall, denn Eisen gehört ja zu den schweren Metallen, während das Schwimmen des Kalium eine ganz natürliche Sache ist, da sein specifisches Gewicht geringer als das des Wassers — ähnlich wie das des Oels. Hier könnte ich mich in wortreichen Schilderungen ergehen und darauf hinweisen, wie das Eisen in schwindelnden Höhen als Brückenbogen Abgründe, Ströme, Meeresarme überspannt, wie der viele tausend Centner schwere Eisenbahnzug leicht wie ein Vogel darüber hingleitet; das ist es nicht, was ich vorführen will. Ebensowenig beabsichtigte ich etwa die Luftschiffahrt aufs Tapet zu bringen, wobei ja eiserne Gegenstände häufig mit aufwärts genommen werden. Nein, fliegendes Eisen, wirkliches metallisches Eisen das fliegt, durch ein leises Lüftchen in die Höhe gehoben wird wie eine Feder, das meine ich. Das Eisen besitzt nämlich eine wunderbare Dehnbarkeit, wenn es ganz rein von Schlacken ist. Es lassen sich daraus Blättchen so dünn wie das feinste Seidenpapier walzen und schlagen. „Aha!“ höre ich hier den intelligenten Leser ausrufen, „ähnlich also wie das Blattgold, das die Buchbinder zum Vergolden benützen!“ Ganz recht! „Da hätten Sie aber doch besser vom fliegenden Gold gesprochen, denn das Gold ist ja specifisch viel schwerer als Eisen und die Sache daher viel wunderbarer. Sie konnten dabei recht dankbare Anspielungen machen auf jene andere Eigenschaft des Goldes, die man Cirkulieren nennt und die in der That nur zu oft Aehnlichkeit mit dem Fliegen hat.“ Sehr wohl, geneigter Leser, aber ich hatte nun einmal das Eisen gewählt, weil ich wußte, daß nicht der hunderttausendste Mensch solch' dünne Eisenblättchen gesehen hat, während Blattgold doch wohl Jedem einmal zu Gesichte gekommen ist. „Gut, wie verhält es sich aber mit der gläsernen Brücke? Dahinter steckt doch gewiß eine Finte? Sie meinen gewiß das Eis, das im Winter die Wasserflächen bedeckt und über das man sicher hinwegschreiten kann?“ — Ganz und gar nicht. Fragen sie nur bei dem bekannten Industriellen Siemens an, der wird Ihnen die Sache bestätigen, da er solche Brücken schon hergestellt hat. Freilich kann es sich hier nicht um Spannungen von hunderten von Fußen handeln, die man mittelst des Eisens erreicht. Immer aber ist es eine Brücke und dabei so fest wie von Stein. Herr Siemens stellt die Glasplatten so stark und dabei so billig her, daß sie dem Holz und dem Eisen vorzuziehen sind, wo es sich um gewisse Arten der Verwendung handelt. — „Dann wird man nächstens wohl ganze Häuser aus Glas bauen, das wäre reizend, da gäbe es wohl endlich durchsichtige Städte, man könnte sich dann Nichts mehr verhehlen und Alles könnte man beobachten, was die Leute treiben. Da könnte Keiner vor dem Andern mehr Geheimnisse haben, das wäre herrlich! Doch nun bin ich neugierig, was es denn für eine Bewandtnis hat mit Ihrer Kieselsteinbutter. Das wird wohl ähnlich sein wie mit der Kieselsteinsuppe, wovon Vater Hebel so hübsch berichtet? Sie kennen ja die Geschichte, wo ein Pilger, der nach Jerusalem wollte, eine Wirtin um eine Kieselsteinsuppe bat, aber beifügte, wenn sie dazu etwas Fleischbrühe thun wolle, um Gotteswillen, etwa auch ein Stücklein Fleisch und ein paar Gabeln Gemüse um Gotteswillen, so habe er dagegen nichts einzuwenden. Die so hergestellte Kieselsteinsuppe bekam der Pilger nun, aß sie, legte aber die Kieselsteine neben den Teller hin und erklärte, er habe sie nicht mehr bewältigen können, er werde sie aber auf seiner Rückkehr von Jerusalem essen, die Wirtin möge sie ihm bis dahin aufbewahren. Nicht wahr, so etwas Aehnliches ist es mit der Kieselsteinbutter?“ — Bewahre, verehrte Leserin, gerade im Gegenteil, die Kieselsteine wurden diesmal nicht bei Seite gelegt, sondern wirklich gegessen, in Form von Butter. In Dresden ist die Geschichte passiert, sie wird verbürgt durch einen glaubhaften Mann und trägt auch die Gewähr der Bürgschaft in sich selber. Die Sache ist nämlich die, daß man Kieselsteine durch Salzsäure in eine gallertartige Masse verwandeln kann. Diesen Umstand benutzte ein spekulativer Kopf insofern, als er gute Butter mit dieser Masse mischte. Verfälschung also, geehrter Leser. Ja, was man nicht Alles zu essen und trinken bekommt, seitdem die Chemie so große Fortschritte gemacht hat. Du glaubst Kaffee zu trinken und es ist Thonerde mit einigen Surrogaten; Chokolade meinst du zu genießen, und es ist ein Gemisch von Kartoffelstärke, Ziegelmehl, Kakao, Zucker und Vanille; Butter glaubst du zu essen — ja das ist wohl der böseste Artikel von allen, und da ließe sich ein großes Kapitel darüber schreiben. Ich denke, wir haben aber genug an der Kieselsteinbutter und wollen nur hoffen, daß die Chemie auch tapfer dazu angewendet wird, den Verfälschern und Giftmischern das Handwerk zu legen. Denn das ist jedenfalls einer der verdienstlichsten Zwecke, die sie verfolgen kann.

Die Türkisminen in Persien.

Die höchstentwickelten Völker der Erde haben mit den auf niederster Kulturstufe stehenden Naturvölkern die Vorliebe für schöne Steine gemein. So war es allezeit und ist es noch jetzt. Schon vor 4000 Jahren haben die alten Aegypter im Megarathal am Sinai Türkise bergmämnisch gewonnen; die Phöniker trieben Handel mit schönen und edlen Steinen; damals dienten sie zum Schmuck der Heiligtümer, sie wurden um den Hals und in den Ohren getragen, ganz wie jetzt bei den aristokratischen Gesellschaften und den Barbaren Asiens oder den Naturvölkern Afrikas.

Der Türkis ist ein geschätzter Edelstein von blaßblauer Farbe, die mit der Zeit grünlich wird. Obgleich er noch nicht die Härte des Quarzes hat und nicht durchsichtig oder nur an den Kanten durchscheinend ist, so ist doch gerade die zarte blaue Farbe sehr geschätzt. Er findet sich nicht häufig. Die in Schlesien und Sachsen gefundenen haben geringen Wert, am schönsten sind die, welche aus Persien in den Handel gebracht werden. Auf sehr ursprüngliche Weise werden sie daselbst bergmännisch gewonnen.

Wenig nördlich von der Straße, welche Teheran mit Herat verbindet, etwa 10 Stunden von Nischapur, ehe man Mesched erreicht, finden sich die Türkisminen. Diese Straße ist fortwährend belebt von zahlreichen Karawanen, denn persische, turkomanische, usbegische, afganische und beludschische Pilger wandern nach dem Grabe des Imam Reza, der als heilig verehrt wird. Er war ein Nachkomme Alis, Vetters und Eidams von Muhammed. Die Schiiten aber erweisen Ali und seinen Nachkommen fast gleiche Ehre wie dem Propheten selbst.

Wir schließen uns einer Karawane schiitischer Pilger an, verlassen aber, um die Türkisminen zu besichtigen, die Straße von Mesched nach Nischapur und wenden uns in nordwestlicher Richtung nach Madan, wo sich die Minen befinden.

Der erste Teil des Weges führt durch Gärten und gutangebaute Felder mit herrlicher Vegetation, welche einzig dem wohlerhaltenen und weit ausgebreiteten Bewässerungssystem zuzuschreiben ist. Die umliegenden Berge liefern das Wasser, das durch zahlreiche Rinnsale in der Gegend verteilt wird. Weiterhin ändert sich aber der Charakter der Landschaft vollständig. Der Rand bildet Hügel und enthält eine große Menge von Salz. Dieses tritt aber auch an verschiedenen Stellen massenhaft zu Tage und ist oft nur durch eine dünne Schicht roten Thons überdeckt. Bei Doulet Ali wird selbst Bergbau auf Steinsalz betrieben. Doch

Umgebung der Türkisminen.

ist dieser sehr einfach; es wird wie in einem Steinbruch das Salz durch Schlagen stückweise abgesprengt. Die Regierung ist Eigentümerin und hat den Betrieb für eine sehr geringe Summe verpachtet. Etwas weiter ist eine ähnliche Steinsalzgrube bei Nemek-Sar, die auch dem Staate gehört und verpachtet ist. Sie liefert ein reineres Salz wie die erstere.

Uebrigens ist das Steinsalz in der ganzen persischen Provinz Korassan sehr verbreitet. Ja an vielen Stellen scheint das Salz nur mit einer dünnen Schicht Humus, Sand und Lehm überdeckt zu sein, denn wenn es längere Zeit geregnet hat, so bilden sich zahlreiche Bodensenkungen, welche selbst unter den Füßen des Wanderes entstehen können. Die dünne Kruste Erde bricht ein, weil das darunter gelegene Salz weggeführt worden ist.

Diese und manche andere Ereignisse können den Marsch verzögern, aber endlich kommt man in eine Gegend mit rötlichgrauen Felsen und Hügeln, man ist am Ziel. Zwei kleine Dörfer liegen hier übereinander, eins oben auf der Höhe, das andere unten im Thal; Beide sind mit hohen Mauern umgeben und durch Türme noch besonders geschützt. Doch ist dies nicht ausnahmsweise; wir finden in diesem Teile Persiens die Städte und Dörfer, selbst die kleinsten, stark befestigt, um den Einbrüchen der Turkomanen widerstehen zu können, denn diese rauben und plündern wo sie können, schleppen die Gefangenen fort und verkaufen sie an die Usbeken als Sklaven.

Beide Dörfer sind von kaum 150 bis 200 Familien bewohnt, doch sind diese keine Perser, sondern aus Badagschan in Turkestan eingewandert. Einer der letzten Schahs von Persien veranlaßte sie zur Uebersiedelung, weil die Bewohner dieser Gegenden weithin berühmt sind in der Gewinnung edler Steine und ihrer Behandlung.

Die Berge, welche die Türkisen enthalten, haben dasselbe rötlichgraue Aussehen, wie das Steinsalz. Eine Angabe über ihren geologischen Charakter findet sich nicht; die Felsmassen bestehen aus einer kieseligen Erde und Rollsteinen; nach der Beschreibung könnte es etwa Todliegendes sein. In verschiedener Höhe und ihrer ganzen Erstreckung entlang sind die Felsmassen angebohrt und kurze Stollen und Schachte getrieben; die meisten derselben sind nahe der Thalsohle, viele auch schon wieder verlassen. Auch hier ist der Staat Eigentümer und hat die Minen verpachtet. Der Betrieb aber ist schwach und dabei fast ebenso einfach, wie die Gewinnung von Steinsalz. Es wird in den Fels ein Loch gemeißelt, dieses dann mit allerlei Kräutern ausgestopft und weiter geklopft, bis Risse entstehen. Bricht ein Stück Fels heraus, so werden die Bruchflächen untersucht, denn gewöhnlich sind die Türkise zusammen gruppiert, 25 bis 30 bei einander, und diese werden dann von dem Gestein getrennt.

Türkis ist wasserhaltiges Aluminiumphosphat, die blaue Farbe aber rührt von Eisen- und Kupferphosphat her. Wenn Türkis aus dem Muttergestein herausgebrochen wird, ist er mit einer weißen, sehr dünnen Kruste umgeben, die noch nicht genauer untersucht ist.

In der Umgebung des im Thale liegenden Dorfes finden sich die sog. erdigen Türkise in einem Boden, der von Kieselrollsteinen und einem thonigen Bindemittel gebildet und ganz locker ist. Man bringt diese Erde in ein Sieb, läßt Wasser darüber fließen oder taucht es mehrmals in Wasser ein; dann können schon die Türkise herausgelesen werden, doch sind sie, wenn auch teilweise von ansehnlicher Größe, doch blaß gefärbt und von geringem Wert. Gewöhnlich aber ergeben Schachte von größerer Tiefe auch eine Erde, welche schöne blaue Türkise liefert.

Natürlich versuchen auch hier die Arbeiter einen Fremden, der sich einmal in diesen abgelegenen Teil der Erde verirrt hat und als Andenken Türkise mitbringen will, nach allen Richtungen hin zu beschwindeln. Schlechte, blaßgefärbte Steine werden eine zeitlang in einer feuchten Umhüllung aufbewahrt und dadurch schöner blau. Wer sie kauft und dann austrocknen läßt, hat einen schlechten blaßblauen wertlosen Stein.

Im Handel kommen auch sog. occidentalische oder Zahntürkise vor; sie sind unächt. Sie kommen vorwiegend aus Sibirien in den Handel und sind aus den Zähnen urweltlicher Tiere geschliffen, welche durch Eisenphosphat gefärbt sind. Sie unterscheiden sich von den ächten durch ihr streifiges Gefüge und ihre geringere Härte.

Wird weißer Halbopal, der ja an verschiedenen Stellen massenhaft vorkommt und in jeder Mineraliensammlung zu finden ist, in eine Lösung von Kupfer Ammoniumsulfat gelegt und einige Zeit darin gelassen, so nimmt er die schönste Türkisfarbe an. Auch das stört nicht, daß diese schöne hellblaue Farbe bald grünlich wird. Dann aber färbt sich diese Türkisnachbildung durch die Einwirkung von Schwefelwasserstoff dunkel, was der ächte Türkis nicht thut. Es wäre zu versuchen, ob dieser nicht nachgebildet werden kann durch Behandlung von weißem Halbopal mit Eisenphosphat, wie es ähnlich bei dem Vivionit in der Natur gefunden wird. Man könnte dann einen seltenen und wertvollen Edelstein mit verhältnißmäßig geringen Kosten darstellen der dabei härter, als das Original ist.

Der Photograph im Luftballon.

Seit der Erfindung des Luftballons durch die Brüder Montgolfier im Jahre 1783 ist dieser Transportapparat ein Lieblingsschoßkind der Franzosen. Schon in den Revolutionskriegen wurde er verschiedene Male und an weit von einander entfernten Plätzen zu strategischen Rekognoscierungen benutzt. Große französische Gelehrte bemühten sich, denselben zu verbessern und vor allem, seine Bewegung von der Richtung des Windes unabhängig und ihn lenkbar zu machen; während des Krieges 1870—71 und namentlich während der Belagerung von Paris war die angesehenste und gelehrteste Körperschaft Frankreichs, die Akademie, vorwiegend mit der Luftballonfrage beschäftigt. Wenn auch die Mehrzahl der Ballonfahrten nur zum Ergötzen und zum Zeitvertreib für die große Volksmasse diente, so suchte man sie doch auch nebenbei in wissenschaftlicher Beziehung zu verwerten, und es kann keine Frage sein, daß eine ganze Reihe von unklaren Punkten in der Meteorologie jetzt schon durch den Luftballon mehr aufgeklärt ist und noch weitere Aufklärungen zu erwarten sind.

Eine ebenso specifisch französische Erfindung wie der Luftballon ist die Photographie, zu welcher Daguerre und Niepce den Anstoß gegeben hatten; nach langjährigen Bemühungen und zahllosen Versuchen (1813—1839) fand Daguerre eine brauchbare Methode, die in den folgenden Jahrzehnten verbessert und weiter ausgebildet wurde und um deren Weiterentwicklung noch täglich Gelehrte und Praktiker aller Kulturländer sich Verdienste erwerben.

Der Gedanke, den photographischen Apparat im Luftballon zu verwenden, lag zwar nahe, aber ehe die Kunst erfunden war, Augenblicksbilder darzustellen, war keine Aussicht, gelungene photographische Aufnahmen von dem Luftballon aus zu machen. Selbst bei sehr ruhiger Luft ändert derselbe seine Stellung zur Oberfläche der Erde oder zu einer Wolkengruppe fortwährend, und ein scharfes Bild kann in der Kamera des Apparates nicht entstehen.

Anders war es nach der Erfindung der Augenblicksbilder. Da scheint es wieder ein Franzose, der berühmte Pariser Luftschiffer Nadar gewesen zu sein, der 1868 die ersten Versuche anstellte, photographische Bilder vom Luftballon aus aufzunehmen. Doch mißlangen dieselben. Dagron war in demselben Jahre glücklicher mit seinen Versuchen von einem großen Ballon aus, der an einem langen Seil im Hofe der Tuilerien festgehalten wurde. Er nahm ein Panorama von Paris nach dem Pantheon hin auf. Doch auch dieser und alle folgenden Versuche waren sehr unvollkommen. Erst im Juni 1880 gelang es Paul Desmarets in einem freifliegenden Ballon, der in Rouen aufgestiegen war, bessere photographische Aufnahmen zu machen. Unsere Abbildung, ist nach einer solchen dargestellt und zeigt ein Dörfchen bei Rouen mit seinen Gärten, Straßen und Wegen aus einer Höhe von 1100 Meter, ein Gebiet von etwa 900 Quadm. Es war zum Zweck der Aufnahme im Boden der am Ballon hängenden Gondel eine

Reproduktion einer Photographie, welche in einem 1100 Meter über der Erde freischwebenden Ballon aufgenommen wurde.

Luftbild. Reproduktion einer Photographie, aufgenommen in einem 1300 Meter über der Erde freischwebenden Ballon.

Oeffnung geschnitten, über welcher der photographische Apparat senkrecht aufgestellt war.

Unser anderes Bild, wurde bei derselben Auffahrt aufgenommen, aber von der Brüstung der Gondel aus, und war dabei das Objektiv des Apparates auf die Mündung der Seine gerichtet. In 1/20 Sekunde, während welcher die trockene Platte belichtet wurde, bewegte sich der Ballon zwar fort, bei einer Geschwindigkeit von 6—7 M., in der Sekunde aber nur 30—35 Cm. Es fand also nur eine sehr geringe Winkelverschiebung statt.

Was sehen wir nun auf unserem Bild? Vorwiegend zierliche Wolkenmassen in verschiedener Gestaltung; auf der Erde nur die langgestreckten Windungen der unteren Seine; Rouen, das auch hätte erscheinen müssen, war durch eine Nebelwolke verdeckt und blieb schwarz.

Denken wir uns, die Aufnahmen seien zu strategischen Zwecken gemacht worden, so waren beide ohne allen Erfolg. Bei der ersten Aufnahme ist das Gebiet der Erdoberfläche zu klein, bei der zweiten sieht man nichts oder so gut wie nichts von derselben. Das erste Bild hätte mit geringerer Mühe und größerer Schärfe aus den Flurkarten der Gemeinde hergestellt werden können, daß zweite kann jeder Zeichner mit geringer Phantasie selbst entwerfen.

Damit soll nicht behauptet sein, daß die Versuche nutzlos seien. Sicherlich lassen sich auf diese Weise manche wissenschaftliche Fragen eher lösen, als auf anderem Wege, und insofern haben die Versuche ohne Zweifel ihre Berechtigung. Ob dieselben aber jemals irgend einen praktischen Erfolg haben werden, darf vorerst wenigstens bezweifelt werden. Freilich ist die Luftschiffahrt trotz ihres Alters immer noch in der Periode der Kindheit, und auch der Photographie stehen noch weite Gebiete offen, die sie erobern kann und wird, aber solange beide auf dem jetzigen Standpunkte sich befinden, ist wenig Aussicht vorhanden, daß sie Hand in Hand große Erfolge erzielen werden.

Ein neuer origineller Filtrier-Apparat

ist von P. Casermajer erfunden und beschrieben worden. Wenn schon, bemerkt derselbe, bei der Herstellung von Präparaten im Kleinen das Filtrieren oft Schwierigkeiten bereitet, so ist dies in Zuckerfabriken, in welchen jahraus, jahrein große Quantitäten von Zuckerlösungen zu filtrieren sind, umsomehr der Fall. Das Haupthinderniß bei dem Filtrieren besteht bekanntlich darin, daß die Poren des Filters durch die festen Bestandteile der zu filtrierenden Mischung verstopft werden, daß also, nachdem die Filtration eine Zeit lang unbehindert stattgefunden hat, der Durchlauf der Flüssigkeit thatsächlich aufhört. Mit diesem Uebelstand haben Fabrikanten in wahrscheinlich noch höherem Grade zu kämpfen, als der Apotheker. Es handelt sich also darum, ein Filter herzustellen, das kontinuierlich arbeitet, gute Resultate liefert und dabei so einfacher Konstruktion ist, daß es leicht gehandhabt werden kann. Der in beistehender Abbildung veranschaulichte Filtrierapparat bietet nun folgende Vorteile: Erstens arbeitet er unausgesetzt, und zweitens kann der Rückstand jederzeit entfernt und der zu filtrierenden Flüssigkeit eine neue Oberfläche dargeboten werden. Obwohl der Apparat ursprünglich nur für den Großbetrieb bestimmt war, so mag das Prinzip, auf welchem er beruht, auch der Fabrikation in kleinerem Maßstabe wohl angepaßt werden.

Nebenstehende Illustration ist eine schematische Darstellung des Apparates. In einer Kufe oder ähnlichem Behälter B befindet sich ein Holzcylinder A, dessen Mantel sowohl, als die die Enden schließenden Platten durchlöchert sind. Dieser Cylinder ist um eine Achse E drehbar, die durch zwei in passenden Lagern ruhende Zapfen gebildet wird. Von diesen ist einer hohl und dient als Abflußöffnung für die in den Cylinder einfiltrierte Flüssigkeit. Das eigentliche Filter besteht aus einem Streifen E, aus Filz, Tuch oder ähnlichem Material von beliebiger Breite, der auf den Filtriercylinder aufgewickelt ist und dessen freies Ende zwischen zwei Walzen D und D′ durchgeführt und dann auf einer Trommel C befestigt ist.

Beim Großbetrieb ist die Zapfenröhre E′ mit einer Saugpumpe verbunden, die die in den Cylinder einfiltrierende Flüssigkeit abführt; für Filtrierung kleinerer Quantitäten, wie dies in pharmaceutischen Laboratorien vorkommt, wäre der Druck der Flüssigkeitssäule allein hinreichend, doch müßten einige Modifikationen vorgenommen werden.

Sobald nach Füllung des Behälters der Filtrierproceß begonnen hat, fängt die Oberfläche der ersten Umwindung des Filterstreifens an, sich zu verstopfen, die Filtrierung geht langsam vor sich. Sobald dies bemerkbar ist, wird die Trommel C in Bewegung gesetzt, so daß die erste Umwindung von dem Cylinder A abgerollt wird. Die dem Satze und dem

Filter anhaftende Flüssigkeit wird zwischen den Walzen D und D' ausgepreßt und fließt in den Behälter B zurück. Der Flüssigkeit im Behälter B bietet sich alsdann eine völlig neue Oberfläche dar und die Filtration geht rasch vor sich wie früher.

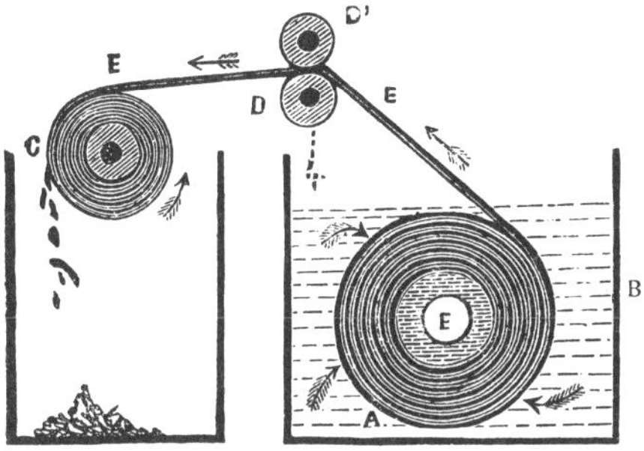

Ein neuer Filtrier-Apparat.

Der dem Filter anhaftende Satz kann leicht entfernt werden, besonders wo in Fabriken Saugpumpen und Trockenwalzen in Anwendung gebracht werden können. Doch ist, auch wo diese Hülfsmittel nicht vorhanden, das Filter leicht zu reinigen und für den Wiedergebrauch in Stand zu setzen.

Zur Filtrierung großer Quantitäten von Flüssigkeiten, wie dies z. B. in Zuckerfabriken vorkommt, kann das Filter bis zu 60 Windungen dick benutzt werden. Es erscheint überraschend, daß durch eine so dicke Schicht Flüssigkeiten so schnell filtrieren sollten, wie dies thatsächlich der Fall ist, doch läßt sich dies daraus erklären, daß der Luftdruck sowohl, wie der Druck der Flüssigkeitssäule auf die ganzen Mantel- und Endflächen des Cylinders zur Wirkung gelangt.

Anregung zur Konstruktion dieses Filtrierapparates gaben die Schwierigkeiten, die in Zuckerfabriken häufig durch Verstopfung der Filter entstehen. Herr C. H. Senff hatte bereits vor einiger Zeit einen Filtrierapparat in Anwendung gebracht, dessen filtrierende Schicht aus einer Reihe einzelner Filzplatten bestand. Sobald die obere verstopft war, wurde sie entfernt und das Filtrieren nahm ungestört seinen Fortgang. Dieses Verfahren erwies sich jedoch nicht als praktisch und nach fortgesetzten Versuchen gelangten wir zu der oben beschriebenen Konstruktion.

Der Filterstreifen E kann natürlich aus Material von beliebiger Dichte angefertigt werden. Zur Absonderung gröberer Partikel mag Drahtgeflecht dienen. Durch ein Uhrwerk mag die Thätigkeit des Apparates so reguliert werden, daß nach Ablauf je eines gewissen Zeitraumes sich von selbst eine Filterschicht abrollt. Wie oben bereits bemerkt, ist die Abbildung nur eine rein schematische und kann die Konstruktion den eventuell vorliegenden Verhältnissen leicht angepaßt werden.

Das Schleusensystem der Stadt Boston.

Eins der wichtigsten Probleme, welche sich der Einwohnerschaft großer Städte immer dringlicher zur Lösung darbietet, ist die Art und Weise des Sammelns und des schließlichen Verbleibens der Abfuhrstoffe. Zwar ist man in Europa im Allgemeinen darüber im Klaren, daß die Verwertung derselben im Ackerbau das einzig Richtige ist und sind alle neueren Einrichtungen — auf dem Kontinente wenigstens — in diesem Sinne erdacht und angelegt worden. In den großen Städten der Union jedoch ist dies nicht der Fall; merkwürdigerweise ist der praktische Amerikaner in dieser Beziehung der unpraktischste Mensch von der Welt.

Sei es nun, daß die unausgesetzt ihren Fortgang nehmende Erschließung neuer Staaten und Gebiete mit ihrem schier unerschöpflich scheinenden jungfräulichen Boden ihn in dieser Beziehung leichtsinnig gemacht hat, oder daß er meint, die Phosphatindustrie müsse doch auch genügende Absatzquellen haben, sei es endlich, daß das vorliegende Problem eigentlich noch einer allseitig befriedigenden Lösung harrt — jedenfalls geht er mit diesen zwar nicht sauberen, aber doch äußerst wertvollen Produkten auf das Unverantwortlichste um.

So lange das Gemeinwesen ein kleines ist und Ackerbau die Hauptbeschäftigung der Einwohner, weiß Jeder den Wert der fraglichen Stoffe richtig zu würdigen, und die unerläßlichen Düngerhaufen auf dem Hofe sind je größer, um so lieber gesehen. Wird aber das Dorf nach und nach zur Ortschaft, zum Städtchen und zuletzt zur Stadt, so verschwinden diese ger.n gesehenen und, was merkwürdig genug ist, durchaus nicht ungern gerochenen Hügel und die unvermeidlichen Ansammlungen menschlicher Ausfuhrstoffe, welche in der Landluft und dem Düngerduft nicht zur Geltung gekommen, drängen sich dem verfeinerten Geruchsorgane der Städter in höchst unangenehmer Weise auf. Und da heißt es denn: Fort damit! So schnell wie möglich und so weit weg wie möglich!

Ist nun erst einmal die städtische Wasserleitung da, dann ist schnell Abhülfe geschafft. Denn das für häusliche, gewerbliche und andere Zwecke verbrauchte Wasser muß ja doch einen Abfluß haben, und daher ist die einfache Lösung des Problems die, daß man diese Stoffe ebenfalls durch Wasser aus den Häusern in die Schleusen und mit diesen in den nächsten Wasserlauf oder am besten in das Meer hinausschwemmt.

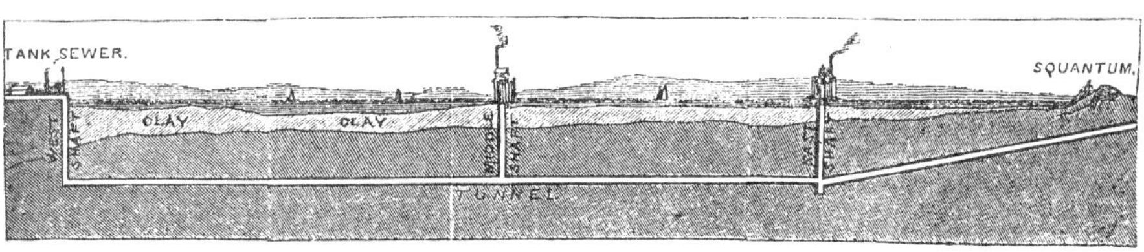

Längsprofil der großen, submarinen Tunnelschleuse in Boston.

So kommt es oft vor, daß die besten Brunnen in einer Stadt verlassen oder gar von der hohen Obrigkeit geschlossen werden, weil sie „in dem von Auswurfsstoffen aller Art geschwängertem Grunde ungesundes Wasser haben“ und dafür aus dem Flusse, in welchen noch keine hundert (engl.) Meilen oberhalb die Schleusen und Kloaken einer andern Stadt einmünden, durch eine kostspielige Wasserleitung die Stadt „mit reinem, gesundem (?) Trinkwasser versorgt wird“.

Das ist nun aber einmal Mode und es wird noch eine geraume Weile dauern, bis die Brunnen mit ihrem herrlichen, klaren und erfrischenden Wasser die oft genug trübe und gerade im Sommer stets warme Tunke verdrängt haben werden, auf welche so viele Städte der Welt stolz sind.

Doch kehren wir nach dieser kleinen Abschweifung zum Thema zurück!

Auch hier herrscht, wie wir schon angedeutet haben, der große Tyrann „Mode“ und verleitet einen großen Teil der civilisierten Menschheit die so wichtigen und kostbaren Abfuhrstoffe zu verwüsten. Freilich ist man schon seit geraumer Zeit bemüht, an Stelle des Schwemmkanalsystems für dieselben eine rationelle Verwertung zu finden; doch existiert noch kein System, welches dem Zwecke vollkommen entspräche, wenn nicht das von den Herren Stennebutte u. de Vauréal erfundene und in Paris gegenwärtig in Einführung begriffene Verfahren sich als die so lange gesuchte Lösung dieses hochwichtigen Problemes herausstellen sollte*.

* Bei uns in Deutschland wird dies Verfahren ausschließlich von der Firma Buhl und Keller, die in Karlsruhe eine Fabrik für

Mündung der großen Stadthauptschleuse.

Eine der bedeutendsten unter all' den kolossalen und kostspieligen Bauten, welche zu diesem so unverständigen Zwecke des Vernichtens dieser Stoffe schon ausgeführt worden sind, wollen wir jetzt unsern Lesern in Wort und Bild kurz vorführen. Es ist dies die große submarine Hauptschleuse, welche von Boston aus unter dem Bette der Dorchesterbai im Bau begriffen ist und dazu dienen soll, den Inhalt sämmtlicher Schleusen der Stadt dem Meere zuzuführen.

Zu diesem Zwecke wird um die ganze Stadt Boston rings herum eine große Schleuse angelegt, welche die Abflüsse sämmtlicher bisher direkt in die, die Halbinsel, auf der Boston liegt, umgebenden Gewässer (Charles River und Dorchester Bai) einmündenden Straßenschleusen sammelt. Dann führt sie dieselben durch eine die Halbinsel der Länge nach durchschneidende Hauptschleuse, nach einem bestimmten Punkte der Küste (Filth Hoist). Dort wird der Abfluß durch vier riesige Pumpen in ein großes, 35 Fuß höher liegendes Reservoir gepumpt, von welchem aus er durch eine große Tunnelschleuse unter dem Grunde der Dorchester Bai nach dem etwa $1\frac{1}{2}$ (engl.) Meilen

Dünger und chemische Produkte innehaben, angewendet, welche das Patentrecht für das Reich erworben haben.

entfernten Squantum Neck und von da nach Moon's Island fließt. Aus den dort befindlichen großen Reservoirs wird dann die ganze unappetitliche Masse dem

Gitterkammer vor den Pumpwerken.

Meere übergeben und zwar während der ersten zwei Stunden beginnender Ebbe.

Das vorstehende Profil zeigt die Lage des Tunnels unter der Bai, die drei Schachte, von denen aus die Tunnelierung geschieht, und die Steigung, in die er nach Squantum Neck übergeht. Die Sohle des Tunnels liegt 150 Fuß unter dem Meeresspiegel und ist der bis jetzt angetroffene Untergrund Thonschiefer und Roxbury-Konglomerat, so daß zu hoffen steht, diese günstige Konfiguration werde überall gefunden werden.

Von der Größe der Anlage giebt die Abbildung der Hauptschleuse an ihrem Endpunkte bei Filth Hoist einen Begriff. Aus dem schachtartigen Behälter, in welchen sich dieselbe hier ergießt, führen mehrere verschließbare Kammern nach den Pumpwerken. In jeder derselben befindet sich ein großes Gitter, wie es unsere Illustration zeigt, um alles Material zurückzuhalten, das nicht durch die Pumpröhren gehen könnte, ohne sie zu verstopfen. Diese Kammern werden abwechselnd benutzt, um ihre Reinigung von dem angesammelten Materiale zu ermöglichen. Jede der vier Pumpen ist im Stande 1,000,000 Hektoliter Flüssigkeit per Tag zu heben, zusammen also 4,000,000 Hektoliter in 24 Stunden.

Das erhöhte Reservoir ist 1200 Fuß lang, um das Absetzen von Sand und anderen schwereren Beimengungen zu ermöglichen. Durch dasselbe passiert die

Der Schacht in der Dorchester Bai.

Flüssigkeit äußerst langsam zu diesem Zwecke. Am Ende des „Tanks" stürzen sich die unsauberen Fluten 185 Fuß tief in den Tunnel und sind deshalb im Stande, denselben mit bedeutender Geschwindigkeit zu durcheilen und bei Squantum Neck wieder auf nahezu dasselbe Niveau emporzusteigen.

Der Tunnelbau wird, wie erwähnt, von drei Schachten aus betrieben, von denen der mittlere in der Bai selbst gelegen ist, während der westliche am Ende des Reservoirs bei Filth Hoist und der östliche auf einer Sandbank in der Nachbarschaft von Squantum Neck abgeteuft sind. Sobald eine kurze Strecke des Tunnels ausgehöhlt worden ist, wird die Ausfüllung mit Ziegeln und Béton vorgenommen. Zur Beleuchtung „am Ort“ dient elektrisches Licht.

Die Abteufung der Schachte selbst geschah in ähnlicher Weise, wie dies von dem Versenken der Kaissons bei Brückenpfeilerbauten bekannt ist*, nur daß natürlich anstatt oben geschlossener Kaissons oben offene gußeiserne Cylinder von 6 Fuß Durchmesser versenkt wurden, wie dies

Arbeiten im Tunnel bei elektrischem Lichte.

aus der Abbildung ersichtlich ist. Sobald Felsboden erreicht wurde, wurden die eisernen Cylinder fest in denselben eingekittet und die Abteufung der Schachte im Gesteine ging dann in der gewöhnlichen Weise vor sich.

Einfahrt in den mittleren Schacht.

Für den Bau der in der Stadt selbst notwendigen Schleusen wird ein sogenannter Carsonscher Exkavator benutzt. Es ist dies, wie unsere Illustration andeutet, ein 100 Fuß langer, auf Rädern und Schienen beweglicher Schuppen, in dem sich eine Dampfmaschine befindet. Dieselbe treibt die eigentliche Maschine zum Ausgraben, ladet die Erde auf und

* Siehe „Das Neue Universum“ Bd. I. S. 178.

befördert die gefüllten Karren nach dem Ende des Arbeitsschuppens, wo die Ausfüllung des fertigen Stückes damit vorgenommen wird. Dann zieht sie die leeren Karren wieder herbei, um sie mit frisch abgegrabenem Materiale zu füllen u. s. w. Auch bewegt sie den ganzen „Exkavator" mit dem Vorrücken der Arbeit vorwärts.

Die Vorteile dieser praktischen Einrichtung sind die, daß erstens die Arbeit unter Dach und Fach vor sich geht und daß ferner das Herumliegen der Erdhaufen und der Staub und Schmutz, den sie verursachen, völlig vermieden wird. Nur die etwa 15—20 Fuß vor dem Schuppen angebrachten Bretterverkleidungen sind für den im Punkte der Reinlichkeit und Nettigkeit sehr peniblen Bostoner das äußere Zeichen, daß in seinem ‚Chester-Park' etwas Unangenehmes oder doch Ungewöhnliches vorgeht.

Von Squantum Neck aus wird der Schleusenabfluß über flache Buchten und Bänke in einem erhöhten Kanale nach Moons Island geführt und ergießt sich dort in das fünf Acker Landes bedeckende große Endreservoir.

Was schließlich das Schicksal der den blauen Fluten mit Beginn jeder Ebbe anzuvertrauenden Unratmassen ist, läßt sich natürlich nicht vorhersagen. Daß die Flut sie wieder zurückbringt, ist nicht wahrscheinlich, ob aber die Vernichtung oder Unschädlichmachung derselben durch das Meer und seine Bewohner wirklich so schnell vor sich gehen sollte, wie die Projektoren dieses riesigen Unternehmens behaupten, ist mindestens zweifelhaft.

Jedenfalls wird Boston in dieser Beziehung nach Vollendung dieses Werkes — die in etwa zwei Jahren stattfinden soll — günstiger situiert sein, als New-York und die anderen großen Hafenstädte der Union, welche ihre schönen Häfen durch die hineingeleiteten Abfuhrstoffe ebenso schwer schädigen, wie die Geruchsorgane, ja noch mehr, die Gesundheit der an der Wasserfront lebenden Bewohner.

Der Carsonsche Exkavator beim Schleusenbau.

Aus der Petroleum-Region Nord-Amerikas.

Wohl so mancher unserer Leser entsinnt sich aus der Zeit seiner ersten Chemiestudien — wenn etwa zwanzig Jahre seitdem verstrichen sind — des „Steinöls oder Petroleums“, das in einem kleinen Fläschchen als Kuriosum in der Klasse cirkulierte. Es galt namentlich deshalb für wertvoll, weil es zur Aufbewahrung leicht an der Luft entzündlicher Körper, wie Natrium und Kalium, diente. Nebenbei wurde bemerkt, daß dasselbe namentlich in der Nähe des kaspischen Meeres vorkomme, wo es aus dem Boden hervorquelle und die ewigen Flammen von Baku und anderen den Parsi oder Feueranbetern heiligen Orten nähre.

Jetzt dienen diese ewigen, heiligen Feuer der ganzen Menschheit, indem man das Oel in großen Röhrenleitungen in die Städte und an die Seehäfen leitet, woselbst es raffiniert und verschifft wird. Diese Umwälzung wurde herbeigeführt durch die Entdeckung des Reichtums an Petroleum in dem Boden des nordamerikanischen Freistaates Pennsylvanien, die am 26. August 1859 stattfand. Zwar gab es Oel genug an der Oberfläche, das aus Ritzen und Spalten emporquoll, an manchen Stellen sogar in nicht unbedeutender Menge. Bildete sich doch im Jahre 1854 eine Aktiengesellschaft, die „Pennsylvania Rock Oil Company“, welche beabsichtigte, das auf einem Flusse in Venango County, dem „Oil Creek“, schwimmende Oel industriell zu verwerten. Das Oel wurde nämlich in geeignete Bassins geleitet und dort mittelst großer wollener Decken abgeschöpft und in Fässer gepreßt. Doch konnte diese Methode nicht mit der damals in Blüte stehenden „Kohlenöl-Fabrikation“ konkurrieren und die Kompagnie war dem Bankerott nahe. Da fiel es dem Superintendenten der Arbeiten in und um Oil Creek ein, einen Brunnen zu bohren, der ähnlich den für Wasser gebräuchlichen artesischen Brunnen, dem Oele, das nach seiner Ansicht die Tendenz hatte, nach oben zu kommen, einen Ausweg verschaffen sollte. Wie so oft wurde auch der Oberst Drake — so hieß er — von allen in der Nachbarschaft Wohnenden verhöhnt und verlacht, und es gehörte eine außergewöhnliche Energie und Geduld dazu, um die Bohrung dennoch fortzusetzen. Weigerten sich doch sogar eine Zeit lang die Arbeiter, die unnütze Arbeit zu thun, und so kam es, daß es beinahe ein volles Jahr dauerte, bis die Bohrung in einer Tiefe von 71 Fuß angelangt war.

Da aber, am obenerwähnten Tage, traf das Bohrloch auf die Oelschicht und in den nächsten 24 Stunden flossen 1800 Liter aus demselben hervor. Die Ergiebigkeit ließ nicht nach, sondern blieb Wochen und Monate lang dieselbe und nun begann ein „Oelfieber“ die Vereinigten Staaten zu durchwüten, das dem californischen „Goldfieber“ von 1848—52 um nichts nachstand. Oelbrunnen, die nur wenige Tausend Dollars herzustellen kosteten, gaben von 100 bis 2000 Faß Oel per Tag, ohne daß damals Pumpvorrichtungen nötig gewesen wären.

Ein Brunnen gab z. B. 500,000 Faß in einem einzigen Jahre, ein anderer 450,000 in etwa zwei Jahren u. s. w.

Die armen Farmer am Oil Creek wurden über Nacht zu reichen Leuten. Während sie sonst froh waren, ein paar Dollars für einen Acker Landes zu bekommen, brachte jetzt eine einzige Farm eine halbe, ja eine ganze Million und obendrein noch eine Tantième vom Ertrag der Bohrlöcher. So schnell wie das meiste Geld verdient wurde, so schnell war es meist auch wieder verthan oder verloren. So starb Oberst Drake selbst ganz arm und seiner Witwe wurde vom Staate eine Pension ausgesetzt, welche ihr bis zu ihrem letztes Jahr erfolgten Tode das Leben fristete; von einem Anderen, der ein bedeutender Landbesitzer war, ist bekannt, daß er in wenigen Jahren an den Bettelstab gekommen war, trotzdem er beinahe zwei Jahre lang 3000 Dollars Tantième täglich bezogen hatte von dem Ertrage der auf seinem Grund und Boden gelegenen Oelbrunnen. Durch diese riesige Produktion ging natürlich der Preis des Artikels sehr herunter und bald wurde er das billigste Brennmaterial der Welt. Ueber die Hälfte alles gewonnenen Oeles wird exportiert, und obgleich ein Brunnen selten länger als fünf, oft keine zwei Jahre ergiebig ist, so ist doch die jährliche Gewinnung eine ungeheure. In folgender Tabelle findet der Leser eine Uebersicht der verschiedenen Jahre:

1859	82,000	Faß
1860	500,000	„
1861	2,000,000	„
1865	3,500,000	„
1869	4,700,000	„
1870	6,500,000	„
1877	12,000,000	„
1878	15,000,000	„
1879	20,000,000	„
1880	24,800,000	„

Wie in allen Zweigen, ist auch in der Petroleumbranche eine Ueberproduktion eingetreten; diesem Uebel wird jedoch durch ein anderes, modernes Uebel die Wage gehalten, durch das Monopol. Um den Preis auf einer gewissen Höhe zu erhalten, hat die Standard Oil Company über ein Viertel des Jahresproduktes zurückgehalten, ja im Sommer und Herbst vorigen Jahres (1880) hat man Tausende von Fässern direkt weglaufen lassen, weil die vorhandenen Reservoirs alle überfüllt waren.

Es ist klar, daß ein solcher Zustand auf die Dauer nicht zu ertragen ist, und die Produzenten werden wohl in nächster Zeit anstatt die Ausfuhr zu beschränken, die Eröffnung neuer Quellen einstellen müssen, um die 6000 Faß, um welche die Produktion die Konsumtion übersteigt, sich erst ausgleichen zu lassen, was bei der stetig wachsenden Konsumtion nicht lange Zeit in Anspruch nehmen kann.

Das Bohren nach Petroleum wurde natürlich nach Drakes Entdeckung von Tausenden begonnen, und gegenwärtig sind nicht nur in Pennsylvanien in 6 verschiedenen Counties zahllose Bohrlöcher im Gang, sondern die Zahl der verlassenen und verunglückten (die kein Oel ergaben) ist ebenfalls eine ungeheure. Auch das darf man behaupten, daß das rasend schnelle Aufblühen der amerikanischen Petroleumindustrie diejenigen Länder Europas zur rationellen Bewirtschaftung ihrer Steinölquellen veranlaßt hat, welche dieselben schon seit Jahrhunderten unbenutzt wegfließen ließen. Sogar da nach Petroleum zu bohren, wo der Analogie nach dasselbe unterirdisch vermutet werden konnte, ist erst möglich geworden, seitdem man in der Union die nötigen Erfahrungen gesammelt hat.

Außer in Galizien beginnt man ja sogar in unserm deutschen Vaterlande und zwar — wenn auch vorläufig noch mit bescheidenem, so doch — mit Erfolg,

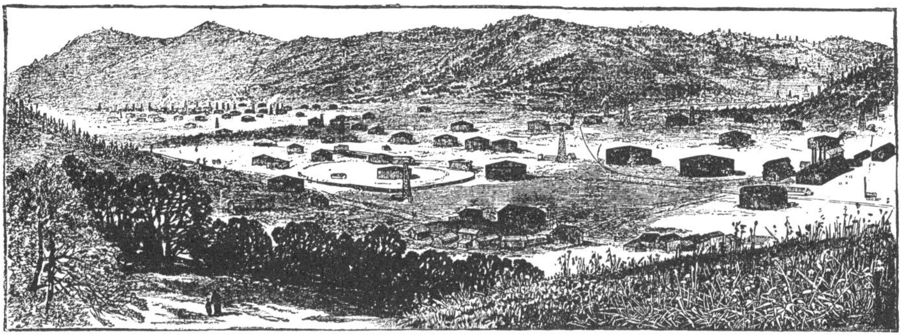

Die „Oelstadt".

auf Petroleum zu bohren. Schon im Jahre 1872 äußerte sich Prof. Sharper, der sich mit der Petroleumgewinnung in seiner. Heimat eingehend beschäftigt hat,

Kincade Farm.

über das von ihm untersuchte Vorkommen von Petroleum in Deutschland folgendermaßen:

„Petroleumlagerstätten sind in Deutsch„land nicht nur nicht selten, sie sind selbst „viel stärker und entschiedener angedeutet, „als in den Vereinigten Staaten, wo ein „unbedeutendes Oelhäutchen auf dem „Wasser oder ein schwacher charakteristi„scher Geruch des Gesteins oft zum Auf„finden der ergiebigsten Oellager geführt."

Bei Heide in Schleswig-Holstein und bei Peine in Hannover sind bereits mehrere Bohrlöcher getrieben und einige davon, namentlich die von Peine, geben erstaunlichen Ertrag.

Wer weiß, ob dieser geringe Anfang nicht in Zukunft auch bei uns solche kolossale Dimensionen annimmt, wie sie sich über dem Oceane drüben entwickelt haben!

Das Centrum der Petroleumquellen ist in den Counties Butler und Clarion, und zwar ist die in den letzten zwanzig Jahren aus dem Boden gewachsene Stadt Oil City (in Venango County) von dem (in Clarion County gelegenen) Parker City nur deshalb nicht aus seiner dominierenden Stellung verdrängt worden, weil die Verkehrswege und Mittel für Oil City als Centrum angelegt worden sind.

Carbon Centre

Unsere Illustrationen zeigen Oil City am Oil Creek; namentlich am Ufer des „Oelflusses", den immer ein dicker Ueberzug von Petroleum bedeckt, sind zahlreiche Bohrlöcher, wie dies die großen zum Aufhängen der Bohrstange gebräuchlichen Krahne zeigen. Ferner Kincade Farm in Clarion County nahe Petrolia, ein sehr ölreicher, erst neuerdings erschlossener Fundort; dann Carbon Centre in Butler County, nahe Parker-City, ein schon halb ausgebeutetes Lager. Endlich Brilliant am Alleghany-Flusse, wenige Meilen oberhalb Pittsburg.

Nächst dem Erbohren und Erweitern des Bohrloches durch Sprengen ist das Auffangen der stetig fließenden Oelmassen von Wichtigkeit.

Ueber das Bohren selbst ist wenig zu sagen; da die Notwendigkeit tief zu bohren nicht vorliegt. Da das Oel meist in einer Tiefe von weniger als 100 Fuß erreicht wird, so benutzt man eine 30 Fuß lange eiserne Bohrstange, die mit einem etwa 3 Fuß langen stählernen fünfzölligen Bohrer oder Drill versehen ist. Derselbe hängt an einem starken Stricke, welcher durch eine Rolle an der Spitze des Krahns geht und herunter über eine Winde geführt ist, die er in genügender Länge umläuft, um die Bohrstange auszubalancieren. Durch große Klemmschrauben wird derselbe an einem langen Balken befestigt, welcher mit der durch Dampfkraft getriebenen Maschinerie in der Weise verbunden ist, daß er auf- und niedergeht und so die drehende Bewegung in eine auf- und niedergehende umsetzt. Ist eine genügende Menge Materials vom Drill zerstoßen, so wird es mit der „Sandpumpe" aus dem Bohrloch ausgesaugt und dann entweder ein neuer Drill —

der an Ort und Stelle wieder scharf geschmiedet wird — eingesetzt oder eine durch Elektricität entzündbare Sprengladung eingeführt. Sobald sich Gas zeigt, ist gewonnenes Spiel, da dies ein untrügliches Zeichen der Anwesenheit von Oel im Bohrloche ist. („Trockene" Bohrlöcher giebt es in jenen Gegenden leider nur zu viel!) Das Gas selbst wird aufgefangen und dient zum Heizen, sowie zur Beleuchtung; in einigen Gegenden, namentlich in Butler County liefern die Oelbrunnen genug Gas um ganze Ortschaften mit Heiz- und Beleuchtungsmaterial zu versorgen, so z. B. Parker-City und zum Teil auch Oil City.

In des „Well-mans" Quartiere sieht man eine Gasflamme Licht verbreiten, die, in hundert einzelne Brenner geleitet, genügen würde, in einem großen Saale Tageshelle zu verbreiten. Auch in den Ofen führt eine Gasröhre hinein und der „Brunnenmeister" hat es damit sehr bequem: Er dreht den Hahn auf und steckt das Gas mit einem Streichholze an, sobald er Feuer im Ofen braucht (von Dienstmädchen oder Haushälterinnen weiß man in derartigen Regionen nichts) und wenn er des Kochofens nicht mehr bedarf, so dreht er einfach das Gas ab. Mit Holz-, Kohlen- oder Aschetransport braucht er sich nicht zu plagen.

Auch die Dampfkessel für die vielen Maschinen werden mit Gas geheizt und überall giebt es das billigste und reichlichste Beleuchtungsmaterial ab.

Das, wie schon angedeutet, sehr wichtige Problem des Auffangens der den unzähligen Brunnen entströmenden Oelmassen ist nach und nach auf das vollkommenste gelöst worden. Die ausgedehntesten Röhrensysteme durchkreuzen die Oelregion und führen das Rohöl in die verschiedenen großen Behälter, die an dem bedeutenderen Centrum angebracht sind. Mit diesen Abflußröhren in Verbindung sind Pumpen, die einesteils den Abfluß regulieren und anderseits, wenn der Brunnen sich zu erschöpfen anfängt und das Oel nicht mehr von selbst über den Rand des Bohrloches emporsteigt, dasselbe durch ihre Arbeit dem Erdboden entziehen.

Brilliant am Allegbany-Flusse.

Die Gesamtlänge des die Oelregion der Staaten New-York, Pennsylvania und Ohio überziehenden Röhrennetzes ist über 2000 engl. Meilen lang, und die Behälter, in welche sie einmünden, sind zahllos und oft von riesigen Dimensionen.

Aus diesen zunächst zur Aufnahme bestimmten Behältern wird das Rohöl nun entweder nach den Raffinerien geleitet oder aber in weitere noch geräumigere Aufbewahrungsbehälter, die möglichst weit von bewohnten Plätzen, womöglich in der Nähe einer Eisenbahn, gelegen sind. Dort wird das Oel in die großen, auf Rädern ruhenden Eisencylinder eingefüllt, welche man ‚oil-cars‘ nennt; in dieser Form wurde noch bis vor Kurzem das meiste Oel forttransportiert. Die einzige nennenswerte Konkurrenz ward diesen ‚oil-cars‘ von den flachen Booten, die zur Aufnahme großer Quantitäten eingerichtet sind. Wie wir gleich sehen werden, ist dies gegenwärtig anders.

Einige der großen Behälter — tanks genannt — haben riesige Dimensionen. So ist in der Nähe von Brilliant, woselbst zwischen 90,000 und 100,000 Faß aufgespeichert werden können, ein einziger großer ‚tank‘ der etwa 45,000 Faß hält. Derselbe ist aus viertelzölligen Eisenplatten, 28 Fuß hoch und 104 Fuß im Durchmesser. Unsere Abbildung zeigt diese für die Oelregion „klassische“ Gegend, welche als Seitenstück zu den zahllosen Krahnen von Carbon Centre gelten kann.

Raffinerien bei Brilliant.

Im letzteren Orte befindet sich die große Pumpe, welche das Oel von den in der Nähe der Brunnen selbst gelegenen Behältern nach Freeport pumpt, von wo es nach Brilliant und anderen in der Nähe von Pittsburg gelegenen Raffinerien gepumpt wird.

Von der Größe der Pumpe geben ihre Dimensionen einen ungefähren Begriff:

Durchmesser des Dampfcylinders:	30 Zoll
Durchmesser der Pumpen	8 „
Kolbenhub	36 „
Druck im Röhrensystem pro Quadratzoll	950 bis 1100 Kubikm.

Anschießen eines brennenden Oelbehälters.

Kapacität pro Tag
(à 23 1/2 Stunden) 6500 Faß.
(Eine halbe Stunde wird jeden Tag zum Ablesen der Indikatoren an den ‚tanks' verwendet.)

Das Centrum des modernen Oelgebietes ist Bradford in Wayne County. Zahllose Brunnen liefern ungeheure Mengen von Petroleum. Das Denken und die Arbeit der Menschen bezieht sich nur auf das Oel. Wo du hinblickst, findest du Oel, wo du hinriechst ist Oel. Tag und Nacht brennen Petroleumflammen und auch die Oefen werden damit geheizt. Wie alle neuen Städte ist auch Bradford übermäßig schmutzig und unbehaglich. Hals über Kopf sind die Häuser zusammengeschlagen, um ein Obdach zu geben, und ebenso rauh und ungehobelt wie die Bretter, aus denen die Häuser bestehen, sind die Bewohner derselben. Nur die Jagd nach Geld hat sie in die Gegend verschlagen. Aber sie sind unermüdlich thätig, um zum Ziel zu gelangen. Ueberall wird die Erde angebohrt, um das kostbare, Licht und Wärme spendende, Naß anzuzapfen. Oft werden Bohrlöcher bis auf 1000 Fuß Tiefe gebracht; dann versenkt man in dieselben eine Blechpatrone, die 25 bis 30 Quart Nitroglycerin enthält. Dieses wird durch ein plötzlich auffallendes schweres Gewicht zum Explodieren gebracht. Dadurch aber wird die Erde aufs Heftigste erschüttert, durch entstehende Risse und Spalten öffnet sich die Quelle, ein Schauer von Steinen, Erde und Staub wird in die Höhe geschleudert, ein Wasserstrahl steigt hoch in die Luft und dann folgt ein Strom von Oel, zu dessen Empfang schon alle Vorkehrungen getroffen sind. Alle Vorbereitungen für die Sprengarbeit sowie diese selbst sind mit großen Gefahren verbunden, aber nur selten wird ein schwererer Unglücksfall verzeichnet.

Sprengen auf dem Grunde des Bohrlochs.

Manchmal ereignet es sich, daß durch den Blitz oder sonst irgend eine Ursache einer der großen Oelbehälter Feuer fängt und an der Oberfläche mit furchtbarer Glut und gewaltigem Qualm brennt. Sollte die ganze Masse durch Erhitzung zum Ueberfließen kommen, so würde das Feuer sich rasch verbreiten und namenloses Unglück verursachen. In einem solchen Falle wird rasch um den Behälter ein Damm aufgeworfen und dann das Oelreservoir dadurch an einer unteren Stelle zum Ausfließen gebracht, daß man durch die mit einer bereitstehenden Kanone abgefeuerte Kugel ein Loch schlagen läßt.

Große Schwierigkeiten bot anfangs der Transport des Rohöls durch unwirtliche Gegenden mit mangelhaften Verkehrswegen zu den Handelscentren an der See. Doch die Eisenbahnen wuchsen pilzartig aus dem Boden und folgten den Oelgräbern auch in die ferneren Gegenden. Die Fracht für den Petroleumtransport entschädigte sich zur Genüge. In neuester Zeit hat sich aber die Standard-Oelgesellschaft in Pennsylvanien von den verschiedenen Eisenbahngesellschaften unabhängig gemacht, so sehr diese sich auch bemühten, dem neuen und großartigen Unternehmen Schwierigkeiten aller Art in den Weg zu werfen.

Es handelte sich nämlich darum, von der Oelregion einen Röhrenstrang bis zum Meere zu legen und das Petroleum zu zwingen, selbst dahin zu laufen. Unsere Zeit ist reich an Beispielen, wie Schwierigkeiten von Industrie und Technik mit gewaltigen Mitteln überwunden werden. Auch diese Oelleitung war ein Triumph moderner Industrie.

Es ist von Interesse, auf einer Karte Pennsylvaniens und New-Jerseys die Strecke zu verfolgen, in welcher die Röhrenleitung gelegt ist. Der Versuch, ihr Niederlegen quer durch die Bai von Newark zu verhindern, gelang nicht. Von Jersey City geht die Leitung durch die Hakensackwiesen bis nahe zu Kingsland am Delaware. Hier steigt sie die Berge hinan und geht weiter über den welligen Boden bis Westrutherford, durchschneidet das Passaicthal und den Fluß selbst, steigt wieder am westlichen Ufer empor durch Acquackanonk über die langgestreckten

Legung des Röhrenstranges auf dem Lande.

felsigen Garretberge. Das Browertownthal des Passaic abwärts wird in der Nähe der hohen Becioka abermals erreicht, halbwegs zwischen Paterson und Little Falls. Jenseits dieses Punktes setzt sich der Röhrenstrang westlich fort bis der

Legung des Röhrenstrangs im Wasser.

Passaic nochmals gekreuzt wird, steigt dann die Preakneßberge hinan und zieht quer durch das Singackthal nach dem Pongtonthal; hier verzweigt sich der Strang und zieht hauptsächlich der Montclairbahn entlang nach dem Greenwoodsee und von da die Westbahn entlang, wo er unweit der Oelgegend vorerst endet.

Sicher wird die Röhrenleitung bis in das Oelgebiet fortgesetzt, vorerst aber ist noch ein kleiner Transport des Rohpetroleums mit der Bahn erforderlich.

Die eiserne Röhre ist 6 Zoll im Lichten weit und wird 3 Fuß unter die Oberfläche des Bodens gelegt. Jedes einzelne Stück wird unter hohem Drucke geprüft und etwa unganze Stellen herausgeschnitten. So werden dann Stücke von 6—8 Fuß Länge zusammengesetzt. Größere Stücke wären für bequeme und rasche Handhabung zu schwer. Ackerbau ꝛc. werden durch den Röhrenstrang in keiner Weise beeinträchtigt. Unbekümmert um die Bodengestalt geht er über Berge bis zu 2000 Fuß Seehöhe, durch Thäler, durch Schluchten und Abgründe, quer durch Flüsse und Bäche ohne Brücken oder Stege. So werden die Kosten auf eine verhältnismäßig geringe Summe herabgedrückt. Täglich wandern 15,000 Faß Oel durch den Röhrenstrang. Die Frachtersparniß wird in ganz kurzer Zeit die Anlagekosten decken.

Man fürchtet kein Verstopfen des Rohrs durch das dicke und zähe Oel; die Kraft der Pumpen wird das Rohr immer frei und das Oel in Bewegung halten. Zwischen Bradford und New-York sind elf Pumpstationen angelegt und der Inhalt von über 400 riesigen Oelbehältern, welche über 11 Millionen Faß Oel aufnehmen können, findet durch diesen Röhrenstrang seinen Weg zu den Raffinerien bei Jersey City und zu dem Meere, wo die Schiffe den kostbaren und doch so billigen Stoff über die ganze Welt verteilen.

Die große Gefährlichkeit des in so riesigen Massen aufgespeicherten, entzündlichen Materiales, sowie die vielen Stellen, an denen die dem Boden entströmenden

Gase Verwendung finden, geben leider nur zu oft Veranlassung zu verheerenden Feuersbrünsten, denen Einhalt zu thun die allergrößten Schwierigkeiten bietet. Denn sind erst einige der großen Behälter ergriffen, so zerspringen dieselben, von der ungeheuern Glut und der Spannung der in den Gaszustand übergehenden flüchtigeren Bestandteile des Rohöles und nur dadurch, daß man dem rasenden Strome der erhitzten und zum Teil brennenden Oelmassen hohe Steindämme entgegen aufwirft, kann die damönische Wut eines solchen Feindes bekämpft werden. Unsere Illustration zeigt uns eine Anzahl Männer bei dieser gefährlichen Arbeit, wie sie im Mai vorigen Jahres an mehreren Orten der Petroleumregion ausgeführt werden mußte.

Der verheerende Brand wurde durch die Explosion eines Gasofens im Hause des Richters Cline zu Rixford, etwa sieben Meilen südlich von Bradford im County gelegen, veranlaßt. Die Ortschaft brannte fast völlig nieder, über 80 Wohnhäuser, alle Hotels und die Waarenlager in der Stadt sowohl wie auf beiden Bahnhöfen, wie auch die letzteren selbst wurden zerstört. In der Nähe dieses Ortes befinden sich die großen Pumpwerke der ‚United Pipe

Feuersbrunst im Oelgebiet und Abdämmen des wegfließenden Petroleums.

Lines' für diesen Distrikt und ehe noch Rixford völlig niedergebrannt war, änderte der Wind plötzlich seinen Kurs und ergriff das Gebäude und die dasselbe umgebenden riesigen Holz- und Eisenbehälter, die alle mehr oder weniger mit Rohöl angefüllt waren; einer dieser ,Tanks', der 9000 Faß enthielt und ein anderer, der sogar mit 25,000 Faß angefüllt war, so wie eine Anzahl kleinerer waren bereits verzehrt, ohne daß merkwürdiger Weise eine Explosion oder ein Uebersieden der in riesiger Lohe emporschlagenden Oelmassen stattgefunden hätte. Doch noch ehe das schaurig-schöne Schauspiel zu Ende war, erreichten die Flammen einen etwas abseits gelegenen kleineren (Tank). den man vergeblich zu schützen versucht hatte. An Löschen ist natürlich hier nicht zu denken; im Gegenteile, wie unsere Leser noch ausführlicher erfahren werden, das brennende Oel hat die Fähigkeit, das von der Gluthitze sofort in Dampf verwandelte Wasser zu zersetzen und mit verzehnfachter Glut aufzuflammen. Der Sauerstoff des Dampfes dient dann den Kohlenhydraten des Petroleums zum willkommenen Verbrennungsmittel, während der entbundene Wasserstoff des Dampfes, mit atmosphärischem Sauerstoffe verbrennend, die dunkle rauchige Lohe zu verzehrender heller Glut anfacht.

Und dieser kleinere Tank, der wahrscheinlich bis zum Rande gefüllt war, „lief über" während des Siedens und Brennens und so ergriff die unbezähmbare Flamme darauf noch andere Behälter, worunter noch einen, der 25,000 Faß enthielt. Das Thal wurde an dieser Stelle ganz leer gebrannt; etwa 40 Bohrlöcher mitsamt den Maschinerien u. s. w. wurden ebenfalls zerstört, und das Feuer ergriff die Gebüsche und Wälder. Ein Glück, daß es im Anfang Mai und nicht mitten im Sommer war, sonst wäre das Unheil noch viel größer geworden. Auch sorgte ,Old Prob'*) dafür, daß das Unglück nicht zu weit vorwärts kommen konnte, denn am 3. Mai Nachmittags begann es in Strömen zu regnen und der starke Wind mäßigte sich sehr bedeutend.

Dies war der Zeitpunkt, um den fürchterlichen Feind zu bezwingen. Es wurden große Dämme aufgeführt und Gräben angelegt, um das siedende und brennende Oel in Schranken zu halten, eventuell seinen Schreckenslauf von gefährdeten Stellen weg nach abgelegenen Orten zu lenken.

Und so glaubte man denn des tückischen Feindes wirklich Herr geworden zu sein, da bis zum zwölften Mai keine Nachrichten einliefen, daß die Feuersbrunst sich frische Nahrung gesucht und sie gefunden. Trotzdem war man mit dem, was noch nicht völlig aufgezehrt war, nicht vorsichtig genug und so kam es, daß am 12. Mai das Feuer von Neuem um sich griff und das etwa 12 Meilen lange Thal des Foster Brook, etwa 8 Meilen von Bradford, gänzlich verwüstete. In demselben waren zur Zeit die reichsten Oelquellen in und um Tram Hollow gelegen; hier fielen wiederum eine große Anzahl ,Tanks' — darunter mehrere von 25,000 Faß — dem unersättlichen Elemente zum Opfer. Die

*) ,Old Prob' von Probabilities d. h. den in den Morgenzeitungen veröffentlichten „Vermutungen" über das Wetter, das an demselben Tage „wahrscheinlich" eintreten wird. Der ausgezeichnete U. S., Signal Service wird in dieser Weise vom amerikanischen Volkshumor personifiziert.

Einwohner dieses Ortes, sowie die aller anderen in dem Thale gelegenen, darunter Oil Centre, Otto City, Morrisburgh und Middaughville, mußten froh sein mit dem nackten Leben davonzukommen.

Endlich, als das Städtchen Duke Centre erreicht war, schlug der Wind um, und den vereinten Anstrengungen aller Umwohnenden gelang es, das Weiterumsichgreifen der Flammen zu verhindern. Der Pfad dieser wandelnden Feuersäule war 4 engl. Meilen breit und in wenig mehr als 24 Stunden waren 90,000 Faß Rohöl verbrannt und etwa 350 Bohrlöcher zerstört worden.

Im Ganzen hatte dieses größte Feuer in der Petroleumregion über 350,000 Faß Rohöl und mehr wie 700 Oelbrunnen zerstört.

Der Verlust wurde natürlich repartiert auf die einzelnen Teilhaber, je nach der Größe ihres disponiblen Vorrates.

Alte Brücken in Kambodscha.

Hinterindien mit seinen mächtigen Strömen und weiten sumpfigen Ebenen ist in der Kultur seiner einheimischen Bevölkerung in den letzten Jahrhunderten dauernd zurückgegangen. Wir finden jetzt ein auf niederer Kulturstufe stehendes Naturvolk ohne wesentliche Bedürfnisse, und die wenigen, die noch geblieben sind, können sehr leicht befriedigt werden. Speise und Trank liefert der unerschöpflich reiche Boden auch ohne wesentliche Anstrengung, noch bescheidener sind die Ansprüche an Wohnung und Kleidung. Namentlich Kambodscha, aber auch andere Teile von Hinderindien sind ein Beweis für die früher hochstehende, jetzt so tief gesunkene Kultur, denn wenn auch nicht vollkommen klargestellt ist, in welcher Periode das Land von einem hochgebildeten und sehr thätigen Volk bewohnt war, so erkennen wir doch diesen früheren Zustand einer hohen Kultur an riesigen Baudenkmälern, an Ruinen von mächtigen Städten und herrlichen Tempeln, die Zeugnis ablegen, daß früher andere Zeiten im Lande herrschten und ein anderes Volk dasselbe bewohnte. Alle Reisende aber, welche die jetzt meist im Urwalde begrabenen und verschollenen Bauherrlichkeiten einer vergangenen Zeit zu sehen Gelegenheit hatten, sind voll ihres Ruhmes und können nicht genug ihrem Staunen Ausdruck geben.

In dieser früheren Zeit besaß Kambodscha eine thätige und wachsame Regierung; eine wohlgeregelte Verwaltung war eifrig darauf bedacht, die Verkehrswege in gutem Stande zu halten, durch welche die befestigten Plätze und die von zahlreichen Wallfahrern besuchten heiligen Tempeln verbunden waren. So finden wir denn auch jetzt noch dies weite Land durchzogen von alten Landstraßen, welche wie künstliche Hügel die sumpfigen Gebiete durchziehen, die in diesem Teile des tropischen Asien so häufig und weit ausgebreitet sind.

Jetzt hat der Urwald oder dichtes Röhricht die früher kultivierten Stellen mit Sturm eingenommen und unter einer undurchdringlichen Masse der verschiedensten tropischen Pflanzen begraben. Die Abzugsgräben für das Wasser sind zugeschwemmt, und nur stellenweise finden sich noch an der Seite der alten Straßen große viereckige, tiefe Behälter mit klarem Wasser angefüllt, welche dazu dienten, in der trockenen Jahreszeit die Menschen und das Zug- und Lastvieh zu tränken; öfter noch aber sind diese Behälter verschwunden und haben Reispflanzungen oder übelriechenden Morästen Platz gemacht.

Wenn auch in diesen alten Straßen und Wasserbehältern eine enorme Masse von Arbeit steckt, die von den früheren Bewohnern ausgeführt werden mußte, so ist dies bei den Brücken noch viel mehr der Fall. Es giebt kaum etwas, das mehr den Eindruck hohen Alters machte, als sie. Dazu kommt die sie umgebende Vegetation, die mächtigen Bäume auf dem ruinenartigen Mauerwerk, die Gegensätze in den Farben, das lebhafte Grün der reichen Pflanzenwelt, das schwärzliche Braun der angehäuften Steinmassen, das Gelb des Flußsandes und der silberweiße Schaum des Stromes, um ein so malerisches Bild hervorzuzaubern, daß es würdig wäre, von einem großen Künstler aufgenommen zu werden. Kommt dazu noch weiter die magische Beleuchtung durch die untergehende Sonne, welche ihr Gold über die wilde Natur und die Schöpfungen eines untergegangenen Volkes ausgießt, während andere Teile der Gegend schon in tiefe Dämmerung gehüllt sind, so kann man sich keinen Anblick denken, der an magischer Schönheit höher stände.

Die Baukünstler jener frühen Zeit hatten noch keine Kenntniß von dem Gewölbebau. Sie mußten, um eine Brücke zu errichten, die Pfeiler sehr nahe aneinander rücken, dabei jede obere Steinlage gegen die untere etwas vorspringen lassen, so daß die Entfernung der Pfeiler nach oben sich verminderte, und dann durch einen horizontalen Schlußstein die Verbindung herstellen.

Doch sind die Bausteine oft sehr große, regelmäßig zugehauene parallelepipedische Quadern aus einem eisenschüssigen, mit vielen Architekten Zuflucht zu einem Mittel, welches freilich viel Geld und Arbeit kostete. Sie wählten nämlich zum Brückenbau eine Stelle aus, wo das Flußbett und das Thal breiter als an andern Stellen war. Dann wurde die Brücke auf eine weite Strecke hin erbaut und das gestaute Hochwasser mochte dann über die Ufer treten und zwischen den Landpfeilern sich einen Weg suchen.

Viele dieser alten Brücken existieren noch. Alle, die man gefunden hat, sind in derselben Weise gebaut und unterscheiden sich unter ein-

Alte Steinbrücke in Kambodscha.

Hohlräumen durchzogenen Konglomerat. Die Fahrbahn aber ist aus Kalkquadern gebildet und das Geländer an den Seiten oft durch Bildwerke geschmückt, unter welchen ein vielköpfiger Drache eine besonders wichtige Rolle spielt und zum malerischen Aussehen wesentlich beiträgt.

Unter diesen eigentümlichen Umständen konnte auch zwischen je zwei Pfeilern nur eine enge Oeffnung bleiben, welche etwa die Breite der Pfeiler selbst hatte. Dadurch wurde aber der Fluß oberhalb der Brücke gestaut, ganz besonders dann, wenn das Wasser stieg; es kommt aber oft vor, daß in wenigen Stunden ein Anschwellen um mehrere Meter stattfindet. Um nun die Zerstörung ihrer Brücke zu verhindern, nahmen die alten

ander nur durch ihre Länge und die Anzahl der Pfeiler. Einige trugen in der Mitte ein Denkmal, waren wohl auch sonst mit Steinbildern geschmückt. Ohne Zweifel bleibt ein Teil derselben noch zu entdecken; sie sind begraben in den weiten Urwäldern und in den wilden Morästen. Von denjenigen, welche bis jetzt gefunden wurden, sind die wenigsten passierbar; die obere Bahn ist meist zerstört, vielfach auch die Pfeiler geborsten. Teils haben die Wurzeln der darauf sich mehr und mehr ausbreitenden Bäume, teils die Gewässer die Zerstörung bedingt. Das Getöse, welches die angestauten Hochwasser veranlassen, wenn sie das durch die Brückenpfeiler entstehende Hindernis zu überwältigen suchen, ist derart fürchterlich, daß selbst die Elephanten erschrecken und den Gehorsam zu kündigen drohen. Man ist dann genötigt, eine andere Stelle zum Passieren des Flusses aufzusuchen oder zu warten, bis sich das Hochwasser verlaufen hat. Für das jetzige Geschlecht der Eingeborenen sind diese Brücken nicht eine stolze Erinnerung an eine große Zeit, die hinter ihnen liegt, sie sehen in denselben nur einen Ort, wo der Fischfang leicht und ergiebig betrieben werden kann. Große Netze von Bambus und Rotang werden stromabwärts vor der Brücke ausgespannt und füllen sich immer wieder aufs neue mit reicher Beute.

Der Asphalt.

Unter den Erzeugnissen der Natur, die zwar ihrem ganzen Aussehen und ihren physikalischen Eigenschaften nach dem Mineralreich zuzurechnen sind, aber doch ursprünglich dem Pflanzenreiche entstammen und nur Zersetzungsprodukte von Körpern aus demselben sind, haben die verschiedenen sog. **bituminösen Stoffe** in neuerer und neuester Zeit eine immer größere Wichtigkeit erlangt. Schon in den alttestamentlichen Zeiten bekannt und geschätzt, haben sie freilich erst durch die Fortschritte der Wissenschaft, Technik und Industrie in unseren Zeiten eine Verbreitung und Verwendung gefunden, die früher durchaus unmöglich gewesen wäre.

Holz und andere Pflanzenstoffe erleiden nach ihrem Absterben Veränderungen, die sehr verschieden sind, je nachdem Luft zutreten kann oder nicht. Im letzteren Falle vermindert sich bekanntlich die Menge des Wasser- und Sauerstoffs immer mehr, die rückbleibende Masse wird reicher an Kohlenstoff, weil sich dieser in geringerem Maße vermindert. So entsteht, wenn wir dabei von der geringen Stickstoffmenge im Holze absehen und ebenso von dem Gehalt an Asche, aus

Holz mit Kohle 50%
Wasserstoff 6%, Sauerstoff 44%
Torf mit Kohle 60%.
Wasserstoff 6%, Sauerstoff 34%
Braunkohle mit Kohle 75%
Wasserstoff 5%, Sauerstoff 20%
Steinkohle mit Kohle 83%
Wasserstoff 5%, Sauerstoff 12%
Anthracit mit Kohle 93%
Wasserstoff 4%, Sauerstoff 3%
Graphit mit Kohle 100%
Wasserstoff 0 Sauerstoff 0.

Die weggegangenen Prozente Wasserstoff und Sauerstoff haben sich mit Kohle verbunden und teils gasförmige, teils flüssige, teils feste Bestandteile gebildet und gerade die beiden letzteren werden ganz allgemein als **bituminöse Substanzen** zusammengefaßt. Naphtha, Petroleum, Asphalt, Erdwachs u. s. w. gehören hierher. Sie sind Gemenge von verschiedenen ölartigen Körpern, welche verschiedene chemische Zusammensetzung und verschiedene Siedepunkte haben, meist unangenehm riechen, und mehr oder weniger dunkel gefärbt sind. Herrschen die flüssigen Bestandteile vor, so wird ein solches bituminöses Gemisch andere Eigenschaften haben müssen, als wenn die erst bei höheren Temperaturen schmelzenden Bestandteile vorherrschen. Auch können erstere nach und nach in letztere sich verwandeln, denn wenn die leichtflüchtigen Teile verdunsten, dann werden die erst bei hoher Temperatur schmelzenden und verdampfenden Bestandteile zurückbleiben.

Gerade infolge der mannigfachen Zusammensetzung aus sehr verschiedenen Bestandteilen sind aber auch kaum scharfe Grenzen zwischen den verschiedenen natürlichen Vorkommnissen zu ziehen. Petroleum ist an der einen Stelle dünnflüssig an einer andern teerartig. Dieser Bergteer wird dann wachsartig konsistent und wird in diesem Zustande Ozokerit genannt; nach Verfestigung und mit glänzend muscheligem Bruch geht er in Asphalt über.

Zunächst soll nur von diesem die Rede sein, doch war vorher zu zeigen, daß Asphalt nicht eine ganz bestimmte Substanz von gleichmäßigen chemischen und physikalischen Eigenschaften ist, sondern nur eine Gruppe von Gliedern aus der sehr langen Kette der bituminösen Substanzen.

Der Asphalt, auch Erdpech, Judenpech genannt, ist bei gewöhnlicher Temperatur fest, sehr brüchig, hat einen breitmuscheligen, sehr schönen schwarzen Bruch, gepulvert aber zeigt seine Farbe einen Stich ins Braune. Das specifische Gewicht ist von dem des Wassers wenig verschieden; manche Stücke schwimmen auf Wasser, andere sinken darin unter. Bei etwas erhöhter Temperatur wird der Asphalt weich, und bei 100° ist er geschmolzen und schwimmt dann auf Wasser. Säuren und Alkalien zeigen nur geringe oder keine Einwirkung auf denselben. In Weingeist ist er wenig, mehr in Terpentinöl und Aether löslich, doch bleibt dabei ein ungelöster Bestandteil zurück, der erst bei einer höheren Temperatur als 100° schmelzbar ist. Bei der trockenen Destillation des Asphalts entweichen flüchtige Oele von verschiedenen Siedepunkten und zurück bleibt ein Rest glänzender und poröser Coaks.

Nur in seltenen Fällen tritt der Asphalt in der Natur massenhaft für sich auf. Am berühmtesten ist das Vorkommen auf Trinidad, der südlichsten und größten Insel der kleinen Antillen.

Nahe der Küste ist ein See von 2—3 engl. Meilen Umfang; seine Oberfläche ist schwarz von großen Schollen Asphalts, zwischen welchen die Silberfäden des Wassers glänzen. Am Rande des Sees sind die Schollen auf der Oberfläche fest, aber schon in geringer Tiefe, mehr noch in weiterer Entfernung nach der Mitte des Sees hin wird der Asphalt weich; bei kühlem Wetter in der Regenzeit kann ein Neugieriger recht wohl eine Strecke weit von Scholle zu Scholle schreitend oder springend gegen die Mitte hin vorrücken, in der heißen Zeit aber könnte er empfinden, wie es einer Mücke ist, wenn sie auf Zuckersyrup fliegt. Der Seegrund besteht am Rande aus Thon, nach der Mitte zu aber aus flüssigem Asphalt; er muß sich darein aus vielen Quellen ergießen. Das Wasser dazwischen ist rein und wohlschmeckend; es ist Regenwasser, das sich während der heißen Zeit fast ganz verliert, so daß zu Anfang Januar der größte Teil des Sees fast ganz trocken ist. Von Ende Januar an bis Mitte Juni ist der Asphalt durch die Hitze ganz geschmolzen und bildet eine brodelnde schwarze Masse. Man gewinnt ihn daher in der Regenzeit, weil es leichter ist, die festen Schollen herauszuschaffen und zu verfrachten.

Das tote Meer in Palästina soll große Mengen von Asphalt liefern; schon im frühen Altertum war es deshalb berühmt. Doch haben nur wenige neuere Reisende wirklich Asphalt daselbst gefunden; in den seltnen Fällen, wo Schollen davon ans Ufer geworfen werden, ist der Asphalt ein gesuchter Handelsgegenstand für die umherschwärmenden Beduinen. Auch hier befinden sich auf dem Seegrund offenbar Quellen, denen Asphalt entströmt.

Häufiger, aber nicht in so großer Menge tritt der Asphalt im Jurakalk und anderen geologischen Formationen auf, füllt Spalten und Risse im Gestein oder verkittet Sand und gröberes Geröll zu festen Massen, aber auch hier muß ein Aufsteigen des flüssigen Asphaltes aus tiefergelegenen Schichten durch Spalten und Risse angenommen werden. Teils durch den Druck des auflastenden Gebirges, teils durch die gespannten gasförmigen Kohlenwasserstoffe, die sich gleichzeitig mit dem Asphalt bildeten, wird dieser gezwungen in den Spalten sich emporzuheben; er wird in Seitenspalten gepreßt und durchdringt Sandlager 2c. Sehr wesentlich wird sich das Asphaltvorkommen in einer späteren Periode verändert zeigen, wo durch Auswaschung ein Thal gebildet wurde, denn dann lassen sich vielfach die früheren Verbindungen der asphaltführenden Schichten mit der Kluft, in welcher ein Aufsteigen desselben stattfand, nicht mehr nachweisen.

Derartige Vorkommnisse finden sich auch in Deutschland, wenn auch nicht häufig und in großer Menge; so mit Sand gemischt in Hannover, bei Dülmen, Bechelbronn, im Elsaß u. a. O. Bei weitem die größte Menge des in der Technik verwendeten Asphalts wird aber aus dem Auslande eingeführt.

Schon im Altertum wurde Asphalt angewendet als Baumaterial anstatt Mörtel zur Verbindung von Steinen. Auch in beträchtlicher Menge benutzt wurde er beim Einbalsamieren der Leichen in Aegypten, doch ist diese Verwendung für unsere Betrachtungen von untergeordneter Bedeutung; dasselbe gilt auch von seiner auch jetzt noch ausgedehnten Verwendung zu Lacken. Doch möchten wir mit einigen Worten noch eingehen auf seine Benutzung als Material zur Straßenbedeckung, die bei uns noch viel weniger Verwendung gefunden hat, als anderwärts. Auf eine feste Steinunterlage wird ein heißer

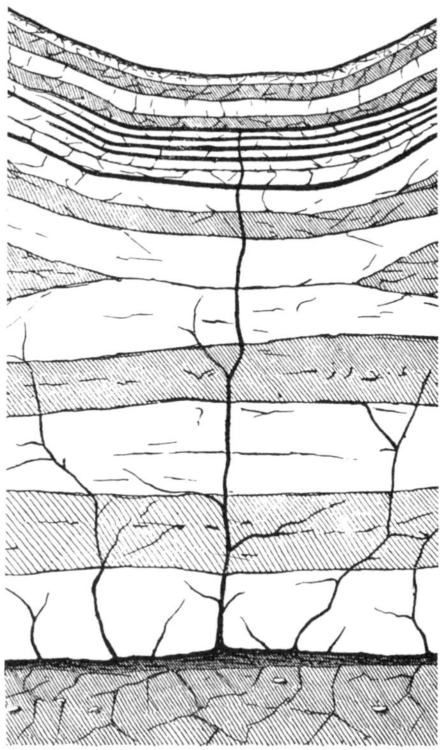

Mutmaßliche Formation des Asphalts.

Brei aus Asphalt und Flußkies in kleineren Partien ausgegossen, mit nassen Hölzern ausgebreitet und mit Streichbrettern geglättet. Unterdes ist in einem rotierenden Kessel, der eine große Aehnlichkeit mit einem Kaffeebrenner hat, eine neue Partie Asphalt geschmolzen und mit trocknem Kies gemischt worden, wird nun neben dem vorher geglätteten Stück Trottoir ausgebreitet und verbindet sich mit diesem vollständig. Auch Fahrstraßen können auf diese Weise hergestellt werden — die Boulevards in Paris sind damit versehen — und haben sich dieselben sehr bewährt. Es entsteht kein lästiger Staub, der Straßenschmutz bei Regenwetter ist sehr gering, die Zugtiere werden bei der geringen Reibung viel weniger angestrengt und an „Schiff und Geschirr", wie sich der Fuhrmann ausdrückt, d. h. an den Fuhrwerken und dem Lederwerk der Zugtiere wird bedeutend gespart. Ein Pariser Ingenieur durch Lastfuhrwerke kann das Asphaltpflaster sehr leiden, wenn die Unterlage nicht vollkommen fest und widerstandsfähig, sowie wenn das Material selbst fehlerhaft ist. Eine zu dünne Schicht von Asphalt ist der größte Fehler. Wird aber die Masse in dickere Blöcke gegossen, so werden diese selbst den stärksten mechanischen Einwirkungen widerstehen. Ja es ist sogar mit ausgezeichnetem Erfolg mehrfach versucht worden, große Maschinen,

Auflegen des geschmolzenen Asphalts bei Herstellung eines Trottoirs.

berechnet die jährliche Ersparnis der Fuhrwerksbesitzer in Paris durch Einführung der Asphaltpflasterung auf die enorme Summe von neun Millionen Francs. (!?)

Licht bringt Schatten hervor. Auch die Asphaltpflasterung hat ihre Schattenseiten. Die Pferde stürzen auf derselben leichter als auf Steinpflaster, auch sind häufige Reparaturen erforderlich, namentlich wenn an den Gas- oder Wasserleitungen etwas zu ändern ist. Aber auch die einen festen Unterbau haben müssen, auf einem Block von Asphalt und Kies oder Sand zu montieren. Weder die Erschütterungen der Maschine, noch die oft bis zu 30° steigende Temperatur hat irgend welchen nachweisbaren Schaden im Gefolge gehabt. Die Zähigkeit und Elasticität dieser Masse ist außerordentlich groß.

Doch ist hier nur von dem natürlich vorkommenden Asphalt die Rede. Bei der Destillation des Steinkohlenteers, um die wertvollen Teeröle zu gewinnen, bleibt eine schwarze brüchige Masse zurück, es ist der sogenannte künstliche Asphalt, der aber nicht zu den angeführten Zwecken verwendbar ist. Wird er nun mit dem natürlichen Asphalt vermischt oder für sich allein zur Pflasterung verwendet, so wird diese gar keinen Halt haben und infolge ihrer Sprödigkeit rasch zerbröckeln. Derartige Versuche haben die Asphaltpflasterung vielfach in Verruf gebracht, aber mit Unrecht. Bei Verwendung des richtigen Materials wird man auch einen dauernd guten Erfolg erzielen.

Der Einsturz im Hudsontunnel am 21. Juli 1880.

Wie wir am Schlusse unserer Beschreibung des unter dem Hudson von Jersey City nach New-York im Bau begriffenen Tunnels andeuteten, hat ein beklagenswerter Unfall die Fortführung dieses bedeutenden Unternehmens auf viele Monate unterbrochen. Zwanzig Arbeiter verloren dabei ihr Leben. Man muß nun leider konstatieren, daß dieses traurige Ereignis *kein* unverschuldetes und unvorhergesehenes gewesen ist, denn zwei New-Yorker Fachblätter, der „*Techniker*" und der „*Manufacturer & Builder*" hatten bei ihren Schilderungen und Beschreibungen des Unternehmens das *Haskinsche* System für völlig unzulänglich erklärt und aus theoretischen Betrachtungen einen derartigen Unglücksfall *vorausgesagt*.

Der beigegebene Plan der am Kopfe des Tunnels in Jersey City befindlichen Werke wird unsern Lesern aus der auf Seite 63 im 1. Bande des Neuen Universum gegebenen Beschreibung verständlich sein.

Da ist der 66 Fuß tiefe und 30 Fuß weite Schacht, an dessen dem Wasser (Hudson Fluß) zugekehrter Seite sich die Luftkammer befindet, in der die Arbeiter beim Aus- oder Eintritt in den Tunnel verweilen, um sich an den im Tunnel herrschenden Luftdruck (2—3 Atmosphären) zu gewöhnen. Im hinteren Teile des Schuppens befinden sich

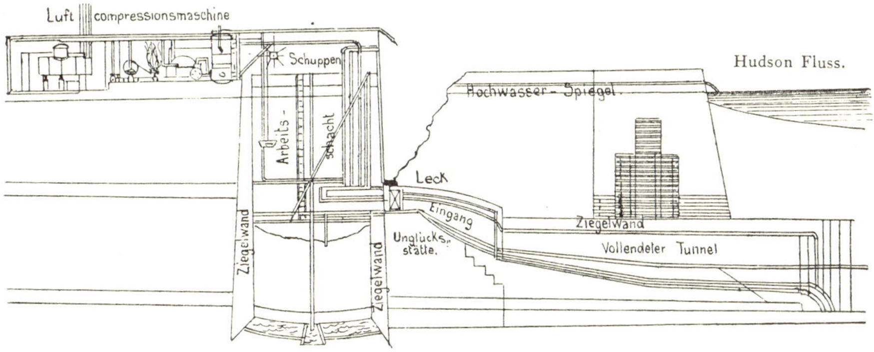

Vertikaler Durchschnitt der Bauten am Eingang des Hudsontunnels.

die drei Kompressionspumpen, welche durch Röhren die komprimierte Luft zuführen. Zwischen dem mit Ziegelwand umgebenen vollendeten Tunnelabschnitte war nun behufs Erleichterung des Einfahrens ein etwa 30 Fuß langer Eingangstunnel unvollendet gelassen worden, ein Leichtsinn der sich so schwer bestrafen sollte. Der Bequemlichkeit wurde durch diese Einrichtung die Sicherheit in fahrläßiger Weise geopfert. Daß man dies nicht gewußt habe, ist ein Einwurf, der nicht zulässig ist; denn während der dem Unglücksfalle folgenden Untersuchung des Coroners (Totenbeschauer) bezeugten mehrere Arbeiter, daß das Entweichen der komprimierten Luft durch die, fast nur aus dichtem Flußschlamme bestehende Decke des Tunnels an den nicht vollendeten Stellen — also am Eingange und an dem Ende — sich sehr häufig durch einen zischenden Laut bemerkbar gemacht. Die Löcher seien durch losbröckelnden Schlamm und einströmendes Wasser allerdings leicht auffindbar gewesen und mit dem stets bereit gehaltenen Segeltuche (!) verstopft worden. Doch wußten die Arbeiter sehr wohl, welche Gefahr ihnen drohte und ihren Vorstellungen gelang es endlich — leider viel zu spät — den Bausuperintendenten Haskins zur Anordnung der Vollendung der ersten 30 Fuß zu bewegen.

Der nördliche Tunnel war bereits 300 Fuß weit unter das Flußbett vorgerückt, während vom südlichen Tunnel nur etwa 25 Fuß und auch diese nur durch die Platten gestützt, fertig gestellt waren, als man sich endlich zur Herstellung der Röhre und des Ziegelbaues im Eingangsstücke entschloß. Diese Arbeit war an und für sich schon gefährlicher, da sie an der Grenze von Wasser und Land stattfand, und die Gefahr wurde durch den Umstand noch wesentlich erhöht, daß der 300 Fuß lange Tunnel den Löwenanteil des teilweise wenigstens Schutz gewährenden Luftdrucks monopolisierte. Trotzdem schien alles vortrefflich zu gehen. Man war mit dem Legen der Platten schon fast bis an die in die Luftkammer führende Thür gelangt und die Platten des letzten Ringes waren schon zurechtgelegt und sollten dann vernietet werden.

Am 21. Juli Morgens 4 1/2 Uhr nun hatte die einer Arbeiterabteilung angehörige Mannschaft sich zum Einfahren in den Schacht in dem Schuppen versammelt und wartete noch auf einige etwas verspätete Gefährten. Denn des Uebertrittes in die Luftkammer wegen mußten die einer Arbeitsgruppe angehörigen Leute zusammen anfahren. Die im Tunnel befindlichen 28 Arbeiter warteten im Eingange vor der aus der Luftkammer in den Tunnel führenden Thüre. Plötzlich hörten die letztern zu ihren Häuptern den wohlbekannten gefürchteten Zischlaut und zwar mit fürchterlicher Gewalt. Unmittelbar danach begann auch der Schlamm und das Wasser auf die Unglücklichen herniederzuströmen. Noch ehe dieselben irgend welche Schritte zn ihrem Schutze thun konnten — wenn das überhaupt möglich gewesen wäre — preßte sich die Luft durch den Leck hindurch und entwich mit einem dumpfen Knall, Schlamm und Wasser emporwerfend. Schon verzweifelten die Aermsten an ihrer Rettung und stürzten gegen die Thüre, blind und halberstickt von dem unaufhaltsam auf sie herabstürzenden Schlamm und Wasser. Da — endlich, nach wenigen langen Augenblicken gab die Thüre nach; der Luftdruck in Tunnel und Kammer war ausgeglichen und der erste Schritt zur Rettung war gethan. Mit fieberhafter Hast eilten sie durch die Thüre; schon waren ihrer acht in der Luftkammer angelangt, der neunte folgte ihnen — da ertönte abermals ein fürchterlicher Krach und wie die Vorausgeeilten sich umsahen, bot sich ihnen ein entsetzlicher Anblick dar. Die Thüre war fast völlig verschlossen, nur der entsetzlich verstümmelte und zerquetschte Arm ihres Kameraden ragte durch die Spalte in die Luftkammer herein. Mit einem Blicke durch die zolldicken Glasfenster der Thüre übersahen die acht die Situation: Durch das eine starrte ihnen das durch Schmerz und Angst grauenhaft entstellte Antlitz ihres sterbenden Gefährten entgegen, während hinter ihm die herabgestürzten Eisenplatten des zuletzt gelegten und noch nicht vernieteten Tunnelringes auf die Thür und zum Teil auf ihren Kameraden gestürzt waren und die erstere dadurch mit furchtbarer Gewalt zugeworfen hatten. Mit übermenschlichen Kräften, das ununterbrochen hereinströmende abscheuliche Gemisch von Schlamm und Wasser nicht achtend, versuchten sie nun die Thüre zu öffnen und den Verunglückten hereinzuziehen.

Da rief ihnen der Aufseher — sein Name verdient mit goldenen Lettern in das große Buch „der Helden der Arbeit" eingetragen zu werden — da rief ihnen Peter Woodland zu: „Geht in den Schacht! Rettet Euch, ehe es zu spät ist! Ihr könnt doch jetzt nichts für uns thun! Geht in den Schacht und erst wenn Ihr gerettet seid, versucht uns zu retten!" Schon vorher hatte dieser großherzige, pflichtgetreue Mann es verschmäht, von der Gelegenheit zur Rettung zuerst Gebrauch zu machen; er wollte erst alle seine Untergebenen in Sicherheit wissen, ehe er an sich selbst dachte.

Die Acht in der Luftkammer sahen ein, daß der Rat ihres beliebten Vorgesetzten leider nur zu wahr war. Sie eilten nach der aus der Luftkammer in den Schacht führenden Thür; doch wurde ihnen bald klar, daß das schwerste Stück Arbeit noch vor ihnen lag und daß ihr Leben immer noch an einem Haare hing. Denn die Thür, welche sie von der Oberwelt trennte, wurde von dem im Innern herrschenden Luftdrucke, wie mit einer Eisenfaust festgehalten und alles Ziehen und Wuchten wollte nichts helfen. Jetzt ging auch das letzte Licht aus, welches in aller Aufregung noch von einem unter ihnen brennend erhalten worden war. Hinter sich hörten sie nur noch das dumpfe Stöhnen ihrer sterbenden Kameraden, vermischt mit dem unheimlichen Poltern des nachstürzenden Grundes und dem Rauschen des einträufelnden Wassers, das ihnen schon bis an die Kniee ging. Schon gaben sie sich verloren und das Todesröcheln ihres unglücklichen Genossen erschien wie das Vorspiel des eigenen Endes. Da erschien ein Lichtschein an den Fenstern der Thüre, Stimmen wurden laut und man hörte, wie mehrere Personen die Thüre gewaltsam zu öffnen versuchten. Vergebens! „Um Gotteswillen macht auf! Wir ersticken! Wir ertrinken!" so tönte es den Rettern dumpf und halberstickt entgegen. Und noch einen Versuch machten diese, die (nach Innen gehende) Thür zu forcieren. Schon standen die Unglücklichen bis an die Hüfte in dem, immer schneller hereinbrodelnden Wasser, da fast gleichzeitig kam einem der Eingeschlossenen und einem der zur Rettung Herbeigeeilten der gleiche rettende Gedanke.

Jeder ergriff einen schweren eisernen Hebel und fast zur selben Minute zerschlug jeder eines der dicken Glasfensterchen in der Thüre, so daß sie geöffnet werden konnte.

Obgleich es der einzige Weg zur Rettung war, so war es immer noch ein sehr prekärer, denn durch Ausgleichung mit der äußeren Luft ward der Druck bedeutend verringert und Wasser und Schlamm kamen jetzt einer Sündflut gleich hereingestürzt. Glücklicherweise gelang es allen auf dem Boden des Schachtes Befindlichen die Leiter zu erreichen und hinaufzuklettern, ehe der sich nun rapide füllende Schacht völlig mit Wasser angefüllt war.

Es wurden jetzt zwar sofort Versuche zur Rettung gemacht; daß dieselben aber ohne bedeutende Vorbereitungen völlig nutzlos sein müßten, ja daß die unglücklichen Verschütteten schon ertrunken oder erstickt sein mußten, als die acht Geretteten auf der Oberfläche angekommen waren, ist ohne Weiteres einzusehen. Denn das Wasser folgte ihnen auf dem Fuße und es mußten folglich alle unter dem Flusse befindlichen Baustrecken zugleich mit dem Schachte und der Einsturzstelle „ersoffen" sein.

Unsere Abbildung stellt den Moment kurz nach dem fürchterlichen Ereignisse dar. Von dem, am Schuppeneingange befindlichen, elektrischen Lichte grell beleuchtet, sehen wir zwei Männer beschäftigt, die Tiefe des durch den Leck geschaffenen Einsturzes zu ergründen, während schon eine große Menschenmasse auf die wie ein Lauffeuer sich verbreitende Nachricht von dem Unglücksfalle herbeigeeilt ist und dem Graben der Arbeiter, sowie den herzzerreißenden Scenen zuschaut, die sich unter ihnen abspielen, denn so manche Mutter, die einen Sohn, so manche Frau, die ihren Gatten da unten in dem fürchterlichen Grabe liegen weiß, macht ihrem furchtbaren Schmerze in entsetzlichem Jammergeschrei Luft!

Wir wollen die nutzlosen Pumpversuche und Taucher-Explorationen, welche

Scene an dem zum Hudsontunnel führenden Schachte kurz nach dem Einsturze (21. Juli 1880).

vorgenommen wurden, ehe man zur Errichtung eines Kofferdammes und rationellem Eindringen in die verschütteten Bauten schritt, nicht beschreiben; es genüge, zu konstatieren, daß es einer sehr langen Zeit bedurfte, um die Leichname der Verunglückten herauszuschaffen. Die Arbeiten sind seitdem wieder aufgenommen worden, wobei das verfehlte System wieder angewendet wird, nur daß verschiedene Sicherheitsmaßregeln angewendet werden.

Die Schreibkrücke.

Diese einfache, von den Herren Heffler und Schuppli erfundene und denselben patentierte Vorrichtung hat den Zweck, alle der schlechten Körperhaltung beim Schreiben und Lesen entspringenden Uebel, besonders aber die Kurzsichtigkeit, zu verhindern. Letztere ist wohl das verbreitetste Uebel der Gegenwart. Es giebt, außer etwa einigen Dorfschulen, keine einzige deutsche Lehranstalt, die nicht von der Myopie (Kurzsichtigkeit) heimgesucht wäre. Ein namhafter Augenarzt konnte kürzlich sagen: er habe jeden Brillenträger in Paris deutsch angesprochen und eine deutsche Antwort erhalten.

Wie statistisch belegt werden kann, sind auf deutschen Gymnasien und Realschulen 55—65 % der Schüler kurzsichtig (in Magdeburg 75 %, Erlangen 88 %, in Heidelberg — — 100 %!). Es ist thatsächlich so weit gekommen, daß ein Schüler mit gesunden Augen zu den Seltenheiten gehört. Suchen wir den Grund dieses Uebels zu erforschen, so kommt zunächst in Betracht, daß die Schüler in Dorfschulen fast gar nicht kurzsichtig sind, in Elementarschulen etwa 15 %, in Gymnasien und Realschulen etwa 60 % (und zwar von niedern Klassen zu den höhern stark progressiert), bis sie auf den Universitäten 70 % und darüber erreichen. Dr. Jäger in Tübingen hat 600 evangelische Theologen untersucht und 79 % Kurzsichtige gefunden.

Die Myopie ist meistens nicht angeboren, sonst müßte sich in den verschiedenen Schulen und Klassen der Durchschnittssatz gleich bleiben und es sind auch tausend Belege dafür, daß die Eltern Kurzsichtiger vollständig normale Sehkraft besaßen. Bei angeborener Kurzsichtigkeit, die übrigens überhaupt von vielen Aerzten bestritten wird, ist der Augapfel von vornherein zu lang, als daß das Bild vieler Gegenstände auf die Netzhaut fallen könnte.

Die Myopie jedoch, mit der wir es hier zu thun haben, ist nur ein Verkümmerungszustand normalsichtiger Augen, welcher dadurch entsteht, daß häufig Sehobjekte den Nahepunkt überschreiten, dadurch den Accomodationsmuskel zu abnormer Anstrengung veranlassen und ihn unfähig machen, die Linse wieder abzuflachen, weshalb auch alle über eine gewisse Entfernung hinausliegenden Gegenstände auf der Netzhaut Zerstreuungskreise anstatt scharfer Bilder liefern. Viel Schreiben und Lesen in einer zu geringen Entfernung vom Auge ist also hier die Ursache, denn das Uebel steigt mit den Anforderungen, die die Schule an das Auge (durch Lesen und Schreiben) stellt. Deshalb enthält auch die Dorfschule, wo diese Anforderungen minimal sind, kaum 1 pCt. Myopen.

Wie indifferent und wie verblendet gerade in dieser Beziehung sich das größere Publikum verhält, zeigt u. A. auch, daß in der Volksvorstellung die Brille zum Attribut eines Gelehrten gehört.

Professor Cohn aus Breslau, der seit Jahren sich mit der Myopie beschäftigt, spricht die Ansicht aus, daß der Kernpunkt aller Abhülfebestrebungen darin liegen müsse, das Auflegen beim Lesen und Schreiben zu verhindern.

Dieses Auflegen hat seinen Grund weniger in Nachlässigkeit als in der Unfähigkeit des jugendlichen Körpers, sich längere Zeit ohne Stützpunkt aufrecht erhalten zu können. Außerdem, da alles Sehen in die Nähe mit Muskelanstrengung verbunden, mithin ermüdend ist, fühlt das Auge bei anhaltendem Schreiben den Drang, der Schrift immer näher zu kommen, um sie deutlicher zu erfassen.

Die Schreibkrücke, von der nebenstehend eine Abbildung gegeben ist, verhindert das Auflegen, indem sie den Schreibenden zwingt, den Kopf immer in der nötigen Entfernung vom Buch zu halten; sie giebt dem Körper eine der Müdigkeit vorbeugende Stütze und gestattet dabei in höchst bequemer Weise alle nötigen in den Grenzen einer richtigen Körperhaltung liegenden Bewegungen.

Dadurch, daß die Schreibkrücke den Kopf in der erforderlichen Höhe hält, zwingt sie auch den Körper zu einer naturgemäßen geraden Haltung, giebt ihm aber auch durch ihre Stützung gleichzeitig ein Mittel, dies ohne Ermüdung thun zu können. Zahlreiche praktische Versuche mit unserem Instrument bewiesen, daß Kinder sich rasch damit befreundeten, nicht die geringste Unbequemlichkeit verspürten und daß auch bei längerem Arbeiten die Augen sich nicht mehr wie früher angegriffen fühlten.

Fuhrwerke in Hinterindien.

In einem Lande mit vernachlässigten Verkehrswegen oder ohne dieselben, wo weite Strecken mit dichtem Waldwuchs bedeckt, oder wo die Ebenen wüst oder durch dorniges Gestrüpp wenig zugänglich sind, müssen auch die verschiedenen Arten von Fuhrwerken manches Interesse darbieten. Auch die einfachste Konstruktion derselben ist von ethnographischer Bedeutung, um so mehr, wenn trotz aller Einfachheit nach einer gewissen Eleganz der Ausführung gestrebt wird.

Völker auf einer niederen Kulturstufe haben durchweg auch ein sehr einfach gebautes Fuhrwerk; so auch die Völker Hinterindiens. Doch lassen sich diese Fuhrwerke in zwei Abteilungen bringen: sie sind entweder leicht gebaut und dienen zum rascheren Personenverkehr oder zum Transport von Waaren, die ein geringes Gewicht haben. Man findet sie in den trockenen und ebenen Teilen Cochinchinas und Kambodschas, überhaupt da, wo der Verkehr durch die Bodenverhältnisse leichter und die Bevölkerung dichter ist. Sie werden von Ochsen gezogen.

Die andere von Büffeln gezogene Art von Fuhrwerken ist viel massiver und größer, und wird vorzugsweise da benutzt, wo sehr schwere Gegenstände fortzuschaffen sind, oder wo die Wege unüberwindlich scheinende Schwierigkeiten bereiten, wo Flüsse und Sümpfe zu passieren sind, wo sich gefällte Bäume oder Felsen quer vorlegen und andere Verkehrshindernisse vorhanden sind, von welchen wir in unseren Gegenden keine rechte Vorstellung haben. Ihnen begegnet man in Kambodscha und Siam, am oberen Mekong und besonders am linken Ufer desselben; vielfach aber ist Fuhrwerk überhaupt unbenützbar und Lasten werden von den Elephanten oder von Lastochsen oder auf den Schultern der Menschen fortgeschafft.

Die Zugtiere, welche immer paarweise angeschirrt werden, unterscheiden sich noch mehr, als die Fuhrwerke. Die Ochsen sind eine Varietät der Zebus oder Buckelochsen. Aber wie verschieden sind sie von unseren Zugochsen! Rasch und leicht beweglich, oft voll Feuer, mit Beinen so zierlich gebaut, wie die des Hirsches, mit meist hellem, kurzhaarigem aber dichtem Fell vereinigen sie Eigenschaften, die sie in der ganzen Welt geschätzt machen würden und bilden Gespanne, die sich auf den aristokratischsten Promenaden Anerkennung verschaffen könnten. An Feiertagen werden die Hörner mit roten Stoffen überzogen und mit Bronzeschmuck verziert. Doch unterscheidet man verschiedene Rassen und unter ihnen ist eine mit eisengrauem Fell besonders geschätzt. Die Hörner sind schwach, lyraartig gebogen, und ziemlich lang, der Knochenbau ist etwas eckig, aber sehr stark. Man nimmt gewöhnlich an, diese besonders kräftigen und schönen Zugtiere seien entsprossen aus einer Kreuzung der gewöhnlichen Landochsen mit wilden und in der Jugend eingefangen.

In Cochinchina, Kambodscha und den Laosländern giebt es noch verschiedene Rassen von Rindvieh, die ziemlich verschieden in ihren Eigenschaften sind und in manchen derselben übereinstimmen mit denen wild vorkommender Viehrassen, die aber noch wenig erforscht sind. Der Trabochse hat vorzügliche Eigenschaften; wenn er auch sanft und furchtsam ist, so kann er doch bei einigermaßen leidlichem Weg große Strecken im Tag zurücklegen. Wenn unterwegs nichts am Fuhrwerk zerbricht, wenn der Boden horizontal und nicht zu weich, auch nicht zu hart ist, so kann ein Gespann 80 Kilometer täglich durchmessen. Dabei brauchen die Ochsen wenig Wasser und begnügen sich mit dem Futter, das sie sich während des Haltes in der Umgebung selbst suchen, ohne daß dabei nötig wäre, ihnen die Füße zu fesseln.

Der Büffel dagegen mit seinem dicken Kopf und dummen Auge, seinen schweren und großen, schwarzen Hörnern, seinen kurzen und massigen Beinen und breiten Hufen und seiner kahlen Haut, ist ein ungraziöses Tier, das vor dem Europäer scheu ist und nur dann gute Dienste leisten kann, wenn ihm Wasser im Ueberfluß geboten werden kann. Bei den gewöhnlichen Reisebedingungen kann man nicht mehr als 25 Kilometer mit dem Büffelfuhrwerk zurückzulegen erwarten. Aber was an Geschwindigkeit verloren geht, gewinnt man an Kraft; unter dem unbarmherzig treibenden Stachel des Führers wird ein Büffelgespann schwimmend einen schwer beladenen Wagen durch einen Fluß schaffen und dann dessen steiles, schlüpfriges Ufer emporklettern.

Ochsen und Büffel werden in derselben Weise angespannt. Ein an den Hörnern befestigtes Joch ist im fernen Osten ganz unbekannt. Unserem Joch entspricht dort ein ähnliches Stück Holz, das mit einem Strick aus Lianen oder Rotang locker an der Deichsel befestigt ist und auf den Widerrist oder den Nacken des Tiers gelegt wird. Es ist an dieser Stelle immer haarlos und oft wund. Ein einfacher Bolzen von Holz, nahe dem äußeren Ende des Jochs, von welchem aus ein einfacher Riemen um den Hals des Tiers gelegt ist, verhindert dieses, sich loszumachen. Die Zügel sind gewöhnlich aus Rotang, manchmal auch aus der Haut des Büffels oder des Hirsches und werden an einem Knopf befestigt, welcher durch die Nasenscheidewand geht.

Die Spanntiere sind gewöhnlich sehr gefügig und gut dressiert; oft gehorchen sie aufs Wort. Aber sie erschrecken leicht, besonders wenn sie ein gefährliches oder ihnen unbekanntes Tier sehen, eine Schlange z. B. Auch ein Europäer kann für sie Ursache des Schreckens sein. In Gegenden, wo sie durch Mückenschwärme gepeinigt werden, können sie wütend werden. Manche Büffel haben auch die Unart, der Lust des Badens nicht widerstehn zu können. Trotz der bestens angebrachten Stockprügel stürzen sie sich in die trüben Moräste, namentlich wenn sie lange in der Sonnenglut gelaufen sind. Diese Liebhaberei kann für das Gepäck und den Reisenden auf dem Wagen recht unangenehm werden.

Die Fuhrwerke, ob sie von Ochsen oder von Büffeln gezogen werden, sind ziemlich auf dieselbe Art aus mehr oder weniger widerstandsfähigem Material gebaut, mehr oder weniger elegant oder selbst luxuriös in der Ausführung, je nach den Zwecken, denen sie dienen sollen. Manche sind vergoldet, lackiert und mit Gemälden geschmückt. Aber keine Spur von Metall wird bei ihrem Bau verwendet. Die einzelnen Stücke werden durch Stifte aus Bambus miteinander verbunden, und auch das spanische Rohr wird vielfach verwendet. Die Wagenachsen sind immer aus Holz und die Räder in der Regel der unvollkommenste Teil des ganzen Fuhrwerks, aber bei den mangelhaften Hülfsmitteln, welche den

Eingeborenen zur Verfügung stehen, ist es allerdings schwer, sie vollkommener zu machen. Sie haben keine eisernen Reife, die Felgen sind aus verschiedenen Stücken Holz zusammengesetzt, und ebenso der Radkranz, und diese wieder untereinander durch Stifte aus Bambus verbunden. Die Nabe nützt sich rasch ab oder sie zerspringt leicht.

Und doch werden die Hölzer zum Wagenbau mit größter Sorgfalt ausgewählt. Wahrscheinlich seit uralter Zeit sind bestimmte Dörfer vorwiegend damit beschäftigt, so namentlich einige im Nordosten des französischen Cochinchina und andere im Norden von Kambodscha.

Auf manchen altkambodschanischen Baudenkmälern finden sich bei den Reliefbildern auch die Streitwagen und es fällt sofort auf, daß diese in ihrem Bau den noch jetzt üblichen sehr ähnlich sind. Selbst die Malereien, mit denen sie geziert sind, stimmen mit denen jetzt noch an Luxuswagen üblichen überein. Häufiger als die Ochsen kommen die Pferde auf diesen alten Basreliefs als Zugtiere vor und läßt sich selbst die eigentümliche Art des Anschirrens an denselben noch erkennen.

Ein Kriegswagen im alten Kambodscha (nach der Photographie des Basreliefs von Angkor-Wät)

Bei den schlechten Wegen Hinterindiens ist es kein Wunder, daß selbst die stärkst gebauten Fuhrwerke leicht beim Gebrauch Not leiden. Nicht selten bricht ein Teil, aber nur selten genügt nicht ein Notverband, um noch das Ziel zu erreichen. Bricht eine Achse, nun, die nächste Umgebung bietet eine Auswahl von tausenden dar, wo man auch sei, und sehr bald ist eine neue geschnitten und eingesetzt.

Stürzt ein Zugtier, so zerbricht die Deichsel, aber sie wird wieder mit Lianen gebunden; diese und Rotang hat man in kleiner Menge immer in Vorrat für vorkommende Fälle. Selbst wenn ein Teil des Radkranzes zerbricht, so hilft man sich mit Lianen und Stücken von Rinde und zieht sich so aus der unangenehmen Lage.

Der Lärm, mit dem der Wagen sich bewegt, ist abscheulich und weithin in den Wald schallt das Knirschen und Schnarren; bei Nacht werden die wilden Tiere dadurch verscheucht. Aber die Stöße, welche der an einen solchen Transport nicht gewöhnte Reisende dabei empfängt, sind noch viel furchtbarer, nach und nach aber fügt er sich in das Unvermeidliche und zuletzt schläft er dabei fest unter dem Bambusdach, das mit Blättern gedeckt ist, um ihn gegen die glühenden Sonnenstrahlen oder gegen den Regen zu schützen.

Büffelwagen mit vollen Rädern, nach einer Photographie.

Noch eine Art von Wagen zeichnet sich durch die Rohheit ihres Baues aus, und in der That kann sie jeder Holzhacker zusammensetzen, aber sie thun vortreffliche Dienste, gerade in den tiefen Wäldern. Die Räder bestehen aus einer einzigen Holzscheibe, die aber nicht durch, auf die Achse des Stammes senkrecht geführte Schnitte hergestellt wird, wie man gewöhnlich annimmt; dazu wäre eine Säge notwendig und doch würden solche Räder einem Stoß keinen Widerstand entgegenzusetzen im Stande sein und sie würden sehr leicht spalten. Man benutzt dazu vielmehr die mächtig entwickelten wulstartigen Wucherungen an dem unteren Teil eines Stammes, wie sie an tropischen Bäumen so häufig sind. Sie lassen sich leicht abspalten und können dann durch Beilhiebe auf beiden Seiten roh abgeplattet und am Umfange abgerundet werden. Sie sind so dauerhaft, daß sie selbst für feinere Fuhrwerke Anwendung finden.

Auf unserem zweiten Holzschnitt, der nach einer Photographie hergestellt ist, sei auch besonders hingewiesen auf den ungeheuren Stamm, einen Repräsentanten der Baumriesen, die auch in Flachkochinchina jetzt sehr selten geworden sind. Diese enormen Stämme wurden früher zur Darstellung der Boote benützt, welche sechzig Mann zu fassen vermochten. Es sind Stämme aus einer Pflanzenfamilie, welche in den heißen Klimaten eine ähnliche Stelle in Bezug auf die Benutzung spielen, wie bei uns die Koniferen. Sie erreichen eine Höhe von 50 Meter und der Stamm ist vollkommen gerade. Aber welche Mühe muß es bei höchst unvollkommenen Werkzeugen machen, einen Stamm von solchem Umfang zu fällen, auszuhöhlen und zu einem geeigneten Fahrzeug zu gestalten; mehr noch, das fertige Boot muß dann auch noch oft auf große Entfernung bis zu einem schiffbaren Flusse oder dem Meeresufer fortgeschafft werden. Auch hier wieder müssen die Büffel die schwerste Arbeit verrichten; sie schleifen den Kahn über den Boden fort, oder er wird vorher auf ein Gestell mit massiven Holzrädern gelegt und so leichter transportiert.

Robert Fultons erstes Dampfboot.

Beklagenswert ist ein Mensch, der hinter seiner Zeit in Wissen und Können zurückbleibt. Aber auch der ist zu beklagen der seiner Zeit vorauseilt und mit seinen großen Gedanken und Erfindungen unverstanden bleibt. Achselzuckend wird er als Schwärmer und Phantast bemitleidet und Hunger und Kummer sind sein Loos. Erst einer späteren Zeit ist es vorbehalten, die großen Gedanken eines Verschollenen und Untergegangenen zu erkennen und zu verstehen und seinem Andenken Monumente zu errichten.

Robert Fulton gehörte zu diesen unglücklichen großen Männern. Er war 1765 in Pennsylvanien geboren, widmete sich anfangs der Goldschmiedekunst, dann der Malerei, doch verließ er auch diese wieder, um sich der Mechanik zu ergeben, und hier war er auf seinem wahren Felde der Thätigkeit. Zahlreich sind die Erfindungen, die von ihm herrührten. Aber unter allen ragt noch jetzt als wahre Heldenthat des Menschengeistes die Konstruktion des ersten praktisch verwendbaren Dampfbootes hervor.

Im Conservatoire des Arts et Métiers in Paris, dieser großartigen Sammlung von Apparaten, Modellen, Zeichnungen u. dgl. zur Geschichte der Künste und Wissenschaften, befindet sich auch die Zeichnung dieses Schiffs in Grund- und Aufriß und ein Begleitbrief Fultons in etwas fehlerhafter französischer Sprache, dessen Inhalt der Hauptsache nach folgendermaßen lautet:

Paris, 4 Pluviose des Jahres XI. (1803).

Robert Fulton an die Bürger Molar, Baudell und Montgolfier, Freunde der Künste.

Ich sende Ihnen anbei die skizzierten Zeichnungen einer Maschine, die ich eben baue und mit welcher ich mir vorgenommen habe, bald Versuche anzustellen, um mit Hülfe von Dampf ein Schiff die Flüsse aufwärts zu fahren. Als ich mich mit diesem Gegenstand beschäftigte, war mein erster Zweck, die praktische Ausführung auf den großen Flüssen Amerikas zu versuchen, wo es keine Leinpfade giebt, wo diese auch kaum praktisch wären und wo folge-

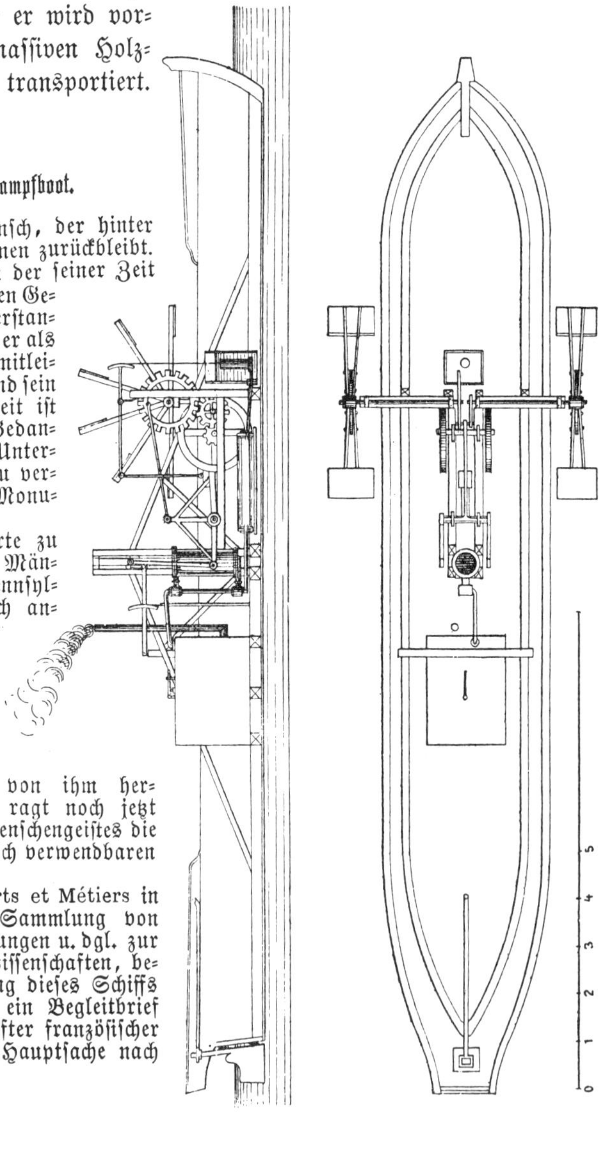

Robert Fultons erstes Dampfboot.

Das „Conservatoire des Arts et Métiers“ in Paris.

weise die Kosten der Schiffahrt mit Hülfe von Dampf leichter als in Frankreich mit denen verglichen werden könnten, welche die Arbeit von Menschen und Pferden veranlaßt.

In den Zeichnungen finden Sie nichts Neues; es sind nur Wasserräder, die ja schon so oft probiert, aber immer wieder beiseite gelassen wurden, weil man glaubte, ihre Verwendung im Wasser sei ohne Vorteil. Aber nach den Erfahrungen, die ich schon gemacht habe, bin ich überzeugt, daß der Fehler nicht im Princip der Räder lag, sondern in der Unkenntniß der Größenverhältnisse, der Geschwindigkeit, der Kraft und wahrscheinlich auch der mechanischen Kombinationen.

Bürger! Wenn meine Versuche beendigt sind, werde ich das Vergnügen haben, Sie einzuladen dieselben zu sehen, und wenn sie gelingen, so behalte ich mir vor, entweder mit meinen Arbeiten der Republik ein Geschenk zu machen oder daraus diejenigen Vorteile zu ziehen, welche mir die Gesetze gestatten.

Ich lege diese Notiz in Ihre Hände, damit, wenn ein ähnliches Projekt vor Beendigung meiner Versuche bekannt werden sollte, meine Prioritätsrechte gewahrt wären.

Gruß und Hochachtung

No. 50 Rue Vaugirard.

Robert Fulton.

Wirklich kam Fultons Dampfboot noch in demselben Jahre 1803 zur Ausführung und fuhr auf der Seine. Aber weder in Paris, noch in England fand die neue Erfindung Beifall. Es wandte sich daher Fulton 1806 wieder seiner amerikanischen Heimat zu, wo er in New-York ein Dampfboot von 130 Fuß Länge baute, 1807 von Stapel ließ und den Hudson befuhr. Aber auch jetzt noch fand er nicht die Anerkennung, die seine große Erfindung verdiente. Zwar erhielt er Patente zur Befahrung der bedeutenderen Flüsse Amerikas, aber ohne Geld konnte er nichts ausführen. Mit einer Schuldenlast von 100,000 Dollars starb Fulton 1815 zu New-York. Erst 23 Jahre später erkannte die Nachwelt, welch' köstliches Geschenk sie Fulton verdanke; der amerikanische Kongreß dekretierte seinen Nachkommen ein Dankgeschenk von 100,000 Dollars.

Allerdings hat Fultons Seinedampfboot ein anderes Aussehen, als die jetzt noch üblichen Räderboote und ist in seiner Konstruktion sehr einfach. In der Mitte des Schiffs ist der Dampfcylinder, nahebei gegen das Steuer zu der Dampfkessel. Die Uebertragung der Kolbenbewegung auf die Kurbel der Räder hat Aehnlichkeit mit einem Pumpengestänge, die Räder selbst sind so groß und plump, wie die Maschinerie einfach.

Immerhin war hier der erste Schritt gethan, und aus dem kleinen, mit Mißtrauen und Lieblosigkeit aufgenommenen Embryo entwickelte sich eine segenspendende Weltmacht, welche die ganze Erde umspannt.

Der Torpedo.

Während der Zeit des deutsch-französischen Krieges 1870—71 waren die Küsten unseres Vaterlandes gegen die sich nähernde französische Kriegsflotte durch ins Meer versenkte Torpedos so gut verteidigt und beschützt, daß sich, wie bekannt, die feindlichen Schiffe kaum in Sicht der Küste gewagt haben.

Im letzten Kriege Rußlands gegen die Türkei ist durch die Erfolge, welche in der Zerstörung feindlicher Schiffe mittelst Torpedos erzielt wurden, neuerdings wieder die allgemeine Aufmerksamkeit auf diesen Teil der submarinen Sprengtechnik gelenkt worden. Ganz gewiß sind diesseits wie jenseits des Oceans erfinderische Köpfe mit der Vollkommnung des Torpedos in Konstruktion und Wirkungsweise beschäftigt. Es wird daher die Entwickelungsgeschichte und die Zusammenstellung dieses für die maritime Kriegführung so wichtigen Verteidigungs- wie Angriffsmittels von allgemeinstem Interesse sein. Doppelt interessant, da die allmähliche Vervollkommnung des Torpedos ein Hand in Hand gehen mit den Fortschritten der Wissenschaft deutlich erkennen läßt. Die großen Errungenschaften der Neuzeit in den Gebieten der Chemie und Physik, besonders aber der Elektricität und des Magnetismus finden mannigfache Anwendung in der heutigen Torpedopraxis. Man kann sagen, daß seit der Erfindung der modernen Explosivstoffe, wie Schießbaumwolle, Dynamit 2c. und der Verwendung derselben zu Sprengungen in Verbindung mit der Elektricität, die submarine Kriegführung ein Zweig der angewandten Wissenschaften geworden ist.

Es ist schwer zu sagen, wann die ersten Torpedos oder Höllenmaschinen zu Verteidigungszwecken und im Seekriege gebraucht wurden. Der erste, welcher dieselben mit Erfolg anwandte, scheint Friedrich Gianibelli gewesen zu sein. Derselbe ließ während der Belagerung von Antwerpen im Jahre 1585 in der Nacht vom 4. auf den 5. April gegen eine, von dem spanischen Statthalter und Oberbefehlshaber Herzog Alexander von Parma über die Schelde geschlagene Brücke Schiffe von 70—80 Tonnen abgehen, welche zu schwimmenden Vulkanen umgeschaffen waren. Im Schiffsraume befanden sich ca. 3000 Kilo Schießpulver eingemauert und dasselbe war mit schweren Steinen, Eisenstücken und sonstigen Zerstörungsmaterialien umschüttet. Die Explosion geschah durch Selbstentzündung mittelst Zündschnur und Uhrwerk.

Während einige dieser Pulverschiffe durch widrigen Wind ans Ufer geworfen wurden sowie auch ein großes Schiff, genannt das „Glück,“ auf Grund geriet und ohne Schaden anzurichten, explodierte, erreichte das stärkste Minenschiff, die „Hoffnung,“ den Brückenbau. Die Wirkung der Explosion war so ungeheuer, daß die Brücke auf 200 Fuß Länge fortgerissen, der Strom bis auf den Grund aufgewühlt und in der ganzen Umgebung eine furchtbare Verwüstung angerichtet wurde. Ohne erheblichen Erfolg wandten die Engländer im Jahre 1628 mit Pulver gefüllte schwimmende Blechbüchsen gegen die französischen Schiffe im Hafen von La Rochelle an. Der Deutsche, Dr. Kauffler, hatte im Jahre 1662 Sprengmaschinen konstruiert, wie in Pepys Diary erwähnt wird.

Im Jahre 1693 am 29. November wurde die Stadt St. Malo durch die Engländer bombardiert und durch eine schwimmende Mine, welche 200 Fässer Pulver, mehrere hundert Bomben, Eisenstücke 2c. enthielt, teilweise zerstört.

Auch bei den Belagerungen von Dieppe und Dünkirchen 1694 verwandten die Engländer mit Pulver gefüllte Torpedos, wenn auch ohne großen Erfolg.

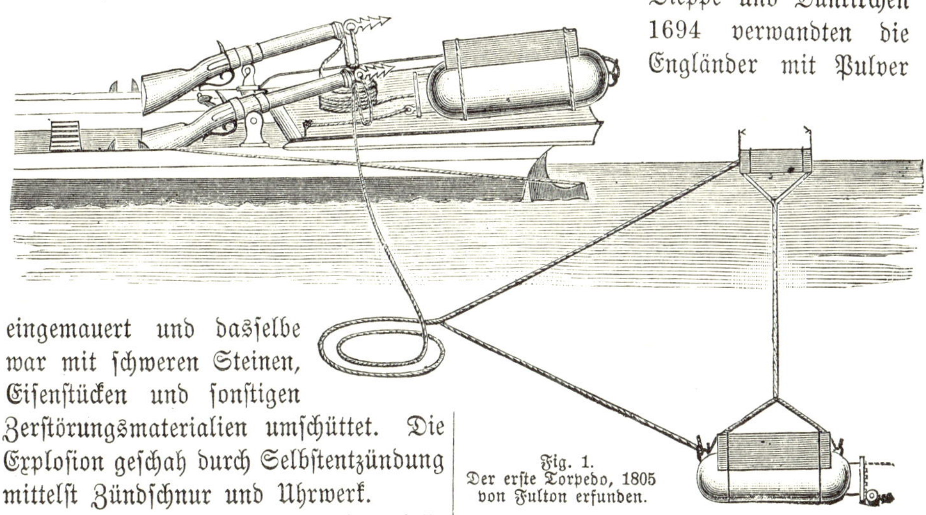

Fig. 1.
Der erste Torpedo, 1805
von Fulton erfunden.

Aus dem achtzehnten Jahrhundert ist

die Verwendung von Torpedos wenig bekannt. Ein Amerikaner, David Bushnell, fertigte im Jahre 1742 und später Torpedos und Torpedoboote, gleichfalls ohne wesentliche Erfolge zu erzielen.

In der Seeschlacht von Tschesme wurde im Jahre 1770 in der Nacht vom 5. zum 6. Juli von den Russen die ganze türkische Flotte verbrannt und unter Anwendung von Torpedos die Hafenbefestigungen zerstört. Nach dem Vorgange von Bushnell war es ein anderer Amerikaner, welcher die Wichtigkeit der submarinen Kriegführnng erkannte, und in der Herstellung von Torpedos Erfolge zu verzeichnen hatte. Robert Fulton, der Begründer der Dampfschiffahrt, bot im Jahre 1805 den von ihm erfundenen Torpedo der französischen Regierung an, von welcher er jedoch abgewiesen wurde, wonach er dann seine Erfindung den Engländern für 15,000 Pfund Sterling verkaufte. Nachdem das erste Unternehmen, die Zerstörung der französischen Schiffe bei Boulogne allerdings nicht geglückt war, gelang es Fulton später, die französische Brigg „Dorothea" in die Luft zu sprengen. Im Jahre 1812 wandte Fulton, der wieder nach Amerika zurückgekehrt war, seine Erfindung im Kampfe seines Vaterlandes gegen England an.

In Europa versuchten 1813 die Oesterreicher unter Anwendung von Torpedos die Elbbrücke bei Königstein zu sprengen. Nach langjährigem Experimentieren konstruierte dann der Amerikaner Samuel Colt, der Erfinder der Revolver, die ersten Torpedos, welche mittelst galvanischen Stromes entzündet wurden. Er zersprengte im Jahre 1842 in den Gewässern von New-York die Brigg „Volta" und im folgenden Jahre ein großes Schiff von 500 Tonnen auf dem Flusse Potomac. Von den europäischen Regierungen waren es zunächst besonders Rußland und Oesterreich, welche in den Jahren 1854—1859 Torpedos zur maritimen Kriegführung allgemein verwendeten.

Rußland versenkte an den Hafeneingängen von Kronstadt und Sebastopol während des Krimkrieges Torpedos, und Oesterreich schützte den Hafen von Venedig gleichfalls vermittelst verankerter Torpedos gegen die feindlichen italienischen Schiffe.

Große Erfolge mit unterseeischen Torpedos sind dann im amerikanischen Bürgerkriege erzielt worden. Im Jahre 1864 wurden dort 25 Schiffe, unter denen Eisenpanzerschiffe und Monitors sich befanden, in die Luft gesprengt, eine größere Anzahl mehr oder weniger stark beschädigt und unbrauchbar gemacht.

Von den Torpedos, welche zum Schutze der deutschen Küsten in den Jahren 1870 und 1871 und im letzten russisch-türkischen Kriege verwendet wurden, wird speziell noch weiter unten die Rede sein.

Unter den deutschen Erfindern und Verbesserern von Torpedos muß der Name des leider wenig gewürdigten See-Ingenieurs Bauer, seiner großen Verdienste um diesen Zweig der Sprengtechnik wegen, mit genannt werden.

Nach Zusammenstellung der für die Entwickelungsgeschichte der Torpedopraxis wichtigsten historischen Daten soll nun zu einer näheren Beschreibung der einzelnen Torpetoarten, um die allmähliche Vervollkommnung in der Konstruktion und Anwendung derselben zu zeigen, übergegangen werden.

Der Amerikaner Robert Fulton war es, welcher zuerst für im Wasser versenkte Minen, (die schwimmenden wurden früher auch wohl „Petarden“ genannt), den Namen „Torpedo“ brauchte, und diese Bezeichnung ist wahrscheinlich von einem in den Gewässern des nördlichen Südamerika häufig vorkommenden elektrischen Fische, dem Zitteraale, hergeleitet, welcher die Fähigkeit besitzt, durch direkte Berührung sowohl, als auch durch eine leitende Materie aus der Entfernung elektrische Schläge abzugeben.

Die vorstehende Fig. 1 zeigt ein Boot mit einem zum Angriff fertigen Fulton-Torpedo. Vermittelst eines großen Muskctons, einer Art Karabiner, wird gegen das zu zerstörende Schiff eine Harpune abgefeuert, welche durch ein Seil mit dem Torpedo in Verbindung gebracht war. Sobald sich die Harpune in den Rumpf des Schiffes eingebohrt hatte, wurde der Torpedo, welcher durch einen, gleichfalls mittelst Seil an diesen befestigten Schwimmer in einer bestimmten Tiefe unter dem Wasserspiegel gehalten wurde, über Bord geworfen, und so gegen das feindliche Schiff getrieben. Beim Anstoßen an dasselbe brachte dann ein Perkussionszünder den Torpedo zur Explosion.

Der russische Torpedo, welcher zur Zeit des Krimkrieges in der Ostsee und im Schwarzen Meere Anwendung fand, war einer der ersten, dessen Entzündung durch chemische Reagentien, welche mit einander in Berührung gebracht Hitze entwickeln, bewerkstelligt wurde.

Fig. 2 zeigt die Konstruktion dieses Torpedos. Derselbe besteht aus einer mit Schießpulver zur Hälfte angefüllten Büchse, welche im Querschnitt die Form eines gleichschenkligen Dreiecks hat. Der leere Raum dieser Büchse ist eine Luftkammer, durch welche man, je nachdem die Luft in derselben mehr oder weniger verdünnt wird, den Apparat in einer bestimmten Tiefe im Wasser schwimmen lassen kann. Durch diese Luftkammer ist ein dichtes Rohr zum Schießpulver

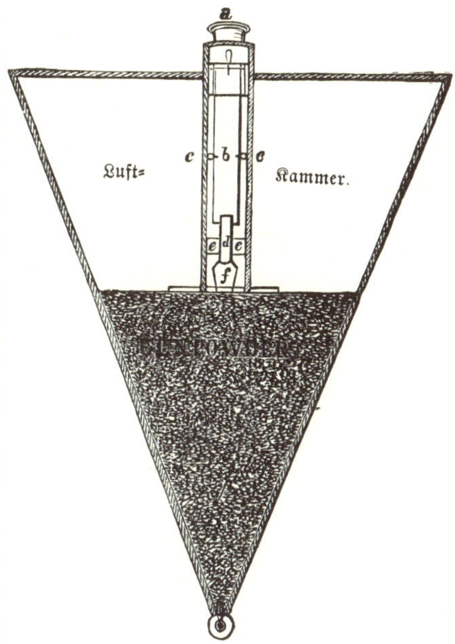

Fig. 2. Russischer Torpedo aus dem Krimkriege.
a Drücker; b beweglich angebrachter Metallcylinder, im Zapfen c c; d mit Schwefelsäure gefüllte Glasröhre; e e mit chlorsaurem Kali und Zucker gefüllte Kammer; f scharfe Spitze als Zündkorn.

geführt, in welchem sich die Zündvorrichtung befindet. b ist ein in dem Zapfen c c beweglich angebrachter Metallcylinder, d eine kleine mit Schwefelsäure gefüllte Glasröhre, welche durch einen abgeschlossenen Raum e e, der chlorsaures Kali und Zucker enthält, zu einer unten sich öffnenden kleinen Büchse, feines gekörntes Schießpulver enthaltend, geführt ist. Ueber dem Cylinder b sitzt ein Drücker a. Kommt ein Schiff mit diesem in Berührung, so wird der Cylinder b durch den Stoß die Glasröhre d zertrümmern, die darin enthaltene Schwefelsäure dann auf das chlorsaure Kali fließen, wodurch eine sehr energische Hitzentwickelung eingeleitet wird, das Schießpulver zur Entzündung und der ganze Apparat zur Explosion kommt. Diese Art der Torpedos hatte jedoch viele Mängel. Ein großer Uebelstand war der, daß ihre Bewegung im Wasser nicht zu kontrolieren war, wodurch sie ebenso leicht den eigenen Schiffen der Verteidiger als den feindlichen verderblich werden konnten. Anderseits war es sehr schwer, das Schießpulver in diesen Büchsen absolut trocken zu halten, was eine Hauptbedingung für eine sichere Wirkung ist, da ein im Geringsten feuchtes Pulver seine Explosionsfähigkeit verliert. Jedoch hiervon abgesehen, haben sich diese Art Torpedos in vielen Fällen zu schwach in ihrer Wirkung gezeigt. Unter vielen anderen Torpedos, welche mittelst Strom oder durch Wind gegen feindliche Schiffe getrieben werden, ist der von dem englischen Seeoffizier Harvey erfundene, besonders erwähnenswert.

Der Torpedo wurde durch eine Umschließung von Holz im Wasser schwimmend erhalten und konnte vermittelst eines Seiles und mehrerer Korkschwimmer vom Schiffe aus dirigiert werden. Die Berührung dieses Torpedos mit dem feindlichen Schiffe hat das Niederdrücken eines aufwärts stehenden Hebels zur Folge, wodurch ein mechanischer Apparat zur Thätigkeit kommt, der das Losspringen eines mit Zündsatz gefüllten Bolzens und so die Explosion bewirkt. Besonders anwendbar sind diese Art Torpedos zur Verfolgung feindlicher Schiffe und dieselben haben deshalb in der amerikanischen Marine ausgedehnte Verwendung gefunden.

Ein anderer Treib-Torpedo, der sich zum Angriff auf verbarrikadierte Hafeneingänge besonders eignet, wurde von einem englischen Ingenieur Lewis konstruiert. Hier war es eine vertikal schwimmende Stange, die beim Anstoßen ein mit ihr verbundenes Gewicht zum Fallen brachte, wodurch der Torpedo vermöge der Auftriebskraft emporgeschnellt und durch Aufschlagen zur Explosion gebracht wurde.

Seitdem nun in der Sprengtechnik die modernen Explosivstoffe, wie Schießbaumwolle und besonders die Dynamite zur Anwendung gekommen sind, und man sich zur Entzündung der Minen der Elektricität bedient, ist man auch in der Torpedopraxis von der Verwendung des Schießpulvers fast ganz abgekommen, wodurch natürlich auch die ganze Sprengungsmethode eine wesentlich andere wurde.

Die Dynamite sind wegen ihrer vollkommenen Unempfindlichkeit gegen Wasser und Feuchtigkeit viel geeigneter für Sprengungen unter Wasser, als das Schießpulver. Die Schießbaumwolle kann man, ohne daß sie verdirbt, unter Wasser aufbewahren. Außerdem ist die treibende Kraft, die eigentliche Sprengleistung dieser Stoffe, wie eingehende Versuche gezeigt haben, bei gleichem Gewicht um das 4- bis 8fache unter Umständen das 10fache größer als bei Schießpulver.

Dynamit ist ein mechanisches Gemenge von gewöhnlich 75 Teilen Nitroglycerin oder Sprengöl und 25 Teilen Kieselguhr oder Infusorienerde, und erscheint meistens als eine teigartige rötliche Masse. Die Schießbaumwolle ist eine chemische Verbindung, welche entsteht, wenn man gewöhnliche Baumwolle in eine Mischung von Salpeter und Schwefelsäure eintaucht, dann gut in Wasser auswäscht und trocknet.

Sie gleicht in der Struktur noch ganz der gewöhnlichen Baumwolle hat jedoch ihre Elasticität verloren.

Bei der Verteidigung des Hafens von

Venedig 1859 wandten die Oesterreicher zuerst die Schießbaumwolle in Torpedos an, welche sie mittelst Elektricität zur Explosion brachten. Die hier zur Anwendung gekommene sehr sinnreiche Methode wird durch beistehende Fig. 3 veranschaulicht.

An einer hervorragenden Stelle am Ufer, von welcher aus der ganze Hafen zu übersehen war, wurde ein Observatorium als eine Art Camera obscura gebaut, welche ein vollständiges Bild des Hafens vermittelst des Spiegels a und der Linse b auf die weiße Platte eines in derselben befindlichen Tisches c reflektierte. Auf diese Weise war es natürlich einer in dieser Camera stationierten Wache sehr leicht möglich, den ganzen Hafen zu beobachten. Man bezeichnete und numerierte nun die Stellen, an denen die Torpedos versenkt wurden, in dem Bilde ganz genau. Um dann das Gebiet der zerstörenden Wirksamkeit besser beurteilen zu können, ließ man noch in den betreffenden Entfernungen um alle versenkten Torpedos ein Boot herum rudern, dessen Weg gleichfalls in dem Bilde der Camera mit aufgenommen wurde. Von jedem Torpedo führte ein elektrischer Leitungsdraht nach dem Observatorium, in welchem jeder Draht die in dem Bilde verzeichnete Nummer desselben erhielt. Auf diese Weise war es natürlich sehr leicht möglich, immer gerade nur diejenige Mine zur Explosion zu bringen, welcher ein feindliches Schiff am nächsten kam.

Diese Methode erscheint zur Küsten- und Hafenverteidigung besonders deshalb noch sehr geeignet, weil die ganze Anlage sich leicht der Beobachtung entziehen läßt, so daß der herannahende Feind ein unbeschütztes Fahrwasser zu haben glaubt. Selbstverständlich kann jedoch dieselbe nur bei Tageslicht und genügend hellem Wetter verwendet werden.

Fig. 3. Der erste elektrische Torpedo mit Schießbaumwolle, 1859 in Venedig angewendet.
a Spiegel; b Linse, c Tisch, auf den der Spiegel das Bild des Hafens reflektiert; d, e mit den Torpedos verbundene Drähte.

Ein ähnliches Prinzip wandten im amerikanischen Bürgerkriege die Konföderierten zur Verteidigung der Kanäle und

Flüsse mittelst versenkter elektrischer Minen an. Dieselben wurden quer durch die Flußbetten in gerader Linie verankert und diese Stellen konnten durch besondere Merkmale von den Ufern, welche als solche dem Feinde nicht bemerkbar waren, für die Verteidiger natürlich leicht erkennbar gemacht werden.

Das eigentliche Entzünden der elektrischen Torpedos geschieht durch sogenannte Zünder, welche mit den Enden der Zuleitungsdrähte verbunden, in ge-

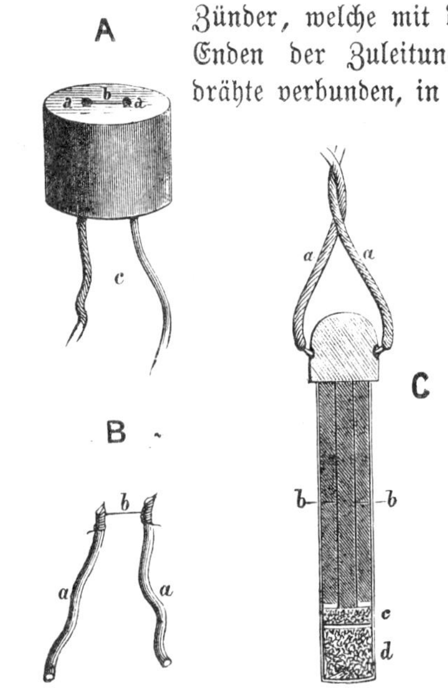

Fig. 4. Elektrische Zünder.
A Beardslee-Zünder; a a Spitzen der elektrischen Drähte; b Graphitstift zwischen den Drähten; c zur Batterie führende Drähte. — B Einfacher Drahtzünder; a a Kupferleitungsdrähte; b feiner Platinadraht, erhitzt durch den elektrischen Strom. C Abelscher Zünder; a a elektrische Leitungsdrähte; b b Drähte im Zünder; c d Zündsatz.

eigneter Weise in die Torpedoladung eingeführt werden. In Fig. 4 finden sich drei Arten solcher Zünder abgebildet, und zwar stellt A einen Beardslee-Zünder dar. Derselbe besteht aus einem runden Stück Holz, dessen eine Fläche, an der die Zuleitungsdrähte c bei a a ausmünden, vollständig glatt ist. Zwischen den Drahtenden ist ein einfacher Graphitstrich b gezogen, und da Graphit ein schlechter Elektricitätsleiter ist, so wird der elektrische Strom oder vielmehr der überspringende elektrische Funke die Graphitpartikelchen erhitzen und auf diese Weise vermittelst einer leicht entzündbaren Masse den Torpedo zur Explosion bringen. C ist ein von Abel konstruierter Zünder. Die Zuleitungsdrähte a a treten in eine Art Hülse, auf deren Boden ein Zündsatz c d sich befindet, in welchen die Drähte durch ihre Verlängerung b b hineingeführt sind. Auch hier geschieht die Entzündung durch überspringende Funken.

Bei dem sehr einfachen Zünder B, bestehend aus zwei Zuleitungsdrähten a a, welche durch einen Platindraht b verbunden sind, geschieht die Explosion, indem durch den elektrischen Strom der Platindraht d zum Glühen und dadurch die Entzündung hervorgebracht wird.

Torpedos, welche also mit einem der beiden ersten Zünder ausgestattet werden, brauchen zu ihrer Entladung einen Strom von hoher Spannung, wie ihn die statische oder Reibungselektricität erzeugt, während für den einfachen Platindrahtzünder ein Strom von schwacher Spannung, also die dynamische oder galvanische Elektricität angewendet werden muß. Man hat nun zur Erzeugung beider Arten Elektricität verschiedene sehr praktische und für den Zweck brauchbare elektromagnetische Instrumente, sogenannte Explosionsmaschinen gebaut, auf die näher einzugehen hier zu weit führen würde. Als eine der ersten sei nur die von Charles Wheatstone konstruierte Maschine für hohe Spannung (Fig. 5.) erwähnt. In derselben befinden sich eine Anzahl sehr kräftiger Magnete, sowie ein großer Hufeisenmagnet, mit welchem durch eine Armatur, wie aus der Figur deutlich ersichtlich, eine Anzahl Drähte, die als Zuleitung nach den Torpedos dienen, verbunden sind. Durch kräftige Drehung der Magnete vermittelst einer Kurbel, kann mit dieser Maschine ein Strom erzeugt werden, welcher stark genug ist, um zwanzig mit derselben

Fig. 5. Wheatstones Explosionsmaschine.

verbundene Minen auf einmal zur Explosion zu bringen. Außer den eben beschriebenen Zündmethoden hat man auch noch manche andere Arten der Zündung in Anwendung gebracht, z. B. die Methode, daß beim Anstoßen des Torpedos ein Strom von Wasserstoffgas auf einen Platinschwamm zur Wirkung kommt, wodurch derselbe glühend wird, und so die Sprengmasse zur Entzündung bringt.

Zur Verteidigung der deutschen Küsten wurden 1870 zwei andere Arten sogenannter selbstthätiger Torpedos verwandt, und hier kam als Explosionsstoff Dynamit zur Verwendung.

Die eine Sorte war, wie Fig. 6 zeigt, durch Leitungsdrähte mit einer an der Küste aufgestellten elektrischen Batterie verbunden, und der Zünder war hierbei derartig eingerichtet, daß wenn durch Berührung des den Torpedo schützenden Mantels a vermittelst Niederdrücken der Isolierplatte b die elektrische Leitung geschlossen wurde, die Explosion erfolgen mußte.

In dem anderen Torpedo, welcher unter dem Namen Herz-Torpedo bekannt ist, war gleich die elektrische Batterie mit enthalten, und dieselbe ist gleichfalls so eingerichtet, daß sie sich erst dann in Aktion setzt, wenn ein feindliches Schiff oder sonst ein schwimmender Gegenstand mit dem Torpedo in Berührung kommt. Da Zuleitungsdrähte bei dieser Art Torpedos überflüssig sind, so können dieselben in jeder beliebigen Entfernung vom Lande zur Anwendung gebracht werden.

Die im Vorstehenden beschriebenen Torpedos sind speciell für Verteidigungszwecke berechnet.

Im letzten russisch-türkischen Kriege hat man jedoch auch den Torpedo als Angriffswaffe mit Erfolg benutzt.

Wie bekannt wurde z. B. bei Matschin ein türkischer Monitor in die Luft gesprengt und zwar unter Anwendung eines sogenannten „Stangentorpedos."

Diese werden an lange Stangen befestigt und vom Bord eines Schiffes aus getragen. Damit jedoch diese nicht selbst unter der Explosion leiden können, müssen die Stangen natürlich von entsprechender Länge sein. — Ausgedehnte Verwendung finden diese Art Torpedos bei den eigentlichen Torpedodampfern oder Torpedobooten.

Ein sehr bekannt gewordener Torpedo, der hierher gehört, ist der Wood-Lay-Torpedo, welcher im Jahre 1864 von dem amerikanischen Officier Cushing zur Zerstörung des Schiffes „Albemarle" der Konföderierten angewendet wurde. Derselbe war mittelst eines hülsenförmigen Ansatzes an eine im Wasser befindliche Stange befestigt und konnte, nachdem er so unter das feindliche Schiff dirigiert war, durch eine einfache Vorrichtung von derselben gelöst werden. Die Auftriebs- kraft hob dann den Torpedo gegen das Schiff. Durch gleichzeitiges Anziehen einer Meter Länge und 36 bis 60 Centimeter größtem Durchmesser. Der innere Raum ist in drei Abteilungen eingeteilt, vorn befindet sich das Sprengmaterial, 130 bis 200 Kilo Schießbaumwolle, mit dem Zündungsmechanismus. In der Mitte sitzt eine Vorrichtung, vermittelst welcher die Tiefe reguliert werden kann, in der

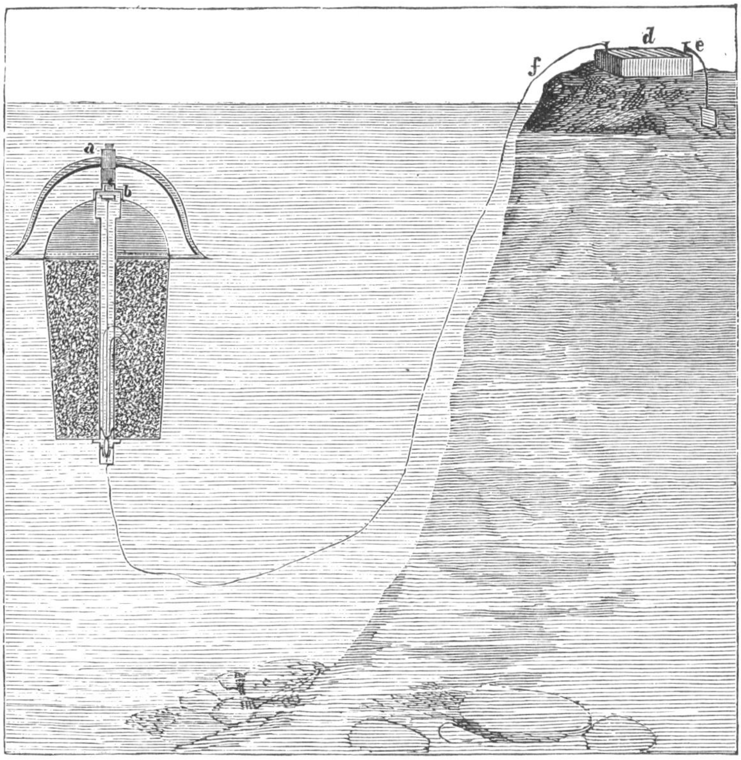

Fig. 6. Selbstthätiger elektrischer Torpedo.
a Schutzmantel; b Isolierplatte; c Zünder; d elektrische Batterie an der Küste; e in die Erde führender Draht; f zum Torpedo führender Draht.

Leine schlug dann eine eiserne Kugel auf einen Zündkegel und die Explosion er- folgte.

Als besondere Torpedoart verdient noch der Whitehead- oder Fischtorpedo genannt zu werden. In der äußeren Form gleicht dieser Torpedo einer an beiden Enden spitz zulaufenden Cigarre. Er wird in ver- schiedenen Dimensionen gebaut, von 4 bis 6 sich der Torpedo unter dem Wasser- spiegel fortbewegen soll. Hinten ist eine Luftkammer, welche komprimierte Luft und die Maschine enthält, vermöge welcher der Torpedo fortbewegt wird. Veran- laßt wird die Bewegung durch zwei aus Stahl gefertigte Schrauben, eine rechts- und eine linksgängig. Die Luftkammer ist so stark gebaut, daß dieselbe mit größter

Sicherheit einen Druck von 80 Atmosphären aushalten kann, obgleich nur etwa 55 Atm. gebraucht werden. Die Maschine ist auf eine Kraftäußerung gleich 40 Pferdekräften eingerichtet, und die Luftmenge in dem Torpedo reicht aus um denselben mit einer Geschwindigkeit von 5 deutschen Seemeilen (20 Knoten) per Stunde auf eine Entfernung von beinahe 1000 Meter fortzubewegen. Die Tiefe, in welcher sich der Torpedo fortbewegen soll, läßt sich zwischen 0,33 bis fast 9 Meter beliebig regulieren. Er kann mit Zeitzünder, wenn derselbe innerhalb der genannten Entfernung von tausend Meter explodieren, oder auch mit Perkussionszünder, wenn die Explosion durch Anstoßen erfolgen soll, versehen werden. Verfehlt er sein Ziel, so kann man ihn entweder zu Grunde gehen und explodieren lassen oder auch so einrichten, daß er zur Oberfläche kommt und wieder aufgefischt werden kann. Ist der Torpedo ins Wasser gelassen, was vom Schiffe aus durch ein besonderes Rohr geschieht, so stellt er sich sofort in die betreffende Tiefe ein, auf welche man ihn reguliert hat und geht dann sogleich gerade vorwärts.

Auf einem ganz ähnlichen Prinzipe beruht der Ericson-Torpedo. Er unterscheidet sich von dem Fischtorpedo nur dadurch, daß sein Lauf regulierbar ist, indem er durch ein röhrenförmiges Kabel, durch welches demselben zugleich die zur Fortbewegung notwendige komprimierte Luft zugeführt wird, mit dem Abgangsorte in Verbindung bleibt. Damit es möglich ist, den Weg eines solchen Torpedos zu verfolgen, befindet sich auf demselben ein dünner Stahlmast, der oben in eine hölzerne Kugel endet. Dieselbe ist vorn seefarbig und nach hinten weiß angestrichen, kann sonach vom Feinde nicht leicht, jedoch vom Absender deutlich gesehen, also auch gelenkt werden.

Ein dritter zu dieser Klasse gehörender Torpedo ist der von Mr. Lay erfundene. In Form und Einteilung ist derselbe den eben beschriebenen im Allgemeinen gleich, wird jedoch meistens in größeren Dimensionen bis 9 Meter Länge und 1 Meter größte Breite ausgeführt, und man kann daher denselben als Uebergang zu den eigentlichen Torpedobooten ansehen. Die treibende Kraft bildet komprimierte Kohlensäure und die Maschine ist mit einer Reguliervorrichtung versehen, die vom Absendungsorte des Torpedos aus mit einer elektrischen Batterie verbunden ist. Es wird dadurch die Bewegungsrichtung, die Tiefe und Geschwindigkeit leicht regulierbar.

Der Torpedo gestattet eine Ladung von 225 Kilo Sprengmaterial aufzunehmen, und die Sprengung geschieht durch elektrischen Strom, welcher durch Leitungsdrähte zugeführt wird. Gleichzeitig lassen sich durch Stangen mit demselben noch kleinere Torpedos in Verbindung bringen, welche unabhängig und unbeschadet der Sprengladung des Haupttorpedos durch elektrische Funken abgefeuert werden können.

Ein großer Nachteil dieses Torpedos ist jedoch seine geringe Fortbewegungsgeschwindigkeit, welche nicht mehr als etwa 6 ½ Meilen per Stunde beträgt. Ein angegriffenes Schiff kann sich, wenn es die sonstigen Umstände gestatten, leicht dadurch schützen, daß es seine Boote aussetzt und die Verbindungskabel abschneiden läßt. Für den Fall, daß sich an Bord eine elektrische Batterie und Drähte befinden, kann es dann sogar den Torpedo seinen Angreifern wieder zurückschicken.

Für einen aus der Ferne dirigierten Torpedo ist große Geschwindigkeit unbedingt ein Haupterfordernis zur Erzielung einer erfolgreichen Wirkung.

Die beiden erstgenannten Torpedos funktionieren sehr sicher und sind wohl bis jetzt die gefährlichsten ihrer Art, besonders da sich gegen die furchtbare Wirkung derselben wohl schwerlich genügende Schutzvorrichtungen, wie es gegen die anderen Torpedoarten ziemlich, wenn auch nur in einem beschränkten Grade, möglich ist, werden in Ausführung bringen lassen.

Die bis jetzt zur Anwendung gekommenen Torpedos kann man, abgesehen von einigen Specialitäten, wie ein Rückblick auf diese Beschreibung lehrt, in vier Hauptklassen einteilen, und zwar in:

Treibtorpedos, welche man mittelst Strom, beziehungsweise Ebbe und Flut oder auch durch Wind sich fortbewegen läßt.

Verankerte oder Grundtorpedos, die man entweder fest auf dem Grund oder in einer gewissen Tiefe unter dem Wasserspiegel schwimmend erhält.

Stangentorpedos, welche vom Bord eines Schiffes mittelst Stangen geführt werden.

Lenk- oder Manövriertorpedos, die von einem Schiffe oder vom Ufer aus unter dem Wasserspiegel gelenkt und deren Richtung und Tiefe auf verschiedene Art und Weise reguliert werden kann.

Es erübrigt nun noch mit einigen Worten der Schutzvorrichtungen, welche man bis jetzt gegen die verschiedenen Torpedoarten in Anwendung gebracht, zu erwähnen. Gegen Treibtorpedos, sowie gegen Stangen- und Manövriertorpedos schützt am sichersten große Fahrgeschwindigkeit bei geschickter Manövrierung des angegriffenen Schiffes, weittragende leicht und schnell zu richtende Geschütze, elektrisches Licht und Torpedonetze, welche den ganzen Tiefgang des Schiffes beschützen. Gegen verankerte — oder Grundtorpedos:

Das Fangkabel, ein langes mit Haken versehenes Tau, welches mittelst Mörser und Patrone vom Schiff abgeschossen und mit der Winde wieder aufgezogen wird, oder dessen Enden in Booten befestigt werden, die auf und ab fahren, um Torpedos aufzufangen.

Die Fangstange, eine lange, gabelförmige Stange, welche vorn am Schiff angebracht, die Torpedos auffangen soll.

Das Fangfloß, welches mit vielen ins Wasser reichenden Haken und Eisen versehen ist, vor dem Schiffe hergeschoben wird und die Torpedos entweder auffängt oder explodieren läßt.

Die Contre-Torpedos.

Es sollen mit Schießbaumwolle oder Dynamit geladene Torpedos durch Abfeuern von 250 Kilo Schießbaumwolle in einem Umkreise von etwa 100 Meter unschädlich gemacht werden können, indem die starke Erschütterung des Wassers die innerhalb dieser Entfernung sich befindenden Torpedos zur Explosion bringt.

Wenn man nun auch gegen diese eine Art Torpedos, die Grundtorpedos, alle diese Verteidigungsmittel mit einiger Aussicht auf Erfolg anwenden kann, so haben sich doch bisher die Schutzvorrichtungen und Hilfsmittel noch sämtlich als sehr unsicher und höchst ungenügend erwiesen. Jedenfalls dürfte die Erfindung irgend welcher Vorrichtungen, die einen sicheren Schutz gegen alle Arten Torpedos gewähren würde, bei der großen Bedeutung, welche dieselben in neuerer Zeit erlangt haben, von wesentlichstem Nutzen sein.

Gegenwärtig haben die sogenannten Torpedo-Boote, deren eigentlicher Zweck die Lenkung der Torpedos ist, eine ausgedehnte Verwendung gefunden und von dieser Waffe der modernen submarinen Kriegführung soll eine nähere Beschreibung vorbehalten werden.

Schlittschuh-Segeln.

Wir haben unsern Lesern schon einige Benutzungsarten des Windes vorgeführt, die neu und originell sind: den Segelwagen und die Eisjacht. In der beistehenden Abbildung geben wir eine Skizze eines Schlittschuhseglers, wie er mit der ganzen Geschwindigkeit eines eisigen Nordwesters über die glatte Fläche des Susquehannah-Flusses dahin fliegt. Es ist ein Herr Melder zu Havre de Grace im nordamerikanischen Freistaate Maryland, der diesen, an vielen anderen Orten der Union nachgeahmten, Sport ersonnen hat, den uns die Abbildung vorführt.

Das Städtchen ist an der Mündung des Susquehannah in die Chesapeake-Bai gelegen, und obgleich seine nördl. Breite etwa 39 ½ Grad ist (also etwa Cosenza in Calabrien der Insel Korfu, den Balearen 2c. in Europa entsprechend), so hat der verflossene strenge Winter den Einwohnern genügende Gelegenheit zur Uebung im ungewohnten Schlittschuhfahren und in dem neuen Sport des Schlittschuhsegelns gegeben.

Die dazu als sehr praktisch allgemein eingeführte Form ist aus der Illustration ersichtlich und bedarf keiner weiteren Erklärung. Wer jedoch Schlittschuhsegeln will, der muß ein guter Segler und Steuermann zu gleicher Zeit sein, will er den Wind zwingen, ihn nach einer gewünschten Richtung zu treiben und nicht nur sich von ihm treiben lassen. Ja, es ist dies sogar eine der besten Schulungsarten in der Benutzung der Richtung und der Stärke des Windes. Erfahrene Segler können mit dieser Vorrichtung, in derselben Weise wie die Eisjachten, mit ungeheurer Schnelligkeit dahingleiten; doch ist das natürlicherweise nur möglich, wo eine große Eisfläche da ist, welche weiten Spielraum gestattet. Wettsegeln, Haschen und andere Spiele, welche die jungen Damen und Herren unter sich veranstalten, erhöhen selbstverständlicherweise das Vergnügen.

Das Doppelsegel (anstatt des einfachen) ist vorteilhafter, weil es den Auslug gestattet und so unliebsame Zusammenstöße vermieden werden können. Die senkrechten Stäbe sind nicht absolut notwendig, sondern dienen nur zum Aufstellen, oder vielmehr erleichtern dasselbe, wenn der Segler „sich vor Anker legen will.“

Diese neue Fortbewegungsmethode wird auch von so manchen andern Leuten angewendet (ähnlich wie die Segelwagen in China), die sich ihre täglichen, praktischen Verrichtungen, wie Botengänge und dergl., erleichtern.

Schlittschuhsegler auf dem Susquehannah-Fluß.

Wenn unser Bericht dazu dienen sollte, diesem prächtigen Sport auch in unserem Vaterlande Eingang zu verschaffen, so würde uns das sehr freuen.

In der Hammerschmiede.

Wenn man im Gebirge wandert, oder das waldige Hügelland unseres deutschen Vaterlandes durchstreift, wird man bisweilen mitten in der Einsamkeit durch den Lärm und das Getöse eines Eisenwerks überrascht, welches aus einer Schlucht oder Thalsohle herauftönt und seinen dunklen, qualmenden Rauch in die reine Luft emporsendet. Es ist gewöhnlich eine Hammerschmiede in Verbindung mit einigen Frischfeuern oder Puddelöfen, worin dem nützlichsten und unentbehrlichsten unserer Metalle, dem Schmiedeisen, seine erste Gestalt und Reinheit gegeben wird. Wenige, die eine Axt, Säge, einen Säbel oder irgend ein eisernes Werkzeug handhaben, ahnen die vielfachen Prozesse, welche das Eisen durchwandern muß, bevor es die Gestalt und Qualität schmiedbaren Stangeneisens annimmt, aus welchem unsere Werkzeuge erst gefertigt werden, und noch Wenigere, welche heutzutage einen Hohofen oder einen Eisenhammer betrachten, lassen sich träumen, welche Unsumme von menschlichem Scharfsinn und Erfindungsgeist im Lauf der Jahrhunderte erforderlich war, um die Kunst der Aufbereitung des Eisenerzes und die mechanischen Hülfsmittel dazu auf diejenige Stufe der Vollkommenheit zu bringen, welche heutzutage in dem Dampfhammer und dem sogenannten Bandagen-Walzwerk gipfelt. Es giebt in der That heutzutage keinen bessern Maßstab zur Beurteilung der Stufe der Civilisation, welche die verschiedenen Völker einnehmen, als die bei denselben üblichen, mechanischen Vorrichtungen zur Gewinnung und Verarbeitung des Eisens in großem Maßstabe.

Bekanntlich kommt das Eisen auf Erden nirgends in seiner reinen metallischen Gestalt vor, ausgenommen das sogenannte „Meteoreisen", nämlich jene rätselhaften und höchst seltenen Eisenmassen, welche, aus der Luft gefallen, hie und da gefunden worden sind und als Kostbarkeiten in den mineralogischen Sammlungen verwahrt werden. Außerdem findet sich das Eisen in der Natur nur verlarvt und gebunden durch fremde Stoffe, namentlich Sauerstoff, Schwefel, Thon, Kieselstoff u. dergl. m. in der Form von Erzen, und muß aus dieser erst auf künstlichem Wege und durch eine Reihe umständlicher Prozeduren ausgeschmolzen und gereinigt werden. Dieser Schmelzprozeß ist zwar schon seit Jahrtausenden bekannt, wurde aber viele Jahrhunderte lang als Kleingewerbe kaum anders gehandhabt und betrieben, als dies noch heutzutage unter den wilden Völkern Inner-Afrikas geschieht, und der Großbetrieb in der Aufbereitung des Eisens, auf welchen die Namen Hohofen, Eisenhammer u. s. w. hindeuten, gehört erst der neuen Zeit an. Noch im sechzehnten Jahrhundert bediente man sich in Deutschland zum „Ausbringen" des Eisens nur kleiner Herde oder niedriger Oefen von ungefähr fünf Fuß Höhe, in welchen man bei einem bedeutenden Metallabgange aus leichtflüssigen Erzen im gelungenen Falle eine Art Stabeisen, oft aber eine spröde Masse gewann, die erst noch einmal im Ofen behandelt und dadurch zu Weicheisen wurde. Und doch waren die Deutschen in der Kunst der Eisengewinnung schon weit voran und die Lehrer ihrer Nachbarvölker, und erst später bildeten sich in verschiedenen Gegenden, je nach der Natur der zu Gebote stehenden Mittel verschiedene Methoden aus, welche sich dann weiter verbreiteten. Der Bau der Oefen, welche für diese Zwecke ein so ungemein wichtiges Mittel waren, steigerte sich allmählich auf Bauten von 10 bis 12 Fuß Höhe (sogen. Wolfsöfen), dann auf 15 bis 20 Fuß, und hiermit gelangte man zur Konstruktion der sogenannten Gebläse-Oefen, worin man bei ununterbrochenem Betriebe durch die erreichbare, höhere Temperatur nicht mehr nur teigige, stahlartige Eisenmassen für den Hammer, sondern auch tropfbarflüssiges Eisen erhielt, welches von Zeit zu Zeit aus dem Sammelbecken des Ofens abgelassen wurde und allmählich zum sogenannten Gußeisen führte. Derartige Oefen für leichtschmelzende Sorten von Eisenerzen sind noch heutzutage vielfach in Anwendung, und erst das Bestreben, auch strengflüssigere Erze zu bewältigen, führte zu noch weiterer Erhöhung der Oefen, so daß sie endlich zu den jetzt vorzugsweise gebräuchlichen H o h ö f e n heranwuchsen, deren Höhe manchmal 60 Fuß beträgt. Die Erfindung der Hohöfen fällt ungefähr in den Anfang des sechzehnten Jahrhunderts; die Gewinnung dünnflüssigen Eisens war eine der folgenreichsten Entdeckungen, und vor dieser Zeit hat sicher noch kein Mensch in der ganzen Welt das Eisen in flüssigem Zustande gesehen. Erst von diesem Zeitpunkte an war eine reichlichere und wohlfeilere, allgemeine Gewinnung des Roheisens, sowie eine Verfeinerung desselben in hämmerbarem Zustande durch die allmählich aufkommenden Methoden des Frischens und Puddelns, wovon nachher die Rede sein wird, möglich. Wie hoch bei verschiedenen nicht ganz uncivilisierten Völkern damals die Wertung des Eisens war, erfahren wir unter Anderm auch aus Pigafettas Schilderung der Magellanschen ersten Reise um die Welt, wo erzählt wird, daß die Spanier für einen Eisenblock von vierzehn Pfund Schwere, Gold im Wert von 25 spanischen Dukaten erhielten. Man kannte in vielen Gegenden schon die Kunst der V e r a r b e i t u n g des Eisens, ehe man das Verfahren der Aufbereitung desselben kannte.

Allein, wenn das Roheisen auch durch Ausschmelzen hergestellt ist, so ist es noch lange nicht rein, sondern noch mit verschiedenen anderen Stoffen versetzt, welche zum Teil, wenigstens wie der Kohlenstoff, mit dem Eisen innig verbunden sein müssen, um ihm seine rechte Verwendbarkeit zu gewissen Zwecken zu geben. Die Nützlichkeit des Stahls für technische Zwecke rührt z. B. nur davon her, daß Stahl ein mit Kohlenstoff verbundenes Eisen ist. Andere Beimengungen dagegen, wie z. B. Schwefel, machen das Eisen schlecht und müssen ausgeschieden werden, ehe dasselbe zu gewissen technischen Zwecken brauchbar ist. Diese Ausscheidung der sogenannten Schlacke geschieht teils mittelst des Feuers, teils durch die Arbeit des Frischens und Puddelns, teils durch das Aushämmern, und das hierbei vorwiegend thätige Agens, welches das leicht schmelzbare, aber spröde, unter dem Hammer zerfallende Roheisen in geschmeidiges, schmiedbares Eisen im Feuer umwandelt, ist die L u f t. Indem nämlich beim Frischen oder Puddeln das Roheisen im Ofen unter Zutritt der Luft wieder geschmolzen wird, verbrennt durch den Sauerstoff derselben ein Anteil des Kohlenstoffs im Eisen zu Kohlensäure, und eine geringe Menge des Eisens selbst wird zu Eisenoxyd. Die Kohlensäure verflüchtigt sich in Gasform, das Eisenoxyd aber wirkt auf das unveränderte Eisen noch weiter und entzieht ihm durch Sauerstoff-Abgabe noch mehr Kohlenstoff, bis endlich durch diese doppelte Wirkung der Kohlengehalt so gesunken ist, daß die Eisenmasse bei derselben Hitze anfängt, dickflüssig und endlich teigig zu werden. Diese, mit dem geringer werdenden Gehalte an Kohlenstoff, auch geringer werdende Schmelzbarkeit bildet einen Maßstab für die Beurteilung des Fortschreitens des Frischprozesses.

Das Frischen geschieht auf dem Frischherd, einer Art niedrigen Ofens aus Eisenplatten, welcher mit Kohlen gefüllt und durch ein Gebläse angefacht wird. Man legt etwa 3 ½ Centner Roheisen auf einmal auf die Kohlenfüllung, das Eisen schmilzt ein und sinkt auf den Boden des Feuers, wo es sich bald in einen teigigen Klumpen verwandelt, welcher mit Brechstangen zerteilt, gewendet und recht häufig dem vollen Windstrome ausgesetzt wird, um die Einwirkung des Sauerstoffs zu begünstigen. Dieser Eisenklumpen heißt die Luppe, ist nach Verlauf von etwa einer Stunde gahr, wird dann aus dem Herde genommen, unter schwerem Hammer zu einem flachen Kuchen ausgeschmiedet und mittelst des Meisels in drei bis vier Stücke gehauen. Diese Luppenstücke werden im Feuer an der Herdseite während des Ausschmelzens einer frischen Roheisenmasse wieder angewärmt und dann entweder einzeln unter sogenannten Schwanzhämmern zu verschiedenen Stäben ausgeschmiedet, oder nur zu Kloben verarbeitet, welche wieder glühend gemacht und mittelst Walzen zu Handelswaaren ausgereckt werden. Ein Frischprozeß nimmt etwa fünf Stunden in Anspruch.

Das Frischen bezweckt neben der Entkohlung auch die Reinigung des Eisens von der Mehrheit seiner fremden Beimengungen, und man verwendet dabei, je nach der Beschaffenheit des Rohstoffs, noch verschiedene sogenannte „Zuschläge“ wie Kalk, Braunstein mit Thon ꝛc. zur Entfernung des Schwefels, der Schlacke und anderer Beimischungen. Man hat verschiedene Frischmethoden, auf deren Schilderung wir aber hier nicht eingehen können. Nur bei ganz vorzüglichem Rohmaterial kommt man mit einmaligem Niederschmelzen zum Ziel; meistens aber erhält man das Eisen zuerst nur halbgahr und einer wiederholten Durcharbeitung bedürftig. Immer aber sondert das Eisen bei dieser Prozedur noch viele Schlacken ab, welche sich teils auf dem Herde freiwillig ausscheiden, teils bei dem nachfolgenden Hämmern und Walzen der glühenden Massen noch gewaltsam herausgetrieben werden.

Das zweite Verfahren, um rohes Eisen in feines, oder Stabeisen zu verwandeln, ist das Puddeln, und geschieht gewöhnlich mittelst eines Prozesses von größerem Maßstabe in Puddelöfen, und zwar mit Steinkohlen, während man beim Frischen nur Holzkohlen anwendet. Da aber die Steinkohlen wegen ihres schädlichen Schwefelgehaltes mit der Eisenmasse nicht in unmittelbare Berührung kommen dürfen, so werden sie von der Eisenmasse getrennt gehalten und wirken nur durch ihre Flamme, welche von dem Feuerungsraum aus über die Feuerbrücke nach dem Herde schlagen, auf welchem etwa drei Centner Roheisen aufgesetzt sind. Diesse Eisen gerät nun ziemlich schnell in Fluß, wird mit einer Brechstange durchgearbeitet, gehoben und gewendet (gepuddelt) und so der Einwirkung der einströmenden Luft ausgesetzt, daß der Sauerstoff derselben den Kohlengehalt im Roheisen verbrennt und nur geschmeidiges Eisen zurückbleibt. Aus dem Eisenbrei auf dem Herde werden fünf bis sieben Luppen geformt, zusammengeschweißt, herausgenommen, unter einen Hammer in prismatische Form gebracht („gezängt“) und sogleich zu Stäben ausgewalzt. Diese Rohschienen sind aber meist noch allzusehr von Schlacken verunreinigt, als daß sie gleich ein brauchbares Schmiedeisen abgeben könnten. Sie werden daher gewöhnlich im Feuer und unter dem Hammer noch weiter verarbeitet und dann durch ein Walzwerk in Eisenbahnschienen, Stäbe, Blech 2c. ausgereckt. Ein Puddelofen kann mit den nötigen Raffinier-Feuern und Schweißöfen täglich etwa 36 bis 40 Centner Roheisen verarbeiten, und man bedarf gewöhnlich fünf solcher Puddelöfen um das Erzeugnis eines Hohofens zu bewältigen.

Aus dem Vorgesagten wird der Nutzen und Zweck der Eisenhämmer und Hammerschmieden hervorgehen, welch' erstere entweder die Bereitung von Feineisen oder die Verarbeitung desselben zu größeren Werkzeugen und Geräten sind. Die ersten Erfordernisse zu einer Hammerschmiede sind fließendes Wasser, um durch Wasserkraft die Räder und Wellbäume der Hämmer, der Gebläse u. s. w. zu treiben, und die Nähe von Wald, welcher die erforderlichen Kohlen liefert. Hieraus ergiebt sich schon die isolierte und oft malerische Lage der meisten derartigen Hammerschmieden. Diese haben entweder Schwanz- oder Stirnhämmer, welche sich nur dadurch von einander unterscheiden, daß beim Schwanzhammer die Daumen der Welle den Hinterteil des Hammerstiels niederdrücken, während sie beim Stirnhammer den Hammer an seinem Kopfe emporheben. In beiden Fällen erfolgt der Schlag nur durch die eigene Fallkraft des von der Welle ausgelassenen 50 bis zu 100 Centner schweren Hammer.

Da kein Eisen gehämmert werden kann, es sei denn bis zum Glühen erhitzt, so sind mit jeder Hammerschmiede verschiedene Feuerungsanlagen: Frischfeuer, Rennfeuer, Zeugfeuer, Puddelöfen und wie sie alle heißen mögen, verbunden, und die Hämmer sind teils Renn- oder Großhämmer, teils Streckhämmer u. dgl. (Der Hammer auf unserm Titelbilde ist ein sogen. Streckhammer). Eigenartig, wie das ganze Gewerbe, sind auch die Hammerschmiede, welche in diesen Etablissements arbeiten, meist hünenhafte, athletische Gestalten, welche sich in den Alpen gleich den Holzknechten, Triftern (Flößern) und Sägern augenfällig vor der übrigen Bevölkerung auszeichnen und eine eigene Kaste des bäuerlichen Kraftadels bilden. Es sind meist ernste, schweigsame, abgehärtete und äußerst arbeitsame Männer, welche ein gewisses Standesgefühl besitzen und eine gewisse Barschheit im Verkehr zeigen, unter der jedoch eine große Gutmütigkeit und Freundlichkeit sich birgt. Sie sind äußerst anstellig und in Verfertigung ihrer Wasserräder, Wellbäume, Hammerstiele 2c. ebenso erfahren, als in der Verarbeitung des Roheisens zu Feineisen und in der Verfertigung von Radreifen, Wagenachsen, Sensen, Stabeisen, Pflugschaaren und anderen größeren Eisengegenständen. Sie arbeiten unverdrossen die ganze Woche, vom frühesten Morgen bis in die Nacht, bei verhältnismäßig geringem Lohne, und beschweren sich vielfach über die häufigen Feiertage, welche ihre Arbeit unterbrechen. Merkwürdigerweise stehen alle Hammerschmieds-Gesellen in dem Rufe, große Liebhaber der Wilddieberei zu sein, und leben daher mit den Jägern auf einem etwas gespanntem Fuße. Viele von ihnen genießen auch einen Ruf als Naturärzte und heilen durch Sympathie und einfache Hausmittel. Andere verstehen sich auf den Vogelfang und die Abrichtung von Singvögeln, die Zucht von Kanarienvögeln, die Verfertigung von Vogelbauern, Teller- und Berliner-Eisen und anderen Fallen für Raubzeug, denn beinahe jeder treibt privatim noch eine Liebhaberei oder ein Gewerbe. Beinahe in jeder Hammerschmiede findet man auch einen zahmen Raben oder eine gezähmte Elster mit beschnittenen Schwingen. Die Schmiede sondern sich einigermaßen von der übrigen Bevölkerung ab, heiraten auch meist nur untereinander und sind in allen Stücken sehr konservativ, so daß selbst die mechanischen Fortschritte und Neuerungen in ihrem Gewerbe, z. B. das Quetschwerk, die Luppenmühle, die Dampfmaschinen und namentlich der Dampfhammer, nur schwer oder gar nicht bei ihnen Eingang finden.

In andern Gegenden des deutschen Vaterlands, wo die Vorbedingungen des Gedeihens der Eisenindustrie, nämlich das gemeinsame Vorkommen der Eisenerze und Brennmaterialien, namentlich der Steinkohlen, vorhanden sind, so daß oft beide, Eisenerze und Steinkohlen, aus derselben Grube gefördert werden, hat sich die Eisenindustrie längst im großartigsten Maßstabe entwickelt und auch diese Arbeiter ergriffen und ihre Lebensbedingungen verändert, und sie sind dort förmliche Träger des Fortschritts geworden. Bekanntlich steht in den deutschen Eisendistrikten an der Saar, am Niederrhein und in Westphalen, wo durch das gemeinsame Vorkommen von Eisenerzen und Steinkohlen günstige Bedingungen für das Gedeihen dieses Erwerbszweiges vorhanden sind, die Eisenindustrie auf einer Höhe und Vollkommenheit, welche den Vergleich mit England und den Vereinigten Staaten nicht zu scheuen braucht. Unsere deutsche Eisenindustrie hat in vielen Stücken die englische eingeholt, in manchen, z. B. in der Gußstahl-Erzeugung, diese überflügelt, und die Eisenproduktion hat — Dank dem Unternehmungsgeist der Bergwerks- und Hüttenbesitzer und der Anstelligkeit und Intelligenz der Arbeiter, — dort einen solchen Aufschwung genommen und die Eisenpreise so herabgedrückt, daß das Eisen mehr und mehr Verwendung als Baumaterial findet und zu Tragbalken, Brücken, Schienenstühlen, Bedachungen, Treppen, Wohnhäusern, Speichern, Kirchen u. s. w. verwendet wird, und eine wahre „eiserne Zeit“ anzubrechen scheint. Und alle diese Massen von Schmiedeeisen, welche wir heutzutage zu den verschiedensten Zwecken verwendet sehen, nehmen alle ihren Weg notgedrungen durch die bescheidenen Hammerschmieden und Eisenhämmer, welche in der Nähe unserer Hohöfen und Hüttenwerke stehen und häufig mit denselben verbunden, dann aber zu den großartigsten, mit allen Errungenschaften der neueren Wissenschaft und mit den größten Dampfmaschinen ausgestatteten Etablissements herangewachsen sind.

Die Tabakproduktion der Erde.

In Europa ist Rußland der bedeutendste Produzent mit 71.9 Millionen Kilogramm, während die Vereinigten Staaten von Nordamerika 290 Mill. Kilogr., Oesterreich-Ungarn

61,748 Mill. Kilogr., Deutschland 29,863 und Frankreich 15,367 Mill. Kilogr. aufweisen. Italien produziert 4 Mill., Niederlande 3 Mill., Rumänien 2 Mill., Belgien über 1.7 Mill., Schweiz 0.7 Mill., Serbien 0,5 Mill. und Dänemark 0.126 Mill. Kilogr. Hierzu kommen noch als hochbedeutende, außereuropäische Produktionsstaaten in Mittelamerika: Kuba, dessen Produktion an eigenem Tabak wohl seit Jahren im Vergleiche mit seinem Exporte abgenommen hat, Portorico, San Domingo, die französischen und englischen Colonieen; dann in Südamerika: Columbia, Peru, die Argentinische Republik, Brasilien, Ecuador, Bolivia, Mexico und San Salvador mit (für Mittel- und Südamerika zusammen) rund 150 Mill. Kilogr. jährlicher Produktion; ferner in Asien: Japan, China, Ostindien, Persien und Syrien mit jährlich etwa 356 Mill. Kilogr.; endlich in Afrika: Algier und Aegypten mit zusammen 25 Millionen Kilogr., die mit den obigen Produktionsziffern von 482,351 Millionen Kilogr., eine Totalerzeugung von mehr als 1000 Mill. Kilogr. Tabak ergeben, wobei noch zu berücksichtigen ist, daß zum größten Teile der eigene Konsum der orientalischen, westindischen, süd- und mittelamerikanischen und afrikanischen Völkerschaften nicht in Rechnung gebracht ist. Was den Tabakkonsum anbelangt, so beträgt der Wert der Exportmengen in den Vereinigten Staaten 56,230 Millionen Gulden, Kuba 26,4, Deutsches Reich 11, Brasilien 7,735, Türkei 6, Oesterreich-Ungarn 5,367, Kolumbia 4,26, San Domingo 4, Portorico 3,6, Philippinen 2,918, Rußland 2,474, Brittisch-Ostindien 0.958, Japan 0.486, Peru 0 337, China 0.323, San Salvador 0.131, Argentinische Republik 0.041. Bolivia 0.033 und Ecuador 0.005 Mill. Gulden.

Motoren für die Kleinindustrie.

Die Schwierigkeiten, welche sich der Darstellung eines passenden Motors für die Kleinindustrie entgegenstellen, rechtfertigen die zahlreichen Versuche, diese Schwierigkeiten zu überwinden und immer wieder darnach zu streben, einen Motor von geringer Kraft zu bauen, der bequem in der Behandlung und billig in der Verwendung ist. Aber die Aufgabe ist deshalb schwer, weil die zu erfüllenden Bedingungen sehr mannigfaltig sind. Alle bis jetzt gemachten Versuche entsprechen bis zu einem gewissen Grade den Anforderungen, dann aber zeigen sich Punkte, welche der Verbesserung bedürfen.

Am meisten noch genügen die Gaskraftmaschinen, die ja auch schon eine sehr bedeutende Ausbreitung und Verwendung gefunden haben. Sie können überall aufgestellt werden, wo eine Gasleitung zur Verfügung steht, es ist also kein besonderes Kesselhaus erforderlich, sie arbeiten geräuschlos und außerordentlich billig, weil sie jeden Augenblick stillgestellt und wieder in Betrieb gesetzt werden können.

Aber Leuchtgas steht nicht überall zur Verfügung, wohl aber warme Luft. Läßt sich nicht diese auch als bewegende Kraft verwenden?

Im Jahre 1852 erbaute der berühmte Ericson die erste Warmluftmaschine; seitdem sind zahlreiche Neukonstruktionen aufgetaucht und teilweise mit großen Hoffnungen begrüßt worden. Aber nur wenige, sehr wenige, haben sich einigermaßen bei dem praktischen Gebrauch bewährt und einige Zeit halten können. Unseres Wissens sind im Augenblick nur zwei Systeme dieser Maschinen in der Industrie verwendet. Wir sehen dabei natürlich von den schon erwähnten Gaskraftmaschinen ab, obgleich dieselben eigentlich auch in die Gruppe der Warmluftmaschinen gerechnet werden müssen.

Es muß gestattet sein, hier eine kleine theoretische Betrachtung einzuschalten.

Die großen Dampfmaschinen von bedeutender Kraft, mit Expansion und Kondensation verbrennen 1 Kilogramm Kohle pro Pferdekraft in der Stunde, was einer Gesamtarbeit von 270,000 Kilogramm-Metern entspricht. 1 Kilo gute Kohle entwickelt beim Verbrennen 7000 Wärmeeinheiten. Wenn es möglich wäre (aber es ist unmöglich), daß alle Wärme, welche bei Verbrennung der Kohle entwickelt wird, in Arbeit umgesetzt würde, so müßte das eine Kilo Kohle fast 3 Millionen Kilogramm-Meter Arbeit erzeugen. Den wirklichen Effekt aber haben wir vorhin kennen gelernt und sehen, daß bei der besten Maschine nur 0,09 der gesamten theoretisch möglichen Energie wirklich in Gebrauch kommt.

Bei Maschinen von kleiner Kraft, also von 1—2 Pferdekraft, wird dieser Bruchteil noch lange nicht erreicht, denn bei ihnen braucht man stündlich 5 bis 6 Kilo Kohle per Pferdekraft.

Selbst bei den allerbesten Dampfmaschinen kann nicht mehr als ein Drittel der Verbrennungswärme in Arbeit umgesetzt werden. Bei den besten Warmluftmaschinen steigert sich dieses Verhältniß bis zur Hälfte. Denn es ist leichter, kleine Mengen Luft auf möglichst sparsame Weise zu erhitzen als kleine Mengen Wasser zu verdampfen; zu letzterem ist wenigstens die doppelte Menge Kohle erforderlich. Für größere Maschinen aber ist das Erhitzen von beträchtlichen Mengen Luft mit größeren Schwierigkeiten verbunden und wird unmöglich, wenn die ökonomischen Vorteile verschwinden.

Sehen wir nun, auf welche Weise man versucht hat, die warme Luft als bewegende Kraft zu verwenden. Hier ist zuerst die Maschine von Rider in Betracht zu ziehen. Sie ist in Fig. 1 dargestellt.

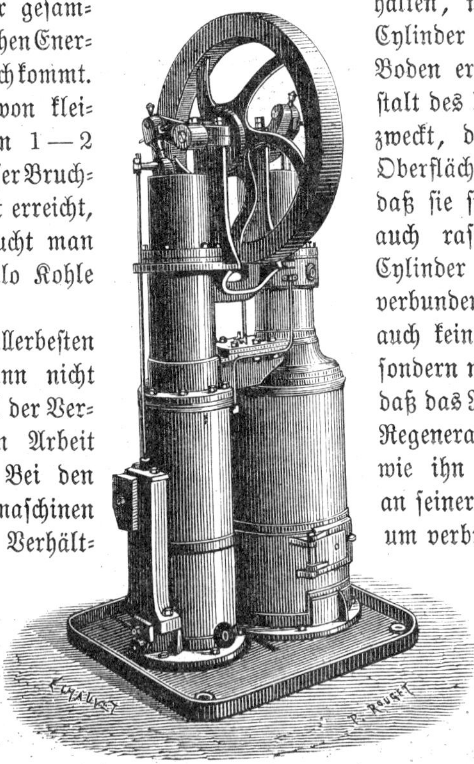

Fig. 1. Ridersche Warmluftmaschine.

In den beiden Cylindern bewegen sich hohle Kolben, die durch die Kolbenstangen an einer Kurbel und an einer Achse angreifen, auf welcher das Schwungrad sitzt. Der eine Cylinder wird durch eine Wasserschicht, die ihn umgiebt, kühl gehalten, während der andere Cylinder an seinem vertieften Boden erhitzt wird. Die Gestalt des hohlen Cylinders bezweckt, der Luft eine große Oberfläche darzubieten, so daß sie sich rasch erhitzt und auch rasch abkühlt. Beide Cylinder sind durch ein Rohr verbunden, das kein Ventil, auch keinen Schieber enthält, sondern nur Drahtgeflecht, so daß das Rohr als sogenannter Regenerator thätig sein kann, wie ihn auch schon Ericson an seiner Maschine anwandte, um verbrauchte Wärme aufzuspeichern und neu zu benutzen.

Ist die Maschine in Gang gesetzt, so spielt sie in folgender Weise weiter: der Kolben geht abwärts, verdichtet die darunter befindliche kalte Luft um ein Drittel und treibt sie durch das Drahtgeflecht nach dem Cylinder, erhitzt sich und treibt den Kolben in die Höhe. Nun kann aber die erhitzte und ausgedehnte Luft durch das Rohr wieder nach dem Cylinder strömen, giebt unterwegs an das Drahtgeflecht viel von ihrer Wärme ab, den Rest an das Wasser. Aber dadurch entsteht ein luftverdünnter Raum, der Kolben muß wieder abwärts gehen und so fort. Es wird also immer mit derselben Menge von Luft gearbeitet, die bald in der einen, bald in der andern Richtung durch den Regenerator streicht und in demselben Wärme aufnimmt. Bei Luftverlust kann neue einströmen. Die ganze Einrichtung ist außerordentlich einfach, der Gang der Maschine sehr regelmäßig und ohne Geräusch.

Die Warmluftmaschine von Hock in Wien hat sich in neuerer Zeit besonders viel Anerkennung erworben. Hock war bei der Konstruktion besonders und mit gutem Erfolg bemüht, nicht nur die Verbrennungswärme möglichst vollständig auszunutzen, sondern auch Wärmeverlust so viel wie möglich zu vermeiden. Der im Kamin aufsteigende Rauch entführt eine beträchtliche Menge der durch die Verbrennung von Kohle erzeugten Wärme, und selbst bei den vollkommensten Einrichtungen ist es noch nicht gelungen, diesen Verlust unter 30 Procent herabzudrücken. — Fig. 2 zeigt einen Durchschnitt dieser Maschine. Ueber dem Roste A brennt das Feuer, dem durch den Cylinder P die Luft zugetrieben wird. Die verbrannten Kohlen werden von dem Falltrichter H aus ersetzt, indem sie nach B fallen, wenn das Ventil gehoben wird. Die erhitzte Luft steigt durch ein Rohr zum Kolben A und bewirkt dessen Bewegung. Diese wird durch ein Schwungrad gleichmäßig gemacht. Die Kolbenventile verursachten anfangs ein gewisses Geräusch, aber auch dieses ist neuerlich beseitigt worden. Kühlwasser ist nicht notwendig, es kann daher Hocks Maschine vorwiegend da mit Vorteil benutzt werden, wo überhaupt Wassermangel ist, namentlich auch kein Speisewasser für einen Dampfkessel zu haben wäre. Sie kann auch leicht auf Räder gesetzt und als Lokomobile benutzt werden. Doch ist auch die Einrichtung dieser Maschine nicht von dem Vorwurfe frei, daß durch die heiße Luft die Metallteile leiden und daß Asche mit fortgerissen wird, welche schädliche Reibung erzeugen kann. Wird der Gang des Apparates häufiger unterbrochen, so werden bisweilen einzelne Teile desselben glühend und verbrennen dadurch leicht.

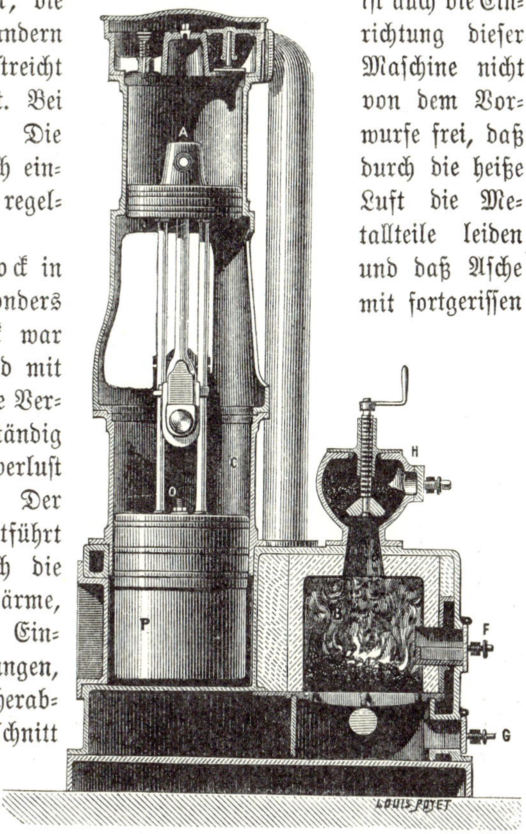

Fig. 2. Motor Hock (Längsdurchschnitt).

Hocks Warmluftmaschine wird also besonders da in der Kleinindustrie Verwendung finden, wo sie ohne Unterbrechung im Gang bleibt und wo kein Gas zur Verfügung steht.

Namentlich dieser letzte Umstand hat den sehr naheliegenden Gedanken zur Ausführung bringen lassen, für kleine Motoren statt des Leuchtgases Petroleum zu verwenden.

In der That ist dieses ein außerordentlich billiges Brennmaterial sowohl in seinem gewöhnlichen Handelsvorkommen, wie wir es in unsern Lampen brennen, als auch in den leichtflüchtigen Bestandteilen, welche von dem Leuchtpetroleum durch Destillation ganz getrennt sein sollten, aber nur in den seltensten Fällen wirklich sind. Bekanntlich entstehen dadurch leicht in den Lampen Explosionen, welche großes Unglück im Gefolge haben können. Eine Aufeinanderfolge solcher kleiner Explosionen soll nun in einer Maschine gefahrlos erzeugt und zum Hervorbringen einer Bewegung verwandt werden.

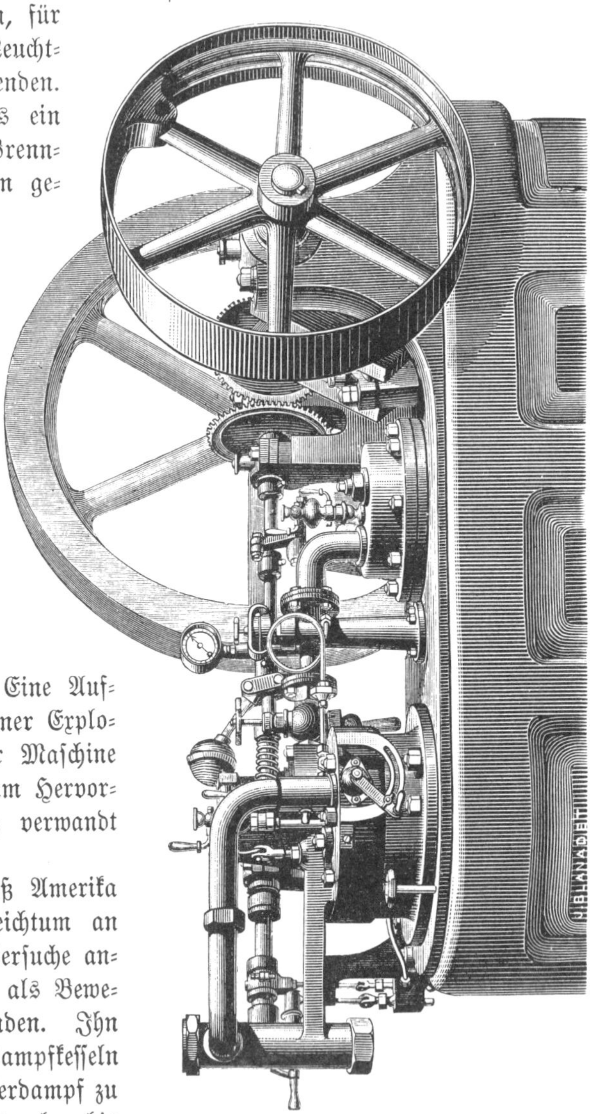
Fig. 3. Braytons Petroleummotor.

Es ist natürlich, daß Amerika mit seinem enormen Reichtum an Petroleum auch zuerst Versuche angestellt hat, diesen Stoff als Bewegungsursache zu verwenden. Ihn statt Steinkohlen unter Dampfkesseln zu verbrennen, um Wasserdampf zu erzeugen, wurde schon oft, aber bis jetzt ohne praktischen Erfolg versucht. Ein billiger Heizstoff ist nicht immer auch praktisch verwendbar.

Die Maschine, welche in Fig. 3 dargestellt ist, hat nicht diese Aufgabe, sondern sie soll ohne Erzeugung von Wasserdampf eine schwache oder mittlere Kraft hervorbringen, welche auf andere Maschinen übertragen werden kann, sie soll regelmäßig und ohne Geräusch arbeiten, leicht in Gang gesetzt und stillgestellt werden und bequem im Gebrauch sein, namentlich an Orten, wo kein Leuchtgas zu haben ist.

Unsere Fig. 3 wird leichter verständlich, wenn man sie gleichzeitig mit dem Vertikaldurchschnitt und dem Grundriß Fig. 4 betrachtet. Im Ganzen wird man sich überzeugen, daß dieser Motor von Brayton Aehnlichkeit hat mit einem Gasmotor, nur daß hier die Dämpfe von Petroleum verbrannt werden und die Bewegung erzeugen.

In den Cylindern M und C bewegen sich Kolben, welche mit einem Balancier B verbunden sind. Dieser überträgt dann wieder seine Bewegung auf ein Schwungrad V, auf dessen Achse eine Riemenscheibe P aufsitzt. Die beiden Cylinder M und C sind durch ein Rohr verbunden, durch welches aus C komprimierte Luft nach M gelangen kann; diese streicht in O über mit Petroleum getränkten Filz und belädt sich mit dessen Dämpfen. Eine kleine Pumpe bei E, welche durch die Excentrik F in Bewegung gesetzt wird, saugt das Petroleum aus dem Vorratsbehälter auf und führt es nach O, wo sich dann ein explosives Gemisch bildet, welches nach dem Cylinder M weiter geht und da verbrennt. Die gasförmigen Produkte dieser Verbrennung entweichen dann durch das Rohr L. Die Ventile von M und C werden durch Hebel in Bewegung gesetzt, welche durch ein Triebwerk mit der Achse des Schwungrades V so in Verbindung stehen, daß die Geschwindigkeit der Umdrehung bei der letzteren doppelt so groß ist.

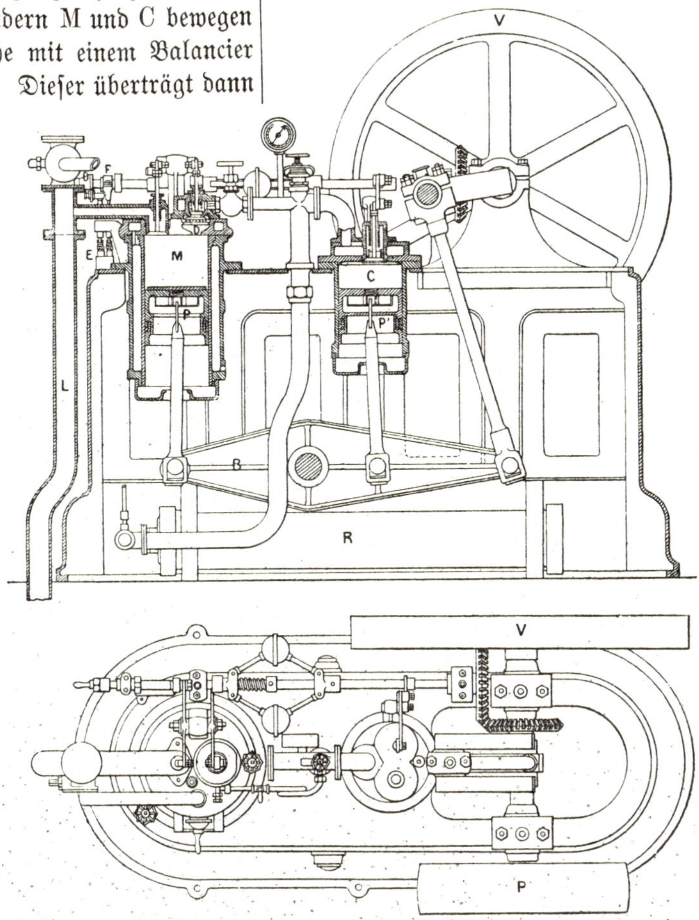

Fig. 4. Längsdurchschnitt und Grundriß des Braytonschen Petroleummotor.

Im untern Teil der Maschine liegen bei R zwei Rohre aus Eisen, welche Luftbehälter sind. Das eine derselben dient als Regulator, um zu große Schwankungen im Druck zu verhindern, das andere ist mit stark gespannter Luft gefüllt und dient dazu, die Maschine in Gang zu setzen; ein Ingangsetzen des Schwungrades durch die Hand ist also nicht notwendig. Dies geschieht vielmehr mit einem brennenden Zündholze; binnen einer Minute hat sie ihren regelmäßigen Gang und behält ihn dann stundenlang bei. Eine Maschine von vier Pferdekräften verbraucht etwa 1/2 Liter Petroleum für jede Pferdekraft in der Stunde. Obgleich sich dadurch die Betriebskosten sehr niedrig stellen, so sind sie auch bei den Gasmaschinen von Otto mindestens ebenso gering. Aber ein wesentlicher Nachteil des Braytonschen Gasmotors scheint der zu sein, daß er viel komplizierter als der Ottosche ist. Die Ursache ist selbstverständlich: es ist die Herbeischaffung des Brennstoffes und seine Vermischung mit Luft. Dadurch kann aber sehr leicht eine Störung im Betrieb stattfinden, die höchst unangenehm werden kann, während bei den viel einfacheren und ganz sicher arbeitenden Ottoschen Gasmotoren kaum je eine Störung vorkommt.

Ein verbessertes Nebelhorn.

Für Segelschiffe ist das in der untenstehenden Abbildung dargestellte Nebelhorn Fig. 1 sehr empfehlenswert.

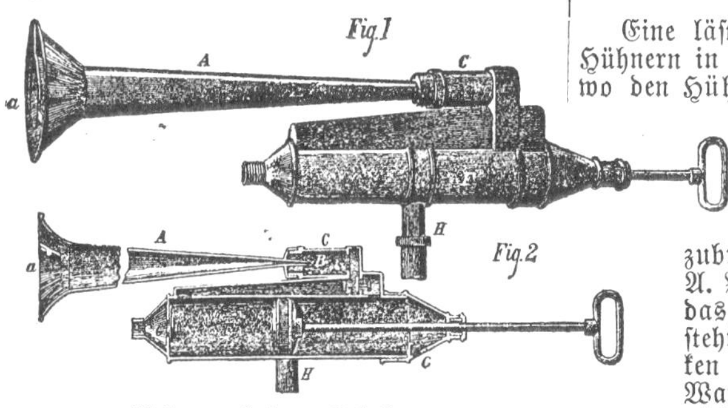

Chesters verbessertes Nebelhorn.

Die Einrichtung desselben ist aus Fig. 2 ersichtlich. Wenn der Kolben in der Luftpumpe F hin- und herbewegt wird, so tritt mit jedem Kolbengange an je einer der Klappen G Luft in dieselben ein; ebenso tritt auch jedesmal aus je einer der an der oberen Fläche angebrachten Oeffnungen Luft in die Vorkammer des Kompressionscylinders C. Das Zurückweichen von C nach F wird durch das horizontal doppelt wirkende Ventil der Vorkammer verhindert. Indem die komprimierte Luft nun aus der Luftkammer C in die enge Oeffnung B des eigentlichen Hornes A eingetrieben wird, entsteht ein sehr lauter, tiefer Ton, der durch den Schalltrichter a bedeutend verstärkt wird.

Der Apparat kann durch ein oder zwei Mann bewegt werden und ist so weit hörbar wie die meisten Dampfernebelhörner und Dampfpfeifen.

Herr Richard Chester zu Chicago im Staate Illinois ist der Erfinder desselben.

Patent-Hühnernester.

Eine lästige Plage ist beim Halten von Hühnern in Städten und überhaupt auch da, wo den Hühnern Nester angewiesen sind — die in Massen erscheinenden Hühnerläuse. Die Hühner meiden deshalb auch die Nester und suchen versteckte Plätze auf, um ihre Eier zu legen und anzubrüten. — Diesem Uebelstand hilft A. Piepers Patent-Hühnernest auf das vorteilhafteste ab. Das Nest besteht aus einem eisenverzinkten starken Drahtgeflecht und wird an der Wand aufgehängt. Alle vierzehn Tage wird das Nest mit allen Hühnerläusen im Korb verbrannt, wodurch die Hühner gesund bleiben und die Eierproduktion bedeutend verbessert wird. Nebenbei hat man den Vorteil, daß man eine Kontrolle über die gelegten Eier führen kann, indem man die Eier an dem am Nest angebrachten Täfelchen täglich notiert.

Patent-Hühnernest.

Die Nähmaschine.

Unablässig ist der menschliche Geist darauf bedacht, Menschenkraft in Maschinenkraft zu verwandeln, die menschliche Arbeit in Maschinenarbeit umzusetzen. Unablässig beschäftigt er sich mit der Vervollkommnung dieser Maschinen und Apparate, so daß, wo vorher hundert Hände erforderlich waren, jetzt wenige genügen, um dieselbe Leistung hervorzubringen und meist noch in besserer Beschaffenheit. Die oft geäußerte Befürchtung, daß durch diesen Umwandlungsprozeß Brotlosigkeit der arbeitenden Klassen herbeigeführt würde, hat sich im Großen und Ganzen nicht bewahrheitet; im Gegenteil hat die durch Maschinen betriebene Arbeit, wenn auch nicht in allen einzelnen Branchen, so doch im Allgemeinen eine Vermehrung des Arbeiterkontingents zur Folge gehabt. Allein in Deutschland beschäftigt die Maschinenfabrikation an 310,000 Arbeiter und ernährt direkt mindestens 750,000 Menschen.

Die ersten Versuche, das Nähen durch Maschinenarbeit zu ersetzen, fallen in den Anfang unseres Jahrhunderts. Zwei Engländer, Thomas Stone und James Henderson hatten 1804 einen Apparat konstruiert, der das Handnähen genau nachahmte, das Falten ꝛc. besorgte. Dann trat 1814 der Tiroler Joseph Madersperger, Schneidermeister in Wien, mit einer Nähmaschine hervor. Beide Erfindungen waren vollständig in Vergessenheit geraten, als in den zwanziger Jahren der Franzose Barthelemy Thimonnier mit einer Maschine hervortrat, die einen bedeutenden Schritt vorwärts bezeichnete. Seine Maschine nähte den Kettenstich, wobei eine zweite Schlinge die Schlinge des ersten Stiches aufnahm. Die Nadel bewirkte den Stich von oben, ein Haken an derselben holte den Faden wieder herauf, die Schlinge blieb dann liegen, bis der zweite Stich die zweite Schlinge durchgeführt hatte. Es war also im Prinzip die Arbeit der Häkelnadel und in der That hatte Thimonnier seine Idee auch durch Beobachtung der Häkelarbeit, die eine Fabrik in Tarare bei Lyon durch Landleute ausführen ließ, erfaßt. Nachdem er 1830 ein Patent und durch einen Gönner finanzielle Unterstützung erlangt hatte, konnte er in Paris achtzig Nähmaschinen für Militäreffekten in Thätigkeit setzen. Dies beunruhigte aber die Pariser Schneiderwelt in dem Grade, daß sie eine Revolution gegen Thimonnier ins Werk setzte, sein Etablissement erstürmte und sämtliche Maschinen demolierte. Der Bankier, der das Etablissement gebaut hatte, wollte es nicht erneuern, und als nun auch 1832 sein Gönner Beaunier starb, da war Thimonnier so arm als zuvor. Doch verlor er den Mut nicht und war unermüdlich mit der Verbesserung und Vervollkommnung seiner Maschine beschäftigt, auf der er endlich dreihundert Stiche in der Minute erzielte und die er dann auch ganz in Eisen herstellte. Er nahm hierauf ein englisches Patent, cedierte aber aus Not sein Patent an eine Gesellschaft in Manchester. Bei der Weltausstellung zu London im Jahre 1851 wurde er abgewiesen, weil der Einsendungstermin nicht beobachtet war. Howe und Singer, die dort ihre Maschinen ausgestellt, kamen ihm zuvor, sein Geschick war dadurch für immer erfüllt und er starb 1857 im Alter von 64 Jahren im Elend.

Um dieselbe Zeit, nur etwas später, wurde die Nähmaschine selbständig in Amerika von Walter Hunt erfunden. Er hatte seine Idee an die Operation des Webens angeknüpft, weshalb wir bei ihm auch nicht jenes ängstliche Haften an der Nachahmung des Handstiches finden. Ein ganz neuer charakteristischer Bestandteil seiner Maschine war das sogenannte Schiffchen. Sie blieb jedoch

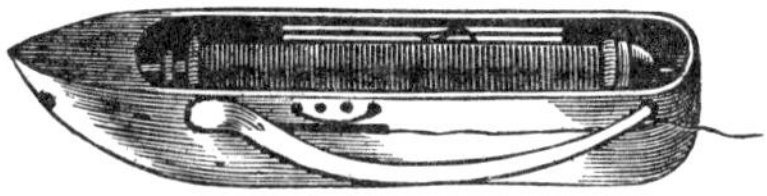

Fig. 1. Schiffchen einer gewöhnlichen Maschine.

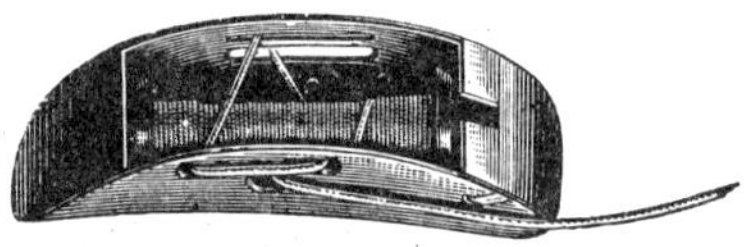

Fig. 2. Schiffchen einer Maschine zum Nähen von Leder.

unbeachtet, bis er mit Singer in Verbindung trat.

Wir müssen uns hier nach dem Manne umsehen, der in der Erfindungsgeschichte der Nähmaschine die erste Stelle einnimmt: Elias Howe junior. Sein Schicksal ist fast ebenso tragisch wie das Thimonniers, nur daß er noch am Abend seines Lebens die Früchte seiner Kämpfe und Anstrengungen geerntet hat.

Elias Howe, geb. 10. Juli 1819 zu Spencer in Massachusetts, wurde im 18. Jahre Maschinenbauer und beschäftigte sich seit 1838 mit der Konstruktion einer Nähmaschine. Bis 1844 verfolgte er seine Idee, ohne aber zu einem Resultat zu gelangen. Seitdem ergriff er das Prinzip Hunts, ohne daß man aber sagen könnte, daß hier eine Nachahmung vorliege. Howe arbeitete damals in Cambridge, Massachusetts, während Hunts Maschine, seit lange vergessen, in einem Winkel seiner Werkstatt in New-York stand. Wohl ist es möglich, daß er davon gehört, ebensogut läßt sich aber auch die Annahme verteidigen, daß Howe infolge seiner vielseitigen Bekanntschaft mit Textilmaschinen selbständig auf den Gedanken gekommen sei, eine dem Weben ähnliche Vorrichtung bei der Nähmaschine zu verwerten. Mittellosigkeit hinderte aber auch hier die Realisierung der Idee und erst 1845 konnte er, durch einen Jugendfreund mit 500 Dollars unterstützt, seine erste Maschine fertigstellen, die sich auch gleich als gelungen bewährte; sie machte 300 Stiche in der Minute. Howe glaubte nun gewonnenes Spiel zu haben, aber es zeigte sich wieder einmal, wie sehr das Publikum sich selbst gegen große Erfindungen kühl verhält. Howe veranstaltete zu Boston einen Wettkampf zwischen seiner Maschine und fünf der besten Näherinnen, aus dem er als Sieger hervorgieng, aber es half nichts. Aergerlich wandte Howe sich nach England, mußte aber hier aus Not die Maschine verkaufen und dazu noch den Käufer Thomas so viele Maschinen für seine Werkstatt anfertigen lassen, als er bedürfe. Ja, er gestand ihm noch das Recht zu, in England ein Patent auf Howes Maschine nehmen zu dürfen, wogegen er aber dem Erfinder für jede verkaufte Maschine drei Pfund Sterling zu entrichten habe. Thomas nahm das Patent, zahlte aber an Howe nie einen Pfennig. Dadurch geriet Howe in das größte Elend und mußte seinem alten Vater zur Last liegen, der sich seinen Bestrebungen am meisten entgegen gezeigt und ihm stets prophezeit hatte, daß er es damit zu nichts bringen würde. So standen die Verhältnisse Howes noch im Jahre 1849.

Um dieselbe Zeit wurden im Staate New-York einige Nähmaschinen öffentlich ausgestellt, die großes Aufsehen erregten. Howe hatte die sehr gemischte Freude, in ihnen genaue Kopien seiner Maschine von 1845 zu erkennen. Nun begann ein neues Ringen gegen die inzwischen aufgekommenen Fabrikanten. Bei seiner Anwesenheit in England hatte er, noch eine vortreffliche Maschine hergestellt, sie aber für 100 Dollars verpfändet. Diese wiederzuerlangen, war nun sein erstes Streben. Dann strengte er den Prozeß gegen seine Nachahmer an, der aber erst 1853 zu seinen Gunsten entschieden wurde. Inzwischen (1850) hatte Howe auch die Mittel zur Gründung einer kleinen Werkstatt in New-York gefunden, die er bald vergrößern konnte. Aber seit 1851 trat ihm in Isak Merrit Singer ein Konkurrent entgegen, der ihm mehr zu schaffen machte, als alle anderen zusammengenommen. Im Jahre 1811 zu Heidelberg geboren, wurde er ein sehr geschickter Mechaniker, was ihn befähigte 1851 eigenhändig eine Nähmaschine zusammenzustellen, welche an Brauchbarkeit der Howeschen mindestens gleichsam, wenn nicht dieselbe übertraf. Singer besaß auch ein eminentes, echt amerikanisches Kaufmannstalent das Howe mangelte. Er wußte die Reklame mächtig auszunutzen, stellte überall Agenten an und errang in der That binnen Kurzem großartige Erfolge. Howe, der in Singers Maschine nur eine Nachahmung der seinigen sah, strengte einen Prozeß gegen ihn an, es kam aber erst im Jahre 1854 zu dem richterlichen Urteil, „daß Elias Howe junior der Erfinder, Isak Merrit Singer der Nachahmer sei, und daß das Publikum die wohlthätigen Folgen der Einführung der Nähmaschine Elias Howe junior zu verdanken habe.“ Nun war Howe mit einem Schlage ein reicher Mann. Er erhielt für jede von da ab in den Vereinigten Staaten verkaufte Maschine, bei der nur irgend ein Teil der seinigen benutzt war, fünf Dollars und für jede exportierte Maschine einen Dollar Entschädigung. Diese Abgaben ermäßigte Howe später. Nichtsdestoweniger blieb Singer der erste Nähmaschinenfabrikant der Welt. Bei seinem Tode (23. Juli 1875 zu Peignton in Devonshire, England) hatte der jährliche Verkauf seiner Maschinen bereits eine Viertel-Million erreicht, im Jahre 1880 stieg er sogar auf 539,609. Diese Zahl beträgt an 80 Prozent aller überhaupt in den Vereinigten Staaten von Nordamerika verkauften Maschinen. Die Singer Kompagnie besitzt drei große Etablissements, zwei Nähmaschinenfabriken und ein Werk zu South Bend im Staate Indiana, das sämtliche Holzteile für die Nähmaschinen liefert. Die eine Fabrik liegt zu Elizabethport, 22 Kilometer von New-York, beschäftigt 2000 Arbeiter und kann wöchentlich 6500 Maschinen liefern, die andere befindet sich zu Glasgow in Schottland, zählt 1200 Arbeiter und besitzt eine Leistungsfähigkeit von wöchentlich 4000 Maschinen. Die Firma zählt in den Vereinigten Staaten 22 Haupt- und 150 Unterfilialen, in Europa über 300. Unter der Generalagentur zu Hamburg stehen mehr denn 100 Filialen. — Was Howe betrifft, so brachte er 1863 eine Gesellschaft zusammen, an deren Spitze er trat und zu Bridgeport in Connecticut eine großartige Fabrik anlegte, aus der ebenfalls viele hunderttausende von Maschinen hervorgingen;

er starb aber schon 3. Oktober 1867. Das Etablissement fabriziert gegenwärtig 60,000 Maschinen im Jahr.

Außer den Genannten haben sich Allen B. Wilson und Grover noch hervorragende Verdienste um die Konstruktion der Nähmaschine erworben. Ersterer vervollkommnete das Groversche Schiffchen in der Weise, daß es auch beim Rückgang einen Stich machte, verbesserte den Führer zum Halten und Fortschieben des Zeuges, sowie die Spannung des Fadens und ersetzte 1851 das Schiffchen durch einen Drehhaken, den sogenannten Greifer, der einem zweiten System der Nähmaschine das Dasein gab. Wilson associerte sich 1852 mit Nathaniel Wheeler, einem tüchtigen Kaufmann, und schon 1866—67 fertigten sie in ihrem großartigen Etablissement zu Bridgeport über 38,000 Maschinen. Jetzt beläuft sich die jährliche Produktion auf 100,000 Stück.

Grover erfand den Doppelkettenstich, nahm 1851 und 1852 ein Patent auf seine Maschine und errichtete mit Baker eine Fabrik, in welcher 1866—67 schon an 33,000 Maschinen fertig gestellt wurden. Dieses System ist gegenwärtig fast ganz vom Markte verdrängt, was wohl seinen Grund in dem Umstande hat, daß der Doppelkettenstich mehr ein Verzierungsstich ist, infolge seiner vielfachen Verschlingung, das vierfache an Zwirn verbraucht und die unteren Schlingen stets auf dem Stoff oben liegen bleiben, sich also nicht, wie beim Doppelsteppstich gleichmäßig in dem Stoff hineinziehen. Zur Weißwaarenfabrikation ist der Stich daher auch nicht zu brauchen.

Es giebt außerdem noch andere Systeme, wie das von Gibbs, Taylor, Wanzer u. A.; es würde aber zu weit führen, wollten wir auf alle Details eingehen.

In Deutschland waren es zunächst nur unbemittelte Mechaniker, die sich mit der Anfertigung von Nähmaschinen befaßten. Das Kapital hielt sich anfangs ganz fern von diesem Zweige, weshalb denn auch der Vorteil der Arbeitsteilung, der hier, wie allen feineren Apparaten, von so eminenter Wichtigkeit ist, nicht verwertet werden konnte. Um so höher ist der Erfolg anzuschlagen, den die deutsche Industrie dennoch auf diesem Felde errang. Trotz des riesigen Vorsprunges, der die amerikanische begünstigte und trotz des Krieges auf Leben und Tod, der ihr, sobald sie die Flügel zu regen begann, von jener bereitet wurde, brachte sie es durch Fleiß, Intelligenz und Genügsamkeit so weit, daß sie jetzt über ein Kontingent von 8000 Arbeitern verfügt und jährlich 400,000 Maschinen herstellt. Die Erklärung für diesen Erfolg ist nicht schwer für den Eingeweihten. Die deutschen Maschinen sind durchweg sauberer gearbeitet als die amerikanischen. Außerdem haben die deutschen Fabrikanten eine große Zahl von Verbesserungen an den amerikanischen Systemen angebracht. Eine der wesentlichsten ist die geräuschlose Verschiebung und Stichstellung nach Zahlen an der Wheeler-Wilson-Maschine. Es sind dies die berühmten Silencieuses, die nach allen Weltteilen gehen und überall höhere Preise erzielen als die amerikanischen. An der Singer-Maschine wurde die Spulradauslösung angebracht, die jetzt von den Amerikanern fast allgemein nachgeahmt wird. Vor dieser Verbesserung mußte man beim Spulen den ganzen Mechanismus der Maschine in Bewegung setzen; hierdurch wurde diese doppelt abgenutzt und, was fast ebenso sehr ins Gewicht fällt, es mußte auch doppelte Kraft auf das Nähen wie auf das Spulen, verwendet werden, was weniger kräftigen und besonders etwas nervösen Personen rasch beschwerlich wurde. Jetzt wird das Schwungrad allein benutzt. Ferner ist auch der vortreffliche Zahnrad- und Zahnkranzbetrieb an den Handmaschinen eine deutsche Erfindung, der vielfachen Verbesserungen an Handwerkermaschinen, der Vermehrung der Hülfsapparate an fast allen Systemen, der Vervollkommnungen im Hub, in der Herzführung, in der Schiffchenbewegung ꝛc. nicht zu gedenken.

In Deutschland haben vorzugsweise die Systeme Singer und Wilson Eingang gefunden. Erstere werden hauptsächlich in Frankfurt a. M. und in Dresden (Seidel u. Naumann), Wilson in Berlin (Frister u. Roßmann), Bielefeld (Bär u. Rempel) u. s. w. in großem Maßstabe fabriziert. Bevor wir nun auf die Beschreibung der Maschine oder einzelner Teile derselben eingehen, wollen wir einen Blick in eine der Geburtsstätten der „eisernen Nähmamsell“ werfen. Wir besuchen zu diesem Zweck die Fabrik von Seidel u. Naumann in Dresden, die nahe an 500 Arbeiter beschäftigt und jährlich über 30,000 Singer-Maschinen herstellt.

Ein großer Saal, in welchem über 80 der verschiedenartigsten Fraißmaschinen (Schneidmaschinen) in Thätigkeit sind, empfängt den Besucher. Jede dieser Fraißmaschinen dient einer anderen Operation, und zwar derart, daß z. B. zur Bearbeitung der Stirnplatte der Singer-Maschine 5 Fraißmaschinen, zur Bearbeitung des Fundaments oder der Grundplatte 14 Fraißmaschinen in Thätigkeit sind. Hier schneidet ein großer Fraißer, der wiederum aus zwei verschiedenen Fraißern besteht, die Nute für den Stichsteller ein, ein anderer auf einer anderen Maschine fertigt den Schiffchenkanal, ein dritter die Stichplättchennute, ein vierter den Schiffchentreiberschlitz, ein fünfter die Fläche für das Transporteurgehäuse und so fort. Kurz, jeder Schlitz hat seine besondere Maschine, die Jahr aus Jahr ein nur diese eine Operation vollbringt.

Es ist einleuchtend, daß bei einer so rationellen Arbeitsteilung die Genauigkeit der Arbeit unzweifelhaft sein muß, und nur diese Arbeitsteilung macht es möglich, bei dem heutigen billigen Preis ein so vollkommenes Fabrikat zu liefern. Die Qualität der Fabrikate hängt ja hauptsächlich von der Fraißarbeit ab. Die Maschine, die Jahr ein Jahr aus nur einen Schlitz oder eine Fläche eines Nähmaschinenteils bearbeitet, braucht nie verstellt zu werden und liefert, einmal eingestellt, fortdauernd eine gleiche Arbeit. Jeder Arbeiter hat seine Leere, d. i. ein gehärtetes Stück Stahl, in welchem die Dimensionen des zu bearbeiteten Stückes eingefeilt sind, und nach welchen jedes Stück passen muß. Nicht passendes ist Ausschuß, da ja jeder Arbeiter, unabhängig von den andern, nach seiner Leere arbeitet, und wenn z. B. der Arbeiter, welcher die Stichsteller fraißt, solche kleiner, als seine Leere verlangt, liefert, so würden sie in der Nute des Stichstellers wackeln, sobald die Letztere nach der Leere paßt.

Da, wie erwähnt, jeder Arbeiter 6—8 Maschinen zu beschicken hat, und oft die Flächen, welche bearbeitet werden, sehr klein sind, die Maschine demzufolge die Operation sehr schnell vollendet, so mußte das Augenmerk auf möglichst schnelle Aufspannung gerichtet werden. Die dazu benützten Vorrichtungen sind daher so einfach wie sinnreich konstruiert, und bestehen unter Wegfall aller Schrauben, deren Auf- und Zuschrauben zu viel Zeit beanspruchen würde, aus Excentern und

Hebeln. Oft ein einziger Druck löst das Arbeitsstück von der Vorrichtung und befestigt ein neues, z. B.: Zum Bohren des Kopfes dient eine Maschine, welche sämtliche Löcher zu den Lagerstellen der Wellen auf einmal selbsttätig bohrt. Der Arbeiter spannt den Kopf vorn, wo die Stirnplatte sitzt, und hinten am Ansatz des Bügels in 2 Parallelschraubstöcke ein, setzt die Maschine in Funktion und von drei Seiten treten die Bohrer in Aktion und vollenden die Operation in kaum 3 Minuten. Eine andere Maschine fertigt das Hand- oder Schwungrad der Maschine selbstthätig. Während ein Bohrer das Loch in der Mitte bohrt, dreht ein Drehstahl die Wulst kreisrund ab, und ein anderer dreht den Schnurlauf ein; in 8 Minuten ist das Rad fertig. Die Maschine steht, nachdem das Rad vollendet ist, von selbst still, und hat der Arbeiter nur ein neues Rad einzusetzen, um nach derselben Zeit auch dieses bearbeitet vorzufinden, während er an andern Maschinen beschäftigt ist. Eine gleiche größere Maschine fertigt auf ähnliche Art das Gestellschwungrad, während eine große Revolvermaschine, an welcher, ähnlich wie beim Revolver, nach und nach 6 verschiedene Arbeitsstähle in Funktion treten, die Gestellradbolzen fertigt. Kleinere Fraißmaschinen bearbeiten die Nadelstangen, die Konusblättchen, die Gelenke des Stichstellers ꝛc. Oft werden 3, 4, ja 6 Fraißer neben einander gespannt, wenn es gilt, verschiedene Flächen zu gleicher Zeit zu bearbeiten, wie z. B. bei Stirnplatten, wo zu gleicher Zeit die beiden Seiten und eine Fläche bearbeitet, oder bei dem Transporteur, bei welchem die ganze Façon auf einmal gefraißt wird. Höchst interessant sind einige Fraißmaschinen, die wie Uhrwerke funktionieren, z. B. die Maschinen zum Fraißen der Zähne in den Triebrädern. Der Arbeiter steckt das Rädchen auf den Dorn und befestigt es mit einer Schraube, setzt die Maschine in Thätigkeit, welche nun ganz selbstthätig Zahn für Zahn einfraißt, sich jeden Zahn selbst einstellt und nach Vollendung der 24 Zähne von selbst stillsteht. Solcher Maschinen sind sowohl für das Rad mit großem Loch, als auch für das mit kleinem Loch je ein Stück in Thätigkeit. Eine Fraißmaschine zum Einfraißen des Herzganges arbeitet ebenso selbstthätig. Auf diese Herzgänge wird die größte Sorgfalt verwendet, einmal, weil die Herzen am ehesten von allen Teilen ersatzbedürftig werden, und demnach genau mit einander übereinstimmen müssen, wenn der Ersatz passen soll, und ferner, weil die Herzrollen ganz unabhängig vom Herz angefertigt werden; im Fall also der Herzgang nur um eine Idee zu eng sein würde, so hätte der montierende Arbeiter so viel nachzuhelfen, resp. würde die Arbeit zu teuer werden, und wäre der Herzgang um eine Kleinigkeit zu weit, würde das Herz unbrauchbar sein.

Die verschiedenen Fraißer und Bohrer werden in der Fabrik selbst gefertigt. In einem besondern, dafür bestimmten Raum stehen mehrere sogenannte Universal-Fraißmaschinen, welche das Fraißen der Zähne in den Fraißern besorgen. Die Zähne haben bei sämtlichen Fraißern einen spiralen Gang, gehen also nicht parallel der Achse, sondern winden sich um dieselbe etwas. Dieser Spiralgang ist zur Sauberkeit der Fraißarbeit unerläßlich. Wer solche Universalmaschinen nicht besitzt, muß den Fraißergang gerade machen, und kann nie so exakt fraißen. Früher, als man die Fraißen noch feilte, mußte man sie nach jedem Stumpfwerden von Neuem ausgleichen und nach dem Schärfen wieder härten. Jetzt besorgen das Schärfen Schleifmaschinen. Die Zähne der Fraißer erhalten von kleinen, nur einige Zoll im Durchmesser haltenden Schmirgelrädchen kleine Hohlkehlen auf ihrer Schnittkante eingeschliffen, so daß die Schnittkante eine Idee vorsteht, und werden so lange benützt und wieder geschliffen, bis kaum mehr etwas von einem Zahn zu sehen ist. Hier sind auch einige Arbeiter beschäftigt, die permanent die im Betrieb befindlichen Vorrichtungen kontrollieren und etwaige Abnützungen reparieren.

Ebenso sitzen hier die Revisoren, welche jedes Stück, selbst das kleinste, nochmals mit der entsprechenden Leere vergleichen und etwaige fehlerhafte Stücke ausschießen. Die Kontrolle giebt die Sicherheit, daß selbst nach Jahren noch passende Stücke nachgeliefert werden können, und in ihr beruht das Hauptprinzip der heutigen Produktionsweise. Zehn selbstthätige Drehbänke dienen zur Bearbeitung der Wellen des Kopfes, während eine Zentriermaschine die Achsen vorher zentrisch anbohrt.

Interessant ist die Art und Weise, wie die Löcher in den verschiedenen Teilen der Maschine gebohrt werden. Zu diesem Behufe dienen Bohrmaschinen mit je 4 oder 6 Bohrspindeln. Der zu bohrende Gegenstand wird in einen sogenannten Bohrkasten eingespannt, d. i. eine Vorrichtung, welche genau an der Stelle, wo die verschiedenen Löcher hinkommen sollen, genaue, zur Bohrerstärke passende Löcher enthält. Diese Löcher sind mit gehärtetem Stahl ausgefüttert, damit ihre Abnützungsfähigkeit vermindert wird. Der Arbeiter legt nur sein Arbeitsstück in den Kasten, befestigt es darin und führt dasselbe, vermöge einer Hebelvorrichtung der Maschine, dem Bohrer näher. Dieser tritt in die Bohrbüchse ein, und da er genau in dieselbe paßt, und weder rechts noch links weichen kann, so bohrt er genau auf derselben Stelle durch das Arbeitsstück das Loch. Die Bohrer, die dazu verwendet werden, haben, wie die Fraißer, ebenfalls Spiralgänge, welche nicht nur die Späne leicht auswerfen, sondern auch ein fortwährendes Nachschleifen ermöglichen.

Die verschiedenen Spindeln halten in der Größe verschiedene Bohrer, und das Arbeitsstück wird nicht eher aus dem Bohrkasten entfernt, bis sämtliche Löcher gebohrt sind. Auf diese Art muß ebenfalls, wie beim Fraißen Stück für Stück eine genaue Kopie des andern werden und die Ersatzfähigkeit eine absolute sein. Mehrere Gewindschneidemaschinen dienen zum Einschneiden der Schraubengänge in die Arbeitsstücke; drückt der Arbeiter den Gegenstand an den Bohrer, so schneidet er hinein, zieht er den Gegenstand zurück, so läuft der Bohrer von selbst heraus.

Eine Maschine stößt die Nadelnuten in das Fundament, und diese für die Nähfähigkeit so wichtige Operation wird ebenfalls rein maschinell vollzogen. Verschiedene Dreh- und Revolverbänke fertigen die kleinen Dreharbeiten, wie Herzrollen, Triebräder, Schrauben ꝛc. Die Triebräder werden auf Maschinen gefertigt, die ähnlich den Revolvermaschine, mit 5 verschiedenen Werkzeugen nach einander arbeiten.

Gehen wir aus diesen Fraiß- und Drehsälen in den Montiersal, so finden wir widerum dieselbe Arbeitsteilung. Hier verbohren Arbeiter die Wellen, machen die Räder gangbar, dort werden

Nadelstangen eingeschliffen, hier werden Herzen aufgenietet, Hebel angeschraubt, Excenter in den Stangen eingepaßt, die Köpfe auf die Grundplatte aufgeschraubt, dort der übrige Unterbau montiert ꝛc. Diese Arbeitsteilung ermöglicht auch hier nicht nur eine billige Produktion, sondern auch, da sich die Arbeiter für eine einseitige Arbeit leichter einrichten, die Erzeugung einer tadellosen Maschine. Von der Montage wandern die Maschinen zur Lackiererei. Der schwarze Grundlack ist der beste japanische Asphalt, das Gold wird vermittelst Abziehbildern, die ebenfalls in der Fabrik gefertigt werden, auf die Maschinen getragen. Zur fertigen Lackierung einer Partie Maschinen bedarf es einer Zeit von 6 Tagen. Nachdem die Maschine den Ueberzugslack erhalten hat, und dieser, damit er ganz hart wird, nochmals mattgeschliffen, so lange der Hitze ausgesetzt wird, bis der frühere Glanz erscheint, kommen die Maschinen in die Montage der Justiererei, wo sie zusammengesetzt und eingenäht werden. Auch hier ist das System der Arbeitsteilung durchgeführt, und während z. B. ein Arbeiter die Stirnplatten vom Lack reinigt und die Spannung anbringt, putzt ein anderer die Wellen, resp. die ganze Maschine aus und reinigt die Gewindlöcher von Lack, ein anderer Arbeiter setzt die Teile zusammen und wieder ein anderer justiert die Maschine. Eine Schleiferei besorgt das Polieren der Teile und der Schrauben.

Die ursprünglichsten Nähmaschinen kopierten, wie oben bemerkt, genau die Handnäharbeit, wobei also die Nadel das Zeug durchstach und von unten wieder heraufkam. Ein wesentlicher Fortschritt war es, als die Nadel nicht mehr ganz, sondern nur mit der Spitze durch das Zeug und unmittelbar darauf in demselben Stich wieder zurückging. Damit nun aber der durch die Nadel eingeführte und an deren Spitze eingefädelte Faden nicht wieder mit der Nadel zurückgeht, muß er auf irgend eine Weise auf der Rückseite des Zeuges zurückgehalten werden. Nach der Art und Weise, wie dies erfolgt, zerfallen die Nähmaschinen wieder in zwei Klassen. Bei der einen wird durch die Schleife, welche der beim Rückgang der Nadel bildet, ein zweiter Faden entweder durch ein sogenanntes Schiffchen durchzogen, oder die Schleife des ersten Fadens wird durch eine rotierende, mit einem hakenähnlichen Vorsprung versehene Scheibe, dem Greifer, erfaßt und um eine innerhalb desselben an-

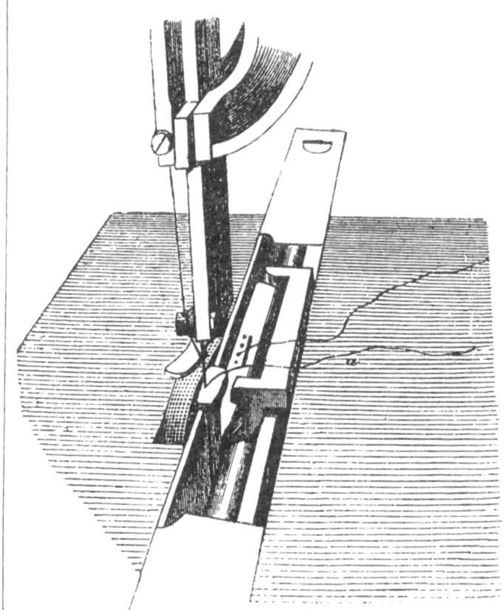

Fig. 3. Schiffchen in Thätigkeit.

gebrachte linsenförmige Spule gezogen, die den zweiten Faden enthält. In beiden Fällen entsteht der doppelte Steppstich. Bei einer andern Klasse von Maschinen wird blos mit einem Faden genäht und dadurch der Kettenstich hergestellt. Die vom Faden beim Rückgang gebildete Schleife wird von einem Häkchen erfaßt und festgehalten, während die Nadel weiterarbeitend an einer anderen Stelle des inzwischen um eine Stichlänge verschobenen Zeuges wieder herabkommt und, durch die erste Schlinge gehend, eine zweite Schlinge bildet, welche von dem Häkchen erfaßt oder festgehalten wird, während die erst gebildete Schlinge gleichzeitig angezogen wird.

Die Hauptteile einer Nähmaschine sind im Allgemeinen: 1) das Untergestell, meist aus Gußeisen mit Fußtritt, durch den mittelst einer Lenkstange eine Welle in Bewegung gesetzt wird, auf der sich ein Schwungrad und eine Riemenscheibe befindet; 2) der hölzerne Tisch, meist mit Verschlußkasten; 3) der auf diesem Tisch befestigte Nähapparat. Dieser hat eine Hauptwelle, die durch die vorerwähnte Riemenscheibe mittelst Riemen oder Schnur ihre Bewegung erhält und von der durch verschiedene Vorrichtungen die Nadel auf- und abbewegt, die Verschiebung des Stoffes nach jedem Stich durch ein gezahntes Stück, Vorschiebung genannt, bewirkt und eventuell das Schiffchen hin und herbewegt wird; 4) die Hülfs-Vorrichtungen, um häufig vorkommende specielle Arbeiten zu erleichtern, wie Lineal, Nähgläser nebst Druckgabel, Drücker zur Herstellung schmaler Falten, oder zur Schnureinnähung, Stichplatte für dicke Stoffe, Säumer, Wattierlineal, Kräuselapparat ꝛc. Es kann natürlich nicht unsere Aufgabe sein, uns über die Details der Nähmaschinen näher zu verbreiten. Es wird jedoch am Platze sein, eine kurze allgemein gehaltene Beschreibung einer Singer Handmaschine, wovon Fig. 4 die obere, Fig. 5 die untere Ansicht darstellt, zu geben.

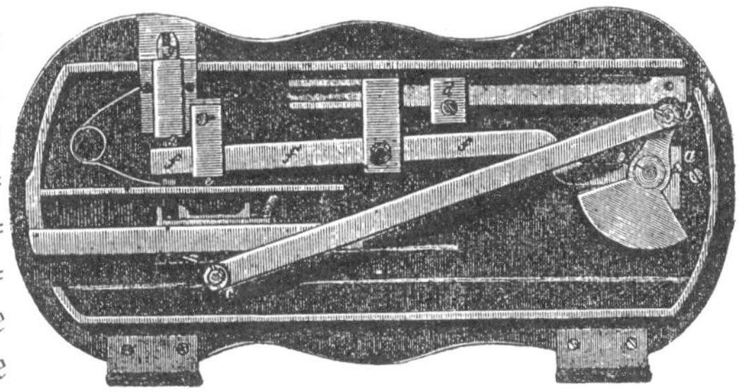

Fig. 5. Singermaschine, untere Ansicht.

Die unter der Stirn- oder Frontplatte befindliche Herzscheibe wird vermittelst einer horizontalen Welle, an welcher ein sogenanntes Handrad befestigt ist, in der Richtung der Pfeile, also nach dem Nähenden zu, in Bewegung gesetzt. (Fig. 4) diese Herzscheibe hat eine sich leicht auf einem Zapfen drehende Rolle, sogenannte Herzrolle, welche in das „Herz“ der Nadelstange eingreift, und dadurch diese auf und nieder bewegt. Die Konstruktion des „Herz“ ist eine eigentümliche, und hängt von dieser die mehr oder weniger gute Naht der Maschine ab. Die Nadel wird mittelst des Nadelhalters (Fig. 4, 31) an die Nadelstange befestigt. Hat die Nadel den Stoff durchstochen, so macht die Nadelstange

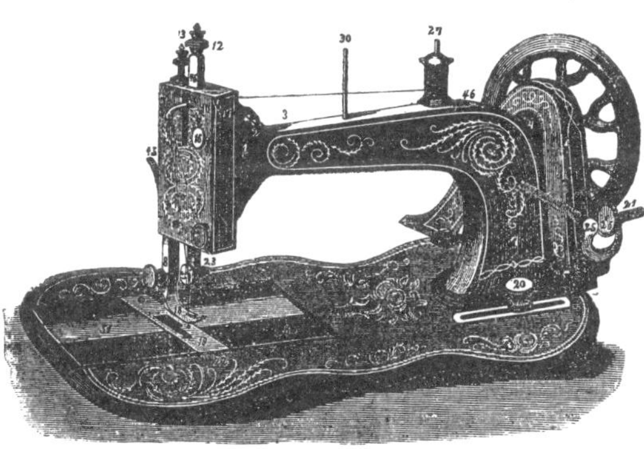

Fig. 4. Singermaschine, obere Ansicht.

Fig. 6. Handwerkermaschinen mit Dampfbetrieb.

eine kleine Bewegung nach aufwärts, damit die Schlinge sich bildet. Gleichzeitig mit dem Niedergang der Nadelstange hat eine vertikale Welle durch Uebertragung der Bewegung zweier kleiner konischer Rädchen, ebenfalls einen Teil seiner Umdrehung vollendet und den Excenter (Fig. 5, a) an welchem sich die Zugstange auf den Zapfen b bewegt, so gestellt, daß das Schiffchen, welches im Korb i ruht, in die Schlinge eintritt. Beim weiteren Drehen der Maschine bleibt die Nadelstange resp. Nadel noch so lange unten, bis das Schiffchen ziemlich durchpassiert ist. Um schließlich in die Höhe zu gehen, und den im Schiffchen befindlichen Unterfaden mit heraufziehend, beide, Ober und Unterfaden, fest im Stoff einzuziehen. Da sich die Schlinge kleiner bildet, als das Schiffchen stark ist, so muß der Fadenhebel (Fig. 5) so viel Faden abgeben, als das Schiffchen nötig hat. Dieser Hebel wird durch eine kleine Feder, (Fadenhebelfeder) stets nach oben gezogen. Beim Niedergang der Nadel wird er mit hinabgenommen, und durch die Schraube (Nro. 12) sein mehr oder weniger tiefes Hinabgehen reguliert. Sobald die Nadel aus dem Stoff heraustritt, fängt die Vorschiebung an zu funktionieren. Diese Vorschiebung wird ebenfalls durch den Excenter, welcher die Excenterstange Fig. 5 hin und herschiebt, in Bewegung gesetzt. Der Stichsteller d in Fig. 5 dient zur Fixierung der Länge der Stiche.

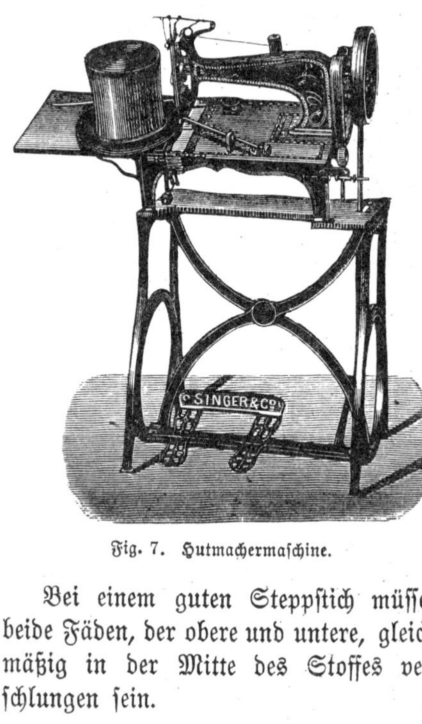

Fig. 7. Hutmachermaschine.

Bei einem guten Steppstich müssen beide Fäden, der obere und untere, gleichmäßig in der Mitte des Stoffes verschlungen sein.

Dieses erzielt man durch die Spannung sowohl des oberen als des unteren Fadens. Die Spannung des oberen Fadens geschieht mittelst zweier kleiner Scheiben (Fig. 4 Nro. 11), welche durch die Schraube 16, die auf eine Feder drückt, fester oder loser zusammengepreßt werden. Die Spannung des unteren Fadens erfolgt im Schiffchen, indem man den Faden durch eine größere oder geringere Anzahl der Löcher zieht, also die Reibung verstärkt oder vermindert. An den deutschen Singermaschinen ist die Verbesserung angebracht, daß man spulen kann, ohne daß sich der Nähmechanismus mit bewegt. Gewöhnlich drückt man an einen Knopf, oder zieht an einem solchen und läßt durch die Verkupplung zwischen Welle und Rad den Spulapparat (Fig. 4 Nro. 25) mittelst eines Gummiringes in Bewegung setzen. In neuerer Zeit ist eine deutsche Maschine ebenfalls dahin verbessert, daß die Näherin den Faden nicht mehr zu führen braucht, sondern sich dieser selbstthätig Lage um Lage aufspult.

Nachstehend bringen wir noch die Abbildung des innern Mechanismus der Wheeler-Wilson Maschine (Fig. 8).

Die Abbildung läßt den Mechanismus in vorderer Ansicht erscheinen, als wollten wir vor der Maschine knieen, so daß unser Auge in gleicher Höhe mit derselben stände. Wir erblicken zunächst den Treibriemen 7, welcher von der großen Riemscheibe kommend, über die kleine Riemscheibe läuft und diese in der durch den Pfeil angedeuteten Richtung bewegt. Die Welle 9, 4, welche an ihrem rechten Ende den Greifer 5 bildet, daher *Greiferwelle* heißt, dreht sich in den durch die beiden Wangen 2, 2 des Fundaments gebohrten Löchern. In der Mitte trägt sie die kleine Riemscheibe, welche durch drei Schrauben darauf festgehalten wird. Links an der kleinen Riemscheibe befindet sich eine excentrische Scheibe, auf welcher, wie Fig. 6 deutlich veranschaulicht, der Ring 8 der *Zugstange* 28 Fig. 2 sitzt. Der Ring der Zugstange, welcher die excentrische Scheibe umfaßt, ist, um ihn fester oder loser anziehen zu können, in ein Paar Lappen ausgezogen, welche auf geschnitten und wieder durch eine Schraube verbunden sind. Diese Schraube muß so fest angezogen sein, daß der Ring sich leicht auf der Scheibe dreht; er darf dagegen nicht im geringsten schlottern.

Schließlich wollen wir nicht versäumen, darauf hinzuweisen, daß das Reinhalten und tägliche frische Einölen der Maschine (besonders bei andauerndem Gebrauch) von der höchsten Wichtigkeit ist. Wenn etwas an der Maschine in Unordnung ist, so betraue man nur eine durchaus sachkundige Person mit der Behandlung, weil sonst der Fehler leicht schlimmer gemacht wird als er war.

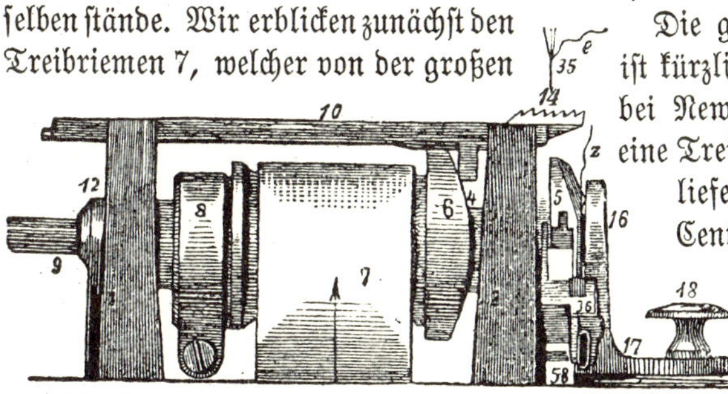

Fig. 8. Innerer Mechanismus der Wheeler-Wilson-Maschine.

Die größte existierende Nähmaschine ist kürzlich aus der Singerschen Fabrik bei New York hervorgegangen und an eine Treibriemenfabrik in Hamburg geliefert worden. Sie wiegt etwa 50 Centner und muß durch Dampf getrieben werden.

Wo sonst kleine Häkchen und die Hand der Näherin den zu nähenden Stoff fortschieben, erblickt man hier enorme eiserne Walzen, welche, durch Uebersetzungs-Kammräder in Bewegung gesetzt, den Stoff selbstthätig ohne irgend welche Beihülfe der Hand unter den Nadeln hindurchziehen, denselben pressen und gleichzeitig glätten. Da von der Maschine, welche sehr dicke Lagen eines zähen Stoffes zu durchsteppen hat, eine eminente Kraftäußerung und Dauer verlangt wird, so besteht der Bau auch dementsprechend hauptsächlich aus Schmiedeeisen und Stahl und glaubt man beim Anblick derselben eher eine Buchdruckpresse oder eine Maschine für irgend einen anderen Industriezweig als eine Nähmaschine vor sich zu sehen. Trotz alledem arbeitet dieser Koloß mit erstaunlicher Leichtigkeit, Ruhe und Gleichmäßigkeit und durchnäht die mehr als fingerdicken Riemen mit derselben Eleganz, wie die kleine Handnähmaschine ein Battisttuch umsäumt. Aber nicht nur bei der Schneiderei und Riemerei, auch bei dem Schuhmacherhandwerk, der Hutmacherei (Fig. 7), der Buchbinderei 2c. werden Nähmaschinen angewendet. In großen Werkstätten wird meist mit Dampf gearbeitet, wie Fig. 6 es veranschaulicht.

Der Transport frischen Fleisches von Amerika nach England.

Seit etwa sechs Jahren versorgt Amerika die Küchen Alt-Englands mit einem Teile seines Ueberflusses an frischem Fleische. Im Juli 1875 wurde der erste Versuch in dieser Richtung gemacht und zwar mit lebenden Tieren; derselbe fiel sehr günstig aus und fand bald Nachahmung. Doch rasch kam man auf den Gedanken, das lästige und kostspielige Transportieren des lebendigen Rindviehs durch den Versandt des Fleisches der getöteten Tiere zu ersetzen.

Auf den Dampfern der Linie (Anchor Line Royal Mail of Glasgow), welche im Juli 1875 den Transport lebendiger Tiere begonnen, wurde im Oktober desselben Jahres mit dem Einladen frischen Fleisches in sogleich näher zu beschreibende große Kühlkammern begonnen; auch dieses Unternehmen gelang und ist seitdem von einem halben Dutzend anderer Linien mit großem Vorteile nachgeahmt worden.

Der Transport frischen Fleisches an Stelle der lebenden Tiere war schon seit etwa 4 Jahren auf den von Chicago nach den Häfen des Ostens führenden Bahnen eingeführt worden. Es wurden besonders zu diesem Zwecke eingerichtete Eisenbahnwagen gebaut, in denen das Fleisch hermetisch verschlossen, in kühler trockener Luft sich ausgezeichnet hielt. Dasselbe Prinzip ist schon zur Konservierung der verschiedensten leicht verderbenden Artikel verwendet worden; so können namentlich Früchte wochenlang in dieser Weise aufbewahrt werden, ohne daß ihr Aroma oder ihr Aussehen in irgend einer Weise sich von den frischen unterscheidet. Erdbeeren, die länger als drei Wochen in dieser Weise konserviert wurden, schmeckten genau so wie frisch von den Beeten gepflückte. Doch ist die Hauptbedingung, daß die Temperatur nicht auf Null oder darunter sinkt; sie muß etwa 2°—3° C. über Null bleiben und die Luft darf nicht feucht, sondern muß möglichst trocken sein.

In dieser Weise ist es möglich geworden, auch in der heißesten Jahreszeit frisches Fleisch in wohlerhaltenem Zustande in England zu verkaufen, welches beinahe zwei Wochen vorher in Amerika geschlachtet worden ist.

Die beiden ersten Dampfer der ebengenannten Linie, die „Bolivia“ und „Viktoria“, auf welchen zu diesem Zwecke zwei große Kühlkammern eingerichtet wurden, führen wir unsern Lesern in den Abbildungen vor. Seit der Zeit sind, wie schon erwähnt, auf den Dampfern vieler anderer Linien die gleichen Einrichtungen getroffen worden. Eine große Anzahl weiterer Dampfer hat die Anchor-Linie selbst zum gleichen Zwecke eingerichtet.

Das Schlachtvieh, welches zu diesem Transport bestimmt ist, wird lebend nach New York versendet; Colorado, Dacota, Montana, Texas und andere westliche Staaten und Territorien liefern dasselbe. Die am Eeast-River gelegenen Schlachthöfe sind derartig eingerichtet, daß die frischen zugerichteten Vorder- und Hinterviertel in folgender Weise abgekühlt werden: In einem großen Kühlraume werden dieselben einem über Eis geleiteten kalten Luftstrome ausgesetzt, welcher von einem Ventilator ausgeht. Der Letztere wird von einer 25pferdigen Dampfmaschine getrieben. Die Wirkung dieser plötzlichen Entziehung der tierischen Wärme vor der Verschiffung ist eine ausgezeichnete und es ist eine den englischen Fleischhändlern wohlbekannte Thatsache, daß im heißesten Sommer das mehrere tausend Meilen weit her transportierte Fleisch sich besser hält und mehrere Tage länger frisch bleibt, als das an Ort und Stelle geschlachtete. Auch ist es den englischen Hausfrauen und Köchinnen wohl bekannt, daß das amerikanische Fleisch, ganz abgesehen von seiner sonstigen ausgezeichneten Qualität, bedeutend zarter und mürber ist und sich viel schöner zubereiten läßt, weil eben dies plötzliche Vertreiben der animalischen Wärme mittelst des eisigen Luftstroms auf die Muskelfasern lockernd einwirkt.

Einladen der Ochsenviertel in die „Bolivia“.

Die so gekühlten Ochsenviertel werden in große Leinwandsäcke eingenäht und am Tage vor der Abfahrt des Dampfers eingeladen. Fünf oder sechs werden auf einmal durch ein starkes Tau zusammengeschnürt und vom Wagen auf der Werfte mittelst des großen Dampfkrahnes in das Dampfboot hinabgelassen. Hierauf wird je ein Viertel von zwei

Mann mit kurzen Haken erfaßt und in einer der Kühlkammern aufgehängt. Die Wände derselben sind neun Zoll dick

Aufhängen des Fleisches in den Kühlkammern.

und bestehen aus zwei eichenen Wänden, zwischen denen ein Luftraum gelassen worden ist. Die innere ist nach innen mit Patent-Wachstuch und nach außen, also der Luftkammer zu, mit Harzpappe bedeckt, während die äußere Wand nach innen, also ebenfalls der Luftkammer zugewandt, mit dickem Haarfilz bekleidet ist. Diese Vorsicht ist nicht nur des hermetischen Verschlusses halber, sondern auch zur Abhaltung der Ratten notwendig, denn, abgesehen von dem Schaden durch Anfressen des Fleisches durch diese Tiere, würde auch die Luft, welche durch die Rattenlöcher eindränge, weil sie warm und feucht wäre, genügen, sämtliches Fleisch der Ladung zu ruinieren.

Unsere nächste Illustration zeigt die Kühlkammer mit ihren Hakenreihen, die in genügender Entfernung von einander angebracht sein müssen, um die gegenseitige Berührung zu verhüten, da dieselbe auf die Konservierung erfahrungsgemäß einen schädlichen Einfluß hat. Diese Abbildung zeigt zugleich den in der Kühlkammer befindlichen Ventilator, welcher die Luft von nahe der Decke der Kammer einsaugt und fortschafft. Sie wird von da in die Eiskammer getrieben, in die sie am oberen Teile eintritt. Die daselbst abgekühlte Luft wird nun in Folge der durch den Ventilator geschaffenen Cirkulation wieder in die Fleischkammer selbst eingesaugt. In dieser Weise wird die Temperatur der Kühlkammer stets auf einer wenig über dem Gefrierpunkte befindlichen Temperatur erhalten, welche durch daselbst aufgehängte Thermometer kontrol-

Kühlkammer der „Viktoria“ mit Ventilator.

liert wird. — Die Thüren der Kühlkammern, sowie die der Eiskammer, sind durch dicke Gummibeschläge luftdicht gemacht und werden durch starke Schraubenbolzen befestigt. Auf dem Boden der Eiskammer ist am tiefsten Punkte ein Segeltuch so angebracht, damit das durch Schmelzen des Eises erzeugte Wasser durchsickern kann, so daß es die Temperatur derselben nicht erhöhen hilft.

Eiskammer der „Viktoria".

Um unsern Lesern einen Begriff von der Größe der Einrichtung zu verschaffen, zu der dieser Verkehr Veranlassung gegeben hat, wollen wir kurz erwähnen, daß die Kühlkammer des kürzlich fertig gestellten Dampfers-

Umladen des Fleisches von der „Viktoria" auf ein Dampf-Lichterschiff.

„Parisian" im Stande ist 1200 Viertel aufzunehmen, während in seine Eiskammer vor jeder Reise 50,000 Pfund Eis verladen werden. Zur Herstellung dieser Kühlkammer wurden 18,000 laufende Fuß Bretter und Planken verwendet, 11 Fässer Nägel und 6000 Quadratfuß dreiviertel Zoll dicken Haarfilzes.

Man hat auch neuerdings angefangen, das zu versendende Vieh in Chicago, also den Weideplätzen um zwei Tagereisen näher, zu schlachten und in den oben erwähnten, als Kühlkammern eingerichteten Eisenbahnwagen nach den östlichen Häfen zu bringen, ein jeder derselben hält etwa 100 Viertel.

Eine interessante Thatsache ist, daß das amerikanische Publikum an diesem neuen Handelszweige ein ungewöhnlich reges Interesse nimmt. Dies geht daraus hervor, daß der Andrang zur Besichtigung dieser Einrichtung ein ungeheurer ist, trotzdem die Sache doch eigentlich nicht mehr neu ist. Die Zahl der Besucher des oben erwähnten Dampfers „Parisian" belief sich an einem Tage, während das Schiff im Hafen von Boston auf seine Ladung wartete, auf nicht weniger denn 7000! Der Kapitän war auf die lobenswerte Idee gekommen, zehn Cents (40 Pf.) Entree zu fordern, welche für die Armen der Stadt bestimmt waren. Er konnte, ehe er absegelte, den Armenbehörden Bostons eine Anweisung auf 2500 Dollars ausstellen, was auf 25,000 Besucher in weniger als einer Woche hinweist.

Das Ausladen geschieht natürlich in derselben Weise wie das Einladen, nur ehe irgend etwas anderes an die Reihe kommt. Vom Dampfer kommt das Fleisch jetzt auf Dampf-Lichterschiffe die sofort es auf dem am Eisenbahnhofe gelegenen Werfte abladen, von wo aus es meist direkt nach London geht.

Schon seit mehreren Jahren besteht in Upper Thames Street in London eine große Markthalle, in welcher nur amerikanisches Rindfleisch zum Verkaufe kommt. Der Andrang ist ein großer und es werden daselbst tagtäglich viele Hunderte von Ochsenvierteln, die den atlantischen Ocean gekreuzt haben, an alle Bevölkerungsklassen verkauft. Für England, das schon lange nicht genug Weideland hat, ist der Import amerikanischen Fleisches bereits eine unentbehrliche Notwendigkeit geworden und selbst der patriotischste Engländer giebt zu, daß das amerikanische Fleisch sehr gut ist.

Markthalle für den Verkauf amerikanischen Fleisches an der Upper Thames Street in London.

Inhalts-Uebersicht.

1. Länder- und Völkerkunde.

2. Verkehrswesen.

3. Industrie.

4. Technik, neue Apparate, Maschinen, Bauwerke ɪc.

5. Militärwesen, Marine, Aeronautik.

6. Physik und Chemie des täglichen Lebens.

7. Geologie und Witterungskunde.

8. Naturgeschichte.

9. Geschichte der Wissenschaft und Technik.

10. Statistisches und vermischte Mitteilungen.

Namensregister.